3495

TEMPÊTE SUR BABYLONE

DAVID MASON

TEMPÊTE SUR
BABYLONE

Roman

*Traduit de l'américain par
Pierre Charras*

éditions de

l'Archipel

*13, rue Chapon
75003 Paris*

Ceci est une œuvre de fiction. Les noms, les personnages, les lieux et l'action sont le produit de l'imagination de l'auteur. Lorsque des noms de personnes ou de lieux réels ont été employés, le seul but recherché était de conférer au récit une apparence d'authenticité. On ne saurait s'appuyer sur ce procédé pour supposer que les événements décrits ne sont pas purement fictifs.

Ce livre a été publié sous le titre
Shadow over Babylon
par Bloomsbury, Londres, 1993.

Si vous désirez recevoir notre catalogue et être tenu au courant de nos publications, envoyez vos nom et adresse, en citant ce livre, aux Éditions de l'Archipel,
13, rue Chapon, 75003 Paris.
Et, pour le Canada, à
Édipresse Inc., 945, avenue Beaumont,
Montréal, Québec H3N 1W3.

ISBN 2-909-241-50-5

Iustum et tenacem propositi virum
Non vultus instantis tyranni
Mente quatit solida...

De celui qui agit fermement dans un but de justice,
Nulle menace d'un tyran furieux
Ne saurait ébranler la volonté.

Horace, *Odes*, III.

PREMIÈRE PARTIE

D'OBSCURS MOBILES

1

Pensif, le guide de chasse étudia le terrain à travers ses jumelles, puis il les rangea dans sa veste.

– Il va falloir attaquer la suite très, très lentement, murmura-t-il à son compagnon. Ces trois biches sur la gauche n'arrangent pas nos affaires. Nous serons dans leur champ de vision sur quarante mètres, jusqu'au petit ruisseau là-bas.

Le « tireur », un ancien colonel, approuva d'un hochement de tête. Il avait une totale confiance dans le jugement de son guide : si Danny pensait que c'était le seul chemin possible, il n'y en avait pas d'autre. Il était même étonné qu'ils soient parvenus jusque-là. Depuis une heure, ils avaient croisé plusieurs groupes de cervidés avec leurs petits ; il lui semblait miraculeux qu'ils n'aient pas été repérés et, avec cette légère brise qui ne s'apaisait que pour renaître dans une direction toujours différente, il était encore plus extraordinaire que le cerf ne les ait pas déjà sentis. Qu'un souffle minuscule transporte l'odeur humaine sous les narines hypersensibles d'une seule biche et c'en était fait : elle détalerait, entraînant avec elle toutes les autres bêtes qui se disperseraient sur des centaines de mètres.

Même si cette partie de chasse ne donnait rien, elle serait l'une des plus difficiles et des plus intéressantes qu'il ait connues depuis longtemps, pensa le colonel. Il se redressa prudemment et scruta l'étendue herbeuse qu'ils devaient maintenant traverser. Il n'y avait pas un seul fourré et ils seraient totalement à découvert, au-dessus des bêtes. Elles allaient les voir, ça ne faisait pas l'ombre d'un doute. Pour le moment elles paissaient, insouciantes, mais à cent cinquante mètres à peine, comment le moindre déplacement pourrait-il leur échapper ? Le colonel se dit qu'il leur faudrait avancer à une vitesse imperceptible, aplatis sur le sol et rampant comme des serpents patients. Le guide lui fit un ultime signe du menton et se mit en mouvement. Le colonel le suivit, centimètre par centimètre.

À plat ventre, les deux hommes commencèrent à nager sur l'herbe avec une prudence infinie. Le colonel prit les bottes du guide, juste devant son nez, comme point de mire. À plusieurs reprises elles s'immobilisèrent ; le colonel retenait alors sa respiration et se figeait totalement jusqu'à ce qu'elles se remettent en branle. L'une des biches avait dû relever la tête et regarder autour d'elle, à la recherche d'un indice de possible danger. Le colonel ne se risquait pas à en faire autant. Il saurait bien assez tôt s'ils avaient été repérés : la biche lancerait un bref appel rauque avant de déguerpir ; et la chasse serait à l'eau.

La colline était imbibée du crachin obstiné d'octobre qui durait depuis des semaines et, bien que le temps fût aujourd'hui plus sec, les deux hommes étaient trempés jusqu'aux os. Il leur fallut vingt minutes pour traverser les cinquante mètres qui les séparaient du lit peu profond du ruisseau et le colonel haletait à force de concentration. Enfin à l'abri des regards, ils purent se mettre à quatre pattes. Le colonel n'en revenait pas qu'ils soient arrivés ici sans s'être fait remarquer.

Le guide continua de parler sur le souffle malgré le bruit de l'eau.

—Le cerf doit être à peu près à deux cents mètres, maintenant, peut-être un peu moins. Nous allons remonter le cours sur soixante mètres environ, jusqu'à ce petit monticule, là-bas à droite ; on pourra sûrement le tirer à ce moment-là.

Le colonel approuva une nouvelle fois et remit ses pas dans ceux de son compagnon. Il n'avait pas vu le cerf depuis qu'ils avaient commencé l'approche, deux heures plus tôt et près de huit cents mètres en arrière. À cinquante-cinq ans, petit, nerveux, il était en bonne forme physique et avait une excellente vue, mais le guide avait dû lui préciser l'endroit exact où se trouvait la bête.

Ils parvinrent au monticule. Danny fit signe au colonel de rester sur place et reprit seul sa reptation, disparaissant presque immédiatement dans l'herbe et la bruyère. Le colonel entreprit de se calmer en respirant profondément et songea à l'acte qu'il se préparait à accomplir. Il chassait depuis plus de trente ans mais l'excitation demeurait intacte. Il était chasseur dans l'âme ; il adorait ça. Chaque année, après sa semaine de chasse au cerf, il regagnait son bureau londonien avec l'esprit rajeuni, dans un état de fraîcheur qu'aucune autre activité n'aurait pu lui procurer. Dans quelques minutes, à présent, si tout se passait bien, un cerf serait mort et lui ressentirait ce mélange enivrant d'exaltation et de tristesse que provoque le spectacle d'une vie qui s'interrompt.

Silencieux et invisible, le guide était de retour.

—Il n'a pas bougé. Il est toujours couché. Je pense qu'on peut raisonnablement tenter le coup depuis le flanc du monticule.

– Où est-il ? demanda le colonel. À quelle distance ?

– Il nous fait face, à moitié, à environ cent quarante mètres et légèrement en contrebas. Je peux le faire se lever, si vous voulez, mais je préférerais éviter. Il faut être très prudent. Il y a plusieurs biches avec leurs petits à cinquante mètres entre le cerf et nous. La biche la plus proche est aux aguets ; si elle prend peur, elle va s'enfuir. Je pense que vous devriez le tirer pendant qu'il est encore étendu.

– C'est quelle sorte de bête ?

– Un très vieux cerf, peut-être même dans sa dernière année. C'est seulement un sept-cors avec une pauvre tête étroite, mais on peut parfaitement le tirer. Il doit peser dans les soixante-quinze, quatre-vingts kilos. Une bonne proie. Il revient de voir les biches et il se repose. Il est noir de boue et il a l'air vraiment fatigué.

Le colonel se sentit heureux. Il n'avait jamais eu l'intention de s'offrir un de ces trophées empaillés, ni de sacrifier un jeune animal ; il préférait de beaucoup abattre une vieille bête sur le retour à l'air décavé. C'était même exactement ce qu'il espérait. Il savait quelle fin attendait un vieux cerf édenté. Maigre et affaibli par le jeûne, à bout d'épuisement, l'animal se laissait généralement mourir de froid, couché en plein vent. Les corbeaux venaient lui dévorer les yeux avant qu'il soit complètement mort et le torturaient du bec pendant qu'il gémissait dans son agonie. Mieux valait finir d'un coup de fusil.

Le guide sortit le Rigby de son fourreau de toile et retira le capuchon protecteur en plastique de la lunette. Très calmement, il actionna la culasse, faisant passer une cartouche de 275 du magasin dans le canon, puis il enclencha la sécurité. Ils ne pourraient pas approcher à moins de cent trente mètres, ce qui n'était pas excessif pour un tireur compétent et il avait pu apprécier les talents du colonel, la veille, au stand, derrière le pavillon. Tout à fait capable – et même excellent. À une distance supérieure encore, il aurait eu toutes ses chances. Pourtant, il amenait toujours le chasseur le plus près possible et il n'avait jamais laissé tirer, même les très bons, de plus de cent soixante ou cent quatre-vingts mètres. Il fit signe au colonel de le suivre et ils rampèrent lentement sur les quelques mètres qui les séparaient de l'endroit idéal.

Petit à petit le colonel put découvrir le paysage. Juste avant, il y avait les biches avec les jeunes ; la plus proche semblait vraiment à portée de main. Elle avait la tête dressée et regardait vers le sommet. Plus loin, il vit enfin le vieux cerf, étendu comme l'avait dit Danny. Très prudemment, celui-ci lui donna le fusil et il commença à s'installer confortablement en position de tir.

Tout à coup, la biche tourna légèrement la tête dans leur direction. Le colonel se figea. *Bon sang, elle regarde en plein par ici,* pensa-t-il, *elle va nous voir, cette fois.* Pendant une éternité, l'homme et la bête se toisèrent.

Du coin de l'œil, la biche avait perçu un minuscule mouvement et elle fixait l'endroit. Plus rien ne bougeait, mais quelque chose, quelque chose d'infime avait changé. Elle était inquiète, dérangée. Était-ce un danger ? Elle n'en était pas certaine. Elle piétina nerveusement et son malaise se communiqua à son petit qui vint se serrer contre elle. Elle lui jeta un bref coup d'œil avant d'observer de nouveau le point suspect. Une biche plus jeune, à dix mètres d'elle, la considéra avec curiosité et, après avoir suivi son regard sans rien remarquer de particulier, se désintéressa de l'affaire. Le petit semblait perdu, agitant la tête de tous côtés. Une minute environ s'écoula encore avant que la mère ne décroche. Elle se remit à paître, mais le cœur n'y était plus ; elle restait troublée.

Le colonel laissa échapper un long soupir de soulagement lorsqu'il vit que l'animal piquait enfin du museau vers l'herbe. Avec la plus extrême prudence, il braqua la lunette sur le mâle et fit le point. Il libéra la sécurité. Le cerf se présentait obliquement et regardait ailleurs. Le colonel visa la poitrine près de l'épaule droite. Le temps se levait et, tandis qu'il prenait sa dernière inspiration avant de tirer, un rayon de soleil traversa la brume et vint donner tout son relief à la bête. *Parfait,* se dit le colonel ; il commença à expirer lentement et son doigt se crispa sur la détente.

Cette fois la biche n'avait plus de doutes. Elle venait d'apercevoir un éclat de lumière au même endroit, le soleil qui s'était brièvement réfléchi sur la lentille du téléobjectif. Ainsi avertie, elle lança un cri et détala. Les autres la suivirent.

Le colonel enregistra bien le cri mais son attention était entièrement concentrée sur le cerf et il ne sut pas que les biches s'enfuyaient. Dans la lunette, il le vit tourner vivement la tête vers lui. Il appuya sur la détente. À cette même seconde, le cerf se mettait sur pieds.

La déflagration fut assourdissante. Devant le colonel, un nuage d'humidité s'éleva de l'herbe détrempée, brouillant toute visibilité. Une demi-seconde après la détonation, le bruit de l'impact dans le corps du cerf leur parvint, indubitable. Le nuage se dissipa et ils purent voir la scène... La proie s'échappait.

Le vieux cerf était presque debout lorsqu'il sentit un coup énorme le frapper au côté droit, à trente centimètres en arrière de sa patte antérieure ; il manqua même retomber à terre. Il entendit la détonation un quart de seconde après. Il connaissait bien ce bruit : il signifiait danger – hommes. Il réussit à rester droit.

Aucun être humain, touché par une telle balle, n'aurait pu continuer à avancer, mais le cerf est un animal d'une force exceptionnelle. Regardant l'endroit d'où venait le bruit, il vit un petit nuage d'humidité au-dessus de l'herbe. Il n'avait pas besoin d'en savoir plus ; il décampa aussi vite qu'il put.

– Il est touché, colonel. – Le guide surveillait à la jumelle la fuite des bêtes. – Oui, il est touché. Aucun doute. Mais je ne peux pas vous dire où. Si c'est une blessure pulmonaire, il va s'écrouler dans une centaine de mètres au plus, mais je crois que vous l'avez atteint un peu en arrière. Donnez-moi donc le fusil, on ne sait jamais.

– Il a bougé, ce vieux salaud, Danny ! – Après la tension et le silence de l'approche, le colonel devenait soudain volubile. – Il a bougé, bordel, juste au moment où je le tirais ! Saloperie ! Une demi-seconde, c'est tout ce que je demandais !

Le cerf courait. Il se sentait bizarrement faible et essoufflé et il avait les jambes molles, mais l'adrénaline lui parcourait les veines. À lui seul, l'instinct de survie le poussait en avant.

Les biches, elles, avaient fui sans effort, dévorant la distance à toute vitesse ; le cerf les suivit. Au bout de cent mètres, le troupeau disparut derrière une hauteur. Danny se leva.

– Venez, colonel, il ne faut pas les perdre de vue.

Il se mit à courir, le colonel sur ses talons.

La hauteur donnait sur une cuvette. Parvenu au bord, Danny s'allongea à plat ventre et épaula le fusil. Il actionna la culasse, éjecta la cartouche vide du colonel et en fit entrer une autre dans le canon. Quelques biches étaient encore visibles, très loin, et s'attaquaient à la pente opposée de la dépression. Le colonel le rattrapa.

– Pourquoi nous arrêtons-nous ? demanda-t-il hors d'haleine. Il vaudrait mieux continuer, non ?

– Vous voyez ces biches, colonel ? Ce sont celles de tout à l'heure. Ou bien votre cerf est mort en contrebas, ou bien il va emprunter le même chemin. Ce sera la meilleure solution pour lui, même s'il doit faire de l'escalade. Si ça ne vous ennuie pas, c'est moi qui tirerai, cette fois-ci.

Le colonel s'installa à côté de Danny et lui jeta un coup d'œil en coin. Qu'entendait-il par « c'est moi qui tirerai » ? D'ici ? Ridicule ! De quoi parlait-il ? A une pareille distance ! Ils feraient mieux de pister le cerf en espérant qu'il finirait par s'épuiser.

Le visage du guide semblait serein. Au bout de quelques secondes, ses yeux se rétrécirent sous l'effet de la concentration. Le colonel suivit son regard. Le cerf venait d'apparaître au loin, comme Danny l'avait prédit, et il choisissait le même chemin que les biches, escaladant la pente.

– Oh, Jésus, grogna le colonel. Je l'ai seulement blessé. Et maintenant il est à des kilomètres. Sacré gâchis !

– Il faut que je me concentre, là, colonel.

Danny bloqua le fusil dans le creux de son épaule et plaqua son œil à la lunette. De nouveau le colonel le regarda en biais et l'étudia attentivement. *Aucun doute*, il prétendait tirer *d'ici*.

Le cerf se trouvait à cinq cents mètres environ, largement à la traîne derrière ses biches. Il se sentait sans force, maintenant totalement engourdi à l'endroit de l'impact et une douleur terrible commençait à lui dévorer le ventre. Il avait toussé et trébuché deux ou trois fois en dévalant la pente, tout à l'heure, et avait failli tomber, mais à présent qu'il s'agissait de grimper, c'était plus facile. La bizarre impression que lui donnait son corps lui insufflait ce qu'il fallait de terreur pour continuer à fuir. Il aurait voulu se coucher pour se reposer mais un instinct l'obligeait à tenir.

Danny appuya sur la détente. La balle traversa la cuvette à près de trois mille kilomètres à l'heure. Cinq cents mètres plus loin et un peu moins de trois quarts de seconde plus tard, elle fit mouche.

Le vieux cerf n'entendit jamais la détonation. À la place, il ressentit un nouveau choc épouvantable à la base du cou, juste entre les épaules et puis – plus rien. L'écho du coup de feu rebondit sur les parois de la cuvette et tournoya un instant, comme un grondement de tonnerre.

Le colonel n'y comprenait plus rien. Le cerf s'était effondré, raide mort.

– Par tous les diables, souffla-t-il, je n'ai jamais vu une chose pareille de toute ma vie ! Seigneur, cette bête se trouvait à des putains de kilomètres ! Et en train de courir, en plus, par tous les saints ! C'est le carton le plus fantastique que j'ai jamais vu, bordel !

Danny se remettait tranquillement debout. Il déchargea le Rigby, replaça la protection sur la lunette et glissa le fusil dans son fourreau.

– Bah, j'en sais rien, colonel, dit-il avec insouciance. J'ai peut-être eu un peu de chance. On ne peut jamais jurer de rien. Venez, monsieur, allons voir ce cerf de plus près.

Le colonel suivit Danny, encore tout émerveillé et incrédule. C'était bien vrai que, jamais, de sa vie entière, il n'avait vu pareil exploit ; ça lui paraissait déjà un pari insensé de seulement espérer atteindre une cible fixe à cette distance, mais tuer net, d'une seule balle, un animal en mouvement, alors là...

16

Il avait vu l'expression du visage de Danny au moment décisif et, malgré sa longue expérience qui lui criait aux oreilles que ce tir-là était un monstrueux coup de veine, le colonel savait avec une certitude absolue que la chance n'avait pas joué le moindre rôle dans cette affaire.

2

– C'est très aimable à vous d'être venu, monsieur Asher. Je vous suis vraiment très reconnaissant d'avoir bien voulu m'accorder un peu de votre si précieux temps.

Le ministre serra la main de Roger Asher et le gratifia d'un large sourire. Il espérait qu'il n'en faisait pas un peu trop. Il avait tendance à se montrer parfois exagérément démonstratif quand il lui fallait saluer des gens qu'il n'aimait pas. Un de ses amis lui en avait fait un jour la remarque et il s'en était irrité. Ce qui ne l'avait pas empêché de reconnaître qu'il n'avait pas tort, et depuis il s'observait. Heureusement, il avait un charme personnel suffisant pour s'en sortir et rares étaient ceux qui se montraient totalement réfractaires.

Il scrutait le visage d'Asher sans le moindre plaisir, ses sentiments réels bien à l'abri d'un sourire amical. Il se dit qu'il n'y avait pas de quoi s'inquiéter. Roger Asher était accoutumé aux flatteries. Les louanges et la servilité étaient son pain quotidien. Le ministre pensa qu'il devait être bien difficile de garder la tête froide lorsqu'on était entouré de sycophantes et de béni-oui-oui.

– C'est moi qui suis ravi, monsieur le ministre, tonna Asher.

Le ministre l'invita poliment à s'asseoir dans un grand fauteuil confortable. Asher se laissa tomber sur le cuir capitonné qui gémit sous sa gigantesque carcasse. Le ministre nota qu'Asher transpirait. Il n'arrivait pas à comprendre qu'un homme puisse accepter d'en arriver à un tel degré d'embonpoint. On aurait dit un monument érigé à la gloire des abus.

– Un citron pressé ? Fabrication maison. C'est rafraîchissant.

– Volontiers, merci.

Le ministre emplit les verres. Il s'installa en face d'Asher et contempla le gros homme qui engloutissait le liquide. Il se demanda si les mauvaises manières avaient pu, d'une façon ou d'une autre, aider Asher à amasser son énorme fortune, ou si, au contraire, une fois acquise, la fortune dispensait des bonnes manières. Quelle que soit la réponse, Asher semblait peu préoccupé d'être classé premier en comportement social. Son ego devait être directement proportionnel au volume de son corps, et l'opinion des autres sur ses marottes devait bien peu l'intéresser – comme l'opinion des autres en général, d'ailleurs. Tout de même, Asher paraissait éprouver un immense plaisir à frayer avec les Grands et à donner des consultations à des hommes politiques. Il avait accepté ce rendez-vous avec une précipitation qui frisait l'indécence.

– Votre vol s'est bien passé, j'espère ? s'enquit le ministre avec sollicitude.

Asher arrivait de New York dans son avion privé, un Gulfstream IV richement équipé selon ses propres choix. De mauvais goût peut-être, mais sans doute plutôt confortable.

– Parfaitement, je vous remercie, monsieur le ministre, répondit Asher. Mais je dois avouer que les avions ne me passionnent pas. Je n'ai jamais beaucoup aimé ça.

Il avala une gorgée de citronnade et reposa son verre. On en avait fini avec les politesses. Le ministre jeta un bref coup d'œil sur ses ongles et parla.

– Le gouvernement doit faire face à un problème assez délicat.

Il s'interrompit, comme s'il hésitait à poursuivre. Il n'en était rien, bien sûr, mais il voulait donner l'impression d'un léger embarras. Il était doué pour manœuvrer les gens. Il s'agissait simplement d'adapter le propos à l'interlocuteur. À aucun moment il ne sentit faiblir sa conviction que cet homme n'était qu'une baudruche. Asher avait réussi d'une façon éclatante ; il était perspicace, rusé et savait nager.

Bon, nous allons être deux, à ce petit jeu, pensa le ministre. Lui-même avait dû montrer de brillantes qualités dans le domaine de la natation pour se maintenir à flot durant les convulsions politiques des années 80. De grands ancêtres et une belle éducation ne rendaient plus aujourd'hui autant de services qu'autrefois. Une vieille famille, Eton, Oxford... tout ce parcours semblait même parfois dépassé, de nos jours ; pour ne pas dire pire. Le ministre avait mis tout cela de côté et s'en était bien sorti jusqu'ici. Mais le récent changement à la tête du pays laissait espérer que les méthodes allaient s'assouplir et les contrastes s'estomper. Cela lui convenait tout à fait car il avait toujours préféré la subtilité et la modération au tintamarre. Il souhaitait que l'élection prévue pour le printemps 1992 consacre définitivement cette nouvelle orientation.

– Un certain sujet pose au gouvernement un réel problème, reprit-il. Problème que nous avons hâte de voir résolu et nous avons pensé que vous sauriez nous donner de judicieux conseils et même quelques suggestions quant aux mesures que nous serons amenés à prendre.

Le ministre ne doutait pas qu'Asher fût séduit par cette entrée en matière. Il jeta un coup d'œil au gros homme et constata qu'il buvait ses paroles.

– C'est un sujet des plus délicats, dit-il enfin, accentuant encore l'embarras qu'il affichait depuis un moment.

– Votre confiance m'honore, monsieur le ministre, déclara Asher. Évidemment, je ne demande qu'à vous aider. Ce serait un véritable honneur, je le répète.

Asher n'était pas honoré, il était flatté, pensa le ministre. Seulement, il ne faisait pas la différence. La formule « sujet des plus délicats » ne lui avait pourtant pas échappé. Asher n'était pas un imbécile et il devait parfaitement savoir que l'expression signifiait invariablement que le sujet était des plus *indélicats*. *Allons, tout va bien*, se dit le ministre. Comme il l'avait espéré, Asher n'avait pas bronché en entendant qu'on lui proposait de tremper dans une affaire à risques. Pour se mettre totalement au sec, il voulut être sûr d'avoir été bien compris.

– Nous sommes arrivés à la conclusion regrettable que cette affaire nécessite un traitement radical.

Toujours pas le moindre signe de gêne ou d'inquiétude sur le visage d'Asher. Le ministre venait de se montrer aussi clair que possible et le gros homme hochait la tête, sans réticence. Ça s'annonçait encore plus facile que prévu. Il décida de faire l'économie des quelques phrases allusives qu'il gardait en réserve. Il se sentit un peu déçu de devoir ainsi renoncer à une ou deux habiles manœuvres qu'il aurait bien expérimentées sur ce client.

– C'est un individu qui pose problème, dit-il, et il se tut pour laisser aux mots le temps de produire leur effet.

Mais la réponse d'Asher tomba aussitôt, brutale.

– Il doit y avoir pas mal d'individus qui posent problème au gouvernement. Qu'est-ce qu'il a fait votre type ?

Il se pencha lourdement en avant pour se servir un autre jus de citron. Puis il reprit :

– Bah, peu importe. Je vous fais confiance. Je suppose que ça ne doit pas être une affaire bénigne.

– Je vois qu'il sera inutile de tourner autour du pot, remarqua le ministre, conservant avec peine son masque impassible. J'ai toujours eu la plus grande admiration pour vos facultés d'appréhension – j'aimerais pouvoir en dire autant de tous les gens que j'ai rencontrés.

Bon sang, se dit-il, *voilà qu'il approuve, en toute modestie*. Puis, frappant dans ses mains :

– Bien, je pense que le moment est venu d'entrer dans le vif du sujet.

Un quart d'heure plus tard, les deux hommes mettaient un terme à leur conversation et se levaient. Le ministre serra chaleureusement la main d'Asher et le remercia interminablement pour l'aide qu'il venait de lui promettre. La rencontre s'était passée le mieux du monde. Asher avait accepté de s'occuper de tout. Le gouvernement n'apparaîtrait à aucun moment ; il y aurait un... quelle était déjà cette horrible expression ? Ah oui, un « fusible ».

Après le départ du gros homme, le ministre referma la porte de son bureau et s'y adossa un instant. La tête lui tournait presque à l'idée de la simplicité enfantine avec laquelle tout venait de se dérouler.

3

Sir Peter Dartington avait été intrigué par l'invitation qu'il avait reçue. Intrigué et, il devait bien le reconnaître, plutôt flatté et excité. Évidemment, on n'imaginait pas que de respectables hommes d'affaires comme lui pussent se montrer excités. Il s'en fit la remarque. Dartington accordait beaucoup d'importance à sa respectabilité ; il l'avait gagnée brin à brin et n'était pas peu fier de son succès.

Oui, pensa-t-il, il avait eu une vie de labeur inimaginable. À se briser le dos, littéralement. Il ne se lassait pas de raconter à tout le monde ses origines modestes, la blessure qui avait changé son destin, la transformation de la Dartington and Son (Constructeurs) Ltd en Darcon International plc. Il savait que l'histoire impressionnait et il ne doutait pas qu'elle persuadât son auditoire que n'importe qui, avec la même force de travail et la même détermination, pouvait réussir aussi bien que lui.

Un modèle pour les autres – combien de fois l'avait-on ainsi présenté dans les réceptions ? Des dizaines, sinon des centaines. Et, la plupart du temps, il resservait son anecdote favorite dans son discours de remerciements.

–Je crois que je suis ce qu'on peut appeler un constructeur à finitions, disait-il toujours. Et à plus d'un titre. « Finitions » est un terme de métier qui désigne les ultimes retouches auxquelles on procède après la construction proprement dite. Enduit, plâtre, etc. L'embellissement, si vous préférez. Eh bien, laissez-moi vous dire qu'après mon accident, il y a bien longtemps maintenant, il y avait pas mal de ravaudage à effectuer et j'étais dans le plâtre de la tête aux pieds. Suis-je embelli pour autant, on peut en douter !

Ça faisait toujours rire. Dartington était un bon orateur, naturellement. Il n'avait jamais eu la moindre intention d'atténuer son lourd accent provincial, et avait moins sacrifié aux conventions que la plupart des hommes d'affaires de sa catégorie. Il avait tout de même consenti quelques concessions, bien sûr. Très vite, il avait compris que, pour prospérer dans la construction, il fallait savoir se montrer impitoyable. D'abord, il avait détesté ça, puis il n'avait pas tardé à s'apercevoir qu'il était particulièrement doué pour prendre des décisions très dures ; il avait eu cependant la prudence d'éviter de se faire une réputation dans ce domaine et il masquait aujourd'hui encore son ambition sous des manières simples et familières. Peu de gens l'avaient mis en colère très gravement, mais ceux qui s'y étaient risqués s'en souvenaient toujours. Les autres le jugeaient sur la mine. On l'aimait bien. Tout le monde le voulait à sa table ou dans son conseil d'administration. Il n'avait que l'embarras du choix.

Mais cette invitation-là avait été irrésistible : « M. Roger Asher serait heureux de vous recevoir sur le *Princess Scheherazade* pour y passer le week-end au large de Cannes. » Et la secrétaire particulière d'Asher avait appelé pour préciser que, dans le cas où Sir Peter accepterait son invitation – elle ne semblait pas envisager un refus –, l'avion personnel du patron serait mis à sa disposition pour le voyage à Cannes aller et retour, et qu'une voiture l'attendrait afin de le conduire de l'aéroport à la marina.

Dans un premier temps, pris de court, Dartington n'avait pas su quoi répondre. Il avait entendu parler d'Asher, bien sûr – comme tout le monde – mais il ne l'avait jamais rencontré. Il avait bafouillé qu'il devait vérifier son emploi du temps et avait feuilleté son agenda. Le week-end était libre : sa femme partait suivre un de ses fréquents stages dans sa ferme écologique préférée et son seul projet était donc de se morfondre chez lui.

La proposition ne présentait aucune alternative : il avait accepté.

Et maintenant il était sur ce fichu yacht, démesuré et tape-à-l'œil, prisonnier d'une chaise longue, avec des larbins qui veillaient sur lui comme des esclaves. Deuxième sujet d'étonnement, il se trouvait seul à bord avec Asher – en dehors de l'équipage, évidemment, composé de onze membres pour deux passagers. Mais tout cela ne comptait pas à côté de la troisième surprise : la veille, à la fin du repas, son hôte avait renvoyé le steward et s'était mis sans détour à parler affaires. Et quelles affaires ! Il en avait encore la migraine. Quelle offre extraordinaire ! *Peter, mon garçon*, se dit Dartington, *là, attention, il s'agit de marcher sur des œufs.*

– Bonjour, Peter.

Dartington tourna la tête et vit Asher qui sortait du salon, enveloppé dans une robe de chambre. Le gros homme traversa lourdement le pont et vint s'effondrer dans un grand fauteuil.

– Vous prenez autre chose ? Andrew ! hurla-t-il. À boire pour Sir Peter et pour moi.

–Bonjour, Roger, répondit Dartington.

Il était midi passé. Comment pouvait-on se lever à des heures pareilles ? Lui, il avait toujours été du matin. Et il n'avait plus très soif non plus ; ce pauvre petit Andrew lui avait déjà servi trois gins-tonic et il avait à peine trempé ses lèvres dans chacun d'eux. Dartington pensa que le jeune steward devait avoir pour consigne de remplacer les consommations chaque fois que la glace avait fini de fondre dans les verres.

Andrew parut, portant un grand gobelet de jus d'orange pour Asher qui le prit sans un mot et l'engloutit d'un trait, et d'un gin-tonic tout neuf pour Dartington. Celui-ci remercia le garçon. Andrew sourit et se retira.

–Vous avez repensé à notre conversation d'hier soir ?

Asher essuya une goutte de jus d'orange qui fuyait sur son menton. Dartington se leva et vint se caler dans un fauteuil, à l'ombre, tout en ruminant sa réponse.

–Je suis certain que vous comprenez, Roger, que je me sens un peu en dessous de la situation. Je veux dire... je ne me suis jamais lancé jusqu'ici dans ce genre de choses.

–Mais moi non plus, mon bon ami, dit Asher, enjoué. C'est très inhabituel, j'en conviens volontiers. Mais ce qui compte, c'est qu'il s'agit de l'intérêt national. Je suis patriote, et je sais que vous l'êtes aussi. C'est ça l'important. Venir en aide à notre pays.

–Je vous fais confiance là-dessus, Roger. Sans arrière-pensées. Mais pourquoi ne font-ils pas le boulot eux-mêmes ? Pourquoi ne confient-ils pas ça au SAS ou à quelqu'un de ce calibre ? Je ne comprends d'ailleurs pas qu'ils n'en aient pas eu l'idée, à l'heure qu'il est ?

–Je ne crois pas divulguer un secret en vous disant qu'ils y ont pensé. Le problème a trois volets. Primo, il leur faudrait beaucoup de temps pour monter l'affaire. À mon avis, plus d'un an. Secundo, non seulement le succès ne serait pas garanti, mais un éventuel échec entraînerait une publicité absolument inacceptable pour le gouvernement. Les retombées d'un tel fiasco – même si les possibilités sont minimes – seraient dramatiques, vous l'imaginez bien. Et tertio, et c'est là sans doute le point essentiel, il y a une sorte de loi non écrite qui interdit aux gouvernements de s'en prendre aux personnes. Ils peuvent se conduire comme des bêtes à l'égard de pays pris dans leur globalité, mais on n'admettrait pas qu'ils agissent de même envers des individus. Je vous assure que, même dans ce cas particulier, il y aurait une levée de boucliers internationale si la chose était découverte. C'est ridicule, mais c'est ainsi.

Asher alla chercher au fond de son verre une dernière trace de jus d'orange, puis il reprit :

—Les exemples ne manquent pas, d'ailleurs, où cette loi a été transgressée. Prenez les deux plus spectaculaires, qui concernent tous deux les États-Unis : le premier, quand ils ont voulu déboulonner Noriega, au Panama, et l'ont fait prisonnier, et le second, quand ils ont bombardé la Libye en espérant atteindre Khadafi. Chaque fois, le monde a ressenti l'événement comme une attaque personnelle alors que, dans les deux cas, l'emprisonnement de l'un et la mort de l'autre n'auraient chagriné personne. Et chaque fois, les États-Unis ont été accusés de violation de la souveraineté nationale, de gangstérisme et de toutes les imbécillités que les guignols des Nations unies ont pu imaginer. Le problème, c'est que les États membres des Nations unies sont à quatre-vingt-dix pour cent dirigés par des tyrans et des despotes, d'un bord ou de l'autre, qui ne veulent surtout pas créer un précédent dont ils risqueraient de pâtir à leur tour. C'est pour cela qu'ils se serrent les coudes et que les gouvernements un peu malins ne s'avisent pas de transgresser la loi tacite.

Dartingon crut qu'Asher avait terminé. Mais le gros homme avait encore une précision à apporter :

—Il y a bien sûr un pays qui n'a jamais tenu compte de ce consensus et qui a toujours chassé les individus, des terroristes pour la plupart, coupables de crimes contre son peuple. Je veux parler d'Israël, évidemment. Je ne vous apprendrai rien, Peter, si je vous fais remarquer que, depuis des années, Israël est un des pays les plus isolés du monde.

Dartington s'était levé et arpentait le pont, le front soucieux.

—En bref, ce que vous me dites, Roger, c'est que lorsqu'ils ont un sale boulot à faire, ils s'adressent à des gens comme vous ou moi pour monter le coup et l'exécuter à leur place ?

—Je n'en sais rien, répondit nonchalamment Asher. C'est la première fois qu'on me contacte pour une chose pareille. Mais je suppose que ça doit se passer comme ça, oui.

—Et pourquoi moi, plus particulièrement ?

Ce qu'il avait envie de demander, c'était : *Pourquoi vous ?*

—Là, je peux répondre, puisqu'ils ne vous ont *pas* contacté. Ils m'ont contacté moi. Ils ignorent même que je suis en train d'essayer de vous convaincre. Alors pourquoi j'ai pensé à vous ? Mais parce que vous êtes un patriote qui a déjà montré que son pays compte pour lui, et deuxièmement parce que votre compagnie est bien implantée dans la région qui nous occupe et pourrait donc servir de base pour notre opération. La troisième raison est un peu plus complexe, mais j'estime de mon devoir de vous l'exposer. Ça vous aidera à comprendre pourquoi le gouvernement se mêle d'une affaire qui, après tout, du point de vue du droit international, est parfaitement illégale.

Asher sembla se recueillir un instant avant de poursuivre.

– Croyez-moi si vous voulez, et d'ailleurs peu de gens en doutent, le gouvernement britannique est très désireux de rester dans la loi. Le peuple l'exige. Ce n'est pas toujours facile, mais c'est la condition nécessaire pour rester irréprochable. Si la plus vieille démocratie parlementaire du monde se mettait à jouer avec le droit, vous imaginez ce que pourraient en conclure d'autres États moins scrupuleux. Aussi nous autorisons-nous – quand il le faut – à élever la voix un peu plus fort que les autres lorsque sont dépassées, quelque part, les limites imposées. Ce n'est pas toujours aisé de s'en tenir à cette ligne de conduite, mais en définitive, elle se révèle payante. J'ai été député dans le temps et je vous assure qu'on n'a qu'à se féliciter de cette rigueur.

Asher contempla un instant son verre vide.

– Pourtant, reprit-il, il arrive que le gouvernement soit poussé à négliger ces principes. Et c'est ce qui se passe aujourd'hui. Je vais vous expliquer pourquoi.

Il regarda au loin puis revint sur Dartington qui avait regagné son siège et écoutait, tendu, concentré.

– Comme vous le savez, je suis un Européen sincère. Mon journal suffit à l'attester. Je pense que vous ne doutez pas de mes convictions sur ce sujet.

Dartington approuva. Pourtant il ne voyait plus très bien où l'autre voulait en venir. Pourquoi lui parlait-il de l'Europe ?

– Nos partenaires européens se montrent parfois... disons, difficiles, continua Asher. Vous n'ignorez pas que nous sommes actuellement au stade final des négociations pour le traité qui doit être signé à Maastricht dans deux mois. Il reste quelques points délicats à étudier. La majorité des pays a une vision plus fédéraliste que la nôtre – le mot n'a pas la même connotation pour eux et ils se méfient moins du fédéralisme que les Britanniques. À mon avis, notre gouvernement a parfaitement pris la température de notre peuple et il y a une limite qu'il n'est pas décidé à franchir. C'est regrettable, mais en réalité je pense qu'il a raison. À quoi servirait de s'engager sur un texte que les électeurs pourraient vouloir par la suite rejeter dans son ensemble ou qui créerait des divisions à l'intérieur même des partis. Il sera toujours temps de faire un nouveau pas plus tard, quand on saura plus sûrement où va l'Europe et quels avantages nous apporte le fédéralisme. Pour le moment, on reste dans le flou et les quelques individus qui y voient clair sont bien inspirés d'attendre le moment où il leur sera possible d'entraîner tout le pays derrière eux... Mais je m'égare. Ce que je veux dire, c'est que certains de nos partenaires font pression pour que nous avancions sur ce problème du fédéralisme. Et l'un de ces partenaires est encore plus

26

pressant que les autres. Vous devinez sans doute de qui je veux parler.

Les Français, pensa Dartington. *Ça ne peut être que ces satanés Français. Qu'est-ce qu'ils viennent faire ici ?*

—Le commerce français a pris du plomb dans l'aile, l'année dernière, à cause de la situation internationale, poursuivit Asher. Vous avez certainement eu des échos de quelques scandales, mais je puis vous assurer qu'il y en aura d'autres. Leur balance commerciale est en grave déficit. Inutile d'en dire davantage, étant donné leur attitude plutôt brutale. Il suffit de se rappeler que dans le passé ils ont prouvé qu'ils pouvaient signer des accords avec des partenaires de tous bords et pas forcément très fréquentables. Vous vous souvenez sûrement avec quel empressement ils ont vendu des Exocet aux Argentins en pleine guerre des Malouines. Malheureusement pour eux, ils se trouvent coincés en un point particulier du globe. Un ou deux contrats assez juteux ont dû être gelés. Les Français veulent à toute force que la situation change. Et il y a un obstacle à ce changement – un seul. Vous voyez où je veux en venir ?

Dartington commençait à voir, en effet.

—Mais quel rôle joue le gouvernement britannique dans cette histoire ?

—C'est très simple, dit Asher. Les Français n'ont pas, apparemment, les capacités requises pour supprimer eux-mêmes cet obstacle. Ils le savent et le gouvernement britannique aussi. Il s'est donc engagé à le faire à leur place. En compensation, ils s'aligneront sur nos positions lors de la signature du traité de Maastricht. Et le gouvernement britannique se couvre en s'adressant à des privés pour l'opération, plutôt qu'au SAS. Mais ce détail, les Français l'ignorent, bien entendu. Quoi qu'il en soit, voici le paysage réel. L'accord avec la France est la base même de tout le projet. Je ne vois d'ailleurs pas quel autre bénéfice pourrait en tirer le gouvernement britannique. Il aurait même intérêt à laisser les choses en l'état. Mais la nécessité d'une entente à Maastricht pousse la Grande-Bretagne à rendre ce petit service à la France.

Asher ne quittait pas Dartington des yeux, l'empêchant de détourner le regard.

—Je suppose, poursuivit-il, que vous saisissez maintenant pourquoi j'ai fait appel à vous. Je vous sais proeuropéen et en même temps grand patriote. Contrairement à ce que certains aimeraient nous faire croire, les deux qualités ne sont pas incompatibles. J'espère que toutes les indications que je viens de vous fournir suffiront à vous convaincre. Cependant, il y a une dernière raison, mais avant de vous en parler, j'ai besoin de votre accord.

Dartington se rendait bien compte qu'on était en train de faire pression sur lui, en quelque sorte. On pinçait la corde «patriotique». Et pourquoi pas, pensa-t-il; «patriote», il l'était. Mais sa nature prudente le retenait de se lancer comme ça.

—Excusez-moi, Roger, dit-il, mais vous me prenez de court. Laissez-moi le temps de réfléchir un peu.

—Bonne idée, répondit Asher. C'est bien naturel. Allons déjeuner.

Le repas fut plutôt silencieux. Asher ingurgitait coupe sur coupe de champagne rosé et mangeait à grandes bouchées, alors que Dartington, au contraire, touchait à peine à la nourriture et restait perdu dans ses songes. Il considérait l'aventure où il allait peut-être mettre les pieds. Il comprenait bien quelle logique soutenait l'ensemble. En réalité, le discours d'Asher sur l'unité européenne n'avait eu aucun effet sur lui. Il était européen par pragmatisme, non par élan. Personnellement, il aurait préféré de beaucoup voir la Grande-Bretagne échapper aux entreprises hégémoniques de Bruxelles et de Strasbourg. Il n'avait rien contre les Français, et il éprouvait même une sorte d'admiration pour leur façon d'enlever des marchés. Il détestait les Allemands qu'il trouvait dans l'ensemble stupides, arrogants et forts en gueule, mais il savait les supporter quand c'était son intérêt.

C'était du point de vue des affaires que Dartington voyait la nécessité de rester au sein de l'Europe. Pour son entreprise, il n'y avait même pas d'autre solution que l'Europe. Il avait insisté sur ce point dans chacun de ses discours et sans doute était-ce là qu'Asher avait été pêcher son «proeuropéanisme». Mais cette ligne était celle du patron; l'homme, lui, considérait le Marché commun comme le royaume des pots-de-vin. Dedans c'était la guerre pour décrocher les contrats, et dehors il fallait y renoncer. En privé, il haïssait la corruption et aurait pu se définir comme un eurosceptique. Parfois même, et principalement lorsque le visage odieux de Jacques Delors apparaissait à la télévision, il se voyait dans la peau d'un «eurocide».

Ce qui le dépassait vraiment, c'était cette ferveur quasi religieuse qui animait certains fanatiques proeuropéens. Ils utilisaient tous la même rhétorique, criblée de métaphores stupides, débiles jusqu'à l'incohérence. Tout comme Asher, à l'instant, ils parlaient avec extase du «rêve européen», de la «vision européenne». Pour Dartington, il n'y avait là ni rêve ni vision. D'ailleurs, il avait cherché le sens exact de ces mots dans le dictionnaire. Ils avaient en commun une définition qui les disqualifiait l'un et l'autre: hallucination.

Mais il devait bien reconnaître que le projet que venait de lui exposer Asher l'emballait assez. S'il pouvait raconter un jour une histoire pareille à ses petits-enfants ! Et puis non, pensa-t-il, à la réflexion, pas question de la raconter à quiconque. Mais quelle aventure ! Tellement excitante ! Voilà ce fichu mot qui le titillait de nouveau. Mais bon sang, pourquoi pas ? Il vieillissait et tout homme doit avoir quelque chose à regarder s'il se retourne vers son passé. Le fils d'entrepreneur, cruellement blessé à dix-huit ans en tombant d'un échafaudage, et qui pouvait aujourd'hui faire trembler le monde. Jusqu'à ce week-end, il avait mis toute son énergie à chercher comment protéger son entreprise de la grave récession qui frappait le Bâtiment. Peut-être tenait-il là l'élément qui allait le sortir de sa morosité...

Les deux hommes finirent de déjeuner un peu avant trois heures et regagnèrent le pont. Andrew vint servir le café avec une verseuse en argent. Le temps était doux et radieux, et Dartington se sentit assis sur le toit du monde. Quelle vie, songea-t-il. Soixante ans et un truc comme celui-ci vous tombe dessus. Alors, pourquoi pas ?

—D'accord, Roger, je suis votre homme. Je me sens capable de réussir. J'entrevois même par quel bout je vais commencer.

—Magnifique ! tonna Asher. Magnifique ! Voilà une décision sensée et patriotique, si je puis dire.

Avant de poursuivre, il adopta un ton de conspirateur.

—Je suis maintenant en mesure de vous informer que le gouvernement saura prouver sa gratitude.

—Mais je... J'avais compris que le gouvernement ignorait que vous m'aviez contacté.

—C'est juste. Et officiellement, ils continueront à ne pas être au courant de votre participation – officiellement. J'insiste sur ce terme. Malgré cela, je suis habilité à conclure un accord garanti par le gouvernement.

—Que voulez-vous dire ?

—Les temps sont difficiles, dit Asher. Pour tout le monde. Excusez-moi, mais j'ai pris certains renseignements. En réalité, je possède quelques actions de Darcon. Ce n'est un secret pour personne que la construction souffre assez durement depuis un an environ.

La mine de Dartington s'assombrit.

—Où voulez-vous en venir, Roger ? Nous ne sommes pas à vendre, si c'est ce que vous avez en tête.

—Non, non, mon Dieu, non ! protesta Asher. Loin de là, mon bon ami ! C'est une solution toute différente que je veux vous suggérer. Patientez un peu, que je m'explique.

Dartington ne répondit pas mais resta sur ses gardes tandis qu'Asher, souriant, choisissait ses mots.

– Si je suis bien informé, Darcon participe actuellement à onze gros concours de construction à travers le monde, trois en Grande-Bretagne, deux autres en Europe et le reste un peu partout. Et quand je dis « gros », je parle de contrats dépassant chacun cinquante millions de dollars.

Dartington demeura bouche bée alors qu'Asher enchaînait :

– Un seul de ces contrats, dans le cas où Darcon remporterait la décision, suffirait à tenir la tête de votre entreprise hors de l'eau pendant un bout de temps. Vous ne plongeriez pas. Si deux contrats vous étaient confiés, l'avenir de Darcon serait peint en rose. Mais la compétition est impitoyable.

Asher avala son café à grand bruit.

– Je ne vais pas y aller par quatre chemins. Si ce projet réussit, le gouvernement vous assure la victoire pour deux de ces concours. Évidemment, rien ne vous empêchera d'en gagner un troisième et même un quatrième, grâce à votre seul mérite. Mais vous avez une base minimum de deux, garantie par moi.

La mâchoire inférieure de Dartington se promenait quelque part dans la région de ses premières côtes. Il posa sur Asher un œil hagard en essayant d'évaluer la réalité de la promesse qu'on venait de lui faire. Car il s'agissait bien d'une promesse. L'autre l'avait formulée *après* son acceptation, pas avant. Quel intérêt aurait-il eu à la faire s'il n'était pas en mesure de la tenir ? C'était bel et bien vrai.

Asher se leva, administra une petite tape rassurante sur l'épaule de Dartington et regagna le salon, laissant son invité sur le pont, sonné.

Trois heures plus tard, l'hôtesse du Gulfstream IV informa le pilote que Sir Peter Dartington se comportait d'une façon plutôt étrange. C'était vraiment bizarre, dit-elle. Toutes les deux ou trois minutes, l'homme se mettait à pouffer comme une collégienne. Sans raison apparente. Fallait-il faire quelque chose ?

Le pilote lui conseilla de ne pas s'inquiéter. Très souvent, le patron produisait un drôle d'effet sur les gens.

4

Ed Howard avait quarante-cinq ans. Grand, mince, les yeux noirs, il comptait treize années d'armée active derrière lui. De 1966 à 1979 il avait été officier dans les Royal Marines et dans le Special Boat Service.

Il s'était marié en 1976 et Claire, sa femme, avait très vite insisté pour qu'il quitte l'armée et se trouve un emploi mieux payé, avec des horaires réguliers. Lorsque le père d'un ami des Forces Spéciales américaines lui proposa une place à la City, elle le convainquit de l'accepter, et avec regret, il abandonna l'armée.

Howard savait bien que la vie militaire allait lui manquer mais jamais il n'aurait cru que ce fût à ce point. Il se sentait mal à Londres, il ne connaissait personne dans la City, ne comprenait rien aux affaires et n'avait jamais dirigé un bureau. Après avoir pataugé une semaine, il annonça à son employeur qu'il n'était pas l'homme de la situation, mais le vieux Ziegler ne se laissa pas démonter. En réalité, il était ravi qu'Howard se montrât si honnête et si désintéressé.

—Ed, je ne vous ai pas engagé pour vos qualités de financier. Je vous ai engagé pour votre jugement et votre capacité d'obtenir des autres des résultats. Alors, trouvez des gens compétents pour exécuter le boulot et ayez l'œil sur eux. Je ne vous en demande pas plus.

Le vieil homme avait dévoilé son jeu, pensa Howard, mais seulement en partie. Il n'avait pas soufflé mot de son deuxième mobile : il voulait faire d'Howard un exemple que son fils Mike pourrait suivre. Plus d'une fois, Ziegler lui avait confié qu'il espérait que son fils allait «cesser de jouer au petit soldat et se bâtir une carrière dans les affaires ».

Pendant trois ans, Howard justifia pleinement la confiance que le vieux avait mise en lui. Il écuma le marché et finit par découvrir un jeune homme frustré et ambitieux qui travaillait pour une grosse maison et il le persuada de tenter sa chance. L'élu amena son équipe avec lui et Howard leur signa un beau contrat avec pour seule consigne : « Bosser dur ». Au bout de trois mois de marasme, l'horizon s'éclaircit et une belle opération fut réalisée. Le vieux Ziegler était satisfait et Howard, à sa grande surprise, s'aperçut qu'il se débrouillait plutôt bien avec l'organisation. Son équipe de commerciaux ne se plaignait pas, au contraire, de lui laisser la partie administrative.

Howard était bien traité et payé mieux encore, mais il n'arrivait pas à s'adapter à l'atmosphère confinée de la City. Il s'accrocha pendant trois ans au bout desquels il alla voir son patron pour lui dire qu'il déclarait forfait. Le vieux fut triste, mais il parut comprendre.

– Qu'allez-vous faire, Ed ?

– Sécurité individuelle et d'entreprise. Ça consiste à conseiller les gens sur les problèmes de sécurité et les aider à se garder des terroristes ou des ravisseurs. C'est un gros marché, par les temps qui courent. Et puis, c'est davantage dans mes cordes.

– Et vous emmenez Mike avec vous ?

C'était presque un espoir. Son fils avait bien suivi l'exemple d'Howard, mais le vieux s'était vite rendu compte que Mike n'était pas doué pour le commerce.

– Je ne le lui ai pas demandé, dit Howard, et je ne me le serais pas permis sans votre approbation. Mais il voudra peut-être me rejoindre quand il entendra parler de la société. Je ne lui proposerai rien, mais s'il vient, je l'accepterai immédiatement.

Le vieil homme soupira, résigné. Il souhaita bonne chance à Howard et ils se quittèrent bons amis.

Quand il annonça à Claire qu'il laissait tomber, elle fut horrifiée, et quand il lui dit ce qu'il avait décidé de faire à la place, elle devint hystérique. Pendant deux semaines, elle lui mena une existence impossible, agrémentée d'invectives et de jurons. Il finit par se lasser et lui déclara qu'un paillasson lui serait plus utile qu'un mari pour éponger ses colères, encore faudrait-il que ce paillasson lui assurât le niveau de vie auquel, grâce à lui, elle s'était habituée. Elle hurla et lui lança au visage le hachoir à viande qui, ratant sa cible, traversa la fenêtre dans un fracas et alla décapiter l'écureuil qui se mettait à table dans le jardin. Pour toute réponse, Howard lui renversa sur la tête un plein bol de gaspacho glacé puis téléphona pour annuler la soirée. Il avait toujours eu horreur du gaspacho. Ça lui donnait des aigreurs d'estomac.

Le lendemain, on porta au nettoyage la robe de Claire et, peu de temps après, ce fut le tour d'Howard de se faire lessiver par une procédure de divorce. Ainsi, grâce à son dédain pour les batailles juridiques et au maigre talent de son avocat, il se retrouva avec la moitié de la maison de Fulham mais avec la totalité des lourdes traites qui y étaient attachées, c'est-à-dire avec rien du tout. Ses économies furent durement ponctionnées par les frais de justice, un solide dédommagement financier pour Claire et un minuscule appartement à Wandsworth ; il ne lui restait plus grand-chose à investir dans sa nouvelle aventure professionnelle.

Ce fut Mike Ziegler, le fils du vieux, qui apporta son aide pécuniaire. Ils s'associèrent et recrutèrent une équipe d'ex-militaires de leurs relations, principalement des anciens des Forces Spéciales. XF Sécurité était née. Mike Ziegler et un groupe de quatre s'occupaient, depuis Los Angeles, des marchés américains et extrême-orientaux, tandis qu'Howard et une demi-douzaine de gars se consacraient depuis le bureau de Londres à ceux plus importants d'Europe, d'Afrique et du Moyen-Orient.

Très vite, ils remportèrent un premier succès lorsqu'on essaya d'enlever un riche client italien. Par malchance pour les kidnappeurs, le client se trouvait justement en compagnie d'un des hommes d'Howard au moment de la tentative. Le style du garde du corps se révéla impressionnant. Les trois bandits sardes furent radicalement désarmés et durent passer plusieurs semaines à l'hôpital avant leur procès, sous l'œil inutilement vigilant de la police. Même si les quatre *carabiniers* avaient dormi à poings fermés ou sombré dans un coma éthylique, ou les deux, les kidnappeurs auraient été bien incapables de tenter quoi que ce fût pour s'enfuir. Au procès, leur avocat fit beaucoup de cas de la violence excessive avec laquelle ses malheureux clients avaient été traités par l'homme d'Howard, le sinistre M. Harris. Mais les effets de manches étaient inutiles ; il suffisait de regarder l'état des trois « victimes » sortant des mains de M. Harris, amenées devant la Cour en fauteuils roulants, trois jambes droites et six bras dans le plâtre.

Pourtant, le juge ne parut pas enclin à s'apitoyer sur leur sort. Il préféra écouter attentivement le témoignage de M. Harris. Voici un homme qui savait finir un travail, se dit-il. Il approuva doctement lorsque Harris expliqua avec des mots tout simples que le meilleur moyen d'empêcher un homme armé de faire usage de son arme était de lui briser les deux poignets ; il acquiesça encore lorsque le même Harris démontra que la méthode la plus sûre pour le dissuader de s'enfuir avant l'arrivée de la police était de lui éclater la rotule droite. C'était ce qu'il avait fait, vite et bien, déclara-t-il. Non, il n'avait pas consulté sa montre sur le moment, mais toute l'opération n'avait pas duré plus de cinq ou dix secondes, au total. Non, pas pour chacun, précisa-t-il. Pour les trois.

Très bien, pensa le juge. La logique d'Harris était incontournable. Et il bâtit ses conclusions sur cette certitude, ajoutant qu'à son avis M. Harris avait fait preuve d'un louable esprit d'initiative, qu'il avait rendu un service de premier ordre à la collectivité et que les personnes exposées à de possibles enlèvements auraient bien tort de se passer de son secours et de celui de l'organisation qui l'employait.

Le procès bénéficia d'une très large publicité ; nombreux furent les citoyens et les organismes influents qui prirent au sérieux les recommandations du juge, et les contrats affluèrent. XF Sécurité prospéra. Il y eut un revers temporaire lorsque Ed Howard lui-même et l'un de ses hommes durent passer six mois en prison à Ankara, en Turquie. On les avait arrrêtés alors qu'ils versaient une rançon à des ravisseurs, mais même cela avait ajouté à leur gloire car, au lieu de rejoindre le cortège des disparus, la victime de cet enlèvement avait été libérée indemne. L'entreprise, qui employait cette victime et qui avait fait appel à Howard seulement après l'enlèvement, s'était montrée très reconnaissante ; on ne pouvait malheureusement pas en dire autant des autorités turques. Bien que, grâce à Howard, l'argent de la rançon ait été récupéré et les malfaiteurs successivement arrêtés puis abattus par la police turque, Ed et son collègue s'étaient vu poursuivre pour négociations illégales avec des criminels. L'employeur de la victime avait beaucoup apprécié le silence qu'Howard avait gardé sur l'identité de celui qui l'avait engagé et depuis, il confiait la totalité de sa protection à XF Sécurité.

L'entreprise en question s'appelait Dartington Construction Ltd, avant de devenir Darcon International plc. Et Howard se trouvait assis en face de Peter Dartington en personne, dans le bureau de la maison que celui-ci possédait dans le Kent.

– Vous êtes vraiment sérieux, Peter ?

Ed Howard connaissait la réponse. Il voyait dans les yeux de son interlocuteur cette lueur résolue qu'il avait déjà remarquée dans d'autres circonstances. Il se demanda brièvement si Dartington n'était pas devenu fou, tout simplement. Ce serait vraiment dommage de devoir mettre un terme à une association si ancienne et si fructueuse, pour les deux parties, et de perdre ainsi l'un de ses meilleurs clients.

– Tout ce qu'il y a de sérieux, Ed. J'aimerais que vous examiniez le problème – comme une hypothèse si vous préférez – et que vous me disiez ce que vous en pensez. Si vous arrivez à la conclusion que c'est irréalisable, alors nous oublierons tous deux que cette discussion a eu lieu ; mais si vous jugez que c'est praticable, je veux savoir comment on peut s'y prendre et qui aurait les compétences requises. Serez-vous en mesure de me remettre un rapport, disons dans quinze jours ?

Howard se caressa pensivement le menton.

—Je n'irai pas très loin, en deux semaines, Peter. Mais je vais essayer de faire des recherches et voir quelles sont les possibilités. En toute franchise, je ne sais rien de plus que ce qu'on lit dans les journaux. Mais j'étudierai l'affaire, c'est d'accord.

—Parfait. Mais j'ai peur que vous ne deviez accepter quelques contraintes. D'abord, cela doit rester entre vous et moi. Personne d'autre que moi n'est au courant chez Darcon, alors ne prenez aucun contact chez moi. Si vous devez en discuter avec des gens à vous, et je vous conseille d'en réduire le nombre au maximum, ils doivent impérativement ignorer que je suis impliqué.

Dartington marqua un temps et alluma une cigarette.

—Deuxième point, tout aussi important, évitez toute personne susceptible d'en faire part aux autorités. Je crains que ça ne mette hors course, et à quelque moment que ce soit, tous les amis que vous pouvez avoir dans la police ou dans les services secrets. Ceci est entièrement non officiel et doit le demeurer. C'est stupide, étant donné justement les circonstances, mais c'est ainsi.

Pas très malin, Peter, pensa Howard. *Cette dernière remarque en dit long.*

—J'ai deux questions à vous poser, Peter. Un : si j'ai bien compris, dans le cas où je vous apporte un plan réalisable, c'est à moi que vous en confierez l'exécution. Correct ?

—Correct.

—Bien. C'était juste pour que les choses soient claires. Deux : C'est un projet à très haut risque. Sans aucun doute plus dangereux que tout ce que j'ai pu faire jusqu'ici, et cela est valable pour tous ceux qui voudront bien s'engager dans cette aventure. Vous voyez où je veux en venir ?

—Pas très bien. Mais continuez.

—Ce que je veux dire c'est qu'après un truc de ce genre on n'est plus le même bonhomme. Pour convaincre n'importe quel type d'accepter un boulot pareil, il faut lui présenter une motivation exceptionnelle, surtout si ça implique qu'il risque d'y laisser sa peau au moindre pépin. Nous parlons d'une affaire énorme, alors j'espère que vous ne serez pas choqué si je vous demande quel en est le budget ?

Dartington tira sur sa cigarette et, avant de répondre, posa sur Howard un regard tranquille.

—Ed, je vous ai dit que je ne plaisantais pas. C'est énorme en effet. Si vous pouvez monter ce coup-là, je suis prêt à vous payer cinq millions de livres.

—Je crains que ce ne soit pas suffisant.

Howard s'interrompit et scruta le visage de Dartington. Avait-il tiqué ?

—Regardons les choses comme elles sont, Peter. Il va falloir que je réunisse une équipe de gars hautement qualifiés. Une fois réunie, une telle équipe serait capable de braquer la Banque d'Angleterre. En tout cas ils pourraient réussir toute une série de coups qui leur permettraient de se partager facile dix millions ou plus. Et sans exposer leur vie, par-dessus le marché. D'accord, je ne choisirais que des gens honnêtes, et donc ce genre de truc ne leur viendrait pas à l'idée, sinon je ne les retiendrais pas. Mais enfin, d'un autre côté, ce que vous leur demandez n'est pas très légal non plus.

Sans baisser les yeux, Dartington fit tomber la cendre de sa cigarette dans un petit cendrier d'argent posé devant lui.

—Pour commencer, poursuivit Howard, j'ai besoin de cinquante mille uniquement pour établir le rapport. Si ça me coûte moins, je vous le dirai. Si vous l'acceptez et que vous passiez commande, il faudra compter avec les honoraires. Et puis il y aura des frais.

Il se tut de nouveau. Dartington restait impassible.

—Les frais, à eux seuls, risquent d'atteindre le million. Et ensuite, le plus important, ce sont les salaires. Comme je vous l'ai dit, ceux qui oseront s'engager devront avoir une raison de le faire. On tâtera le terrain, mais à mon avis, vous ne vous en sortirez pas à moins de la dizaine. Honnêtement, je ne crois pas que quelqu'un accepterait de se lancer à moins, quelqu'un de compétent, j'entends.

Dartington soutint son regard. Finalement il parla.

—Je comprends ce que vous voulez dire, Ed. D'accord. Faites-moi votre rapport.

Il réfléchit un moment, puis, avec un sourire rassurant, il ajouta :

—Je vais voir jusqu'où je peux aller pour les finances. Vous reconnaîtrez que dix millions de livres, ça ne se trouve pas sous les sabots d'un cheval. Mais je vais voir.

Dartington fit mine de se lever, mais Howard l'arrêta.

—Une dernière chose, Peter. Il y a toutes sortes d'éléments qui peuvent foirer dans une aventure pareille. Vous avez mis le doigt sur l'un d'eux : la sécurité. Je partage votre désir de ne pas mouiller votre entourage. En fait, j'aurais moi-même insisté là-dessus si vous n'en aviez pas fait mention. Pendant la durée de ce projet, vous allez devoir vivre une double vie avec vos collaborateurs et avec votre entourage, y compris votre famille. Pas de secrétaires, pas d'enregistrements, pas de notes, pas de traces, rien. Et il en sera de même pour moi, jusqu'au moment où je commencerai le recrutement. Rien de rien. Vous me suivez ?

Dartington approuvait du menton.

– Alors, continua Howard, il serait peut-être judicieux d'appliquer la consigne dès aujourd'hui.

Dartington semblait ne pas comprendre. Howard tendit la main, paume en l'air.

– La bande magnétique, Peter. Donnez-moi la bande magnétique, s'il vous plaît.

Le visage de Dartington exprima une surprise totale et Howard ne parvint pas à se persuader qu'elle n'était pas feinte. Mais, quoi qu'il en fût, l'entrepreneur ouvrit aussitôt le tiroir de son bureau et arrêta la machine qui avait enregistré toute la conversation. Il éjecta la cassette et la remit à Howard avec une mine légèrement confuse.

– Très bien, Peter. C'est d'ailleurs un réflexe tout à fait sage dans des circonstances normales. Excusez-moi de vous avoir demandé ça. En réalité, je devrais être content que vous suiviez mes conseils. Mais cet entretien sort un peu de l'ordinaire, vous en conviendrez.

Il sourit et se leva.

– Je reviendrai vous voir dans une quinzaine, dit-il. Si j'arrive à quelque chose, je vous donnerai en même temps le montant des frais et des salaires. Ce rapport sera établi en une seule copie. Vous le lirez et je le remporterai avec moi pour le détruire. Y a-t-il autre chose ?

Il n'y avait rien d'autre. Dartington raccompagna Howard jusqu'à sa voiture et le regarda s'éloigner dans l'allée gravillonnée. Il agita la main pour lui dire au revoir.

Quand la Saab s'engagea sur la M2, Ed Howard n'était pas totalement concentré sur sa conduite. Il essayait d'imaginer où allait le mener cette entrevue. Il commença par se préoccuper de ce que Dartington avait tu, plutôt que de ce qu'il avait dit. Laissons de côté le projet lui-même, pensa-t-il ; cherchons seulement pour le moment les raisons qui poussent Dartington à se lancer là-dedans. Il s'était un peu découvert lorsqu'il avait déclaré qu'il serait idiot de se priver de contacts avec les services de sécurité « étant donné justement les circonstances ». Il n'avait pas non plus semblé très sûr de ses bases quand il avait été question d'argent. Mais enfin, dix millions c'était vertigineux. Qui pourrait garder son calme quand on annonce des montants pareils ? Personne. Cependant, il n'avait pas eu l'air agité, mais plutôt déstabilisé. Et d'ailleurs pourquoi Dartington aurait-il tout à coup l'idée de financer un projet de cette envergure ? Howard connaissait bien les chantiers Darcon et il savait où étaient les intérêts de l'entreprise. Rien ne justifiait une initiative de ce genre, de quelque côté qu'on se place.

Arrivé chez lui, Howard se servit un whisky et alluma un petit feu dans la cheminée. Il s'assit dans son fauteuil et, tout en faisant tourner les glaçons dans son verre, il regarda la cassette noircir et se tordre dans les flammes. Le feu rugit quand il atteignit la bande elle-même. *Qui est derrière toi, Peter ?* pensa-t-il. *Le Gouvernement ? C'est probable. Mais il y a quelque chose de bizarre là-dedans.*

Il alla dans son bureau, alluma son ordinateur et attendit qu'il s'éveille. Lorsque la machine lui demanda son mot de passe, il le donna, puis sélectionna son programme Word-processing. Il ouvrit un nouveau fichier sous le mémo « Sablière ». C'était un fichier, se dit-il, qu'il ne garderait pas sur le disque dur de l'ordinateur. Il le conserverait uniquement sur une disquette de trois pouces et demi pendant la durée du travail, et elle resterait soit dans son coffre soit sur lui à tout moment du jour ou de la nuit. L'ordinateur l'interrogea : « A : » et il tapa simplement : « PD ». Déjà s'inscrivait au-dessous : « DE : » « EH ». Et lorsque, à la ligne suivante, « OBJET » apparut, Howard nota une simple phrase et retourna s'asseoir dans son fauteuil. Oui, songea-t-il, ça allait être une jolie aventure théorique, même si ça ne conduisait à rien – ce qui était prévisible. Il laissa flotter sa pensée sur quelques possibilités qu'il faudrait étudier. Il regardait, sans les voir, de l'autre côté de la fenêtre, les subtils mouvements des feuilles du cerisier. Son esprit était bien loin d'ici.

Sur son ordinateur, le clignotant attendait patiemment des ordres au-dessous des trois lignes déjà tapées :

A : PD
DE : EH
OBJET : Assassinat du Président irakien Saddam Hussein.

5

Durant les dix jours suivants, un simple observateur aurait pu croire qu'Howard se laissait glisser dans une paresse improductive. Au début, il ne mettait le nez dehors que pour faire des virées dans les librairies, rentrant avec des piles de livres sur le Moyen-Orient, sur la Guerre du Golfe de 1991 et sur Saddam Hussein, qu'il avait payés en liquide plutôt qu'avec sa carte de crédit. Il consacrait des heures entières à éplucher ces ouvrages, soulignant des passages au stabilo ou collant des gommettes de couleur dans les marges.

Un ami de la BBC, qui avait couvert la Guerre du Golfe depuis Tel Aviv, lui procura des copies de toutes les archives de télévision concernant l'invasion du Koweït et la guerre. Il y avait des dizaines d'heures d'enregistrement, en grande partie sans intérêt et Howard passait son temps le doigt sur le bouton d'avance rapide de sa télécommande pour sélectionner ce qu'il cherchait. Il commençait à regretter de n'avoir pas été un peu moins vague avec son copain journaliste, et de n'avoir pas demandé les seuls passages relatifs à Saddam Hussein, mais c'était à dessein qu'il avait donné un cadre aussi large que possible à ses investigations. Les images que lui livrait son magnétoscope VHS auraient pu être meilleures et l'avance rapide n'avait de rapide que le nom. Pourquoi n'avait-il pas conservé son bon vieux Betamax, il aurait été beaucoup plus net et plus efficace. Maintenant, le visage familier du dictateur apparaissait régulièrement sur l'écran du téléviseur et Howard étudiait chaque séquence avec le plus grand soin, relevant le moindre détail de sa physionomie et de son environnement. Dans les rares passages montrant Saddam en public, il travailla presque image par image.

Il hanta la Bibliothèque de la presse de Colindale Avenue, piochant dans les vieux numéros de quotidiens et de périodiques, prenant des notes et parfois des photocopies ; et il se rendit chez Edward Stanford Ltd, à Long Acre, où il fit l'acquisition de toutes les cartes disponibles d'Irak et du Moyen-Orient.

Au bout d'une semaine, après une visite des docks de Felixstowe, un début de plan s'ébaucha dans son esprit, mais il savait que certaines données lui manquaient encore. D'abord, les cartes qu'il avait trouvées n'étaient pas assez détaillées. Deuxièmement, malgré ses lectures poussées sur la région, il ne connaissait pas le Moyen-Orient ; il allait devoir en parler à Johnny Bourne pour avoir ses commentaires. Là, pas de problème, il l'interrogerait en temps voulu. Le troisième obstacle paraissait insurmontable et il doutait que Johnny lui-même pût le franchir. Il décida d'attaquer par ce qu'il considérait comme le plus simple : les cartes. Mais déjà, il fallait prendre un risque quant à la sécurité. Tant pis. Il décrocha le téléphone et composa le numéro personnel d'un ami du SAS 21 qui avait été en poste à Northwood pendant la Guerre du Golfe.

— Derek ? Ed Howard. Peux-tu me rendre un service ?

Howard inventa une histoire plausible sur un client qui voulait s'atteler à un projet de reconstruction au Koweït et en Arabie Saoudite.

— Aussi idiot que ça puisse paraître, poursuivit-il, il n'existe pas de carte détaillée de la région, à part les tactiques de pilotage au 1/500 000 et les opérationnelles de navigation au 1/1 000 000 que j'ai eues chez Stanford. Les TPC sont bonnes mais pas assez complètes pour ce que je veux faire, et elles datent de 1981. Les ONC sont plus récentes, 1990, mais encore moins précises. Je me demandais si le MoD n'aurait pas quelque chose de plus pointu. Qu'en dis-tu ?

D'abord, Derek ne mordit pas à l'hameçon ; il suggéra le London Map Center où Howard était déjà allé, puis le Map Center des Armées de Guilford.

— L'ennui, c'est qu'il faudrait que je les commande et que j'envoie une voiture, fit-il remarquer.

— Je peux toujours aller les chercher moi-même, si c'est plus pratique, proposa Howard. Mais sont-elles vraiment à jour ? Voilà la question.

— Honnêtement, j'ignore ce qu'ils possèdent. Sans doute rien de mieux que ce que tu as déniché chez Stanford – les TPC et les ONC. Si Stanford n'a rien de mieux, c'est que ça n'existe pas – ils ont tout.

Howard savait bien qu'ils étaient tout à fait compétents, chez Stanford.

— Bon, alors il n'y a rien de neuf que le MoD aurait sous le coude ? demanda-t-il encore. Pas la moindre photo-satellite prise pendant la Guerre du Golfe ?

— Eh bien, dit Derek, plutôt gêné, il y avait bien des trucs de ce genre, mais tout était classé secret-défense et en plus, le balayage restait sectoriel. On ne les tirait que pour des objectifs précis. Maintenant que la guerre est finie, elles ne sont sans doute plus secrètes et elles doivent rester valables, à part les menues rectifications apportées par la RAF et l'USAF. Quelques ponts et quelques bâtiments ont sauté, comme tu le sais. Mais c'était en Irak, pas au Koweït ni en Arabie Saoudite. Remarque, le Koweït a changé aussi, bien sûr. Recouvert de suie à la suite du feu de joie que Saddam a allumé avant de partir, et de nouvelles pistes y ont été tracées par nos blindés. Des dégâts dans les palais, etc.

Tu chauffes, vieux, pensa Howard.

— Ça m'a l'air pas mal, ça, dit-il. Tu ne vois pas comment je pourrais m'en dégoter un jeu ?

— C'est plus rare que du crottin de cheval de bois, mon pote. Mais je dois bien avoir les miennes, quelque part...

Échec et mat, jubila Howard. *Ne gâchons pas tout, maintenant.*

— Et tu verrais un inconvénient à me les prêter un jour ou deux, dit-il d'une voix légère et détachée. Juste pour les comparer avec les miennes ?

— Ben non, pourquoi ? Viens prendre un verre et je te les passerai. Elles doivent être dans une malle, au grenier. Mais il faudra me les rendre, hein ?

— Superbe, Derek. Pas de problème. Je te les rends mercredi. Je veux seulement comparer, vite fait. Mais dis donc, si je faisais un saut tout de suite, sans te déranger. Je peux être chez toi dans un quart d'heure.

— Vers 7 h 45, alors, d'accord.

Et Derek avait raccroché. Howard enfila sa veste et sortit, la disquette dans sa poche.

Une heure plus tard, il revenait avec les cartes. Dès le premier coup d'œil, il avait vu que c'était exactement ce qu'il cherchait. Il s'empresserait de les photocopier mercredi, avant de les rendre. Voilà un problème résolu. Il en restait deux.

Il décida de se préparer quelque chose à manger et de regarder les informations de 9 heures à la télévision. Ensuite, il appellerait Johnny.

6

– Alors, comment me trouvez-vous ?

– Hum, bien, très bien.

Johnny Bourne était installé à son bureau, en manches de chemise, face à la fenêtre, plongé dans un rapport qu'il devait terminer avant le matin.

– Hé, regardez-moi, au moins, grossier personnage !

– Oh, excusez-moi, Juliet, j'étais noyé là-dedans.

Il fit pivoter son fauteuil et considéra sa locataire.

– Oh, pas mal du tout !

Bon sang, pensa-t-il, *quelle transformation !*

Il avait du mal à la reconnaître. Finis le jean informe et le grand pull avachi tout peinturluré, les cheveux tirés et le visage pas maquillé – très joli visage malgré tout, maintenant qu'il y repensait – auxquels il s'était habitué depuis qu'elle avait emménagé, trois semaines plus tôt et s'était mise à rajeunir la chambre d'amis. Chaque fois qu'elle ne s'engloutissait pas dans ses bouquins, elle était couverte de peinture, de colle à tapisserie et de tout ce qu'on pouvait imaginer. Elle avait toujours eu l'air d'une – oui, c'était bien ça – d'une catastrophe, bien que, Dieu merci, elle n'en eût jamais causé aucune.

Elle l'avait immédiatement impressionné par sa personnalité franche, réaliste, lorsqu'elle s'était présentée pour l'annonce. Elle n'avait pas le moins du monde l'air prétentieux et il avait très vite accepté de lui louer la chambre. Et il n'avait jamais eu à le regretter, songea-t-il. Elle remettait toujours en place ce qu'elle utilisait – le café, le sucre, tout ; elle n'avait jamais rempli le réfrigérateur de saletés ; elle avait coutume d'aider au ménage et n'avait pas encombré l'appartement d'un fatras féminin, se contentant de quelques touches discrètes et d'ailleurs bienvenues, ici ou là. Mark, son petit ami, ne s'était pas non plus montré gênant. Il n'était passé la voir qu'une fois ou deux et n'était resté que quelques minutes. Et surtout, la salle de bains n'avait jamais ressemblé à une toile d'araignée faite de bas, de collants et autres lingeries. Oui, vraiment, on ne pouvait rêver meilleure locataire. Facile à vivre, aucune difficulté. Tout ce qu'il espérait, c'était qu'elle n'avait pas plus à se plaindre de lui que lui d'elle. Il lui était même arrivé de lui préparer quelque chose à manger lorsqu'elle le voyait submergé de travail, politesse qu'il lui avait rendue à l'occasion. Une sorte d'amitié agréable, évidente et sans aucune contrainte s'était développée entre eux. Mais il n'avait jamais... Eh bien, il ne l'avait jamais vraiment *remarquée.*

Aujourd'hui, elle était splendide, pensa Johnny. La robe-fourreau noire toute simple, classique, mettant discrètement en valeur les courbes de son corps mince auquel il n'avait encore jamais prêté attention, les cheveux noirs tombant sur ses épaules, encadrant son visage, le léger maquillage soulignant ses yeux sombres... Jésus, oui, elle avait de l'allure. Il en était abasourdi.

–C'est une grande sortie, alors ? Où vous emmène-t-il ?

–Oh, seulement dîner. Il doit passer me prendre dans vingt minutes, vers 9 heures.

L'expression de surprise de Johnny Bourne ne lui avait pas échappé lorsqu'il s'était retourné. Un fin sourire commença même à tendre le coin de sa bouche. Elle s'éloigna avant qu'il ne le voie.

–Je vous prépare un verre, Johnny ?

–Hein ? Oh, oui – merci, c'est gentil. Un whisky, s'il vous plaît, avec deux glaçons, si vous en trouvez. Dites, Juliet, excusez-moi, j'ai été un peu trop désinvolte. En réalité, vous êtes tout à fait superbe.

Elle lui jeta un coup d'œil par-dessus son épaule et lui accorda un vrai sourire. Il reprit sa lecture, tapotant son menton de son stylo. *Bougres d'Allemands,* pensa-t-il, totalement déconcentré.

Juliet lui apporta son verre, le plaça sur une soucoupe et, restant près du bureau, se pencha en avant pour lire le dossier.

–Vous travaillez sur quoi ?

–Oh, un rapport de sécurité pour nos clients allemands. Rien de bien passionnant, vous voyez.

Seigneur, qu'est-ce que c'était que ce parfum qu'elle avait mis, là ? De délicieux effluves venaient lui envoûter l'odorat. Il leva les yeux vers elle et sourit.

–En réalité, on peut même dire que c'est très ennuyeux.

–Ah oui ?

Elle lui rendit son sourire et posa une main sur son épaule tandis qu'il avalait une gorgée de whisky. Il se débarrassa de son verre, fit pivoter son fauteuil et l'admira tout à son aise, en lui entourant la taille de son bras droit. Ce geste lui parut parfaitement naturel, et agréable. Très agréable. *Attention, mon petit*

43

Johnny, se dit-il. *Souviens-toi de ta règle d'or. Pas de galipettes avec les locataires. Ça finit toujours mal.*

– Oui, Juliet, ça ne peut pas du tout vous intéresser. Ces Allemands m'assomment.

Et il laissait sa main sur sa hanche en la contemplant avec un drôle de sourire. *Dieu, que c'est bon.* Les ongles de Juliet bougèrent et se mirent à jouer délicatement sur la nuque de Johnny, sous ses épais cheveux bruns. Ses doigts avaient gardé la fraîcheur du verre de whisky. *Dieu de Dieu,* pensa-t-il. La réaction ne se fit pas attendre ; deux mille volts lui parcoururent l'échine et il frissonna. Le parfum lança un nouvel assaut. Il sentit son sourire se figer un peu tandis que son regard l'épinglait. Son expression à elle avait aussi changé, imperceptiblement. Elle faisait toujours danser ses doigts sur sa nuque. C'était terriblement érotique. *Mon Dieu, que va-t-il se produire ?* Il permit à sa main de glisser sur l'extérieur de sa jambe, la caressant à travers l'étoffe fine. Elle bascula doucement vers lui et sa hanche vint s'appuyer contre son épaule. Sa main continuait de descendre.

– Juliet, vous savez quoi ? Vous êtes vraiment bien.

Elle avait la bouche entrouverte ; il apercevait le bout de sa langue entre ses dents. *Seigneur, est-ce bien la même fille ?*

– Vous êtes gentil, Johnny Bourne. Et vous n'êtes pas mal non plus.

Les doigts quittèrent la nuque et, par petits bonds, gagnèrent son cou, avant de se faufiler dans la chemise. Il vit sa bouche s'ouvrir un peu plus, ses narines palpiter légèrement. *Dieu du Ciel, que se passe-t-il ?* Les ongles faisaient du patin sur sa poitrine, maintenant. Il avait la tête toute pleine d'un liquide chaud. *Reprends-toi, Johnny, n'oublie pas tes résolutions...* On aurait bien dit qu'un troisième bouton de sa chemise venait de lâcher prise.

De son côté, il avait atteint le bas de la jupe et il toucha sa jambe. *C'est rien qu'un mollet,* se força-t-il à penser. *Comment une jambe peut-elle être sexy à ce point-là ?* Il avait le cœur battant et son regard devait bien le trahir. Il fit remonter sa main sous la jupe, rencontra la rondeur du genou gauche. *Doux Jésus, c'est merveilleux...*

– Vous oubliez votre whisky, Johnny.

Sa voix était basse et voilée. Quand il la regarda de nouveau dans les yeux, il vit qu'ils s'étaient encore assombris et que ses pupilles étaient complètement dilatées.

Sa main caressait, progressait lentement, juste au-dessus du genou. La jambe fine, ferme, paraissait hors du monde. *Ma parole, c'est de la soie, ça, pas du nylon. Et cette odeur...*

– Je n'arrive pas à attraper mon verre. Il y a une belle fille qui m'en empêche.

Il avait voulu contrôler sa voix, autant que possible, mais il lui sembla entendre un rugissement. Il perdait les pédales. Il fallait qu'elle s'éloigne, maintenant, avant que les choses n'aillent trop loin... Cette cuisse... *Oh, Dieu et Diable...*

Juliet se pencha et présenta le verre à ses lèvres. Il avala une minuscule gorgée de whisky. Sa main tremblait légèrement – à moins que ce ne fût sa bouche ? Une goutte s'échappa et se mit à rouler sur son menton. D'un mouvement vif, elle approcha et l'aspira doucement des lèvres et de la langue.

Ce contact soudain l'électrisa et il poussa un grognement. *Que se passe-t-il, mais que se passe-t-il, là ?...* À présent, sa main s'aventurait sur l'intérieur de sa cuisse, ferme mais si délicate à travers la soie... *Par pitié, Seigneur, faites qu'elle ne s'en aille pas, dites !...* Il sentit ses lèvres glisser sur sa joue tandis qu'elle se redressait. De nouveau le parfum lui parvint, cette fois mêlé à la douceur de son haleine... Il laissa échapper un profond soupir et, les yeux clos, perdit tout espoir de résistance. Sa main continuait son ascension le long de la cuisse et... *Oh, Jésus Christ.* Le haut des bas. Ce n'étaient pas des collants... Les coquines petites attaches et... une peau soyeuse, lisse, nue, belle, chaude... *L'Eden...*

Il la sentit frémir lorsque ses doigts longèrent le bord de sa culotte de dentelle. *C'est rien qu'un joli rêve. Je vais me réveiller...* Sa volonté le lâchait, totalement... Elle avait ouvert sa chemise en entier et s'en prenait maintenant à la ceinture de son pantalon... il leva enfin la main gauche et, la saisissant à la nuque, sous les cheveux bruns, il l'attira à lui... Leurs bouches se dévorèrent tandis que la main de Juliet, l'ayant trouvé, le dégageait tendrement, caressante. Johnny tremblait. Un bourdonnement lui emplissait les oreilles. Plus rien d'autre n'existait que ce magnifique oiseau de paradis...

Lentement, il se mit debout, brûlant de fièvre et leurs corps se pressèrent furieusement l'un contre l'autre, entièrement livrés à leur désir. Il la souleva sans peine. Elle s'accrocha à lui, blottie contre son cou, alors qu'il la portait dans la chambre, refermant du talon la porte sur eux.

– Mon Dieu, Julie ! Qu'est-ce qu'il vient d'arriver ?

La voix de Johnny était amoureuse, presque fervente. Il était couché sur le dos, nu, au milieu d'un chaos qui, vingt minutes plus tôt, avait été un lit soigneusement fait. La fille, nue elle aussi, avait passé un bras et une jambe sur lui et ses seins se plaquaient délicieusement contre sa poitrine. Il y avait un infime voile de transpiration sur son dos, jusqu'aux courbes parfaites de sa croupe. Il la serrait contre lui, encore ivre de son parfum. Ils avaient fait l'amour avec l'intensité de la foudre et maintenant, le calme revenu, ils soufflaient, étroitement enlacés. Elle lui sourit.

–Je crois bien que c'est nous qui venons d'arriver. L'un pour l'autre.

Elle eut un petit rire joyeux, vite éteint par l'ombre d'une appréhension. Ils s'embrassèrent, lentement, avec une sorte de reconnaissance. *Bon sang,* pensa Johnny, émerveillé, *Elle est si belle...* La tête lui tournait encore tellement tout s'était passé soudainement. Ils avaient fait sauter l'échelle de Richter ; en réalité, c'était un miracle si le lit n'avait pas pris feu. Vingt minutes plus tôt il la regardait pour la première fois et voilà que... Il ne se souvenait pas d'avoir éprouvé quelque chose d'aussi fort que ce qui venait de le foudroyer. *Comment j'ai fait pour ne pas la remarquer avant, bon Dieu. J'étais aveugle ou quoi ?* Cette femme lui avait positivement ôté le cerveau de la tête, il avait été incapable de résister. Ouah !

–Julie, ma chérie, tu es de la dynamite vingt-quatre carats. Tu m'as anéanti. Je ne sais pas quel genre de météorite m'a percuté et je ne veux pas le savoir. Tu es extraordinaire.

Puis il baissa la voix, l'attira contre lui et la serra très fort.

–Tu es adorable, si belle...

Juliet se mordit les lèvres et réprima un frisson devant une telle tendresse. *Ne va pas tout gâcher,* pensa-t-elle. *On a bien le temps.*

–Alors comme ça, c'est ma faute, hein, dit-elle. Espèce de vieux satyre ! Tu repasseras avec ta règle qui interdit les relations sexuelles avec les locataires. Qu'est-ce que c'était que ce tour, d'aller me caresser la jambe ? Tu te figures peut-être que c'était facile, pour moi, de tenter de conserver mon calme pendant ce temps-là !

Johnny sourit et l'embrassa. Elle vint s'étendre sur lui en le défiant du regard. Elle vit l'expression grave de son amant tandis qu'il refermait les bras sur elle et son cœur se mit à battre quand il parla.

–Julie, je ne plaisante pas. Tu es... une fille merveilleuse, belle. Une chose aussi violente ne m'est jamais arrivée... Je ne pouvais même pas imaginer qu'un jour... Je veux dire que... Je veux dire, tu vas rester, dis ?

Ouf... Elle sourit, radieuse, et se radoucit. Et comme il gardait un air inquiet, elle enfouit son visage dans le creux de son cou pour qu'il ne surprenne pas les larmes de bonheur qui lui montaient aux yeux.

–Eh bien, je n'ai pas l'intention de déménager dans l'immédiat.

C'est vraiment la litote de l'année, pensa-t-elle. Puis elle ajouta :

– Bien sûr que je vais rester, sublime singe. Mais à une condition.

Elle cligna une ou deux fois les yeux pour en chasser le trouble, se redressa et le menaça du doigt avec une fausse fureur.

– Ta fameuse règle, tu la transgresseras *uniquement* avec moi, compris ?

– Marché conclu, dit joyeusement Johnny en l'embrassant et en se délectant une nouvelle fois de la saveur de sa bouche.

L'odeur délicate revenait l'enivrer et il aspira profondément.

– Dis-moi, Julie, qu'est-ce que c'est que ce magnifique parfum que tu portes ? Tu es certaine que c'est autorisé par la loi ?

– Je ne porte aucun parfum, chéri, lui chuchota-t-elle à l'oreille avec un petit soupir de plaisir. C'est seulement moi.

Il la tint contre lui, captivé. *Elle est adorable. Je dois être en train de rêver, c'est sûr...*

Le téléphone sonna, faisant sursauter Juliet.

– Laisse sonner, grogna-t-il, furieux. Le répondeur va s'en charger.

Il n'arrivait pas à se souvenir s'il avait ou non branché le répondeur. Ce serait trop bête qu'il l'ait oublié. Et d'abord qui pouvait bien oser les déranger dans un moment pareil.

– Bon Dieu !

Il se leva d'un bond, sauta du lit, pris de panique. Surprise, Juliet avait basculé sur le dos. *Mon Dieu,* pensa-t-elle, *ce qu'il bouge vite. Un vrai chat.*

– Hé, Julie ! Mark ! On a oublié Mark ! Merde ! Le pauvre garçon va débarquer d'une minute à l'autre !

Avec un grand éclat de rire, elle vint le chercher et le força à se recoucher. Ce fut son tour à lui d'être stupéfait.

– Calme-toi. Calme-toi donc, Johnny. Mark ne risque pas de se montrer. En tout cas pas à moi, dit-elle en pouffant. Tout va bien. Je l'ai appelé cet après-midi à son travail pour annuler notre rendez-vous.

Johnny entrevit ce que cela signifiait.

– Tu as fait ça ? Mais alors... Ne me dis pas que tu as tout manigancé, espèce de petite sorcière aux yeux noirs !

Appuyé sur un coude, il contemplait le corps svelte de la jeune femme. Sa main libre se referma doucement sur un sein, puis il se pencha sur elle pour lui embrasser les paupières. Elle sentit son esprit se brouiller lorsqu'il lui parla tout bas, entre deux baisers :

– Et il y a longtemps que tu as mis ton plan sur pied, ma jolie fille, ma sournoise, ma parfaite ?

Elle se plaqua à lui. *Depuis la première minute, séducteur,* aurait-elle voulu lui crier. *En fait, à l'instant même où nous nous sommes rencontrés. Mais je voulais d'abord savoir qui tu étais vraiment avant de me tromper encore une fois. Alors je me suis habillée n'importe comment et je ne me suis pas fait remarquer pour éviter que tu t'intéresses uniquement à mon aspect extérieur... Et tu as été si gentil, si respectueux, si bon pour moi... Ton sourire, tes yeux... Avec un peu de douleur au fond, parfois, qui te faisait plus vieux que ton âge, sans pourtant effacer le petit garçon que j'y devinais aussi... Le petit garçon un peu gêné quand tu m'as énoncé ta règle à propos des locataires... Voilà depuis quand...* Mais elle savait qu'elle ne lui dirait jamais tout ça, de peur de le voir changer...

—Tu crois aux idées folles qui vous prennent par surprise ?

—Non, je n'y crois pas. Et que se serait-il passé si... Eh bien, si rien ne s'était passé ?

—Oh, alors je serais restée assise dans le secteur toute la soirée, avec l'air malheureux, à admirer tes épaules pendant que tu aurais eu le dos tourné, jusqu'à ce que tu devines que la seule chose à faire était de te dévouer pour m'emmener dîner.

Elle pouffa et se pelotonna contre lui. Puis, au bout de quelques secondes, elle tendit la main pour lui caresser le visage.

—Johnny ?

—Je suis là, yeux noirs, murmura-t-il.

—As-tu d'autres règles que nous pourrions transgresser ? Et sa main bougeait toujours. Vers le bas, cette fois.

—Non, c'est la seule, je le crains, répondit-il en faisant courir ses doigts sur sa colonne vertébrale. Veux-tu que nous la transgressions encore ?

—Oui, s'il te plaît.

Comme il la couvrait de baisers, sa conscience sombra dans les vagues successives du plaisir et elle crut l'entendre lui parler dans une langue étrangère ; elle ne comprenait pas un seul de ses mots, mais ils lui faisaient mal à force de beauté et elle sut qu'il ouvrait son âme pour elle : « Ma' shkani, ma'shka el'ayn el-mudakhkhaniyn, 'shek alaan wa dyim al ayyaam, ma' shkani, ma'shka latfa... »

Lorsqu'il la pénétra de nouveau, elle laissa couler des larmes de joie, elle pleura sans retenue, unie à lui, dans un moment d'accomplissement sublime, total et délicieux. Puis une certitude s'imposa à elle. Au milieu des frissons que lui procurait son brûlant abandon, elle sentit son cœur se gonfler d'un bonheur qu'elle n'avait jamais entrevu jusque là. C'était bel et bien la chute libre. Complètement dépossédée d'elle-même, Juliet Shelley était amoureuse comme une folle.

7

– Mais alors pourquoi laissent-ils faire ? Pourquoi est-ce qu'ils le subissent ? Pourquoi l'autorisent-ils à leur infliger tous ces malheurs, les uns après les autres ?

– Oh ça, Ed, c'est un vaste problème. On pourrait en discuter pendant des heures. Et la réponse qui vient d'abord, c'est-à-dire qu'il règne par la terreur et le mensonge, le meurtre et la désinformation, n'éclaire que la moitié de la question. Ce serait trop facile et même si ce n'est que la triste réalité, cet excès de simplification explique peut-être en partie pourquoi l'Occident a fait tant de bourdes dans cette région du globe au cours des siècles.

Johnny prit une cigarette avant de poursuivre. Howard le laissait parler, se fiait à ses connaissances. Il avait un discours limpide et dominait visiblement son sujet. La bande magnétique tournait, ce qui évitait à Ed de prendre des notes, et il se la repasserait si nécessaire. Mais l'intérêt que suscitaient en lui les paroles de Johnny était autant personnel que professionnel.

– ... Examinons un instant la question de la vérité, si tu veux, disait Johnny. C'est un problème clé, parce que les rapports qu'on a avec lui sont matière à bien des malentendus. Les Occidentaux, et plus particulièrement nous autres Britanniques – les Américains aussi, plus récemment – nous avons menti, trompé et exploité ces gens pendant des décennies – en fait depuis l'instant où nous sommes entrés en contact avec eux. Ils nous considèrent comme des voleurs, des brutes et des traîtres venus pour pervertir et saccager leur culture. Et ils ont raison, dans une large mesure. Nous avons tendance à ne voir chez les Arabes que duplicité et fainéantise. Le portrait-robot nous montre un type en chemise de nuit douteuse, sournois, bigleux, pouilleux, tricheur, armé d'un poignard et cherchant un dos pour le planter dedans. Bordel, c'est ce qu'on voit dans tous les films, non ? Alors, c'est forcément vrai ? Oh, bien sûr, de temps en temps il y a bien un héros en magnifique gandoura, du style cheikh du désert. Et *lui*, on l'aime, évidemment. Pourquoi ? Mais parce qu'on se persuade qu'il est pétri des valeurs occidentales, qu'il pense comme nous, qu'il a tout appris de nous. Foutaises ! On se trompe sur toute la ligne. Au départ, c'est nous qui avons appris de *lui* et de *ses* semblables, et non le contraire. Ils possèdent une culture bien plus ancienne et autrement honorable que la nôtre. Mais, bon sang, la notion même de chevalerie – qui consiste à jouer le jeu dans l'honneur, plutôt que de vouloir gagner à n'importe quel prix – elle n'est pas née en Angleterre comme on s'obstine à le croire, mais en Arabie. Et eux essaient de s'y tenir. Tous, jusqu'au plus humble couvert des vêtements les plus minables. Et nous, tu trouves peut-être qu'on vit selon ces règles-là, de nos jours ? Tu parles !... Alors, quand un type comme Saddam se dresse au milieu d'eux, un homme fort qui leur explique ces choses-là, eh bien ils le croient. Ensuite, il leur dit ce qu'il a l'intention de faire – il leur raconte qu'il va y avoir de glorieuses victoires sur les oppresseurs, que la culture arabe va triompher et je ne sais quoi. Ils le croient. Ils le croient parce qu'ils *veulent* le croire. Et c'est ça, en partie, la clé. Pour un Arabe, la vérité est, généralement, ce qu'il *veut* qu'elle soit – la froide exactitude des faits que nous mettons tant en avant, ils s'en fichent. Et puisqu'on en parle, *nos* politiciens sont-ils vraiment sincères ? Des foutus menteurs, oui, pour la plupart... Pour un Arabe, tout est subordonné à l'Islam et à l'honneur – même la vérité, parce que pour eux l'honneur, *c'est* la vérité. Et leur culture est des plus subtiles là-dessus... C'est dommage que, le plus souvent, ce soit des salopards, des monstres dépourvus de morale qui sortent du lot...

Le monde est ainsi fait, mon garçon, pensa Howard. *Il t'en reste, des choses à apprendre, Johnny, malgré tes vingt-huit ans.* Mais il ne dit rien et se contenta d'écouter Johnny s'enivrer de la diversité et de la complexité du monde arabe. Une affection de plus en plus profonde le liait à ce jeune homme plutôt idéaliste qui, apparemment, adorait ces gens-là.

– Oh, bien sûr, poursuivait Johnny, maintenant qu'il les a foutus dedans si gravement et si souvent, beaucoup le haïssent et le craignent ; en réalité la plupart l'ont *toujours* haï. Mais ça ne signifie pas qu'ils se soient rangés à notre manière de penser et qu'ils reconnaissent que nous avons raison depuis le début. S'il saute, ils seront heureux, pas de doute, mais ils en voudront un autre à sa place, un fort qui, cette fois, ils l'espèrent, réussira à leur donner ce qu'ils désirent... Ce qu'il y a d'embêtant en Irak, c'est le gouffre qui sépare les aspirations des différentes composantes du pays – ethnique, religieuse et culturelle. Il y a plus d'incompatibilités entre elles qu'il n'y en avait entre nous et les Russes au temps de la Guerre froide...

Un peu plus tard, ils entrèrent dans le détail : les moyens militaires, les hiérarchies, les administrations, les structures. Jusque-là, Johnny n'avait pas demandé la raison de cette curiosité. Ed se livrait souvent à ce genre d'exercices avec ses collaborateurs de XF, rameutant tout leur savoir avant de lancer l'agence en territoire inconnu. Johnny s'étonnait surtout qu'Ed ne l'ait pas consulté plus tôt, puisqu'il était chargé de cette partie du monde.

À une heure, ils firent une pause pour déjeuner. Howard avait acheté des sandwiches au coin de la rue et ils s'octroyèrent une canette de bière chacun. En jetant un coup d'œil sur sa montre, Howard eut une surprise : ça faisait quatre heures qu'ils s'étaient attelés à la tâche et il avait à peine ouvert la bouche, à part quelques questions ou une remarque par-ci par-là pour orienter la conversation. Quatre heures qu'ils étaient là, à leur affaire, assis dans de confortables fauteuils. Et tout à coup Johnny lui parut fatigué. Fatigué, mais... Howard l'observa attentivement. Le jeune homme engloutissait ses sandwiches comme s'il n'avait rien mangé depuis une semaine. *Je veux bien être pendu si...*, pensa-t-il tandis qu'un sourire s'esquissait au coin de ses lèvres.

—Johnny ?

—Heeein ?

—Comment s'appelle-t-elle ?

—Quoi ? Mais comment...?

Stupéfait, le jeune homme regardait son compagnon hilare.

Eh oui, pas d'erreur, il se mettait à *rougir*.

—Allez, Johnny, avoue ? Dis-moi tout. Qui c'est ?

Par tous les diables de l'enfer, le garçon virait à l'écarlate. Howard en grogna d'aise, intérieurement. De son côté, Johnny, en effet épuisé, se sentait aussi tout bouillonnant et il ne put retenir un flot de confessions qu'il déversa sur un Howard ébahi.

—Oh, Seigneur, elle est merveilleuse, Ed ! Elle m'a désintégré, je te jure. Jamais personne ne m'a fusillé comme ça...

Il continua sur cette lancée pendant encore plusieurs minutes, puis s'interrompit et eut un sourire un peu penaud en voyant l'expression amusée d'Howard.

—Arrête, Ed. Ne me regarde pas comme ça. Je suis sérieux.

Aucun doute là-dessus, pensa Howard.

—Et tu l'as rencontrée quand ?

—Eh bien, en fait, hier soir...

—HIER soir ?!

—Enfin, ce que je veux dire, c'est que je ne l'avais pas vraiment remarquée avant. En réalité, je... Tu la connais, d'ailleurs. C'est ma nouvelle locataire.

—Oh, merde, Johnny ! s'écria Howard en éclatant de rire. Après tout le foin que tu nous as fait avec tes rigoureux principes concernant les locataires, tu te laisses... tu veux parler de ce petit souillon dégoulinant de peinture du matin au soir ?

—Ed !!

La voix de Johnny venait de claquer comme un fouet. Il serra les poings, des éclairs de colère traversèrent ses yeux, les muscles de son cou et de ses épaules se mirent à gonfler. En une seconde, il était prêt à bondir, comme pour tuer.

Mon Dieu, marche arrière, Ed, s'ordonna Howard. *C'était idiot. Quelle idée d'insulter ce pauvre garçon.*

—Je regrette, Johnny. J'ai passé les bornes. Je ne voulais pas dire les choses de cette manière. Allez, on se calme. Mais reconnais quand même que c'est un peu rigolo. Toi et ta sacro-sainte règle. Mais je regrette. Alors, ça y est, hein, t'es piégé ?

Il souriait. La tension redescendait. Johnny se détendit et baissa les yeux. Il parla d'une voix basse et apaisée.

—Oui. Ça y est. Je n'arrive pas à y croire, mais ça y est. Cette fois, j'en suis sûr. Je... Je lui ai dit des trucs que je n'avais jamais dits *à personne.* Et maintenant, quand j'y repense, je ne trouve pas un seul mot à retirer.

—Et que lui as-tu dit, Johnny ? demanda très doucement Howard.

—Eh bien..., répondit Johnny avec un sourire. Elle n'en a pas compris la moindre syllabe. Mais je crois qu'elle a saisi le sens général.

—Comment ça : elle n'a pas compris ?

—Je parlais arabe. Un extrait d'un vieux poème arabe, avec quelques, euh, arrangements de mon cru. Après, elle m'a demandé de le lui traduire.

—Et alors, que lui as-tu dit, Johnny ? insista gentiment Howard.

—Je lui ai dit que je l'aimais. Que je l'aimais vraiment. Et j'ai ajouté...

—Continue, pressa Howard, soudain mal à l'aise.

—Ben, elle est devenue folle. J'ai cru qu'elle allait m'étouffer. Elle s'est mise à pleurer, alors...

—Qu'est-ce que tu lui as dit, Johnny ?

—Je lui ai demandé de m'épouser...

Oh, Jésus CHRIST !

— ... et elle a accepté.

Oh, MERDE ! Howard se disloqua dans son fauteuil. *Je n'en crois pas mes oreilles. Pas maintenant, pour l'amour de Dieu, pas quand j'ai justement besoin de lui... Ah, BORDEL !*

Howard fit un effort surhumain pour se maîtriser.

—Johnny, mon vieux, je suis drôlement content pour toi. Vrai, félicitations, mon gars ! *Réfléchissons,* se disait-il en même

52

temps. *Soyons pratique. Inutile d'essayer de rouler sans lui —
c'est hors de question.*

– Parle-moi d'elle. Qu'est-ce qu'elle fait dans la vie ?

Johnny avait retrouvé toute son insouciance et il raconta Juliet
avec une vraie joie dans les yeux.

– C'est marrant que tu me demandes ça. Figure-toi que je n'en
savais rien jusqu'à hier soir. Je supposais qu'elle devait être étudiante ou quelque chose comme ça. Eh bien elle l'est, d'une certaine manière. Mais moi, tu vois, je m'en fichais un peu, d'elle.
Alors je ne l'avais jamais interrogée là-dessus. Elle étudie pour
décrocher une promotion. L'examen approche. Elle a de l'ambition, tu comprends, Ed.

– Mais qu'est-ce qu'elle fait, Johnny ?

– Elle est sergent dans la police. Elle va passer inspecteur !
CID – tu vois. Tu te rends compte ! Moi, marié à une femme-
policier ! Hein, Ed... tu ne vas pas bien ? Ed ?

Ed Howard venait de se répandre en grosse flaque dans son
fauteuil avec un grognement. Et il restait là, décervelé, les yeux
clos. Il pensait très sincèrement qu'il était sur le point de mourir.

Juliet Shelley s'éveilla d'un profond sommeil à une heure et
quart de l'après-midi. Elle considéra prudemment l'endroit et se
demanda où elle pouvait bien être. Puis la mémoire lui revint
d'un coup. Elle laissa échapper un long soupir de plaisir et son
visage s'éclaira. Elle s'étira voluptueusement et tendit la main
vers Johnny. Elle eut un instant d'angoisse en constatant qu'il
n'était pas là et qu'il avait épinglé un mot à l'abat-jour de la
lampe de chevet. Elle le prit et ouvrit l'enveloppe.

« Ma chérie,

J'aurais aimé te regarder t'éveiller, mais le coup de téléphone
auquel je n'ai pas répondu hier soir provenait de mon patron. Il a
laissé un message sur le répondeur et il faut que j'aille le voir. Je
serai de retour dans la soirée, sans doute vers 6 heures ;

Nous dînerons dehors pour fêter tout ça et puis, demain, je
t'emmènerai faire des courses et choisir un certain objet
– inusable – pour que tu le glisses à ton doigt. Ne remets surtout
pas le petit machin noir que tu portais hier, sinon on n'arrivera
jamais à sortir de l'appartement.

Après réflexion, ne t'avise pas de ne pas le mettre !
Je t'aime – J. »

Elle serra le billet contre elle, puis se retourna et s'enfonça
avec délices dans l'oreiller. Après un long moment, elle sortit du
lit et évita de peu le seau à champagne et sa bouteille à moitié
vide. Elle décrocha la chemise de Johnny du lustre où elle s'était

posée Dieu sait comment la nuit dernière. Elle y enfouit son visage et en respira l'odeur ; puis elle l'enfila et la boutonna, sauf les deux boutons du haut. La chemise lui descendait aux genoux.

Elle alla ouvrir en grand les rideaux et le soleil d'octobre entra dans la chambre. De l'autre côté de la rue, un maçon remarqua ce mouvement depuis son échafaudage, lorgna ce qui se passait et, à la vue de la silhouette à demi dévêtue, manqua lâcher sa truelle. Juliet lui lança un large sourire et disparut.

Encore une qui ne s'en fait pas, se dit le maçon, comprenant mal qu'on puisse être de bonne humeur sans raison. Il reprit son travail.

Juliet gagna la cuisine où, soudain affamée, elle se prépara une salade, un gros morceau de camembert et des biscuits. Elle transporta son assiette dans le salon et s'installa dans le grand fauteuil près du bureau de Johnny. Elle attrapa le téléphone et composa le numéro de Janey, sa meilleure amie. Il fallait absolument qu'elle raconte ça à *quelqu'un*.

Pendant l'heure et demie qui suivit, quiconque aurait voulu appeler l'appartement eût trouvé la ligne occupée. Et si un petit malin avait pu se brancher sur cette conversation, il n'aurait pas douté une seconde qu'il surprenait les confidences de deux adolescentes plutôt que celles de deux femmes intelligentes, actives et ambitieuses de vingt-cinq ans. Le bonheur de Juliet était contagieux.

Le principal sujet de la longue conversation téléphonique entre Juliet et Janey était toujours assis dans un fauteuil en face d'Howard, le front soucieux. Maintenant il comprenait mieux la réaction d'Ed – qui lui avait paru inexplicable sur le coup – à l'annonce de son bonheur tout neuf.

Howard avait pris la décision de parler du projet à Johnny. C'était la seule solution. Il ne connaissait pas d'aussi bon spécialiste du monde arabe en qui il puisse avoir la même confiance ni personne qui arrive à la cheville de Johnny dans le domaine de l'organisation ou qui sache voir les détails comme lui. De toute façon, il aurait besoin de lui, au moins pour l'architecture de l'opération et sa préparation, si ce n'était pour la phase finale de pénétration en Irak. Et voilà que la seule chose que Johnny avait vraiment envie de péné... *Arrête,* se dit-il. *Pas de vulgarités. Ce n'est pas sa faute.*

Il était certain que Johnny pouvait tenir sa langue, même avec la fille, et qu'il donnerait à l'entreprise – dès qu'il aurait reçu le feu vert – les deux cents pour cent habituels de son énergie. Il ne comptait plus les occasions où le jeune homme avait montré sa mesure et prouvé combien il était capable de se concentrer sur un seul problème, à l'exclusion de tout autre. D'ailleurs, pendant les quatre heures qu'ils avaient passées ensemble avant la pause, pas une seconde il n'avait donné l'impression d'avoir l'esprit en vadrouille. Pourtant il s'agissait sans doute, pensa Howard, de l'une des matinées de sa vie les plus propices au rêve, après très peu de sommeil ou même pas de sommeil du tout.

Oui, il pouvait faire confiance à Johnny pour s'atteler entièrement à ce projet et pour se taire. Malgré tout, il avait senti de son devoir de mettre en avant la menace toute particulière que la nouvelle liaison du jeune homme représentait pour l'opération.

– Ce que tu dois garder présent à l'esprit, Johnny, si tu veux bien m'écouter un moment avec la tête froide, ce sont deux choses distinctes. D'une part, il y a toi, et d'autre part, elle. Alors, pour l'instant, tu te trouves dans un état émotionnel qui te rend très vulnérable. Tu viens de rencontrer ta fiancée et pour la première fois depuis très longtemps – et même de ta vie, qui sait – tu vas avoir envie de partager toutes tes pensées avec elle. Toutes. C'est tout à fait naturel et je serais déçu s'il en était autrement. Ce que je veux dire, c'est qu'il faudra que tu t'en souviennes et que tu t'arranges avec ta conscience pour assumer les cachotteries que tu seras amené à lui faire, surtout au début d'une liaison. Tu me suis ? J'espère que je ne te vexe pas – j'essaie juste de rester logique.

Johnny approuvait du menton, l'air soucieux. *Brave garçon*, pensa Howard. Il conservait toutes ses facultés d'analyse et maîtrisait ses réactions.

– Parfait, dit Howard. Désolé d'en avoir parlé, mais je savais que tu me comprendrais. Maintenant, la deuxième chose. À elle aussi, ça lui est tombé dessus comme une tonne de briques. J'en suis ravi pour vous deux – et c'est une grande chance pour toi. Mais la plupart des femmes à qui ça arrive se mettent à vouloir savoir absolument tout sur le nouvel homme de leur vie. Vous vous connaissez à peine – elle va crever de curiosité. Elle va boire tes paroles, poser mille questions, analyser le moindre de tes mots, t'asticoter. L'information la plus infime te concernant va la passionner. Ce que tu fais et tout. Loin de moi l'idée qu'elle pourrait t'espionner ou quelque chose dans ce genre, mais elle va s'intéresser à tout, vraiment tout, ce qui touche de près ou de loin à ta vie – y compris les vieux emmerdeurs comme moi, avec qui tu travailles. C'est d'ailleurs normal. Tu me suis toujours ?

Une fois encore, Johnny approuva.

– Ce qui rend les choses difficiles, poursuivit Howard, c'est qu'elle est visiblement très forte. Pour être arrivée où elle en est à son âge, c'est une sacrée tronche...

Il s'interrompit et sourit avant de reprendre.

55

– En réalité, en y réfléchissant bien, je n'en suis pas si sûr. Elle ne doit pas être si maligne pour s'être toquée d'un minable comme toi.

L'œil amusé, Johnny tendit vers lui un poing menaçant.

– La vérité, dit Howard, c'est que ton honnêteté et ta sincérité ont joué un rôle là-dedans. Oui, je sais bien que tu es un garçon outrageusement beau, charmant et tout ce que tu voudras. Mais n'oublie pas une chose, ces femmes-là passent leur vie avec des ordures – voleurs, escrocs, maboules, tordus sexuels, assassins et autres. Elle a tout vu et elle peut déceler tous les vices. Sans ça elle n'aurait pas atteint cet échelon de CID. Et tout d'un coup, elle rencontre un type comme toi, franc, pur, sincère, sans défaut, sans aucune pensée cynique dans la tête, et une sorte de héros, par-dessus le marché – je parie qu'elle n'ignore rien de tes exploits militaires – ça ne peut que l'intéresser. Sacrément l'intéresser.

Howard marqua une pause pour vider sa canette.

– Je ne dis pas, reprit-il, qu'elle va se mettre délibérément en quête de ton talon d'Achille, mais elle va chercher sans arrêt à se rassurer et à se prouver que tu es bien le chic type qu'elle imagine, et si le moindre truc cloche, crois-moi, elle ne le ratera pas... Alors on ajoute tout ça et qu'est-ce qu'on obtient ? On obtient un énorme problème potentiel, voilà ce qu'on obtient. Et qui va être de la première difficulté pour toi. Juste au moment où tu as envie de tout dire à quelqu'un il va falloir dissimuler. Tu vas devoir lui faire des cachotteries alors que c'est la dernière chose que tu souhaites, et même que tu aies pu imaginer. Ça va être joliment dur, mon vieux. Joliment. Écoute, je suis désolé de mettre les pieds dans le plat aussi carrément – je ne voudrais surtout pas avoir l'air de te faire la morale et c'est sans doute exactement l'air que j'ai. Si c'est le cas, excuse-moi, j'aurais sincèrement préféré présenter l'affaire plus finement. Et peut-être que j'aurais encore mieux fait de fermer ma gueule.

Johnny ne parla pas tout de suite, prenant le temps d'analyser les arguments d'Howard. Il voyait bien la justesse du tableau.

– Non, Ed, tu as raison. Ça ne me plaît pas mais je ne peux pas le nier, tu n'as que trop raison. Je ne suis pas très doué pour tromper mes amis. Je suis même heureux de t'annoncer que je ne l'ai jamais fait, mais je comprends parfaitement que ça va être indispensable – au moins pendant quelques jours, jusqu'à ce qu'on ait étudié tout le dossier et que tu aies bouclé ton rapport. Mais il y a un point sur lequel je suis très fort, c'est quand il s'agit de compartimenter ma vie. Je suis capable d'oublier mon travail en rentrant chez moi, quand je le décide, et de laisser derrière moi toutes les considérations personnelles quand je travaille. Tu en as eu la preuve ce matin. Ce n'est pas rien, reconnais-le. Pour diminuer les risques, je pense que la meilleure solution pour moi serait de refiler le projet Kraut à Peter pour qu'il le prenne en charge – de toute façon, le compte rendu est pratiquement fini – et de me consacrer à une opération d'un de nos clients en Arabie Saoudite. Darcon, par exemple, ce serait bien...

Le visage d'Howard resta tout à fait impassible. Il n'avait fait aucune mention de Sir Peter Dartington ou de Darcon. Johnny ignorait tout de la personne qui avait passé commande du rapport. Et il continuait à parler, sans se douter de la signification de ses propos.

– ... Si les événements se précisent, il faudra bien d'une manière ou d'une autre utiliser nos points de chute là-bas. Ainsi, je travaillerai tout près de la vérité mais pas en plein dedans, si tu vois ce que je veux dire. Si elle me demande ce que je suis en train de faire, je pourrai la regarder droit dans les yeux et lui affirmer que je bosse sur un projet confidentiel qui a un lien avec l'Arabie Saoudite et, en substance, ça ne sera pas faux. Je refuse, autant que possible, de lui mentir. Mais je crois que je survivrai en ne lui disant pas toute la vérité. Je verrai bien. Dès que je ne le supporterai plus, ou si par malheur je venais à gaffer, je t'en informerai.

Johnny eut un sourire sinistre avant d'enchaîner.

– Allez, admets qu'elle ne m'a pas trop gâché, tout de même. Tout à l'heure, je me suis mis en colère quand tu l'as traitée de souillon. Eh bien, c'était un sacré souillon, en effet. Elle n'avait rien pour plaire, elle se prétendait étudiante, à peine me parlait-elle en face... Elle s'est bien fichue de moi. Seigneur, tu aurais vu la différence hier soir ! Incroyable, je te jure. Elle ressemblait à un million de dollars, Ed...

Puis il s'abîma dans une tendre rêverie et Howard attendit patiemment son retour sur terre. Après quoi les deux hommes passèrent au peigne fin le plan d'Howard, en ne laissant rien dans l'ombre. Johnny siffla d'admiration à l'énoncé d'une ou deux idées et apporta quelques améliorations personnelles très opportunes, de nouveau enthousiaste et parfaitement concentré. Ils examinèrent les transports, les routes, les méthodes, l'équipement, la documentation, les détails administratifs, les solutions de repli, la sécurité, les leurres. Ils se mirent d'accord sur une équipe d'hommes qualifiés. Dans un premier temps, il était tacitement entendu que Johnny ne se joindrait pas en personne à l'expédition proprement dite, mais la présence d'au moins un spécialiste parlant couramment l'arabe serait requise et un point d'interrogation remplaçait le nom de cette recrue car ni l'un ni l'autre n'avait à l'esprit un candidat ayant les compétences appropriées.

Vers 17 h 30, après cette journée entière de séminaire, Howard décida d'arrêter là. Ils avaient pioché tous les aspects du problème et Ed pensait avoir réuni les éléments dont il aurait besoin pour son rapport à Dartington. En réalité, ils avaient largement dépassé le cadre de ce rapport mais Dartington n'avait pas à être renseigné sur des détails opérationnels qu'il n'avait pas demandés et qui étaient pourtant déjà au point.

Il laissa filer Johnny puis déménagea le fauteuil où il venait de passer la journée et souleva le tapis. Il ouvrit le petit coffre-fort encastré dans le plancher et en sortit la disquette pour compléter son texte. Il se dit qu'il aurait aussi six cassettes de quatre-vingt-dix minutes pleines de cette séance de travail d'aujourd'hui à déposer dans le coffre. Il ne manquait plus qu'un seul point, essentiel, et Howard songea qu'une petite surprise ne ferait pas de mal à Dartington. Oui, il allait finir sur un coup de théâtre, juste pour voir comment Sir Peter réagirait.

L'ordinateur s'alluma et Howard inséra sa disquette. Puis il commença à pianoter.

Trois kilomètres plus loin et quatre heures après, Johnny Bourne et Juliet Shelley reposaient, apaisés, dans les bras l'un de l'autre, protégés du monde par l'obscurité de la chambre. Ils avaient fait l'amour après une soirée digne d'un roman-photo : fleurs, bougies, dîner, regards de velours...

– Johnny ? questionna un murmure alangui tout près de lui.

– Mmmm ?

– Vous êtes en état d'arrestation.

– Hein ? Pourquoi ?

– Agression d'un officier de police. Moi, dit-elle.

– On m'a provoqué.

– Ce n'est pas une excuse. Est-ce que vous acceptez le verdict et le châtiment du tribunal ?

– C'était un piège, je le jure. Et vous, vous ne ressemblez pas du tout à un tribunal. Oh, et puis bon. Je plaide coupable. Quelle est la sentence, inspecteur ?

– La vie.

– Avec vous ?

– Oui.

Elle se souleva pour l'embrasser.

– Johnny ?

– Présent.

– C'est vrai qu'on va chez le bijoutier, demain ? dit-elle en se tortillant de joie, le nez dans son cou.

– Ouais.

– Lequel ?

—Un peu de patience, curieuse. Je peux quand même te dire que c'est un vieil ami qui était avec moi dans l'Armée.

—Il faudra tout me raconter sur ta vie dans l'Armée. Je veux tout savoir.

Elle bâilla rêveusement, happée par le sommeil.

—Je veux tout savoir sur toi. Tout. Le moindre détail. Le moindre petit détail minuscule...

Elle se tut ; sa respiration était calme et régulière. Elle dormait dans ses bras.

—Je t'aime, yeux noirs, murmura Johnny.

8

Howard resta assis sans rien dire tandis que Dartington prenait connaissance des trente pages du rapport. Pendant les vingt premières minutes, celui-ci n'avait fait aucun commentaire, si ce n'est « Vous avez soigné votre copie, on dirait » dans un murmure, au bout de quelques lignes. Howard avait presque espéré que l'autre ferait l'impasse sur les passages traitant de l'histoire irakienne, la géographie, le climat et la population, mais Dartington lisait chaque mot, apparemment passionné par le sujet.

En y réfléchissant bien, Howard se dit qu'il n'y avait pas vraiment à s'étonner qu'il accordât une si grande attention à ces feuilles. Après tout, elles lui coûtaient cinquante mille livres. Pour cette somme, il aurait pu se procurer une édition rarissime des *Sept Piliers de la Sagesse* de Lawrence qui, d'ailleurs, ne se serait pas révélée inutile. Et en plus, il aurait pu la garder, alors qu'il lui fallait rendre le rapport à Howard dès qu'il aurait terminé sa lecture.

Dartington allait probablement s'apercevoir, pensa Ed, que ce rapport avait été établi autant pour servir les intérêts d'Howard que pour lui. Durant ses deux semaines de recherches, Howard avait lu et ingurgité des milliers de lignes sur le sujet, parmi lesquelles quatre livres d'histoire contemporaine, un roman, trois récits de voyages, cinq traités généraux de politique du Moyen-Orient, deux biographies et trois ouvrages opportunistes sur la Guerre du Golfe et ses retombées immédiates. Il considérait que ses tentatives pour comprendre l'Irak et la personnalité du tyran qui régnait sur son peuple avaient été raisonnablement couronnées de succès. Et il avait apprécié l'exercice qui consistait à distiller ces informations pour en extraire l'essentiel. Oui, il aurait volontiers effectué tout ce travail même si Dartington ne le lui avait pas commandé.

Dartington parvint enfin au dernier paragraphe. Il eut un sursaut mais ne dit rien. Il se contenta de rabattre le trentième feuillet et de déposer le rapport devant lui, sur le bureau.

– Oui, dit-il en vrillant son regard dans celui d'Howard. Vous avez très certainement soigné votre copie. Comme vous l'imaginez, j'ai quelques questions à vous poser. Je n'ai pas adoré votre conclusion, mais nous y reviendrons plus tard.

Sans doute attendait-il une réaction, mais comme Howard se bornait à approuver en silence, il continua :

– D'abord, vous mentionnez des précédents, en ce qui concerne les attentats contre sa personne. Êtes-vous sûr qu'il y en a eu autant ?

– Non. Je suis presque certain qu'il y en a eu *plus* que les six que j'énumère ici. La seule difficulté est d'établir qui se cachait chaque fois derrière les exécutants. Certains étaient sans doute d'inspiration maison. Je veux dire par là qu'ils émanaient d'Irakiens plutôt que d'un large complot fomenté par un gouvernement étranger. Les autres ont presque sûrement été préparés à l'extérieur du pays. Le Mossad israélien semble dans ce cas le client le plus sérieux. Depuis des années, Israël considère Saddam comme le grand danger qui menace son existence, et les Israéliens seraient ravis de se débarrasser de lui. L'autre hypothèse, c'est la CIA. Dans toutes ces tentatives, jamais le moindre ressortissant israélien ou américain n'a figuré directement, bien sûr. Ils se contentent de fournir de l'argent, des encouragements, de la logistique, du matériel, des aides de ce genre. Le véritable sale boulot a toujours été fait – ou plus exactement n'a jamais été fait – par des citoyens irakiens qui haïssaient Saddam. Mais ces six attentats sont les seuls dont j'ai entendu parler. Il se peut qu'il y en ait eu d'autres. Je n'ai pas non plus relevé les projets mal ficelés qui n'avaient aucune chance d'aboutir. Et ces six-là se situent tous après la fin de la Guerre du Golfe, je n'ai rien dit de ceux d'avant, même pendant la période qui précédait immédiatement la guerre.

– Humm, marmonna Dartington, apparemment surpris. Je comprends que les Israéliens et certains Irakiens veuillent le réduire en bouillie, mais les Américains ? George Bush a bien déclaré publiquement que c'était aux Irakiens de le renverser ? Il mentait, alors ?

– Pas vraiment. D'abord, parce que c'est une simple supposition. Il n'y a peut-être eu aucun complot fomenté par la CIA. Mais ensuite, s'il y en a eu un, il se peut très bien que le Président ne l'ait pas autorisé ou n'en ait même pas été informé – la CIA ne se prive pas de prendre des initiatives. Enfin, dans le cas où il y *a eu* un complot de la CIA, les gens de l'Agence n'y ont pas été mêlés directement, comme je vous l'expliquais – pas question qu'un citoyen US aille presser la détente, si on peut dire. La CIA se serait bornée à prendre contact avec des éléments contestataires de l'armée irakienne ou autres et de leur mettre le pied à l'étrier – promesses financières, protection, pouvoir, enfin vous voyez, le plan habituel. De cette façon, Bush pouvait tranquillement affirmer que c'étaient les Irakiens qui tentaient de tuer Saddam, et pas la CIA. La fourniture d'assistance aux dissidents irakiens cadre parfaitement avec sa ligne politique officielle.

—Mais comment avez-vous appris tout ça sur ces complots ?

—Oh, dit Howard avec un geste évasif, il suffit de décortiquer un peu les indices. Vous avez sans doute vu vous aussi les signes, même si vous ne les avez pas interprétés. Vous vous rappelez, par exemple, qu'il y a deux mois, les journaux ont parlé d'une large purge dans la haute hiérarchie de l'Armée irakienne.

—Oui, je me souviens. C'était vrai ?

—Tout à fait. Un grand nombre d'officiers supérieurs ont été arrêtés, torturés et fusillés. Saddam a supervisé l'opération en personne, et a lui-même tiré sur certains d'entre eux. Ceux qui n'étaient pas déjà morts sous la torture, évidemment. Parmi eux se trouvaient les auteurs d'un de ces attentats.

—Et ceux qui n'avaient rien à voir avec le complot ?

—Alors là, c'est caractéristique de Saddam. On les a liquidés aussi. Il fait sans cesse ce genre de coups, dans le seul dessein de déstabiliser et de semer la terreur autour de lui. Il est capable de tout, de tuer n'importe qui, pour conserver son pouvoir. J'en parle dans mon rapport. Vous savez de quelle façon il se conduit avec ses ministres et même avec sa famille. En réalité, plus on est proche de lui, plus le danger est grand. Il s'est débarrassé de beaucoup de ses plus fidèles partisans, pour la simple raison qu'ils avaient acquis un degré d'influence et de célébrité qui, croyait-il, lui faisait de l'ombre. Il a abattu un ministre en plein conseil, sous les yeux des autres. Vous voyez d'ici l'effet produit. Il sait que la peur constitue sa meilleure arme et il en use sans le moindre scrupule. En fait, la notion même de scrupule lui est totalement étrangère – il ignore ce que ce mot signifie. Au sein du pouvoir irakien, les survivants les plus tenaces sont ceux qui ont fait preuve d'une constante servilité, qui ont eu la prudence de rester anonymes et, aussi bizarre que ça paraisse, qui ont montré le plus haut degré d'incompétence – il considère l'esprit d'initiative et l'intelligence, chez autrui, comme une grave menace. En plus d'être un fou vicieux et brutal, il est complètement paranoïaque, comme je vous le disais. Il voit des conspirateurs et des complots partout. Et c'est pour cette raison qu'on a tant de mal à l'éliminer.

– Alors, comment comptez-vous procéder ? Vous n'en parlez presque pas.

– C'est exprès. Il est plus sûr que vous ne sachiez rien. Ne le prenez pas mal, mais si quelqu'un parvient à vous repérer, il faut que je puisse me protéger.

Dartington afficha une mine un peu inquiète et Howard se hâta de poursuivre.

– Tout de suite après cela, je pense que nous devrons reparler de votre sécurité en général. J'ai quelques idées à vous soumettre. J'espère que ce ne sera pas nécessaire, mais mieux vaut prévenir que guérir.

Ces paroles semblèrent apaiser Dartington, mais il insista malgré tout.

– Je crains cependant de devoir vous demander des précisions sur votre méthode d'intervention.

Ces mots confortèrent Howard dans sa certitude que Dartington n'était pas à l'origine de l'opération.

– Nous serions une équipe peu nombreuse, répondit-il prudemment. Nous adopterions une technique «coup de poing» qui consisterait à rester le moins de temps possible en territoire irakien et à utiliser le bluff et la supercherie plutôt que la dissimulation et le secret, bien que, naturellement, il faudrait nous arranger pour entrer et ressortir du pays sans que personne découvre qui nous sommes. Désolé, Peter, mais je ne peux sincèrement pas vous en dire plus.

Dartington hocha la tête, résigné, et décida de passer à autre chose.

– Et cette histoire, là, selon laquelle Saddam aurait tous ces «doubles» ? Ça ne va pas compliquer les choses, pour vous ?

– Ça se pourrait bien, en effet. Ce dont je suis certain, c'est qu'il dispose de douze doublures dont il use de temps en temps pour le remplacer. Mais si ça se trouve, aujourd'hui il en a davantage. Il les envoie à droite et à gauche de manière que son peuple le «voie», pendant que lui-même reste à l'abri dans son bunker à Bagdad, où personne ne peut l'atteindre. Certains ont juste un vague air de famille avec lui et d'autres sont plus convaincants. Deux d'entre eux sont réputés pour lui ressembler de façon frappante, au point que très peu de gens sont en mesure de les identifier. Par exemple, vous vous souvenez du reportage qui montrait Saddam en train de bavarder avec ses soldats, au Koweït, juste après l'invasion ?

– Oui, il me semble. Vous voulez dire que... ?

– Exact. Ce n'était pas Saddam. C'était une de ses doublures – une des deux bonnes. Saddam ne courrait pas le risque de s'exposer ainsi, dans un endroit aussi découvert. De plus, aucun soldat ne pourrait s'approcher de lui armé, de peur qu'il ne le prenne pour cible. Or ces soldats étaient armés. Et Saddam, lui, ne se sépare jamais de son pistolet. Jamais. Il l'a toujours sur lui. L'homme du reportage n'avait pas d'arme.

– Comment avez-vous appris cette histoire de doublures ?

– J'ai un ami au SIS.

Aussitôt Dartington se rembrunit.

– Ne vous inquiétez pas, précisa Howard. J'ai parfaitement suivi vos instructions. Je ne lui ai pas dit un mot de notre entreprise. Il s'agit d'une conversation que nous avons eue il y a des siècles, au moment de la Guerre du Golfe. C'est lui qui m'a parlé des chirurgiens esthétiques.

– Des chirurgiens esthétiques ?

– Ils étaient deux. Tous deux très doués, mais pratiquant l'un et l'autre sur les bas-côtés de la légalité, il faut bien le dire. L'un était allemand et l'autre suisse. On leur proposa – séparément – des contrats très lucratifs pour opérer des clients qu'on leur présenta comme des Européens. Ils passèrent tous deux en France et on perdit leur trace. Le Mossad obtint une information selon laquelle ils s'étaient envolés vers Bagdad. Un agent irakien – lui-même médecin – confirma par la suite la chose au Mossad et ajouta un précieux renseignement : les deux chirurgiens dispensaient leurs talents au même moment dans deux cliniques différentes. On peut en déduire que deux personnes étaient opérées. Quelques jours plus tard, les deux chirurgiens ont disparu. Personne n'en a plus jamais entendu parler. Toute cette histoire cadrait parfaitement avec la rumeur qui courait à l'époque sur les doublures de Saddam, et les deux sosies commencèrent à paraître en public peu de temps après. À ce qu'on dit, l'un d'eux surtout est exceptionnel puisqu'il a la même voix. Mais ils n'ont pas l'autorisation de porter une arme.

Dartington hochait la tête de stupéfaction.

– Mais alors, comment allez-vous faire pour avoir Saddam, bon sang ?

– C'est la raison de la présence dans mon rapport du dernier paragraphe, Peter, dit doucement Howard. Sans un peu de compréhension, je n'y arriverai pas. Je n'aurais pas une chance sur un milliard. Pas question d'aller en Irak et de me mettre tranquillement à la recherche de ce salopard, ni d'investir Bagdad avec une armée et de lancer l'assaut au hasard dans un des innombrables tunnels et bunkers où Saddam se terre. Il faut que je sache quand et où j'ai une possibilité de l'approcher. J'ai besoin de renseignements. Sans ça, mieux vaut tirer un trait définitif sur toute l'affaire et parler d'autre chose.

— Et c'est ce que vous entendez par « avoir un entretien avec mon employeur » ?

— Arrêtons de tourner autour du pot, Peter. Je sais que vous n'êtes pas tout seul dans cette histoire. D'abord, ça ne vous ressemble pas. Ensuite, vous êtes riche, mais quand même pas assez pour craquer onze millions de livres – sans états d'âme, apparemment – pour une lubie. Et en plus, comment feriez-vous pour dissimuler une telle somme dans votre comptabilité ? Enfin, je ne vois pas ce que Saddam pourrait mijoter qui mette en danger quelque opération Darcon que ce soit – du moins pas au point d'engager une fortune pareille. Ça veut dire qu'il y a quelqu'un d'autre, ou une autre organisation, qui paie la facture. Et ce quelqu'un ou ce quelque chose doit être du bon côté de la loi, sans quoi vous ne seriez pas dans le coup. Aussi, le seul candidat que j'envisage dans le rôle, c'est le gouvernement, mais c'est une simple supposition. Je comprends d'ailleurs qu'ils répugnent à utiliser les « canaux officiels » pour se débarrasser de Saddam, et également qu'il soit exclu qu'ils apparaissent comme instigateurs... Alors, écoutez-moi bien. Je ne veux pas savoir qui c'est. Je ne veux même pas essayer de deviner. Tout ce que je dis, c'est qu'il faut que je parle au responsable. Ce n'est pas la peine que je le rencontre – ça peut se faire au téléphone. Je n'aurai qu'une seule question à lui poser mais je veux la lui poser directement. Il est préférable que vous ignoriez ce qu'il va me répondre – en réalité, j'ai peur de devoir me montrer intraitable aussi sur ce point. Le problème est tout simple : si je ne connais pas l'endroit où Saddam Hussein se trouvera à tel moment, il n'y a pas la moindre chance pour que je réussisse à l'atteindre et à en soulager la planète. J'ai besoin d'une date, d'une heure et d'un lieu. Et je doute que vous puissiez me procurer une information de ce niveau. En revanche, votre employeur en est peut-être capable. Aussi faut-il que je lui parle personnellement. Alors cessons de jouer au chat et à la souris.

Il y eut un long silence pendant lequel les deux hommes ne se quittèrent pas des yeux. Puis Dartington eut un haussement d'épaules.

— Bon. J'avais bien pensé que vous finiriez par vous douter, tôt ou tard. Vous avez raison, il y a quelqu'un d'autre derrière ça. Vous comprendrez que je ne sois pas autorisé à dévoiler de qui il s'agit. Il faut que j'en réfère.

— D'accord, dit Howard. Marchons comme ça. Pour sauvegarder notre sécurité, à l'un comme à l'autre, il m'appellera à un numéro qui ne lui permettra pas de remonter jusqu'à moi. De cette façon, il ne saura pas qui je suis. Ce sera un téléphone portable. Pas le mien. Le vôtre – celui que vous n'utilisez qu'à l'extérieur, ainsi, je ne risquerai pas de recevoir des communications qui vous seraient destinées. Suggérez-lui de me joindre à ce numéro n'importe quel lundi matin entre huit et neuf heures. Je répondrai sous le nom de M. Hatcher. Je propose que votre employeur se présente comme M. Jethro. Veuillez lui rappeler que les conversations par téléphones portables peuvent être interceptées par les radioamateurs, aussi notre entretien devra-t-il paraître anodin.

— Parfait, approuva Dartington. Je m'en occupe.

— Bien. Il y a une dernière chose qui, je l'espère, ne vous dérangera pas trop. Il va falloir que je cambriole cette maison, en quelque sorte.

— Quoi ? Mais pour quoi faire ? s'écria Dartington, consterné.

— Principalement pour vous protéger. Je vais être obligé d'utiliser le réseau Darcon en Arabie Saoudite comme couverture pour certains détails. Pour cela, j'ai besoin de renseignements. Évidemment, je pourrais vous les demander et vous me les donneriez, mais imaginez que quelqu'un s'aperçoive qu'on s'est servi de Darcon, il faudra bien expliquer comment les informations ont été obtenues. Alors ce sera à la suite d'un cambriolage. Je vous contacterai pour vous préciser la date. Ce jour-là, il serait souhaitable que vous soyez absent. Peut-être pourriez-vous accompagner Lady Dartington à Londres pour assister à un spectacle ou ce que vous voudrez. Mais en vous assurant bien que votre équipe sera avertie de l'endroit où vous vous trouverez. Je désire que vous laissiez plusieurs dossiers ici, dans le bureau. Je devrai causer quelques menus dégâts – rien de sérieux, et seulement dans cette pièce, ce qui fait que Lady Dartington ne sera pas trop bouleversée. Et j'emporterai une chose ou deux, comme par exemple ce magnétoscope, là, pour plus de crédibilité. À votre retour, je vous prie de faire un très gros tapage auprès de la police. Inutile que la maison soit entièrement vide. Si vous demandez à Mme Jethcott ou à quelqu'un d'autre de dormir ici quand vous vous en allez, ne changez rien à vos habitudes, ce qui importe c'est que vous ne soyez pas là vous-même. Il serait préférable que la personne ne soit pas trop nerveuse, sujette aux crises cardiaques ou aux tuiles de ce genre. Mme Jethcott m'a l'air plutôt intelligente et placide – c'est pourquoi j'ai pensé qu'elle serait parfaite. Ce serait aussi plus pratique si cette fenêtre, là, restait entrouverte, mais n'en parlez pas à Mme Jethcott. Si elle la referme, tant pis.

Howard désignait l'une des deux fenêtres à guillotine qui donnaient sur le jardin.

— Et le système d'alarme, s'inquiéta Dartington.

— Je le connais comme ma poche, ne l'oubliez pas. Il ne me

posera aucun problème. Et il se déclenchera – au moment que j'aurai choisi.

Dartington parut satisfait. Howard lui indiqua les dossiers qu'il désirait trouver dans le bureau et lui répéta qu'il le recontacterait. Les deux hommes se levèrent. Dartington lui tendit son téléphone portatif ainsi que le rapport, et Howard rentra à Londres dans la Saab.

9

Le 28 octobre, de bonne heure, Howard quitta Londres en voiture et, à 8 heures, il eut la satisfaction de se trouver coincé, comme prévu, dans l'habituel bouchon de la M25. Des milliers de voitures, pare-chocs contre pare-chocs, progressaient laborieusement sur l'autoroute, et parmi elles, anonyme, la Saab. Même dans le cas très improbable où quelqu'un s'aviserait d'enregistrer l'appel téléphonique qu'il attendait, il n'y aurait aucune chance de l'attribuer à la Saab plutôt qu'à un autre véhicule. A 8 h 10, la petite sonnerie retentit et Howard répondit.

—Ici M. Hatcher. Qui me demande ?

—Je suis M. Jethro. J'ai cru comprendre que vous souhaitiez me parler.

Howard fut d'abord troublé par le son métallique, plat et impersonnel qui sortait de l'appareil. Puis il devina que « M. Jethro » utilisait un filtre électronique pour modifier sa voix.

—Merci d'appeler, monsieur Jethro. Je pense que vous allez m'être d'un grand secours. Vous n'ignorez pas qu'on m'a chargé d'effectuer un petit travail à l'étranger pour votre compte. Malheureusement, étant donné la façon dont les choses s'annoncent, je manque de certains éléments pour agir. La personne que je dois contacter est très difficile à joindre et j'aurais besoin de savoir où et quand il me serait possible de la rencontrer. Il va me falloir au moins deux mois pour boucler les préparatifs du voyage. Pourriez-vous me communiquer des détails qui me permettraient d'obtenir un rendez-vous utile avec elle ?

—Je vais vous prier de bien vouloir m'accorder un peu de temps, monsieur Hatcher. Dès que j'aurai l'information qui vous fait défaut, je vous rappellerai. Pourquoi pas la semaine prochaine à la même heure ? Ou sinon, la semaine suivante ?

—Je vous remercie infiniment. J'attends donc votre appel.

—Au revoir, monsieur Hatcher.

Et on raccrocha, laissant Howard songeur derrière le volant de la Saab. Malgré la brièveté de l'échange et la déformation de la voix, Jethro donnait une impression de force et de puissance. Avec quelque chose d'arrogant – à moins que ce ne fût son imagination. Instinctivement, Howard n'aimait pas cet homme et il se demanda qui il pouvait être. Ou bien Jethro était particulièrement prudent, ou bien on risquait de reconnaître sa voix. Howard haussa les épaules. Il n'allait pas perdre son temps en conjectures, mais, intérieurement, il avait maintenant la quasi-certitude que Jethro représentait le gouvernement. Il s'engagea dans la première bretelle pour quitter la M25 et regagner Londres. Il allait retrouver un ami au Travellers' Club pour déjeuner.

Roger Asher reposa le combiné et éteignit le brouilleur de voix. Il n'avait pas prévu cela. Cette histoire n'était pas près d'être réglée alors qu'il avait bien d'autres chats à fouetter. Et ce rhume, dont il n'arrivait pas à se débarrasser, n'arrangeait rien.

Il avait d'abord à téléphoner au ministre qui, si le passé pouvait servir de référence, serait très difficile à joindre. Pis encore, il était obligé de composer lui-même le numéro car c'était trop dangereux de passer par le standard pour un tel propos. Il essaierait ce soir. Mais d'ici là, il avait plus d'un problème à résoudre.

À 12 h 45, un taxi se rangea devant le Travellers' Club et Howard en descendit. Le portier l'informa que son ami était déjà arrivé et qu'il l'attendait au bar.

Howard s'empressa d'aller le rejoindre.

– Henry ! Je suis content que vous ayez pu venir. Ça me fait plaisir de vous voir.

Ils se serrèrent la main. Howard se commanda une boisson et fit renouveler celle de Stoner.

Le major Stoner avait un peu plus de cinquante ans et dirigeait la Compagnie lorsque Howard s'était engagé dans le Commando 42 des Royal Marines. À la retraite, Stoner était aujourd'hui Secrétaire de la Branche londonienne de l'Association nationale de Tir. Aussi bon tireur qu'efficace organisateur, il passait le plus clair de ses journées au Stand de Bisley, et participait à la préparation des grandes rencontres nationales et internationales de tir. Lui-même, assez doué, s'était naguère classé second au concours de la Queen's Medal. Maintenant, sans avoir tout à fait raccroché, il se consacrait surtout à l'entraînement de l'équipe régionale Sud-Est.

Ils parlèrent du bon vieux temps en déjeunant et Stoner évoqua gentiment quelques-unes des bourdes que son jeune ami avait faites à l'époque de ses débuts dans la vie militaire. Les officiers en retraite sont comme des parents, se dit Howard, ils n'arrivent pas à se mettre dans la tête qu'on grandit. Il sourit. Il aimait sincèrement Stoner qui lui avait appris bien des choses pendant ses deux premières années dans les Marines.

Comme Howard l'avait prévu, la conversation dévia bientôt sur le tir et Bisley. En véritable homme de l'art, Stoner ne pouvait se priver longtemps de son sujet favori.

– C'est devenu vraiment très technique, de nos jours, Ed. Il faudra que je t'emmène un de ces quatre, que tu voies comment ça marche. Les progrès, c'est fou. La technologie a le vent en poupe.

– Vous ne trouvez pas que c'est un peu dommage ? Je veux dire, quand on pense au passé où tout reposait sur l'adresse et la compétence ?

– Oh non, pas du tout. Aujourd'hui l'adresse est encore plus à l'honneur qu'avant. Le meilleur technicien n'arrivera à rien s'il n'est pas aussi un excellent fusil. La question est toujours d'avoir ou non le don. On a beau prendre des cours et se tuer à l'exercice, on ne sera jamais bon si la nature ne nous a pas choisis au départ.

– Mais alors comment repérez-vous les bons tireurs ? Vous faites le tour des unités pour observer ce qui s'y passe ?

– Bizarrement, non. Tôt ou tard, l'élite de l'Armée débarque à Bisley, envoyée avec l'équipe du régiment. Une fois qu'ils sont ici, on n'a pas de difficultés à reconnaître les as. Le problème, c'est que le niveau a terriblement baissé dans l'Armée. Je suis très inquiet, et je ne suis pas le seul.

Stoner eut un hochement de tête qui en disait long sur sa tristesse.

– Comment ça, s'étonna Howard. Je croyais que le fusil SA 80 avait *amélioré* les performances, et pas le contraire.

– Pendant une certaine période, oui, répliqua Stoner. Mais parce que c'était des gars qui avaient déjà travaillé sur le SLR et, pour eux, c'était mieux. Tu comprends, ils avaient une base. Mais ceux qui arrivent maintenant ne bossent que sur le SA 80. Comme c'est un fusil dont même un imbécile peut se servir, ils se disent que c'est inutile de consacrer autant de temps à l'entraînement des soldats. Total, on le voit bien, les résultats sont... eh bien franchement, ils sont carrément désastreux. Je vais te donner un exemple : dernièrement, on a organisé un concours de Chefs de champ. Tu sais – pour les officiers et les sous-officiers qui regagnent leur bataillon comme instructeurs et moniteurs de tir. Ils sont supposés être le gratin de leur régiment. Un seul a réussi un bon carton groupé à cent mètres. Et encore, à plat ventre. La moitié de ces guignols ne savaient pas viser. Il n'est même pas question d'entraînement, là. Ils n'ont pas la moindre notion de base – comment respirer ou autre. C'est pathétique. Ça augure plutôt mal des performances de tir dans l'Armée, pour l'avenir...

Non, aujourd'hui, les grandes découvertes, c'est chez les civils qu'on les fait. Ils finissent par atterrir à Bisley, eux aussi, bien sûr, s'ils sont malins, ce qui est de toute façon essentiel. Il y a même des tireurs épatants qui n'ont jamais été soldats. Avec un peu de pratique et de savoir-faire, ils ne tardent pas à rattraper les militaires, et souvent à les laisser sur place. Si tu prends les cent meilleures gâchettes du pays, tu trouveras sans doute la moitié de civils dans les quinze premiers. Et ils seront très majoritaires dans le reste. Les militaires n'arrêtent pas de reculer, au classement, et ceux qui tiennent le coup étaient déjà en piste avant qu'on renonce à l'entraînement systématique. Et puis, les civils parlent entre eux, échangent leurs connaissances et ils progressent encore. On a une excellente ambiance, à Bisley – des gens de toutes professions, de tous milieux, avec une chose en commun : l'amour de ce sport. Une sorte d'échantillon grandeur nature de cette société sans classe si chère à notre Premier ministre, tu vois.

— Alors, d'une certaine manière, vous êtes une espèce de chasseur de têtes, non ?

— Eh bien, les gens comme moi adorent découvrir des nouveaux talents, c'est sûr. En tout cas, je reste à l'affût. Au fil des ans, j'en ai déniché quelques-uns. De temps en temps, on me parle d'un gars qui a des qualités, alors je vais le voir et j'essaie de le convaincre de nous rejoindre et de faire un bout de chemin ensemble. Évidemment, ça ne marche pas à tous les coups, et c'est dommage.

— Que voulez-vous dire ?

— Tiens, par exemple, il n'y a pas longtemps, un vieil ami m'a vanté les mérites d'un jeune type du nom de MacDonald, un guide de chasse pour le cerf. Tous les guides sont de sacrées gâchettes, bien sûr, c'est obligatoire. Mais celui-là sortait de l'ordinaire. Je lui ai écrit pour l'inviter à venir faire un essai, mais ça ne l'intéressait pas. Il habite en Écosse, faut dire. Mais j'aurais bien aimé lui mettre la main dessus et voir ce qu'il avait dans le ventre.

— Parlez-moi de ce garçon, dit Howard.

Le ministre reposa le combiné et resta là à le contempler, en réfléchissant. Asher s'était montré maladroit en l'appelant chez lui, mais sans doute n'avait-il pas eu le choix. D'ailleurs, il avait fait très attention à ses paroles et leur conversation ne pouvait paraître que banale, même si quelqu'un avait eu l'idée de l'enregistrer. Mais il ne fallait pas que cela se reproduise. Et comme Asher avait donné le numéro de ce « M. Hatcher », le ministre l'appellerait directement. Ça promettait. Il voyait très bien quel genre d'informations pouvait désirer cet homme. En attendant, il était débordé...

L'après-midi du 30 octobre, deux jours après qu'il eut téléphoné au ministre, Asher reçut une lettre par coursier. Le motocycliste avait refusé de la laisser à l'une des secrétaires, affirmant qu'il devait la remettre en mains propres. La secrétaire avait tenté de lui expliquer que c'était impossible mais il avait insisté.

– Dites à M. Asher qu'elle concerne M. Jethro.

La voix du coursier était impersonnelle, à travers le casque intégral qu'il n'avait pas pris la peine d'ôter.

– Si vous voulez, mais je vous préviens que ça ne changera rien, répliqua la secrétaire, affectant de paraître à la fois dédaigneuse et irritée.

Intimement, elle redoutait surtout un coup de colère d'Asher qui n'avait déjà pas bon caractère en temps normal mais qui, en plus, ces jours derniers, semblait particulièrement irascible.

Mais elle se trompait. Le patron la pria immédiatement d'introduire le coursier. Toujours casqué, celui-ci tendit le message à Asher et s'en alla sans un mot. Asher ouvrit l'enveloppe après que la secrétaire fut sortie. Dix minutes plus tard, il la rappelait par l'interphone et lui commandait de faire préparer le Gulfstream car il devait se rendre à Gibraltar le lendemain matin.

– A Gibraltar, monsieur ? Oh – bien sûr. Voulez-vous que je prévienne Joseph ?

– Non, Joseph ne vient pas avec moi.

– Très bien, monsieur.

Elle resta assise, interdite. Quelle maison de fous, pensa-t-elle. Les choses s'aggravent de jour en jour. C'est un véritable excentrique, le patron.

Seul dans son bureau, Asher regardait le message du ministre se consumer dans un gros cendrier de verre.

Quatre jours plus tard, et trois mille kilomètres plus au sud, Asher raccrocha son téléphone. *Encore* un changement de plan. Il se demanda brièvement si le ministre ne se fichait pas de lui, mais se répondit que non. De toute façon, il n'avait pas le choix. Et puis la récompense potentielle...

Mais c'était ennuyeux. On l'attendait à Londres le lendemain soir, lundi 4 novembre, pour un discours et il avait un rendez-vous mardi à New York. Il avait perdu un jour et demi à faire le poireau à Madère. Bon, on n'y pouvait rien. Il chargerait son fils de prononcer le discours à sa place. Et tant pis pour le rendez-vous de New York.

Et surtout, il y avait ce rhume qui ne voulait absolument pas le quitter. Le salut se trouvait dans la vitamine C. Il appela les cuisines par l'interphone.

– Andrew, apportez-moi un autre pot de jus d'orange.

Il relâcha le bouton et appuya sur celui du pont.

– Gus, finalement je ne rentre pas en Angleterre.

Il regarda dehors, en direction du large. La mer était calme, il faisait doux, un peu brumeux.

– Tenerife, ordonna-t-il. Cap sur Tenerife.

À 16 heures, cet après-midi-là, le *Princess Scheherazade* quitta Funchal et s'éloigna des côtes de Madère. Asher, seul à bord avec les onze membres de l'équipage, travaillait dans son bureau de l'entrepont.

10

Le mardi 5 novembre, Dartington était un homme préoccupé. Les gros titres de la matinée lui avaient donné un grand coup au cœur. Il avait appelé son bureau pour dire qu'il ne se sentait pas bien et avait traîné chez lui toute la journée en se demandant ce qu'il devait faire. Téléphoner à Howard ? Non. Ce serait trop risqué. Après de mûres réflexions, il décida de ne rien faire du tout.

Un peu avant 19 heures, on entendit une moto devant le porche. L'épouse de Dartington alla répondre elle-même au coup de sonnette ; le motard casqué lui tendit une enveloppe et s'éloigna dans une pétarade.

Lady Dartington pénétra dans le bureau de son mari.

– On vient de déposer ceci pour vous, mon ami.

– Oh ? Et qui était-ce ?

Il considéra l'enveloppe qui ne portait que son nom et son adresse tapés à la machine.

– Il n'a pas dit qui l'envoyait. Ce n'était qu'un coursier.

– Merci, chérie.

Dartington attendit que sa femme ait quitté la pièce pour ouvrir le pli. Il en sortit une feuille sans en-tête, ni date, ni signature, avec seulement cinq lignes dactylographiées, d'une frappe ordinaire, anonyme :

« Sir Peter,

Il est bien naturel que vous soyez préoccupé par les événements des dernières vingt-quatre heures. Ceci pour vous rassurer. L'accord mis au point avec vous sera honoré. Vous ne devez pas vous inquiéter. Le projet suit son cours comme prévu. »

11

Le matin du lundi 4 novembre, Howard s'était rendu sur la M25 avec la Saab dans l'espoir d'un appel qui ne vint pas. Le lundi suivant, le 11, le téléphone sonna à 8 h 32. Il répondit comme la première fois.

— Ici M. Hatcher. Qui me demande ?

— Monsieur Hatcher, je vous appelle de la part de M. Jethro. Je suis son assistant.

Howard fut surpris d'entendre une autre voix. Sans déformation, celle-là. Son interlocuteur parlait l'anglais avec l'accent des grandes écoles privées et paraissait calme et sûr de lui.

— Ça ne vous ennuie pas que je prenne contact avec vous à la place de M. Jethro ? poursuivit la voix.

— Non, pas du tout, répondit Howard. Je suppose que M. Jethro vous a dit que je désire certaines précisions concernant le contrat à l'étranger que j'espère pouvoir conclure pour lui.

— En effet. Et votre requête est bien naturelle. Ce client précis n'est pas facile à joindre. Pourtant, je puis vous annoncer qu'il participera à une réunion dans sa ville natale en avril prochain, le 28. Ce sera une réunion très large, mais je vous souhaite de parvenir tout de même à le toucher.

Howard réfléchit à toute vitesse. On venait de lui donner un lieu et une date — exactement ce qu'il lui fallait ; et il s'agissait d'un meeting. Il allait devoir étudier la carte d'Irak très attentivement, mais d'après ses souvenirs l'endroit ne serait pas trop difficile à atteindre. Puis il se rappela — la ville elle-même figurait en détail sur l'une des cartes de Derek. Très bien !

— Dans sa ville natale, le 28 avril. Merci. Avez-vous autre chose à me communiquer ?

— Il se peut que des représentants d'autres entreprises soient présents à cette réunion. Mais ils ne seront là qu'à titre d'observateurs et non pour agir, de quelque façon que ce soit. Vous ne

75

devez leur accorder aucune importance. C'est tout ce que je puis vous dire.

— Merci encore ; je crois que ça devrait me suffire. Je vais étudier tout cela, mais je pense être en mesure de me rendre à cette réunion. Puis-je suggérer que vous ou M. Jethro me rappeliez aux horaires habituels, pour le cas où j'aurais d'autres questions à poser. Si personne ne répond, ça voudra dire que le programme se déroule normalement. Evidemment, je vous serais reconnaissant si vous ou M. Jethro ne parliez à personne de ce rassemblement.

— Ne vous faites aucun souci sur ce point, monsieur Hatcher. L'un de nous deux vous appellera dans deux semaines, et tous les quinze jours par la suite. Merci pour votre aide.

Il avait raccroché. Howard posa le combiné sur le siège du passager et concentra son attention sur l'« assistant » de M. Jethro. Ce type n'était pas un banal second, pensa-t-il. C'était un représentant du gouvernement, peu de doutes à avoir là-dessus. Il lui était même venu à l'esprit de lui demander pourquoi le gouvernement ne se chargeait pas du travail, puisqu'ils possédaient l'information nécessaire. C'était tout bonnement de l'espionnage, il n'y avait pas d'autre mot. Quoi de plus simple alors de tout organiser pour qu'un missile de croisière tombe sur le nez de Saddam — mais bien sûr, ce serait difficile de faire croire que le gouvernement n'y était pour rien, et c'était sans doute bien là la seule raison qu'on avait eue de faire appel à lui.

L'« assistant » avait évoqué une possible présence diplomatique étrangère à la « réunion », et en la présentant comme quantité négligeable, il avait finalement insinué que ça ne serait pas grave si ces diplomates-là y laissaient des plumes — et même la vie. *Eh bien,* songea Howard, *c'est du sérieux.*

Une chose continuait à lui trotter dans la tête : la date. Il allait devoir vérifier si elle correspondait à un événement particulier. La Fête de l'Armée ? Non, c'était le 6 janvier. L'Anniversaire de la Révolution ? Non, c'était le 8 février. La Fête du Parti Baath ? Pas davantage — ce serait le 17 juillet. Alors, un quelconque rapport avec le Ramadan ? Il fallait s'assurer des dates pour 1992. Il espérait que ce n'était pas ça ; pendant le Ramadan, tout tourne au ralenti et ça n'arrangerait rien.

Il pensait encore distraitement à ce 28 avril lorsqu'il atteignit la bretelle de la M40. Il décida de cesser de spéculer pour le moment et, rentrant dans Londres par la Western Avenue, il se mit à ruminer sur l'attitude sournoise du gouvernement dans cette opération : tout ce qui leur importait, au fond, c'était de ne pas se salir les mains — de ne pas avoir l'air dans le coup. Si on était poli, on pouvait parler d'ambiguïté. Howard penchait plutôt pour le mot duplicité. Mais après tout, il s'en moquait. Il se sentait furieusement impatient, maintenant qu'il se trouvait en possession de toutes les informations nécessaires. Le bazar démarrait. On lui avait donné le feu vert. Le gouvernement, hein ? Eh bien, il allait soigneusement surveiller ses arrières.

12

Le mercredi soir, Howard rendit une brève visite à Dartington chez lui, dans le Kent. Les deux hommes firent un tour dans le jardin.

Lorsqu'ils furent dehors, Howard annonça à Dartington qu'il était venu parler dates. La première, c'était le mardi suivant, le 19 novembre. Dartington fut d'accord pour sortir ce soir-là et faire en sorte que les dossiers réclamés par Howard se trouvent dans le bureau. Ensuite, Howard demanda à Dartington s'il avait des projets de vacances pour le courant de l'année prochaine.

– Oui, effectivement, nous en avons. Nous allons aux Bahamas en mars pendant trois semaines. Pourquoi ?

– J'aimerais que vous changiez vos plans, Peter. Voudriez-vous vous inscrire pour les trois dernières semaines d'avril, à la place ? C'est important.

– Bon Dieu, Ed, nous partons avec des amis. Je ne vais pas les laisser tomber. C'est vraiment indispensable ?

– Indispensable. Pendant cette période, il suffirait qu'un curieux s'amuse à poser des questions sur l'un de vos chantiers étrangers. Il serait préférable que vous ne soyez pas là pour répondre. Dites à vos collaborateurs que vous partez vous reposer et qu'on ne doit vous déranger qu'en cas d'extrême urgence. De cette façon, ils croiront simplement que vous avez organisé les choses différemment et ils n'iront pas chercher plus loin. A votre retour vous pourrez toujours nier avoir modifié quoi que ce soit. Ça vous maintiendra hors du coup et à moi, ça me donnera un peu plus de temps. Vous pouvez bien arranger ça, non ?

– Oh, oui, bon ; je vais voir ce que je peux faire.

Après le départ d'Howard, Dartington réfléchit un moment. Il n'était pas stupide ; il avait tout de suite compris qu'on avait dû donner à Howard le renseignement dont il avait besoin et que l'assassinat aurait lieu dans ce créneau. Oui, ce serait une excellente idée de s'évanouir dans la nature à ce moment-là.

D'ailleurs, pensa-t-il en frissonnant, il n'avait plus aucune envie de passer trois semaines sur un yacht aux Caraïbes. Il allait annuler cette fichue réservation, même s'il y perdait sa caution, et louer pour avril dans un bon hôtel. Il avait une excuse parfaite à fournir à sa femme et à ses amis, et, à son avis, ils ne se feraient pas trop prier. Après ce qui était arrivé à Asher.

13

Le jeudi 14 novembre, Howard attendait au Terminal 4 d'Heathrow l'arrivée du vol 282 de la British Airways en provenance de Los Angeles. Les panneaux indiquaient que l'avion se poserait comme prévu à 12 h 25. Quarante minutes plus tard, une haute silhouette décontractée apparut, chargée d'un sac à dos et d'une mallette.

– Content de te voir, Ziggy !

– Comment tu vas, Ed ?

Les deux hommes se serrèrent chaleureusement la main et gagnèrent la sortie. Ils récupérèrent la Saab au parking et prirent la route de Londres. À la place du passager, Ziegler s'étira en bâillant. Il avait beau être plus de midi en Angleterre, son horloge biologique essayait de le convaincre que le jour n'était pas encore levé.

– Alors là, tu m'as assis sur des charbons ardents, Ed.

La voix nonchalante de Mike Ziegler pouvait faire croire que tout ça l'intéressait moyennement, mais Howard le connaissait suffisamment pour déceler derrière cette désinvolture une vraie curiosité. Il en avait dit fort peu au téléphone ; il l'avait juste informé qu'un « intéressant nouveau projet » était près de voir le jour. Quand Ziegler avait demandé *à quel point* intéressant, Howard n'avait rien répondu. Et il avait compris que son vieux copain ne résisterait pas à l'attrait d'une telle nouveauté.

Howard repensa à leur première rencontre il y avait plus de vingt ans. On l'avait envoyé comme agent de liaison au SEALS (les Services Terre-Air-Mer de la Marine US) pour étudier l'entraînement des Forces Spéciales. Et Mike était le jeune officier du SEALS chargé de l'accueillir à l'aéroport de San Diego et de le conduire à la base de Coronado.

Les hôtes américains d'Howard l'avaient épaté par leur professionnalisme. De leur côté, les gens du SEALS étaient persuadés que les Services anglais n'auraient pas grand-chose à leur apprendre. Les deux parties avaient été impressionnées et agréablement surprises de s'être mutuellement sous-estimées. Mike Ziegler – tout comme son père, des années plus tard – était devenu un véritable ami et, quelques mois après, il avait à son tour suivi un stage en Angleterre à la base du SBS de Poole, dans le Dorset. Depuis, les deux hommes n'avaient jamais perdu contact et s'étaient rendu régulièrement visite. *Ça non,* pensa Howard, *leur amitié ne datait pas d'hier...*

–Eh bien, Ed, attaqua Ziegler, bousculant ses souvenirs. Est-ce que tu vas enfin me dire pourquoi tu m'as fait faire tout ce chemin ?

–C'est un gros coup, Mike.

Il s'interrompit un moment, histoire de tendre un peu plus la corde. En route pour les poussées d'adrénaline.

–Je te laisse deviner, le tortura-t-il.

–Je sais, la reine nous a engagés pour l'entraînement de ses Doberman.

–Pas du tout. De toute façon, ce sont des Corgis.

–Parles-en à l'ambassadeur des États-Unis, il te dira que ce sont des Doberman croisés avec des alligators. Le Département d'État a dû lui acheter un pantalon neuf pour son meilleur costume à la suite d'une visite à Buckingham pour prendre le thé et des petits fours, ou peut-être de la bière et des pizzas, j'ai oublié. Et je peux le prouver. C'est en grande partie la cause du déficit budgétaire américain pour 1990. Item : un pantalon, ambassadeur américain au Royaume-Uni. En lambeaux.

–Il ne l'avait sans doute pas volé. Non, cherche encore. Je vais te mettre sur la voie. Qui est l'homme le plus impopulaire de la terre ?

–Facile. Le chef de patrouille Morton Kleinberg du LAPD. Il m'a collé une contravention pour excès de vitesse l'autre jour. Tu ne peux pas imaginer à quel point je déteste ce mec. Alors, on va l'éliminer ?

–Pas lui.

Ziegler observa attentivement Howard. Son aîné regardait la route devant lui mais Ziegler remarqua que ses yeux si froids d'ordinaire brillaient d'un éclat qu'il y avait rarement vu.

–Oh merde... Le vieux Saddam ? On va lui faire un brin de causette ? C'est ça ?

–En plein dedans. Choisis ta récompense. Le nounours rose en peluche ou le paquet de réglisses assortis.

–Eh ben, ça alors... Et je fais partie du voyage ?

–Il faut que j'y réfléchisse.

–Je vais peut-être poser ma candidature. Bien sûr, à certaines conditions. D'abord, je veux sa collection de photos de joueurs de base-ball et une clé de son appartement privé à Bagdad. C'est toi qui paies la dette extérieure irakienne et on partage les revenus pétroliers cinquante-cinquante.

– Ça me paraît correct, répondit Howard en retenant un éclat de rire. Pas d'autres exigences ?

– C'est toi qui écris la lettre de condoléances à Mme Saddam. Je refuse de le faire.

– Allez, Mike, ne te défile pas. C'est à toi d'écrire la lettre. C'est toi qui as une formation universitaire.

– Pas question. Tu peux repartir dans l'autre sens immédiatement. Je retourne à LA.

– Bon, d'accord. Mais allons d'abord déjeuner. Les autres nous attendent.

Pendant les trente-cinq minutes qui les séparaient encore de Londres, Howard éclaira Ziegler sur le décor général de toute l'affaire. Comme avec Bourne, il tut le nom de Dartington, mais il lui confia ses soupçons sur l'origine probable du projet. En possession de tous les éléments, Ziegler aboutit aux mêmes conclusions que lui. Il montra aussi qu'il attachait une grande importance à la sécurité et sembla soulagé d'apprendre que le rapport qu'Howard avait soumis à l'homme qu'il appelait le « fusible » ne contenait pas les détails opérationnels du plan d'assassinat.

– Et les deux gars du téléphone ? demanda-t-il. Où on les classe, ces deux-là ?

– Difficile à dire. Jethro est très certainement un gros bonnet. Obligé, pour avoir un type comme notre fusible dans la poche. L'autre, son adjoint, j'ai du mal à le situer. Anglais, très posé – et pas du tout l'air d'un adjoint. Peut-être un haut fonctionnaire, mais ça signifierait automatiquement SIS. Ce qui est possible, mais j'en doute. Non, je jurerais plutôt qu'il est plus important que Jethro. D'ailleurs, il se pourrait que Jethro ne soit qu'un imbécile prétentieux qu'on a chargé du premier appel, qui sait ? Mais de quelque côté qu'on renifle, ça sent le gouvernement à plein nez. Je suis persuadé que, sans ça, le fusible n'aurait jamais accepté de marcher dans la combine.

– Ouais, je crois que tu as raison. Bon, et le mode d'emploi ? Comment on va s'y prendre ?

– J'aborderai ce sujet quand on sera avec les autres. On arrive dans deux minutes. En attendant, je voudrais juste mettre deux choses au point avec toi.

– Vas-y.

– D'abord, j'ai décidé de confier le commandement en second à Johnny Bourne. Normalement, ça devait te revenir, mais il connaît parfaitement la région et il va nous guider tout le long.

Jusqu'ici, en dehors de toi, il est le seul à être informé du but de tout ça.

— Pas de problème. C'est un type bien. Ça me va.

— Deuxièmement, il faut que tu saches qu'il vient de se dégoter une nouvelle nana – cette fois c'est du sérieux et il est plutôt susceptible là-dessus. Je dois dire que ça tombe vraiment mal. Elle pourrait nous attirer des ennuis.

— Pourquoi ?

Ziegler écouta les explications d'Howard, horrifié.

— Ah, merde, murmura-t-il.

— J'y pense, Mike, on a deux recrues que tu n'as jamais rencontrées.

— Ah ? Qui ?

— Deux ex-coloniaux. Andy Denard et Chris Palmer.

— Quelle est leur spécialité ?

Howard le lui dit. Dix minutes plus tard, la Saab se rangeait devant son appartement de Wandsworth. Howard et Ziegler sortirent de la voiture et allèrent rejoindre les autres.

— Si je vous ai choisis, c'est parce que j'estime que vous êtes les meilleurs, chacun dans son domaine.

Howard regarda les hommes présents dans la pièce. Sept paires d'yeux étaient braquées sur lui.

— Jusqu'ici, poursuivit-il, seuls Johnny et Mike savent de quoi il s'agit et ils sont engagés. Aux autres, j'ai juste dit que c'était un gros coup, de quoi prendre sa retraite – et je veux parler d'une retraite *luxueuse* – et que nous avons à peu près une chance sur deux de réussir. J'ajouterai que nous avons encore moins de chances de nous échapper une fois que ce sera fait. Et là, comprenez-moi, le risque n'est pas seulement de se retrouver en prison. Ce n'est pas de la rigolade. Certains veulent peut-être en rester là ?

— Tu as parlé de prison, chef. C'est illégal jusqu'où ? intervint Bob Usher, un homme sévère qui allait sur ses quarante ans.

Usher avait appris à détester la prison quelques années plus tôt. C'était lui qui avait passé six mois en cellule avec Howard à Ankara. Le régime pénitentiaire particulièrement atroce et le manque de vitamines avaient causé la chute de presque tous ses cheveux. Il était pratiquement chauve. Bizarrement, cette calvitie ne le vieillissait pas, au contraire. Ses mâchoires volontaires lui donnaient un air belliqueux. Avant d'entrer chez XF Sécurité, Usher était sergent dans le 22e régiment des Services Spéciaux de l'Air (SAS).

— Je crains que nous ne devions transgresser une ou deux petites règles ici, au Royaume-Uni, mais pas de quoi s'inquiéter. Le gros de l'affaire s'effectuera à l'étranger. Là où nous allons, nous serons dans l'illégalité jusqu'aux yeux, si nous sommes pris. Mais on ne vous laissera pas tomber.

– Oh, vingt dieux, grimaça Usher. Nous voilà repartis pour un tour.

– Merci, Bob, dit Howard avec un sourire. J'essaierai de t'avoir une remise de peine pour bonne conduite.

– Pour ma part, si toi, Mike et Johnny pensez que c'est jouable, je suis des vôtres, chef.

Mel Harris, qui venait de parler, était un homme nerveux. Assis sur le bord de sa chaise, penché en avant, les coudes sur les genoux, il gardait les mains serrées devant lui. À part un détail, il ne sortait pas de l'ordinaire. Mais ce détail, c'était son regard. Personne ne pouvait échapper à l'emprise de ses yeux bleus. Au point que Harris, conscient de cette particularité, portait des lunettes teintées lorsqu'il voulait passer inaperçu. Comme Usher, il avait été sergent au 22e SAS. Howard n'avait jamais vu quelqu'un réagir aussi vite que cet homme-là, même pas Bourne. C'était lui que les trois candidats-kidnappeurs sardes avaient si malencontreusement sous-estimé.

– Merci, Mel. Et toi, Tony ?

– Compte sur moi aussi, chef, dit Tony Ackford. Je peux supporter quelques jours de vacances sans ma moitié.

Howard se mit à rire. Ackford était un ancien Marine solidement charpenté, une sorte de petit géant. Il avait servi quinze ans dans le Special Boat Service, l'équivalent des SAS pour la Marine et avait toujours refusé toutes les promotions. Sa minuscule épouse irlandaise était légendaire pour son mauvais caractère. En face d'elle, Ackford, malgré son immense force physique et son aptitude au combat, avec ou sans armes, ne faisait pas le poids. D'ailleurs, sa réputation de dur avait été définitivement entamée le jour où elle avait débarqué dans un pub de Poole où son mari arrosait avec une équipe de Marines la fin d'une période d'entraînement, et – avec à peine un mètre cinquante contre son mètre quatre-vingt-cinq – s'était abattue sur lui avec une bordée d'injures et l'avait presque étendu raide d'un revers de sac à main.

– Très bien, Tony, mais qu'est-ce qu'elle va te faire, hein, quand tu rentreras ?

– Je lui apporterai un bouquet de fleurs, chef. Il y a des fleurs, là où on va ?

– J'en doute.

Howard se tourna alors vers les deux derniers.

– Andy, Chris, et vous ?

Andy Denard et Chris Palmer étaient les deux seuls à ne pas émarger au budget de XF Sécurité. Au téléphone, Howard s'était montré encore plus mystérieux, si c'était possible, qu'avec les autres, car Denard était un citoyen du Zimbabwe ; Howard avait dû se résoudre à prendre le risque de le joindre chez lui, dans sa maison de Borrowdale, dans la banlieue nord d'Harare. C'était Denard lui-même qui avait suggéré d'amener Palmer avec lui. Howard aurait sans doute dit oui de toute façon, car il avait la plus grande confiance dans le jugement de Denard, mais en plus, sa remarque fortuite selon laquelle son copain mécanicien n'avait pas seulement les qualités techniques requises mais savait être aussi « un bon scout » n'était pas tombée dans l'oreille d'un sourd. Il avait immédiatement compris que Palmer avait servi dans les redoutables Selous Scouts pendant la guerre d'indépendance du Zimbabwe. Quant aux « qualités techniques requises », elles seraient elles aussi nécessaires – Palmer était mécanicien-avion.

En dehors d'Howard, seuls Bourne et Usher avaient rencontré Denard auparavant et personne ne connaissait Palmer, mais Howard sentait déjà que les deux anciens des Forces Spéciales rhodésiennes étaient adoptés par les autres. Leur humour froid et leurs manières modestes et sérieuses avaient produit le meilleur effet. Denard était petit et nerveux tandis que Palmer était bâti comme un avant de rugby. Tous deux avaient le visage tanné par des années de soleil africain.

–Ce sera quoi, comme vol, Ed ? intervint Denard. Est-ce que j'aurai un F16 ou un joujou dans ce genre ? Tu sais, j'en ai vraiment marre de piloter ces connards de touristes pour l'UAC.

–Désolé, Andy, rien de si passionnant. En réalité, avec un peu de chance, il n'y aura pas le moindre combat aérien.

–Merde, si j'avais su. Oh, et puis, je peux bien me lancer quand même. Un putain de chauffeur de taxi, voilà ce que je suis devenu, au jour d'aujourd'hui.

–Et un bon, encore, mec, grogna Palmer. Vous en faites pas, les gars, je me charge de ce petit con.

Howard regarda autour de lui, satisfait. Ils avaient tous accepté le principe, comme il l'avait d'ailleurs escompté. L'argent ne jouait pas le premier rôle là-dedans, il le savait. Peut-être même était-il le seul mercenaire, car il voulait déménager et avoir de quoi se retourner une fois envolée la ruineuse pension alimentaire de Claire. Les autres, pensa-t-il, se fichaient plus ou moins de l'argent. Mais il fallait reconnaître qu'aucun n'avait une chienne pareille pour ex-femme. Alors, ils pouvaient se payer le luxe de considérer cette affaire comme un divertissement. Pas lui. Pour lui c'était un travail. D'un autre côté, c'était plutôt sain qu'au moins une personne l'envisage de ce point de vue. Il n'y avait qu'un fou pour faire ça gratuitement.

–Bien, les gars, c'est réglé.

Howard leur exposa l'entreprise en quelques phrases ciselées. Il y eut deux ou trois sifflements de surprise et des regards approbateurs autour de lui. Les yeux de Mel Harris lançaient des éclairs de jubilation et il se donnait des coups de poing dans la paume ouverte de son autre main. Seul le visage de Tony Ackford restait impassible tandis qu'il mastiquait tranquillement son chewing-gum.

—Cette opération, poursuivit Howard, sera tout à fait différente de ce que nous avons connu dans l'Armée. Nous n'aurons ni arrières ni soutien. Il ne s'agira pas de finasser ; il faudra surtout compter sur le bluff. En théorie, la seule possibilité d'entrer en scène et d'en sortir, c'est par la ruse et le culot. Toutes les règles militaires imaginables risquent d'être bafouées. C'est un travail qui demande force et surprise plutôt que prudence et patience. Mais je pense que ça peut marcher.

Il distribua de grosses enveloppes en papier kraft.

—Bon, commençons par le début, dit-il. Il y a vingt gros billets dans chacune de ces enveloppes. Je veux que tout le monde en dépense la moitié pour s'acheter une bagnole. Pas trop voyante. Un truc anonyme, respectable, fiable. Ce serait plus facile dans l'occasion – mais pas plus de dix-huit mois ou deux ans. Payez en liquide et insistez pour remplir vous-mêmes tous les papiers – sous un faux nom. Dites au vendeur que vous achetez la voiture pour une fiancée ou quelque chose dans ce style. On ne doit pas pouvoir remonter jusqu'à vous et vous ne devez l'utiliser que pour ce boulot – pas pour d'autres activités ou pour la balade. Ne prenez pas d'assurance particulière, mais étendez celle de votre voiture personnelle à la conduite d'autres véhicules. Ainsi vous serez couverts mais on ne pourra pas vous pister à partir de ces voitures quand tout sera fini. Ne les garez pas près de chez vous quand vous ne vous en servez pas. On s'occupera de les faire disparaître ensuite... Il y a une exception, c'est Johnny. Il a besoin d'une voiture plus chic pour ce qu'il doit faire. Il peut monter jusqu'à vingt mille. Le reste, c'est pour les menues dépenses. Pas n'importe quoi. Je veux des reçus. Chris, je compte sur toi pour empêcher ce sale petit pilote d'entrer dans les boîtes de nuit et les casinos, d'accord ?

Palmer se mit à rire et caressa la tête de Denard.

—Je l'enferme dès que la nuit tombe, sois tranquille.

Denard marmonna un juron. Howard se mit à distribuer d'autres enveloppes, chacune portant le nom de son destinataire.

—Bon, vous les ouvrez...

Chaque enveloppe contenait des instructions générales, une liste de tâches et encore de l'argent. Le montant variait suivant les dépenses prévues.

—Mel, comme tu vois, tu as un petit boulot avec moi la semaine prochaine ; ensuite, il faudra que tu fasses un saut aux États-Unis avec Andy. Tu connais bien le Texas, alors je te conseille de commencer par là. Ton travail consiste à trouver un pilote privé qui ressemble suffisamment à Andy pour passer les contrôles. Je me fiche qu'il soit escroc, contrebandier ou ce qu'il voudra, mais je le veux compétent et titulaire d'une licence en règle catégorie bimoteur. Andy pourra estimer ses capacités de pilote mais le critère de choix doit être qu'il sache se tenir. Il ne nous faut ni un ivrogne ni une tête brûlée. Versez-lui une avance de dix mille dollars en lui annonçant qu'il en aura quatre-vingt-dix mille autres une fois le boulot terminé. Dites-en le moins possible et surtout pas vos noms. On n'a pas besoin de lui avant la fin mars. D'accord ?

Mel Harris opina, les yeux électrisés.

—Bien, dit Howard en se tournant vers Ziegler. Mike, tu vas aller toi aussi aux États-Unis, mais pour autre chose. Comme tu verras, il va nous falloir un tas de trucs électroniques et ce sera plus facile à réunir là-bas. Surtout que tu sais où t'adresser. Johnny te dira ensuite où tu devras les envoyer... Toi, Chris, ta première mission, c'est de te faire pousser la barbe.

Les épais sourcils blonds du Zimbabwéen se soulevèrent légèrement ; puis il accepta d'un signe de la main.

—Tu vas être livré à toi-même pendant un moment, continua Howard. Mais j'espère que ça ne durera pas trop longtemps. Johnny a quelques négociations commerciales à mener, et ensuite il te donnera un coup de main. Il s'agit de dégoter un avion à louer ou à acheter. Huit sièges minimum, un bon moulin — quelque chose comme un Islander ou un Twin Otter, bien adapté aux atterrissages un peu courts et avec des réservoirs suffisants. Pour les détails, tu regarderas ton dossier. S'il manque des éléments, fais-les ajouter. Johnny s'occupera de l'aspect financier car c'est ce qui va nous coûter le plus cher et on ne peut pas payer en liquide... Il reste un gros morceau que je me suis réservé. En fait, l'équipe n'est pas complète. Nous avons besoin d'un homme supplémentaire, avec une spécialité qu'aucun de nous ne possède. Enfin, deux ou trois se défendent assez bien dans ce domaine, mais ils sont loin du degré de compétences exigé. J'ai quelqu'un en vue qui conviendrait parfaitement, mais je n'ai pas encore pris contact avec lui.

Tirant sur sa cigarette, Howard s'amusa à les voir tous chercher quelle spécialité n'était pas représentée dans la pièce.

—Il nous faut un tireur d'élite. Le meilleur du monde, dit-il enfin.

Tous sauf un approuvèrent gravement. Tony Ackford était

plongé dans la lecture de sa liste de courses et, à chaque ligne, sa mine s'allongeait un peu plus. À la fin, n'y tenant plus, le gros garçon explosa d'indignation.

– Dis donc, chef, qu'est-ce que c'est que toute cette merde qu'on doit acheter, Bob et moi ? J'arrive encore à comprendre pour le magnétophone et les bandes de leçons d'arabe – j'imagine que ça peut servir de savoir dire : « Fais pas un geste ou je t'explose ta sale gueule vérolée » en arabe – et peut-être aussi qu'on risque d'avoir besoin de l'attirail d'escalade, de toutes ces cordes et de ces poulies pour le cas où on voudrait attacher le salopard au lieu de le descendre, mais là où je pige plus, c'est ce bordel de canot pneumatique de cinq mètres, les sacs de marins imperméables, les combinaisons de plongée, les rames et un moteur de hors-bord pour une balade au milieu d'un désert pourri ? Et ces drapeaux, et ces autocollants ? Et ça, là – dix tonnes de parpaings en ciment ? *Quatre* tonnes de MARGARINE EN CONSERVE ? Une toilette chimique et un équipement de camping ? Une glacière industrielle de douze mètres de long montée sur semi-remorque, Seigneur Dieu ? Mais où on va ? Se payer une sortie de nature pour aller construire un blockhaus à côté de Bagdad, faire frire un chameau dans de la margarine et le ramener à la maison congelé et remorqué derrière un canot pneumatique ?

Les autres se tordaient de rire et Ackford finit par se dérider lui aussi. Howard s'était bien douté que cette liste provoquerait quelques remous et il s'attendait à l'éclat d'Ackford.

– Tu as oublié les trente quintaux de petits pois surgelés, Ack, ajouta-t-il. On fait frire le chameau, et ensuite, on le mange avec les pois. La chiotte chimique, c'est pour après.

Howard laissa les rires s'épuiser, puis il commença à expliquer.

14

Le vendredi matin, un coup de téléphone au bureau de Dartington parvint à Mme Webster, sa secrétaire particulière. Une voix grasse et désagréable demanda quand on pouvait voir « Pete » Dartington. La dévouée Mme Webster montra aussitôt clairement qu'elle souhaitait refouler l'importun mais celui-ci insista.

– C'est très important, ma poule, roucoula-t-il.

Mme Webster tiqua. Elle détestait qu'on l'appelle « ma poule ».

– Il faut absolument que je le voie dans les jours qui viennent, continuait la voix. Je peux aussi bien aller chez lui, si c'est plus pratique. Malheureusement, c'est impossible pour moi ce week-end. Est-ce qu'il serait libre un moment lundi ou mardi ?

– Sir Peter est très occupé, monsieur... ?

Mme Webster attendit qu'il lui donne son nom, mais elle n'eut droit qu'à un silence.

– Je crains, reprit-elle, de ne pouvoir vous accorder un rendez-vous sans connaître la raison de votre appel. De toute façon, il est très pris tant lundi que mardi.

– Bon, alors mardi soir, non ? Le 19 ? Je vais chez lui, à la campagne. Ce serait parfait, mardi soir.

– Il n'en est pas question, monsieur... ?

De nouveau, elle espérait obtenir le nom de son interlocuteur et, cette fois, elle fut exaucée.

– Harrington, ma poule. Brian Harrington. Vous pouvez m'appeler Brian.

– Eh bien, monsieur Harrington, j'ai le regret de vous dire qu'il est exclu que vous rendiez visite à Sir Peter chez lui. Il ne reçoit pas pour ses affaires en dehors de son bureau. Et puis, de toute façon...

Elle s'interrompit et se mordit la lèvre.

– Ah bon, il ne sera pas chez lui mardi ? susurra la voix.

Navrée de s'être laissée troubler par l'inconnu, Mme Webster décida de changer de tactique.

– Je vous suggère d'écrire à Sir Peter, monsieur Harrington, dit-elle sèchement. En précisant la nature de votre demande. Soyez assuré que vous recevrez une réponse rapide. Monsieur Harrington ?

Il avait raccroché.

Dorothy Webster reposa le combiné avec une moue contrariée. Elle resta un moment songeuse puis se leva, alla frapper à la porte de son patron et entra. Dartington fixa sur elle un regard interrogateur.

– J'ai bien peur d'avoir reçu un appel bizarre, Sir Peter. Un homme qui disait se nommer Harrington a énormément insisté pour vous voir à propos d'une affaire qu'il a qualifiée d'importante.

– Harrington ? Je ne connais aucun Harrington. Que voulait-il ?

– Il ne l'a pas dit, monsieur. Il a juste parlé d'aller vous voir chez vous et a fait mention de mardi soir. J'ai essayé de le dissuader autant que j'ai pu.

– Bien, je le recevrai s'il se présente. Merci de m'avoir prévenu, Dorothy.

– Je crains que mardi soir ne soit justement le soir où Lady Dartington et vous serez à Londres, monsieur, souvenez-vous. Voulez-vous que j'appelle M. et Mme Jethcott pour les avertir d'une possible visite ?

– Oh oui. Excellente idée. Dites à Jethcott de guetter ce type et de s'en débarrasser. Et ne vous inquiétez pas, Dorothy, je reçois des tas de coups de téléphone stupides à la maison. Je regrette souvent que vous ne soyez pas là pour les intercepter, d'ailleurs.

Mme Webster sourit et regagna son bureau.

Dartington regarda la porte se refermer sur elle. Il cliqueta des ongles sur le bois de sa table. Il n'y avait pas le moindre doute à avoir sur l'identité de l'individu, pensa-t-il. Howard avait fait preuve d'une subtilité de rhinocéros. Pauvre Dorothy. Enfin, elle s'en souviendrait, et elle saurait mettre les choses bout à bout, le moment venu.

15

Quelque chose tracassait Howard tandis qu'il planchait sur ses cartes d'Écosse. Il avait acheté un jeu complet de cartes topographiques au 1/50 000 et les étudiait méthodiquement. Il possédait deux indices – un nom de lieu et un nom propre. Le nom de lieu ne figurait pas dans l'index mais le nom propre lui avait indiqué en gros par où commencer.

Il trouva l'endroit qu'il cherchait sur la troisième carte au feuillet 41. Ça lui avait pris cinquante minutes, mais le nom avait fini par lui bondir au visage. Ça ne pouvait être que ça – écrit avec un « C » et non avec un « K » comme le lui avait dit Henry Stoner. Voilà pourquoi il ne l'avait pas vu dans l'index – il aurait dû y penser. Il examina le coin en détail. Un pays plutôt sauvage, songea-t-il ; escarpé, boisé, désert. Le nom du petit village était flanqué d'un signe PH qui le força à vérifier dans son guide automobile. En effet, c'était bien une auberge. Chambres à louer toute l'année. Sans doute assez rustique, mais il fallait savoir ce qu'on voulait. Il se sentit soulagé d'avoir trouvé sans devoir poser trop de questions à Stoner. Mais ça lui faisait une belle jambe, finalement, s'il ne réussissait pas à convaincre ce garçon.

MacDonald. Ce nom lui disait quelque chose. Un nom assez répandu, somme toute, surtout depuis que des centaines de restaurants dégoûtants vous narguaient partout pour vous le rentrer dans le crâne. Et en plus très courant dans ces régions où presque tout le monde s'appelait ainsi. Pourtant, ce nom le turlupinait toujours. Un événement très particulier y était attaché et il devait bien y avoir un moyen de s'en souvenir. Quand était-ce ? Récemment, il l'aurait juré. Et pourquoi l'avait-il retenu ? Ça, il n'en avait aucune idée. Il ne restait plus qu'à repartir de zéro.

Il avait gardé toutes ses notes. Il les rassembla de nouveau et retourna à la Bibliothèque de la presse. Il prit le métro et à 11 h 30 il était plongé dans la pile de journaux qu'il avait empruntés. À 16 h 35, il retrouva la référence qu'il désirait. Il eut juste le temps de commander une photocopie pour le lendemain et la sonnerie du dernier quart d'heure retentit dans la salle de lecture, prévenant qu'on fermait à 17 heures.

Il était de retour le lendemain, samedi, à 10 heures du matin pour l'ouverture. Il se fit servir neuf journaux qu'il avait sélectionnés : quatre éditions écossaises de quotidiens nationaux, deux hebdomadaires nationaux, deux quotidiens et un hebdomadaire écossais. La même nouvelle avait été traitée dans trois d'entre eux, mais l'enquête la plus détaillée appartenait à l'édition de Lochaber du *Press and Journal* d'Aberdeen. Il pensa un moment demander d'autres journaux locaux mais y renonça. Il prit quelques notes et, pour faire bonne mesure, s'inscrivit pour une photocopie de l'article du *P and J,* priant l'employé de la lui faire parvenir chez lui par la poste.

Howard quitta la bibliothèque un peu avant 11 heures. Il avait eu un fabuleux coup de chance. Il avait découvert ce qui lui manquait. Avec ça, il se sentait presque sûr de pouvoir convaincre MacDonald de coopérer.

16

Mel Harris fit reculer sa Golf GTi nouvellement acquise dans le chemin de ferme et éteignit les phares. Howard et lui ouvrirent les deux portières avant et restèrent assis en silence pendant une dizaine de minutes, à l'affût, pour s'accoutumer à l'obscurité. Puis, sur un geste d'Howard, ils descendirent. Celui-ci indiqua la grande maison de l'autre côté du champ ; à 3 heures du matin, seule la lampe de sécurité du porche était allumée. Les deux hommes enfilèrent des survêtements et des gants et sortirent de l'arrière de l'auto un volumineux sac de sport et un long tube de métal.

— J'ai l'impression d'être un clown dans ce déguisement, chef, murmura Harris.

— Ne t'inquiète pas, Mel, souffla Howard. Pense aux regards admiratifs des flics quand on se sera fait piquer. Allez, viens, on y va.

Harris et Howard traversèrent le champ à toute vitesse et sautèrent le mur qui clôturait le jardin de la cuisine, à l'arrière de la maison. Sans un bruit, ils contournèrent les massifs de fleurs et gagnèrent les fenêtres du bureau, sur la façade. L'allée gravillonnée s'étirait vers le pavillon du gardien. Jethcott devait s'y trouver, pour être près de la grille d'entrée, mais sans doute Mme Jethcott dormait-elle ici, dans le bâtiment principal. Howard examina la fenêtre et leva un pouce en signe de bonne nouvelle : le loquet était ouvert. Ignorant tout des tractations avec Dartington, Harris eut une mimique de désapprobation devant le laxisme des propriétaires qui ne prennent même pas la peine de fermer correctement leur maison. *Mais bon,* pensa-t-il, *ça fera toujours un souci de moins.*

Pendant qu'Howard relevait silencieusement le panneau de la fenêtre, Harris sortit du tube une canne à pêche télescopique, fixa un petit cadre de fil de fer le long de son extrémité et garnit ce cadre de mastic. Il ôta le film d'un carré de double-face adhésif dont l'autre côté était déjà collé sur un carton de quinze centimètres de côté et appliqua la face en carton contre le mastic du cadre. Maintenant, le cadre et le mastic présentaient bien en place le carton au bout de la canne à pêche, comme un drapeau.

En faisant bien attention de ne pas introduire la main à l'intérieur de la fenêtre, Howard indiqua l'emplacement exact de la cellule d'alarme à infrarouge. Harris fit pénétrer le carton dans la pièce, au bout de la canne.

La cellule était située dans le coin, sur le même mur que la fenêtre. Son champ à quatre-vingt-dix degrés balayait toute la pièce et elle était capable de déceler toute nouvelle source de chaleur, un corps humain, par exemple, n'importe où entre les quatre murs. En revanche, elle ne pouvait pas réagir à l'ouverture de la fenêtre, sur le même panneau qu'elle, son rayon passant juste au ras. Si elle avait été dotée d'un regard, tout ce qu'elle aurait vu, c'était un petit carré de carton qui fonçait sur elle. Mais comme le carton ne produit aucun signal infrarouge, sa présence passait totalement inaperçue. Sa surface adhésive se plaqua étroitement sur le support en plastique de la cellule. Harris ferra doucement et le mastic ne résista pas longtemps. Le cadre s'éloigna du mur, laissant le carton collé sur la cellule désormais aveugle. Lorsque Harris eut récupéré la canne à pêche, Howard consulta sa montre et les deux hommes attendirent au pied de la fenêtre. Au bout de six minutes, Howard donna le signal et ils pénétrèrent dans la pièce, comme des fantômes.

Pendant quelques instants ils restèrent à l'écoute, mais aucun bruit ne leur parvint. Repus, les deux chiens devaient ronfler dans la cuisine, à l'autre bout du couloir. Mme Jethcott dormait sûrement elle aussi, dans une chambre du deuxième étage.

Harris ouvrit le sac de sport et en sortit quatre épaisses couvertures sombres et un paquet de grosses punaises. Toujours en silence, il aida Howard à masquer porte et fenêtres avec les couvertures. Lorsque enfin ils refermèrent les lourds rideaux par-dessus, la pièce se trouva plongée dans une obscurité parfaite. Howard alluma alors sa lampe de poche et s'approcha du bureau. Il en vérifia les tiroirs et, prenant son petit pied-de-biche dans le sac, il força tranquillement les deux qui étaient verrouillés. Harris utilisa sa propre torche pour vérifier qu'il ne restait aucun débris de mastic sur le carton ou sur le sol.

Harris mit sous tension la photocopieuse installée sur le côté du bureau. La machine ronronna doucement. Feuilletant les trois dossiers qu'il avait sélectionnés, Howard y choisit finalement trente-huit pages. Il plaça la première sur la vitre et rabattit le couvercle. Harris installa la quatrième couverture par-dessus la photocopieuse et la main d'Howard. Howard pressa alors le bouton.

Le bruit de la machine était presque inaudible et aucune lueur ne perçait. Harris souleva la couverture et ils recommencèrent trente-huit fois l'opération. Puis, sur un signe d'Howard, Harris éteignit. Les copies, ainsi que quelques feuilles à en-tête Darcon et des enveloppes de l'entreprise, furent ensuite placées dans une chemise qui atterrit au fond du sac de sport. Howard fouilla rapidement les autres tiroirs. Un magnétophone de poche, un appareil photo et un peu d'argent liquide rejoignirent la chemise dans le sac. Harris débrancha le fax de Dartington et son magnétoscope, et leur fit prendre aussi le chemin du sac. Ils posèrent près de la fenêtre deux chandeliers d'argent et deux cendriers du même métal. Puis les deux hommes passèrent trois minutes à mettre soigneusement à sac toute la pièce – livres jetés à bas des rayons, tiroirs et placards ouverts – donnant ainsi l'impression qu'on avait cherché en toute hâte des objets de valeur.

Lorsque Howard fut satisfait du tableau, il dispersa le contenu des dossiers sur le sol. On pouvait croire à bon droit qu'un ouragan avait traversé le bureau. Après avoir éteint leurs torches, ils ôtèrent les couvertures des fenêtres et de la porte, les replièrent et les fourrèrent dans le sac avec les punaises. Quand tout fut emballé, Howard enjamba la fenêtre, après s'être emparé de ses mains gantées des chandeliers et des cendriers. Une fois dehors, il se fit passer le sac par Harris, resté à l'intérieur. Celui-ci replaça la canne à pêche dans son tube et la donna aussi à son ami. Puis il alla enlever le carton qui protégeait la cellule infrarouge, en vérifiant que tout l'adhésif venait bien avec. Il le plia et le glissa dans sa poche.

La cellule d'alarme enregistra immédiatement la présence humaine. En silence, la boîte de contrôle du couloir composa automatiquement un numéro qui alerta, toujours confidentiellement, le terminal de la compagnie de surveillance.

Le numéro n'était pas encore fini qu'Harris enjambait à son tour la fenêtre et sautait dehors en toute légèreté. Là, il redescendit le panneau et, à l'aide d'une des extrémités du tube, il cassa la vitre près du loquet. Après quoi il remonta le panneau et le laissa ouvert.

Saisissant chacun une anse du sac, maintenant très lourd du butin amassé, Howard et Harris retournèrent sur leurs pas vers le jardin de la cuisine et le mur qui le séparait du champ. Avant de l'escalader, Howard abandonna les chandeliers et les cendriers à son pied, dans la boue.

Mme Jethcott avait le sommeil léger. Le minuscule bruit de la vitre brisée la réveilla et elle alla à la fenêtre. Elle ne vit rien mais téléphona quand même à la maison du gardien. Son mari décrocha à la quatrième sonnerie.

—Reste où tu es, Mary, répondit fermement et définitivement George Jethcott en entendant ce que sa femme lui disait. Ne descends pas au rez-de-chaussée. La police est déjà en route. On n'a pas besoin de la prévenir. Il y a un délai de cinq minutes sur l'alarme, ils vont se faire prendre la main dans le sac.

Il s'habilla aussi vite qu'il put. Deux minutes plus tard, il quittait la petite maison avec son fusil. Il déverrouilla la grille et l'ouvrit en grand pour que la police puisse entrer sans attendre. Puis il se dépêcha de gagner le bâtiment principal, en ayant soin de marcher sur l'herbe, le long de l'allée gravillonnée.

À l'instant où Mme Jethcott appelait son mari, la police recevait le message d'alerte et envoyait sa voiture de patrouille la plus proche – qui se trouvait à peine à cinq kilomètres – sur les lieux du forfait. Elle fonça en direction de la propriété, sans sirène ni gyrophare et passa en trombe devant le chemin de ferme où était rangée la Golf GTi. Au milieu du champ, Howard et Harris, qui couraient toujours, virent la voiture de police ignorer leur Golf et ils échangèrent un regard. Depuis qu'ils s'étaient mis en tenue, quarante-cinq minutes plus tôt, ni l'un ni l'autre n'avait prononcé un seul mot.

Cinq minutes exactement après qu'Harris eut arraché le carton qui masquait la cellule, la sonnerie se déclencha bruyamment dans toute la maison. George Jethcott, qui attendait avec son fusil, caché dans un buisson près de la fenêtre fracturée, se demanda pourquoi personne ne s'enfuyait. A cinq cents mètres de là, au bout du champ qui flanquait la propriété à l'arrière de la maison, la GTi quittait discrètement le chemin de ferme, trente secondes avant que la voiture de police ne passe la grille. Tout prouverait, depuis les empreintes de chaussures de sport dans les massifs de fleurs jusqu'à la nature des objets dérobés, que les coupables étaient des « jeunes » – certitude encore renforcée par la découverte, au matin, par Jethcott, de l'argenterie laissée au pied du mur.

Harris les ramena à Londres. Il s'arrêta devant une décharge publique où ils jetèrent deux paires de chaussures de sport, deux survêtements bleu foncé, un très bon appareil photo, un magnétophone et un magnétoscope.

17

Le jeune agent immobilier n'en revenait pas. C'était incroyable, pensait-il. Il était là, dans son bureau, à se tourner les pouces et à broyer du noir en songeant à l'avenir et, tout à coup, ce type au visage rond était entré et avait déclaré qu'il désirait louer une partie de la pire affaire du catalogue. Incroyable !

Il n'y avait rien à reprocher aux bâtiments industriels de Loundis Road, bien sûr. Le lotisseur avait juste eu des problèmes de calendrier. Achevés de construire en 1988, au nombre de dix, en batterie, tout à fait louables – du moins en théorie ; accès facile par la M4, à l'embranchement avec la 16 ; de bons bâtiments, aisément convertibles, tout bien pesé. C'est la récession qui avait tout fichu par terre. Il n'y en avait que quatre de loués quand les vaches maigres étaient arrivées avec leurs gros sabots. Après ça, se dit l'agent immobilier, personne n'en aurait voulu pour une poignée de cacahuètes. C'est là que le lotisseur avait manqué de réalisme ; il avait refusé de baisser ses prix malgré les conseils dont on l'avait abreuvé. Ç'aurait été une autre histoire s'il n'avait pas été endetté jusqu'au cou auprès de sa banque. La valeur locative élevée donnait l'illusion d'une valeur réelle élevée elle aussi. De cette façon, il avait convaincu son banquier et échappé à la saisie.

D'abord, tout s'était bien passé. La location des quatre bâtiments permit au lotisseur de payer les intérêts de sa dette qu'il parvint à faire rééchelonner. Mais les ennuis avaient commencé quand le premier locataire avait décidé de s'en aller. C'est là que le lotisseur s'était conduit bêtement, de l'avis de l'agent immobilier. Le locataire devait rester encore neuf mois avant l'expiration de son contrat de trois ans, mais il demandait à être libéré de cette obligation. Le lotisseur paniqua alors en pensant à ses remboursements et il ne voulut rien lâcher, ce qui fait que le locataire, prisonnier de ses engagements, dut continuer à payer le loyer et, au bout du compte, fit faillite. L'agent immobilier avait bien essayé de persuader le lotisseur de se montrer un peu plus souple, soit en baissant le prix, soit en cherchant un accord, mais rien n'y avait fait.

N'importe quel imbécile aurait pu prévoir le résultat. Le locataire était le plus fragile des quatre ; il coula en devant quatre mois de loyer. Les trois autres reçurent le message cinq sur cinq. Au bout de leur contrat, ils profitèrent de leur possibilité de départ. Et maintenant les dix bâtiments étaient vides et Loundis Road désert. Avec un nouveau propriétaire, bien sûr. Le bougre d'idiot de lotisseur et sa non moins stupide banque étaient hors jeu. Le nouveau propriétaire avait davantage les pieds sur terre, mais le problème, c'était que le lotissement s'était acquis une mauvaise réputation. Tout candidat locataire commençait par se demander pourquoi l'endroit restait totalement vide. Et pas un ne voulait passer le premier, évidemment. Et en plus, qui louait des bâtiments industriels, de nos jours, en pleine récession ? Personne.

Du moins jusqu'à aujourd'hui. Le type au visage rond était entré dans l'agence deux jours plus tôt, avait dit que les bâtiments lui plaisaient et voulait savoir s'il était possible d'en louer – attention ! – pas un, pas deux, mais *trois*. Tu parles d'un début ! Et il n'avait même pas chicané sur le prix ! Bon, il payait moins cher que ce qu'en voulait au départ le lotisseur, mais si on considérait la misère que le nouveau avait versée pour avoir la totalité, il allait pouvoir facilement se refaire avec seulement ces trois loyers-là. Et par-dessus le marché, ça allait rendre les autres plus attrayants...

M. Bryce, c'était le nom de Visage Rond, avait été un client idéal. Il avait parcouru le contrat de location et avait accepté tous les paragraphes ; il avait déjà pris un arrangement avec sa banque qui avait donné l'aval nécessaire. Et tous deux étaient partis dans la voiture de M. Bryce. Très belle. BMW 325i, sièges en cuir, CD stéréo, une vraie fusée. On voyait bien que M. Bryce n'avait pas de problèmes de fins de mois. Enfin, l'affaire était dans le sac ! En deux jours, le bail était signé, avec en plus un versement de six mois d'avance au lieu des quatre habituels ! Ah ça oui, pensa l'agent immobilier en regardant partir M. Bryce, il y aurait une bonne tournée générale, ce soir, au bureau.

La BMW s'éloigna de l'agence et, quittant Swindon, regagna la M4 par la 16 pour rentrer à Londres. Johnny Bourne ouvrit la bouche et en retira deux boulettes de caoutchouc rose qu'il replaça dans leur petit sac en plastique. Puis il les fourra dans la boîte à gants à côté d'un flacon de « peau artificielle ». Les boulettes lui faisaient la tête d'un patient sortant de chez le dentiste, pensa-t-il. Elles lui gonflaient les joues carrément, mais pour quelqu'un qui ne le connaissait pas, elles lui donnaient seulement une figure ronde. Les lentilles colorées l'irritaient beaucoup moins qu'il ne l'avait craint ; il y était déjà complètement habitué. Il allait falloir penser à les enlever et aussi à se recoiffer en arrière, sans raie. Il se frotta le bout des doigts contre le tableau de bord et le revêtement de latex commença à peler.

Ces trois hangars industriels étaient parfaits. Pas d'autres locataires dans les sept restants, et situés dans un cul-de-sac. Un accès commode par la M4, juste de la bonne dimension, et peu de risques d'être dérangés.

Bourne venait de passer une semaine bien remplie. Le vol au Liechtenstein, la création d'un holding, là-bas, et le transfert d'un million de livres d'un compte numéroté anonyme sur un nouveau compte au nom du holding dans une autre banque, puis retour en Angleterre et création de trois nouvelles entreprises domiciliées au Royaume-Uni : l'une dans l'agro-alimentaire, la deuxième dans le fret et le transport et la troisième plus vaguement commerciale. Trois bureaux séparés de juristes et de comptables, siégeant dans trois villes distinctes, s'étaient occupés des formalités et de l'enregistrement, et trois imprimeries avaient fourni ce qu'il fallait de papiers à en-tête, de formulaires et autres documentations. Puis il y avait eu de nouveaux transferts de fonds, cette fois depuis le compte du holding au Liechtenstein vers trois comptes nouvellement ouverts dans trois banques britanniques différentes. Bientôt, une série de transactions entre les trois entreprises viendraient prouver aux banques que le commerce ronronnait sainement. Chaque directeur de banque ignorerait les adresses des deux autres entreprises par lesquelles transitait l'argent et personne ne s'apercevrait qu'elles étaient voisines. Petit à petit, le compte du holding au Liechtenstein serait asséché. Évidemment, aucune de ces manipulations ne pourrait supporter un audit, mais il n'y en aurait pas. MM. Bryce et Hatcher, ainsi que les autres patrons, auraient disparu avant qu'on en arrive là.

En tout cas, ce à quoi Bourne devait s'appliquer maintenant, c'était au petit ballet des boulettes en caoutchouc, des cheveux, des lentilles et du latex. Si Juliet le voyait comme ça... mieux valait ne pas penser aux conséquences. Il sourit en songeant à elle et il se surprit à appuyer inconsciemment sur l'accélérateur. *Doucement, Johnny,* se dit-il, levant le pied. *Je sais bien que tu es impatient de la revoir, mais tu aurais l'air de quoi si tu te faisais choper pour excès de vitesse...*

18

Le vendredi 29 novembre, Howard arriva à Edimbourg par le vol parti à midi d'Heathrow. Après avoir récupéré ses bagages, il passa chez Avis pour aller chercher la Ford Escort qu'il avait retenue par téléphone. Il sortit de l'aéroport et prit la direction du nord par la M19, évita Perth grâce à la nouvelle rocade et s'engagea dans la A9 vers Inverness. Une heure plus tard, il quittait la A9 à Dalwhinnie pour prendre la A86 qui conduisait à Spean Bridge et Fort William.

C'était une froide journée, avec des rafales de vent du nord qui traversaient la route et bousculaient parfois la voiture. À 15 h 45, la lumière faiblissait déjà. Il ferait nuit avant qu'il arrive. Peu de véhicules semblaient vouloir emprunter cet itinéraire et le décor était sinistre, avec de la neige sur quelques hauteurs, dans le lointain, au-delà du Loch Laggan. Bientôt, il ne parvint même plus à les distinguer et, lorsqu'il atteignit Spean Bridge, l'obscurité avait éteint le ciel tout entier. À quinze kilomètres au sud-ouest, invisible à cause des nuages et de la nuit, devait s'élever le sommet arrondi du Ben Nevis.

Sept kilomètres après Spean Bridge, il s'engagea dans une route plus étroite qui menait au petit village de Carvaig. Au bout de trois nouveaux kilomètres, elle se transforma en chemin à une seule voie avec des zones de croisement indiquées par des losanges blancs. Howard avançait prudemment. Sur le bord, les yeux des moutons à tête noire s'allumaient dans le faisceau des phares. Groupés sur l'herbe des bas-côtés, les animaux ne semblaient pas troublés par le passage de l'auto et il dut même s'arrêter une ou deux fois et klaxonner pour les disperser.

Enfin, un peu après 17 heures, il aperçut devant lui un petit bouquet de lumières et, dix minutes plus tard, il arriva à Carvaig. Il n'eut pas de mal à trouver l'auberge car elle dominait de sa masse la vingtaine de cottages et de pavillons que comptait le village. Il gara sa voiture, prit ses bagages et sonna à la porte.

Une jeune fille aux cheveux auburn, d'environ dix-huit ans, en jeans et gros pull-over, vint ouvrir. Elle avait un joli minois et l'accent chantant de la côte ouest.

– Bonsoir – vous désirez ?

– Je m'appelle Hatcher, Edwin Hatcher. J'ai téléphoné pour retenir une chambre pour deux nuits. J'espère que c'est toujours d'accord ?

– Oh oui, bien sûr, monsieur Hatcher – veuillez m'excuser. Entrez, je vous prie ! J'aurais dû deviner qui vous étiez.

Souriante, la fille proposa de l'aider à porter ses bagages. Puis elle s'affaira, bavardant et cherchant à le mettre à l'aise. Elle l'introduisit dans le petit salon et le laissa pour aller préparer le thé. Une femme apparut, souriante ; elle tendit la main après l'avoir essuyée à son tablier. Petite et mince, on lui donnait quarante ans – pas beaucoup plus en tout cas, évalua Howard.

– Monsieur Hatcher – bienvenue à Carvaig ! Je suis Morag Cameron, la mère de Sheila.

C'était sa voix qu'il avait entendue au téléphone lorsqu'il avait appelé pour réserver la chambre. Une jolie voix, douce et tendre, comme un peu surprise à l'idée que quelqu'un vienne passer un week-end de novembre dans un lieu aussi reculé. C'est une femme très séduisante, se dit Howard en la détaillant. Et son regard connaisseur rencontra un sourire amical. Elle avait une poignée de main ferme et étonnamment robuste. Howard devina qu'elle devait être habituée aux rudes travaux. Son passage à l'auberge était sans doute accueilli comme un baume sur les rigueurs de l'hiver.

Morag Cameron conduisit Howard à sa chambre, petite mais confortable. Pas du tout la cellule spartiate qu'il avait redoutée. Meublée simplement et décorée de couleurs gaies, elle était d'une scrupuleuse propreté. Tout à coup, Howard se prit à songer que ce serait là un joli endroit pour se reposer l'été. Il n'était pas venu en Écosse depuis des années et, quand il ouvrit la fenêtre, la saveur unique de l'air, mêlée de senteur marine, l'émut et réveilla en lui des souvenirs. Il aspira à fond et commença à ranger ses affaires.

Une demi-heure plus tard, après un bain chaud dans une eau merveilleusement pure et moelleuse, il descendit au bar. Il aurait aussi bien pu s'en passer, se dit-il. La pièce était vide et ne s'animerait que dans la soirée. Il s'installa dans un fauteuil avec un livre ; il avait toute l'apparence d'un touriste qui se détend après une longue route.

La fille de Morag vint lui demander s'il désirait boire quelque chose. Il lui fit visiblement plaisir en commandant un whisky très cher. Il s'excusa de devoir y ajouter un peu d'eau. Jamais il ne ferait ça dans le Sud, dit-il, l'eau y était si chargée de chlore que ce serait un meurtre. Elle sourit.

Pendant un certain temps, Howard resta le seul client et la fille lui tint compagnie en bavardant gentiment. Il savait que tôt ou tard elle ne résisterait pas à la curiosité et se tenait prêt à lui exposer la raison de son voyage à Carvaig, en cette fin de novembre.

Il y avait très longtemps, lui raconta-t-il, il était venu ici avec son père. Il avait à peu près douze ans, à l'époque. Son père avait été invité à une chasse à l'approche de trois jours dans la vallée de Carvaig et il avait amené son fils avec lui pour lui faire découvrir ce sport. Le garçon n'était pas chaud à l'idée de crapahuter dans les montagnes, mais une fois sur place il avait trouvé l'aventure merveilleuse et ne l'avait jamais oubliée. Il s'était juré de revenir un jour en pèlerinage, expliqua-t-il, et n'en avait eu l'occasion que ces derniers temps.

– C'est donc une petite histoire nostalgique, si vous voulez.

Son récit n'était pas entièrement faux, mais évidemment les parties authentiques s'étaient passées ailleurs. Il avait mémorisé suffisamment de détails sur sa carte pour être capable de donner un nom à chacune des hauteurs environnantes si elle les lui demandait, mais il devait reconnaître que le terrain deviendrait nettement plus mouvant si elle l'interrogeait sur les habitants.

– Eh bien, c'est très agréable de voir revenir de vieux visiteurs, monsieur Hatcher... Oh... Je suis désolée... Je ne voulais pas dire que...

– Ne vous inquiétez pas, sourit-il. Vous avez bien raison. C'était il y a vraiment longtemps. Bien avant votre naissance. En réalité, votre mère elle-même ne devait être qu'un bébé. J'ai quarante-cinq ans et elle doit être loin de les avoir. Elle a l'air beaucoup plus jeune que moi...

Sheila Cameron voulut encore s'excuser mais elle s'aperçut qu'Howard n'était pas du tout choqué et elle y renonça. D'ailleurs, lui-même changeait déjà de sujet.

– Je me demande s'il serait possible de faire une petite randonnée dans la montagne – par exemple demain matin. Je pourrais emporter un sandwich ou quelque chose à grignoter. Est-ce qu'on doit s'adresser à quelqu'un pour les autorisations ?

– Oh, c'est une excellente idée, monsieur Hatcher. La chasse est fermée maintenant et je pense que si vous ne vous éloignez pas du sentier, vous ne risquerez rien. Je vous préparerai un casse-croûte, dites-moi seulement ce que vous aimez. Nous avons un bon bœuf, sinon il y a aussi du jambon et du fromage.

– Le bœuf sera parfait. Vous êtes très gentille. Comment ferai-je pour monter là-haut ? On peut accéder en voiture jusqu'au relais ? Si je me souviens bien, il y a deux ou trois kilomètres, non ?

Il n'avait aucune chance de se tromper. Il avait appris la carte par cœur.

– Oui, vous pouvez monter en voiture. Personne ne vous dira rien, même si vous la laissez au relais pour la journée. Ensuite le chemin devient trop dur et il faudra marcher. C'est une belle promenade – une quinzaine de kilomètres en longeant la rivière entre le relais et le sommet. La grille sera fermée, après le relais, mais il y a un échalier pour que les randonneurs puissent franchir la clôture des cerfs.

– Magnifique. Mais je ne verrai donc personne avant de me lancer ? Le guide, par exemple ?

– Si, vous verrez Duncan, là-haut, au relais, à moins qu'il ne soit lui-même en balade. Duncan Macrae. C'est lui, le guide.

Pendant un instant, Howard fut décontenancé. Duncan Macrae, ce n'était pas le nom qu'il cherchait. Peut-être même n'était-ce pas non plus le bon village. Il se hâta de réfléchir.

– Le Glen Carvaig est immense pour un seul guide, non ? Je pensais qu'ils étaient au moins deux.

– Oui, ils sont deux. Mais Duncan est le chef. Danny travaille seulement à temps partiel, en saison – et bien sûr, il aide aussi au domaine.

– Danny ?

– Danny MacDonald. C'est... c'est un ami.

La fille baissa les yeux et s'agita, s'obstinant à sécher avec son torchon une tache absente sur le bar. Elle releva la tête et son regard se posa brièvement sur lui, embarrassé, avant de se détourner.

Mais tu aimerais bien qu'il soit un peu plus qu'un ami, hein ? pensa Howard. *Oh, Dieu du Ciel. Comme si ça ne suffisait pas d'avoir Bourne et sa policière.* Il jeta un coup d'œil sur la main gauche de Sheila et fut soulagé de ne pas y voir de bague. Pas encore.

– C'est un gentil garçon, ce Danny ?

Et ce fut un flot de paroles. Même si elle l'avait voulu, elle n'aurait pu cacher ses sentiments. Elle était visiblement amoureuse de Danny MacDonald. Les deux familles s'étaient connues et liées d'amitié. Puis il y avait eu cette tragédie, alors que Sheila n'avait que neuf ans. Ses parents et ceux de Danny revenaient en voiture, un soir de pluie, après avoir été dîner à Fort William, lorsqu'une fourgonnette avait soudain surgi sur la route à une seule voie. La mère de Danny conduisait. Elle donna un coup de volant pour éviter la collision et la voiture quitta la route, bascula dans le ravin et alla s'écraser dix mètres plus bas où elle prit feu.

La mère de Sheila, assise à l'avant, fut éjectée mais son père mourut ainsi que les parents de Danny. Morag Cameron avait alors rampé jusqu'à la route, malgré des fractures à un bras et une jambe, et un automobiliste l'avait découverte deux heures plus tard, presque morte d'épuisement. La fourgonnette et son chauffeur ne furent jamais retrouvés.

À la mort de ses parents, Danny avait dix-huit ans, et Fergus, son frère, seize. Danny était à l'université d'Edimbourg et Fergus allait y entrer. Tous deux travaillaient pendant les vacances comme serviteurs de chasse pour leur père qui était guide en chef à Glen Carvaig. Le successeur de John MacDonald à ce poste était incompétent. Heureusement, il ne resta en fonction que deux ans avant d'être remercié car on l'avait surpris ivre mort un matin, lors d'un contrôle, et encore au lit à 11 h 30. Seulement à cette époque-là, Danny avait eu un grave différend avec lui et, d'un caractère entier, il n'avait rien tenté pour arranger les choses. Il avait compris très tôt à qui il avait affaire et la haine qui s'était développée entre eux avait suffi à ruiner ses chances d'exercer le seul métier pour lequel il se sentait un véritable goût : celui de son père. Lorsqu'il fut enfin établi que tous les torts étaient du côté du guide licencié, Duncan Macrae était nommé depuis longtemps. Duncan était un bon guide, et suffisamment intelligent pour demander que Danny, naturellement doué, bénéficie d'une seconde chance. Et depuis Danny se comportait parfaitement.

Fergus, son frère cadet, était sorti de l'université avec un diplôme d'ingénieur et était parti pour Aberdeen travailler dans les Pétroles de la mer du Nord. Il avait beaucoup voyagé et s'était marié. On l'avait revu bien peu souvent à la maison. Et puis il y avait eu la terrible seconde tragédie et on ne le reverrait plus jamais, hélas...

Howard ne demanda aucun détail sur cette tragédie qui s'était abattue sur Fergus. Il voyait bien que la jeune fille était bouleversée et il ramena la conversation sur Danny. En l'écoutant parler, il put commencer à tracer mentalement un premier portrait du jeune Écossais. Volontaire, indépendant, sûr de lui, droit et fort – que des bons points. Ne mâchant pas ses mots – pas nécessairement un mauvais point. Sale caractère – pas trop bon, ça.

– Mais qu'est-ce qu'il fait, hors saison ?

– Bah, il aide au magasin de sport de son oncle à Fort William. En fait, c'est lui qui le tient. Son oncle et sa tante... eh bien, ils ne s'intéressent plus à grand-chose, maintenant. C'est Danny qui fait tout.

Howard pensait connaître les raisons qui avaient fait perdre tout élan à l'oncle et à la tante, et il ne posa pas de questions. La malédiction des Highlands frappait tant de gens. Ces soirées d'hiver si longues, avec pour seule compagnie une bouteille...

—Et Danny vit avec son oncle et sa tante ?

—Oh non, il a un cottage à lui, que lui a laissé sa grand-mère.

—Où ça, dans le village ?

J'insiste peut-être un peu trop, là, se dit Howard. *Je redoute ce qui va se passer si je continue.* D'ailleurs, la fille le regarda d'un air bizarre avant de répondre.

—Non, c'est par là-bas, sur la route de Spean Bridge, dit-elle avec un geste vague.

Puis elle se redressa et eut soudain l'air très affairée.

—Bien, monsieur Hatcher, il faut que je m'occupe de votre dîner avant l'arrivée des autres. Que prendrez-vous ? Nous avons une très bonne truite. Je vous la recommande.

La truite brune toute fraîche était délicieuse. Howard avait choisi une bouteille de vin blanc pour l'accompagner. Ce fut la mère de Sheila qui l'apporta en demandant si tout allait bien.

—Parfaitement, madame Cameron, répondit-il. Cet endroit est calme et charmant. Je me sens très bien.

Elle eut un sourire ravi et s'apprêta à retourner à la cuisine, mais Howard la retint.

—Accepteriez-vous de boire un verre à ma table, madame Cameron ? Vous travaillez très dur et j'ai fait un long voyage. Peut-être pourrions-nous nous aider mutuellement à nous détendre ?

Morag Cameron le considéra avec une mine surprise. Elle jaugea son regard nocturne et presque indifférent. Et soudain, il lui parut sympathique.

—C'est très gentil à vous, monsieur Hatcher. Pourquoi pas ? J'ai un peu de temps devant moi pour souffler avant que le bar ne commence à s'emplir. Merci.

Elle dénoua la ceinture de son tablier et s'assit. Howard lui servit un verre. Elle entreprit d'étudier ses traits. *C'est un homme séduisant,* pensa-t-elle. *Difficile à déchiffrer. Il n'a pas dû avoir une vie facile... un visage intéressant — ses yeux sombres n'en disent pas long sur lui.* Elle posa les coudes sur la table et se prit le menton dans les mains. Elle le regarda bien en face, sereine et curieuse.

—Dites-moi, monsieur Hatcher, qu'est-ce qui vous amène par ici ?

Howard se mit à parler d'une voix douce. Comme réponse à la question, il reprit l'explication qu'il avait donnée à sa fille. Ensuite, il aborda d'autres sujets, de toutes sortes, qui le concernaient lui ou qu'il pensait pouvoir la toucher.

Ils bavardèrent ainsi une demi-heure, jusqu'à ce que Morag consulte sa montre et se dresse d'un bond.

– Oh, je vous prie de m'excuser, monsieur Hatcher. Il faut que je retourne travailler. Je n'ai pas vu le temps passer.

Elle lui tendit la main et il se leva. Elle lui sourit.

– Merci pour votre invitation. J'ai bien aimé bavarder avec vous.

– Et moi aussi, madame Cameron. Sincèrement.

– Bonne nuit, monsieur Hatcher. J'espère que vous trouverez votre lit confortable.

– Bonne nuit, madame Cameron, répondit-il en lui prenant la main. Peut-être puis-je vous appeler Morag ?

Elle laissa son sourire s'attarder mais ne dit rien et s'en alla.

Howard se rassit et termina son verre. Dix minutes plus tard, il était dans sa chambre et essayait de se concentrer sur son livre.

Durant une heure, les bruits du bar lui parvinrent par la fenêtre ouverte. Les gens du coin se retrouvaient à la fin d'une semaine de travail. Howard calcula que le bar devait être plein vers 21 heures car jusque-là le bruit alla croissant. Puis il diminua lentement jusqu'à la fermeture. Il entendit les voix de ceux qui s'éloignaient sur la route. Un peu plus tard, on tira un gros verrou sur le devant. Enfin, vers 23 h 30, ce fut le silence.

Howard se leva et sortit de sa chambre. Dans le couloir, il avança sans bruit sur la moquette jusqu'à la porte anti-feu, près de l'escalier. Il y était inscrit « Privé ». Il la poussa. Maintenant, il se trouvait devant trois nouvelles portes. De la lumière filtrait sous l'une d'elles. Au bout d'une minute ou deux, elle s'éteignit. Il frappa doucement. La lumière revint et la porte s'ouvrit.

Morag Cameron parut, en chemise de nuit, une expression de surprise sur le visage. Pendant plusieurs secondes, elle ne dit rien et se contenta de le regarder. Elle allait enfin parler quand il entoura son corps mince de ses bras et l'attira contre lui. Sa bouche se posa sur la sienne et elle fut d'abord anéantie par l'intensité du contact physique. La force et la passion de son étreinte la privèrent temporairement de sa lucidité et, pendant ce qui lui sembla une éternité, elle ne put que s'abandonner à son propre désir. Puis elle parvint à se dégager avec violence et, se reculant d'un pas, lui lança un regard étincelant de colère. La gifle cingla Howard comme un fouet.

Là, elle le considéra, stupéfaite. Il n'avait pas bougé d'un centimètre. Elle avait mal à la main et lui semblait ne rien avoir senti. Son bras s'éleva pour un deuxième service et quelque chose se referma sur son poignet. Elle essaya de se libérer mais s'aperçut avec stupeur qu'elle ne pouvait même pas bouger un doigt. Il mit l'index de son autre main sur sa bouche pour demander le silence, puis il répéta ce geste, cette fois sur ses lèvres à elle. Lentement, dans une caresse, sa main glissa sur sa joue, dans son cou... Elle frissonna et ferma les yeux, et il relâcha le poignet prisonnier. Il lui avait maintenant pris le visage entre ses deux mains et l'attirait de nouveau à lui. Elle passa un bras autour de son cou et se pressa contre lui, adoucie, molle, soumise à sa force... *Oh mon Dieu,* jamais personne ne l'avait embrassée de cette façon...

Ils glissèrent lentement sur la moquette de la chambre dont la porte se referma doucement sur eux.

Allongée sous Ed Howard, Morgan Cameron sentit se lever en elle un sentiment oublié. Elle gémit faiblement, accrochée à lui, lui enfonçant ses ongles dans le dos. Puis sa plainte s'amplifia et Howard la bâillonna de la main. Il approcha sa bouche de son oreille, puis de son cou et d'irrésistibles vagues de plaisir déferlèrent. Elle renouait avec ce sentiment glorieux, sensuel, qu'elle n'avait pas connu depuis des années... Elle s'agita et cria dans sa main, tremblante, tendue vers lui par son plaisir... Puis elle s'affaissa, soudain couverte de transpiration, plus calme que jamais... Mais il bougeait encore et elle recommença à répondre, avec lenteur et surprise ; ce n'était pas possible... enlacés, ils basculèrent sur le côté, elle se retrouva sur lui... Alors les vagues revinrent se fracasser, encore plus fort que la première fois, délicieuses jusqu'à l'insupportable... Il lui semblait qu'elle allait rendre l'âme... Puis elle s'effondra de nouveau... *Oh Seigneur, c'était si magnifique, si merveilleux... mais, mon Dieu, il bouge encore, il ne va donc jamais s'arrêter, je ne sais pas si je vais pouvoir survivre à ça...*

Lorsque Morag ouvrit les paupières, elle vit qu'il regardait passionnément son visage. Elle émit un long soupir de volupté. Il posa une nouvelle fois ses lèvres sur les siennes, mais à présent gentiment, tendrement, et il la serra contre lui, caressant son corps souple, puis murmura à son oreille. Elle chercha sa bouche, les yeux brillants de bonheur. Il la porta sur le lit, repoussant la couverture et le drap avant de l'y déposer. Elle ne l'avait pas lâché. Il vint s'étendre contre elle. Au bout d'un moment, toujours dans les bras l'un de l'autre, ils se mirent à parler à voix très basse, pour ne pas réveiller Sheila qui dormait dans la chambre voisine. Petit à petit, Morag sentit qu'elle glissait dans le sommeil et elle se blottit, encore plus près. Juste avant l'inconscience, elle l'entendit lui murmurer qu'il n'avait jamais vu visage plus beau que le sien.

Ed Howard sortit discrètement du lit à 5 heures du matin. Le vent était tombé. Dehors, tout était paisible. Il l'embrassa sur le front, elle s'étira et sourit dans son sommeil. Il resta un instant devant le lit à l'admirer dans la lueur pâle de la lune qui emplissait la chambre et illuminait sa peau. Son expression soucieuse avait disparu ; maintenant, elle était vraiment belle, comme une très jeune fille. Oh Seigneur, oui, elle était belle...

Repartant aussi silencieusement qu'il était venu, il suivit le couloir et retrouva sa chambre, l'esprit plein de remous inhabituels.

19

Le 29 novembre, Harris et Denard étaient au Texas depuis exactement une semaine. Ils avaient parcouru près de quinze cents kilomètres dans leur Chrysler de location, en sillonnant apparemment sans but tout le sud de l'État.

À leur arrivée au Texas, ils s'étaient installés dans un motel à la sortie de San Antonio et Harris avait déployé sur la table de la chambre une carte d'aviation à grande échelle du sud du Texas et de la frontière mexicaine.

Denard laissa échapper un grognement lorsqu'il vit le nombre d'aérodromes indiqués.

— Boudiou ! L'état entier est couvert de pistes, on dirait, mec. Ils ont *tous* un avion ou quoi ?

— Beaucoup en ont, Andy. Les distances sont énormes et tout est dispersé. On pourrait faire tenir plusieurs fois la Grande-Bretagne dans le Texas. Pas mal de gens préfèrent voler plutôt que conduire, alors, il y a plein d'aérodromes. Je crois que ce qu'on a de mieux à faire, c'est de commencer ici, par le sud. Et d'abord, limitons-nous à un rayon de cent cinquante kilomètres autour de San Antonio, pas trop loin de la frontière mexicaine. Vas-y, sélectionne-nous ceux qui valent le coup d'œil, à ton avis.

Une heure plus tard, Denard avait fini d'annoter la carte. Elle fleurissait de marques de stabilo de toutes les couleurs. Il appela Harris.

— Bon. Le grand cercle rouge que j'ai tracé correspond exactement à la distance de cent cinquante kilomètres autour de l'Aéroport International de San Antonio. À l'intérieur de ce cercle, on trouve deux aéroports internationaux : San Antonio, bien sûr, et Austin. On peut les écarter. Il y a aussi une quinzaine de grands aérodromes à plusieurs pistes pour les gros porteurs. Cinq d'entre eux sont des bases de l'US Air Force, on les laisse donc tomber. Quant aux dix autres, ils sont trop importants pour ce qui nous occupe, alors inutile de les retenir eux aussi. Notre bonhomme, où qu'il soit, ne peut que pratiquer dans un endroit plus modeste... Maintenant, on passe à ceux que j'ai marqués en jaune. Techniquement, ils sont encore répertoriés comme aérodromes importants, mais ce classement est automatique dès lors qu'ils ont une piste en dur de plus d'un kilomètre. Certains sont des aérodromes commerciaux qui desservent des petites villes, d'autres sont privés et appartiennent à un ranch ou à un champ de pétrole. Tous peuvent plus ou moins recevoir des appareils de grande taille comme les Learjets ou des zincs de ce genre, et même de plus gros – mais ce sont d'autres paramètres comme par exemple l'infrastructure de sécurité qui décident de ce qu'on y accepte. Il ne te viendrait pas à l'idée de poser un 747 à un endroit où le seul instrument de navigation serait une manche à air et le seul dispositif anti-incendie un seau d'eau. Quelques-uns sont bien équipés pour les moyens porteurs tandis que d'autres ne peuvent pas être autre chose qu'une piste privée. À l'intérieur de notre cercle, nous en avons soixante et un... Et, enfin, nous en arrivons à la catégorie la plus intéressante : les petits aérodromes. Il y a de grandes différences parmi ce groupe. Aucun ne peut recevoir de gros avions, soit qu'ils aient une piste en terre, soit que leur piste goudronnée n'atteigne pas le kilomètre. La plupart sont privés mais un petit nombre est utilisé par des clubs d'aviation, ou pour des livraisons, semailles ou autres. Certains sont inscrits comme étant désaffectés, ce qui ne veut pas dire qu'ils le sont. Là, nous n'avons pas à nous plaindre du manque de choix : il y en a cent quarante-sept. Ce qui fait deux cent vingt-cinq aérodromes en tout et seulement dans un rayon de cent cinquante kilomètres.

– On en a pour jusqu'à la fin de nos jours, bougonna Harris. Tu ne pourrais pas affiner un peu ?

– Si, dit Denard. Je suggère que nous éliminions les zones spécifiques. Regarde la carte. Le bleu représente des zones militaires opérationnelles, qui portent pour la plupart le nom de la base dont elles dépendent, comme par exemple Randolph ici à San Antonio, ou Randolph 2 plus à l'est. Et puis il y a Laughlin, là, à l'ouest, à l'extérieur de notre cercle, mais dont la zone opérationnelle mord sur l'intérieur. Ça ne signifie pas qu'on n'a pas le droit d'y voler, mais que le vol y est contrôlé et sujet à des restrictions plus ou moins lourdes, selon les impératifs militaires du moment. Je pense qu'on peut se dispenser d'aller dans ces coins-là. Et ça nous enlève de bons morceaux à l'est, au sud et à l'ouest. Alors, fonçons au nord, par ici.

– D'accord, dit Harris en bâillant. On ira voir le premier demain. Tu te rends compte qu'il est 4 heures du matin en Angleterre ? Il faut que je dorme.

110

Pendant les six jours suivants, ils visitèrent des dizaines d'aérodromes. Quelques-uns les surprirent par leur taille et leur degré de sophistication ; d'autres semblaient à l'abandon. Harris suivit six leçons de pilotage avec six moniteurs différents, Denard fit trois balades d'une demi-heure dans des petits avions et, ensemble, ils prirent deux vols de tourisme. En échangeant leurs impressions sur les propriétaires et les pilotes, ils aboutirent chaque fois, malheureusement, à une conclusion négative. Presque tous étaient satisfaits de leur sort et les trois pilotes qui leur parurent suffisamment mordants et aventureux ne pouvaient pas faire l'affaire : deux dépassaient le mètre quatre-vingts et le dernier approchait la soixantaine.

– C'est vrai, ce qu'on raconte sur cet État, grinça Denard alors qu'ils remontaient en voiture après un nouvel échec. Je n'ai pas encore vu un seul type de ma taille.

– On n'est pas pressé, le rassura Harris. Il doit bien y avoir quelque part un gars pas trop grand qui est prêt à se faire cent mille billets sans peine. Évidemment, ça aiderait si tu n'étais pas un nabot, ça nous laisserait plus de marge.

Cet après-midi du vendredi 29, ils se présentèrent à l'aérodrome de Los Morelos, à quarante-cinq kilomètres au nord-ouest d'Austin. À l'entrée, de grands placards vantaient tous les services proposés : voyages, leçons de pilotage, balades au-dessus du Llano et du Colorado, transport de marchandises, taxi aérien.... La liste était exhaustive.

– C'est engageant, murmura Harris.

– C'est au moins la vingtième fois que tu dis ça.

Harris alla se ranger devant le bureau. À l'intérieur, ils ne trouvèrent que l'employé derrière son comptoir et un homme effondré dans un fauteuil, en train de boire un café.

– On a vu l'affiche pour les vols au-dessus du Colorado, commença Harris en s'accoudant au comptoir. C'est le Grand Canyon ?

– Non, Monsieur, dit l'employé, poli et serviable. C'est un autre fleuve. L'autre Colorado, celui du Grand Canyon, est en Arizona. Mais celui-ci est très beau aussi, je vous le recommande.

– Très bien. Est-ce qu'il faut s'inscrire ou peut-on nous faire faire la balade tout de suite ?

– C'est Dan Woods et son associé, Gene Barcus, qui s'occupent des vols au-dessus du fleuve. Ils sont tous les deux en l'air pour l'instant, chacun avec un client. Ils seront de retour dans une vingtaine de minutes. Dan a une autre réservation pour deux personnes dans une heure, il restera donc deux places pour vous à ce moment-là.

111

Harris regarda sa montre et haussa les épaules. Une fois de plus il fallait attendre. Denard lui lança un coup d'œil qui voulait dire : « Pourquoi pas ? » Ils patienteraient en observant qui décollerait et qui atterrirait. Ils dénicheraient peut-être un pilote, qui sait. Harris allait répondre quand une voix traînante s'éleva dans leur dos.

— Vous devriez essayer Ray Sullivan. Il y a pire, comme choix.

Ils se retournèrent vers l'homme affalé dans le fauteuil, qui posait lentement sa tasse et se mettait debout.

— Il a son bureau juste derrière, dit-il. Je vais vous y conduire. C'est pas loin. Il faut que j'y passe de toute façon.

Harris et Denard se regardèrent et Harris dit « D'accord ». L'homme les entraîna dehors, laissant l'employé dont la mine était exempte de toute satisfaction.

— Qu'est-ce qu'il fait comme boulot, ce Sullivan ? interrogea Denard tandis qu'ils traversaient l'aire de stationnement. À quatre cents mètres, ils virent un hangar Quonsett avec un bimoteur Cessna garé devant. Sur le côté du hangar, de grandes lettres rouges et blanches indiquaient « RAY SULLIVAN AIR CHARTERS, INC ».

— Oh, il fait tout ce qu'on lui demande. C'est un équipage complet à lui tout seul et il adore son travail. Bon pilote. Il se charge lui-même de la maintenance, en plus. Un vieux zinc mais qui vole comme un neuf.

Les pas dans ceux de leur guide, Harris et Denard échangèrent un nouveau regard. Ils atteignirent le hangar et l'homme ouvrit une porte latérale sans frapper. Il y avait un petit bureau dans un coin, avec un téléphone et quantité de papiers. Tout le reste de l'espace était dévolu à la mécanique. Un vrai fouillis, et pas âme qui vive. Leur guide se retourna vers eux et tendit la main.

— Bonjour, comment ça va les gars ! Je suis content que vous ayez eu l'idée de passer. Je suis Ray Sullivan, à votre service. Excusez-moi pour cette plaisanterie, mais j'allais pas perdre une occasion de bosser.

Il éclata de rire. Harris regarda Denard, un sourire naissant sur le visage.

Quatre-vingt-dix minutes plus tard, ils descendaient du Cessna et se concertaient rapidement pendant que Sullivan finissait de protéger son avion pour la nuit.

— Qu'est-ce que tu en dis ? demanda Harris. Comment as-tu trouvé sa façon de piloter ?

— Parfaite. Et je l'ai interrogé sur sa licence. Il est en règle et tout à fait qualifié pour le vol commercial. Une très grosse expérience.

—Il m'a l'air vraiment décontracté et solide, dit Harris, l'œil brillant. Et il a laissé entendre qu'il ne cracherait pas sur un peu de fric. Je pense qu'il peut coller.

—Et même décoller !... Seulement, le bougre a encore cinq centimètres de plus que moi, Mel. Je reconnais que, de visage, on se ressemble un peu. Mais je suis blond et lui, il est brun et il a une moustache.

—Je vais te dire, mon vieux. On va l'emmener boire une bière et discuter avec lui. On pourra aussi jeter un œil sur sa licence pour vérifier qu'il ne nous mène pas en bateau, et si tout ça fonctionne, eh bien, on va lui proposer le boulot. Et s'il est d'accord, demain on ira faire des courses. Je t'achèterai une belle paire de bottes de cowboy avec un grand talon en biais, un chapeau texan et de la teinture pour cheveux. Et toi, tu te laisseras pousser la moustache, entendu ? Allons lui parler.

Un peu plus tard dans la soirée, un Ray Sullivan aux anges, maintenant plus riche de dix mille dollars en billets, fit un signe amical à la Chrysler qui s'éloignait du bar, à la sortie de la ville de Granite Shoals. M. Hoskins et M. Dackman, ses deux nouveaux amis, venaient de lui décrire son avenir. Pendant un certain temps, il resterait à Los Morelos, comme si de rien n'était, en s'appliquant à ne pas se faire remarquer en dépensant trop d'argent. Puis, après Noël, il s'occuperait de liquider son affaire et de vendre son seul bien personnel, le Cessna. À la mi-mars, il quitterait carrément le coin pour se louer un appartement près de Houston ou de Pasadena. Il téléphonerait à M. Dackman qui lui donnerait une date fin mars ou début avril à laquelle il devrait s'envoler pour Londres, en Angleterre. Un mois plus tard, il pourrait prendre sa retraite, où il voudrait dans le monde. En Extrême-Orient, par exemple...

20

Howard s'habilla pour la marche et savoura calmement son petit déjeuner. Morag restait invisible. Muni de l'en-cas que lui avait préparé Sheila, il prit sa voiture. Il n'eut aucune peine à trouver l'embranchement pour le relais de Glen Carvaig. La route goudronnée l'y conduisit très vite. Arrivé là, il ne vit personne. Il rangea la voiture, chaussa des bottes et se lança à l'assaut de la pente avec sa carte et ses jumelles.

Le sentier montait sérieusement, en suivant le cours de la Carvaig. Au bout d'un kilomètre et demi, la forêt de pins de Calédonie cédait la place à des bois de bouleaux moins denses, puis il n'y eut bientôt plus rien qu'un peu de sorbiers par-ci par-là sur les hauteurs et des pins ou des chênes isolés au bord de l'eau. La rivière était en crue après les dernières pluies et les ruisseaux qui dévalaient de chaque côté griffaient de traînées blanches les pentes vertes et brunes d'herbe, de mousse et de bruyère où perçaient des pointes de granit gris et noir. Le tableau était hors du temps, les magnifiques montagnes aux sommets ronds, à huit cents mètres au-dessus de lui, semblaient vouloir figurer l'éternité.

Apercevant plusieurs groupes de cerfs disséminés dans le paysage, Howard les admira à la jumelle. À cette époque tardive de l'année, ils ne s'aventuraient plus aussi haut. À l'approche des premiers froids et après la disparition des mouches et des moucherons qui les avaient poussés vers les sommets pendant l'été, ils redescendaient graduellement vers leurs quartiers d'hiver, près de la rivière. Il vit que les cerfs l'observaient avec curiosité. Leur regard toujours en éveil l'avait repéré avant que lui-même ne les remarque. Aucun ne parut particulièrement inquiet, même si un petit nombre détala dès qu'il arriva à cinq cents mètres. Escaladant la pente élégamment, ils furent bientôt hors de vue.

À marche forcée, il lui fallut près de deux heures pour atteindre l'écurie vide qui couronnait le glen, où le sentier s'arrêtait. Il y

114

avait un enclos qui retenait les poneys pendant la saison. L'écurie était en pierre, couverte d'un toit de tôle rouillée. De gros fils de fer avaient été jetés par-dessus ce toit et, lestés aux deux extrémités de lourdes roches, empêchaient le vent d'emporter les plaques. Une averse s'était mise à tomber dru et la visibilité se réduisait rapidement. Howard s'abrita dans l'écurie pour manger ses sandwiches au bœuf. En regardant dehors par la porte ouverte, il pensa que beaucoup pourraient juger sinistre ce paysage désolé, ravagé par la pluie. Totalement détendu après l'effort de la marche, il le trouvait superbe.

Morag eut peu à peu conscience que quelqu'un frappait à la porte avec insistance. Très lentement, elle entreprit de s'éveiller. Elle s'étira voluptueusement. Puis on frappa encore.

– Maman ? Ça va ? Il est 10 h 30. Maman ?

Là, Morag sursauta. Elle jeta un coup d'œil à son réveil et tenta de s'asseoir. Mais elle se rendit compte qu'elle pouvait à peine bouger. *Mon Dieu, que je me sens bien,* pensa-t-elle avec un large sourire de plaisir.

– Oui, je vais bien, chérie, lança-t-elle d'une voix rêveuse. J'ai vraiment bien dormi. J'étais fatiguée. Je serai en bas dans une demi-heure.

– D'accord.

La voix de Sheila avait moins d'assurance. Ça ne ressemblait pas à sa mère, se dit-elle. Normalement, elle se levait avec les poules. Elle n'avait jamais été une bonne dormeuse. Enfin bon, ça ne pouvait pas lui faire de mal. Elle redescendit.

Morag entendit s'éloigner les pas de sa fille. Elle rit. Si elle savait, songea-t-elle. Elle s'étira de nouveau. *Oh Seigneur, ce que je me sens bien. Quel homme !...*

Au bout de quelques minutes, elle se résolut à sortir du lit et, d'abord, eut du mal à se tenir debout. Puis ses forces revinrent et elle parvint dans un brouillard jusqu'à la salle de bains. Elle ouvrit en grand le robinet d'eau chaude. Elle s'observa dans le miroir. Le sourire la surprit. *Oh Jésus, ça se voit ! On dirait que je...* Pour la première fois depuis des années, elle avait plaisir à s'étudier. *Pas mal*, pensa-t-elle. *Pas mal du tout. Surtout ce matin...* Elle entra avec enthousiasme dans l'eau chaude et y resta sans bouger, satisfaite, parfaitement détendue. Il lui semblait que son corps resplendissait.

Vingt minutes plus tard, elle était prête. Ayant enfilé un pull-over à col roulé pour dissimuler les traces sur son cou, elle descendit à la cuisine. Sheila la regarda bizarrement.

– Ce n'est pas ton genre de dormir autant, maman. Mais j'ai l'impression que ça t'a fait du bien. Tu as l'air reposée.

Morag lui tourna le dos pour qu'elle ne surprît pas son sourire et s'employa à ranger la livraison de l'épicerie dans le réfrigérateur.

—J'en avais sans doute bien besoin, Sheila. *Je comprends, que j'en avais besoin!* se dit-elle en réprimant un fou rire. *Si la petite se doutait... Mais pourvu qu'elle ne découvre rien.*

—Bon, allez – il y a des clients au bar. Il faut s'occuper d'eux.

Puis elle ajouta, l'air détaché :

—À propos de clients, où est donc M. Hatcher, ce matin ?

—Bah, il est parti escalader le glen, comme il dit. Il a prévenu qu'il rentrerait tard, ce soir.

—Oh, bien, dit Morag d'une voix douce et absente.

Sheila la considéra avec curiosité. Sa mère, toujours si nerveuse et affairée, avait l'air particulièrement de bonne humeur aujourd'hui. Elle se décida à lui demander. Après tout, qu'est-ce qu'elle risquait ?

—Maman ? se lança-t-elle avec une petite voix. Est-ce que tu penses que je pourrai sortir demain ?

Derrière son dos, elle croisait très fort les doigts de sa main droite. *Maman, dis oui, je t'en prie*, supplia-t-elle en silence. *Je t'en prie !*

—D'accord, chérie, répondit distraitement sa mère. Pourquoi pas ? Oui. Je suis sûre que c'est une très bonne idée.

Et elle sortit de la cuisine. Sheila la vit s'éloigner, stupéfaite. Comme ç'avait été facile. Elle avait dit oui, tout simplement. Elle ne l'avait même pas interrogée sur cette sortie, elle d'habitude si stricte et si possessive. Elle haussa les sourcils et gagna le bar à son tour.

Quelques minutes plus tard, entre deux clients, Morag sourit à sa fille et lui demanda, comme si ça lui revenait brusquement à l'esprit :

—Qui vois-tu demain, chérie ?

—Eh bien, il fallait que je téléphone à Danny ce matin pour lui parler de quelque chose et il m'a proposé, si ça me plaisait, d'aller faire une balade avec lui. J'espère que ça ne t'ennuie pas. C'est juste une balade. *Je t'en supplie, maman, ne change pas d'avis, je t'en supplie... Il y a si longtemps que j'attends qu'il m'emmène avec lui...*

—Danny MacDonald ? dit Morag en souriant. C'est un gentil garçon. Oui, c'est vraiment un très gentil garçon. C'est très bien, chérie.

—Oh, merci, maman ! s'exclama Sheila et, se jetant au cou de sa mère, elle se blottit contre elle. Merci !

Howard referma la porte de l'écurie et regagna sa voiture. La pluie tombait toujours et il fut bientôt trempé jusqu'aux os. D'ordinaire, il détestait se mouiller mais aujourd'hui, ça ne le dérangeait pas. Il avait la tête ailleurs en redescendant le sentier. Arrivé en bas, il aperçut le relais.

Sa promenade de trente kilomètres avait duré quatre heures, pause comprise. Il avait adoré cet effort et comprenait la fascination que pouvait exercer la splendeur sauvage du glen sur des hommes comme MacDonald.

Au relais, il prit dans sa voiture un sac contenant des vêtements secs et se changea à l'abri d'un appentis où on avait entreposé du bois de chauffe.

Un homme apparut, sortant d'une étable située derrière. Petit, trapu, sympathique, il pouvait avoir une cinquantaine d'années, ou un peu moins. C'était Duncan Macrae, le guide en chef. Howard se présenta sous le nom d'Edwin Hatcher et dit pourquoi il était là, ajoutant qu'il était enthousiasmé par sa promenade et qu'il espérait n'avoir causé aucune gêne. Chaleureux et accueillant, Macrae l'invita à venir prendre le thé dans son cottage. Howard accepta avec joie et les deux hommes bavardèrent pendant une demi-heure de l'Écosse en général et de la chasse en particulier. Puis Howard s'excusa de devoir partir et remercia abondamment Macrae pour son hospitalité.

Ayant retrouvé son Escort, il reprit le chemin de Carvaig. Il traversa le village, passa devant l'auberge et rejoignit la grand-route Spean Bridge-Fort William. Il entra dans Fort William juste avant 14 heures, se gara au parking et alla faire un tour en ville.

Les pages jaunes de l'annuaire, à l'auberge, lui avaient fourni les noms de quatre magasins de sport à Fort William et, ce matin, il avait noté les adresses en en retenant seulement trois car le dernier ne donnait pas vraiment dans la rue principale. De l'autre côté de la route, il longea l'hôtel Alexandra et déboucha dans High Street. La vitrine du premier magasin de la liste proposait tout un choix de chaussures de gymnastique, de gilets, de planches à roulettes et de planches à voile. À l'intérieur, il vit un jeune homme et une fille en train de servir deux adolescents. Le jeune homme était mince, ne devait pas avoir vingt ans et ses cheveux, ras derrière et sur les côtés, lui descendaient devant les yeux. Howard alla chercher ailleurs.

Le deuxième magasin se trouvait à trois cents mètres de là et sa devanture abondait en bottes, vêtements de pluie, matériel d'escalade, attirail de pêche, bâtons, torches, couteaux de survie, sacs à dos et tout pour le camping. Une vraie caverne d'Ali Baba pour randonneurs, pensa Howard. Il se rendit à la troisième boutique, beaucoup plus petite et apparemment spécialisée dans la pêche. La vitrine peu attrayante était fermée au fond par un panneau et un store empêchait de voir l'intérieur par la porte vitrée. Howard entra donc. Un homme d'une soixantaine d'années, plutôt froid et silencieux lui montra quelques mouches pour la truite, puisque c'était ce qu'il avait demandé. Howard en acheta deux et s'en alla.

Il récupéra sa voiture et revint vers le deuxième magasin, se rangeant à cinquante mètres, le nez en direction de Spean Bridge. Il attendit patiemment. Aux environs de 16 h 30, un break Volvo se gara devant la boutique, le conducteur descendit et y pénétra. Cinq minutes après il ressortait, accompagné d'un jeune homme de vingt-cinq-trente ans bien bâti. Chacun portait une caisse de cartouches de 250 pour fusil de chasse. Le beau garçon chargea les deux caisses dans le break et regarda le client s'éloigner avant de retourner dans le magasin. À 17 heures, il sortit de nouveau, ferma la porte à clé et partit. Il ne fit que quelques mètres avant de monter dans une camionnette à plateau découvert Toyota.

Howard suivit la Toyota. Ils prirent la route de Spean Bridge. Six kilomètres après la sortie de Fort William, la Toyota clignota à droite et s'engagea dans un chemin étroit. Howard ralentit pour rester derrière. Lorsqu'il passa devant le chemin, il put lire le nom du cottage brièvement éclairé par les phares de la Toyota. Howard continua tout droit sur quelques centaines de mètres et, dès qu'il le put, fit demi-tour et rentra à Fort William. Il s'arrêta dans une station-service en dehors de la ville et alla s'enfermer dans la cabine téléphonique. Dans la région, il dénombra cent quatre-vingt-trois « MacDonald D. ». Les numéros de quinze d'entre eux correspondaient à Fort William. Howard n'eut aucun mal à trouver celui de « Glenside Cottage », le nom qu'il venait de lire. Il décrocha et composa le numéro.

21

Howard sortit de la cabine et redémarra en direction de Spean Bridge. Dix minutes plus tard, il tournait dans le chemin du cottage de MacDonald. Il descendit de voiture et parcourut à pied la courte allée qui conduisait à la maison.

Howard se dit que, malgré le gros pull et le pantalon de velours côtelé qui dissimulaient ses muscles, le jeune homme blond avait vraiment tout du chasseur de cerfs professionnel. Les deux hommes s'observèrent un instant, les yeux dans les yeux. Howard fut frappé par la pâleur gris-bleu de ce regard. On avait l'impression d'être transpercé.

– Monsieur MacDonald? Je suis Peter Hanbury. C'est moi qui viens de vous appeler. Je vous remercie d'avoir bien voulu me recevoir.

– Danny MacDonald. Enchanté. Entrez, monsieur Hanbury.

Ils se serrèrent la main et MacDonald l'introduisit dans un petit salon.

– Asseyez-vous, dit-il. Prendrez-vous du thé?

– Avec plaisir.

MacDonald passa dans la cuisine et Howard regarda autour de lui avec intérêt. L'ameublement était des plus simples. Sur un côté, il y avait un établi encombré d'outils, de boîtes, de bouteilles et de toutes sortes de pièces détachées. *Pas trace de femme ici,* pensa Howard. *Pas encore, du moins.* Il y avait aussi deux fauteuils, une table ordinaire, un poste de télévision et une radio. Un feu produisait pas mal de fumée dans la cheminée. Apparemment, il n'était pas allumé depuis longtemps car la pièce était froide. Quelques agrandissements photos de paysages écossais agrémentaient les murs. Howard reconnut le Glen Carvaig. L'unique touche personnelle consistait en une paire de photographies noir et blanc encadrées, posées sur le manteau de la cheminée. L'une montrait un couple dans la trentaine et deux petits garçons de six et huit ans environ. Sur l'autre, les deux mêmes garçons, adolescents, étaient seuls et souriaient gaiement à l'appareil, dans les hauteurs au-dessus du glen.

– Voici, monsieur Hanbury. Mais asseyez-vous donc, dit Mac-Donald en rapportant deux gobelets de thé.

– Bien, monsieur MacDonald, commença Howard en acceptant un gobelet après s'être assis. Comme je vous l'ai dit au téléphone, je fais des piges pour un magazine américain très bien implanté chez les chasseurs et les amateurs de tir. J'écris principalement sur la chasse, la chasse à l'approche, la chasse à courre, etc. Et il paraît qu'il se passe de belles choses par ici. En fait, j'ai entendu parler, par le bouche à oreille, d'un coup étonnant que vous avez réussi l'an dernier. Et j'ai pensé que ça méritait un article. Je suis disposé à vous verser cinquante livres si vous acceptez de me raconter.

MacDonald resta impassible en écoutant Howard. Puis il hocha la tête.

– Eh bien, pourquoi pas ? Que désirez-vous savoir exactement ?

– J'ai parlé au colonel et il m'a déjà tout dit sur la partie de chasse elle-même.

Howard mentait. Il n'avait jamais parlé au colonel. Il ne le connaissait même pas. Il n'avait vu que Stoner.

– Aussi, continua-t-il, pourrions-nous en venir tout de suite à la façon dont vous vous y êtes pris pour réussir ce coup. À l'entendre, c'était incroyable... Mais je n'ai jamais mis en doute ce qu'il me disait, bien sûr. Il avait l'air si impressionné.

– Le colonel est très gentil, dit MacDonald, et d'ailleurs il se défend rudement bien aussi. Il a seulement eu un petit moment de malchance. La bête a bougé à l'instant exact où il tirait. Alors, au lieu de toucher le poumon, il l'a eue au ventre. Elle a détalé avec les biches et il a fallu attendre qu'elle soit à cinq cents mètres pour avoir un deuxième créneau.

– Mais pourquoi avez-vous tenté le tir à une telle distance, alors que le cerf se déplaçait encore ? demanda Howard, penché en avant sur le bord de son fauteuil, ne perdant pas un mot de MacDonald.

– C'est une bonne question, monsieur Hanbury. Mais voyez-vous, j'avais confiance dans ce tir-là. Il n'était pas indispensable car la bête commençait à aller mal et n'aurait pas tardé à s'écrouler. Mais il nous aurait fallu au moins une heure pour l'atteindre et je déteste voir les animaux souffrir inutilement. Le coup était beaucoup plus facile qu'on ne croit. Il y avait plusieurs facteurs favorables. D'abord, le vent était pratiquement nul, et le peu qu'il y avait soufflait droit sur nous. Par exemple, si on avait eu un vent de côté de cinq nœuds, à cette distance, j'aurais dû viser à trente centimètres dans le vent pour compenser.

MacDonald s'interrompit, attendant la réaction d'Howard. Mais comme celui-ci semblait comprendre, il poursuivit.

– Deux, il n'est pas très difficile de deviner la vitesse d'une bête. Le cerf s'enfuyait à onze ou douze kilomètres à l'heure, ce qui signifie qu'il escaladait la pente à environ un mètre vingt à la seconde, étant donné l'escarpement. Le temps qu'il faut à une balle pour parcourir cinq cents mètres est un peu moins de trois quarts de seconde, aussi me suffisait-il de viser à peu près à quatre-vingt-dix centimètres en avant du point où je voulais toucher.

Howard approuvait toujours du menton. MacDonald continua.

– Ensuite, il y avait la distance elle-même. Avec de l'expérience, c'est assez facile d'évaluer une distance, mais à cinq cents mètres, une erreur de cinquante mètres en plus ou en moins dans votre estimation vous fait rater la cible de plus de trente centimètres. Dans des circonstances ordinaires, à moins de connaître très précisément la distance, on ne peut vraiment pas être certain de toucher un animal, sans parler de le tuer net.

– Alors ? interrogea Howard. Comment étiez-vous si sûr de réussir ?

– C'est très simple. Voyez-vous, la bête fuyait droit devant, par rapport à nous, et montait. Elle présentait donc verticalement la totalité de sa colonne vertébrale. Un coup porté n'importe où sur la colonne vertébrale, entre le haut de la nuque et à peu près la huitième vertèbre thoracique, à environ un tiers de la longueur, donc, est mortel. Vous voyez ce que je veux dire ? L'abaissement du point d'impact dû à une légère erreur d'estimation dans la distance n'était pas décisif. La cible était très étroite mais longue de près d'un mètre. À cinq cents mètres, une balle de 275, comme celle que j'ai utilisée, dans une arme réglée à deux cents mètres, tapera à un mètre dix au-dessous de l'endroit visé. Un mètre vingt, si vous voulez. Ajoutez le mètre d'avance que prend la bête pendant le trajet de la balle, tout ce qui me restait à faire était de viser à deux mètres en avant du centre de la cible. Alors, j'ai visé à un mètre cinquante au-dessus de la tête. Et en fait, mon estimation était correcte puisque la balle a touché à la base du cou, juste au-dessus de l'épaule. C'était un bon coup, d'accord, mais pas tellement risqué. Du moins en théorie, parce que dans la pratique, ça ne s'est pas passé comme ça.

– Que voulez-vous dire ? demanda Howard, soudain perdu.

– C'est très bien, la théorie, dit MacDonald, mais c'est très rare qu'on s'assoie au sommet d'une montagne avec une calculatrice à la main et qu'on fasse ses petites opérations. Ce qui aide, c'est d'avoir en tête toutes ces données, bien sûr, de façon à savoir comment agir. Demandez à n'importe quel tireur averti amené à prendre une décision rapide quant au vent, à la distance ou au déplacement de la cible, il vous dira que c'est presque entièrement une affaire d'instinct. On l'a ou on ne l'a pas. Si, à ce moment-là, le colonel m'avait demandé à combien je visais en avant de la bête, je n'aurais pas su le lui dire. J'ai pu le calculer après.

— Et malgré cela, vous étiez tout à fait certain de réussir.

— Oui, répondit MacDonald sans hésiter.

Puis il se tut un instant, fixant Howard.

— Bon, je crois que les choses sont limpides, concernant ce tir. À moins que vous ne désiriez d'autres détails sur le sujet.

Howard était épaté. Le guide avait fait la preuve de sa compétence et de ses connaissances au-delà de toute espérance.

— Non, monsieur MacDonald, vous avez été très clair. J'ai tout parfaitement compris.

— Je n'en doute pas une seconde, monsieur Hanbury.

Les yeux de MacDonald se rétrécirent tandis qu'il se penchait en avant pour regarder Howard de plus près.

— Alors, vous allez peut-être pouvoir me dire ce que vous êtes réellement venu faire ici. Vous n'êtes pas plus journaliste que moi. Vous ne m'avez même pas donné le nom de votre magazine américain, vous n'avez pas pris la moindre note pendant que je parlais, et tout ce qui vous intéresse, c'est la technique de tir. N'importe quel journaliste vous dira qu'on ne fait pas un article avec des paramètres. Ce soir, vous m'avez suivi jusqu'ici dans votre voiture, puis vous êtes allé me téléphoner avant de revenir me voir. Quelqu'un qui correspond à votre signalement loge à l'auberge de Carvaig et a posé des tas de questions sur moi et sur la réserve. À mon avis, monsieur Hanbury – à moins que ce ne soit monsieur Hatcher, ou monsieur Encorautrechose – vous feriez bien de me fournir quelques explications.

Pendant que MacDonald parlait, Howard s'était appliqué à ne trahir aucune émotion, mais maintenant, il ne pouvait plus se retenir. Son visage s'épanouit dans un grand éclat de rire.

22

Après lui avoir révélé son véritable nom, Howard lui déclara qu'il avait une intéressante proposition à lui faire. Il s'excusa pour le subterfuge et MacDonald hocha la tête. Avant d'expliquer en quoi consistait cette proposition, dit Howard, il voulait établir si elle était ou non réalisable.

MacDonald restait intrigué et troublé mais il avait perdu un peu de sa méfiance.

—Bon, maintenant, monsieur Howard, résumons. Vous me demandez s'il est théoriquement possible de toucher une cible de quinze centimètres de diamètre à une distance approximative de douze cents mètres. C'est bien ça ?

—Exactement.

—Bien. Alors la réponse est qu'en théorie, *c'est* possible. Avec une arme à longue portée haut de gamme, en utilisant des munitions appropriées et avec des réglages préalables adaptés à la distance voulue, on peut en théorie faire mouche avec une marge d'angle d'une minute. Ce qui donne une erreur d'un centimètre sur cent mètres. À douze cents mètres, il faut multiplier par douze, donc le tir groupé tapera dans un cercle de moins de quinze centimètres de diamètre. Mais en pratique, c'est beaucoup moins simple. Pour ne prendre que la première inconnue : Est-ce qu'on peut tenir pour sûr que le tireur ne commettra pas la plus infime faute ? Pas de tremblement, un œil parfait et la stabilité d'une montagne ? Et il y a toutes sortes d'autres aléas qui entrent en jeu.

—Comme par exemple ?

—Bon. Commençons par la balle. Elle devra être de fort calibre, très rapide et très bien profilée. C'est-à-dire beaucoup plus grosse et plus rapide que les 7.62 mm standard de l'OTAN. La 7.62 standard de l'OTAN perd de sa vitesse et devient transsonique autour de neuf cents mètres environ – ensuite, elle se balade en dessous de la vitesse du son. Vous avez sans doute entendu parler des problèmes qu'ont eus les premiers pilotes qui ont franchi le mur du son – leur avion perdait sa stabilité au passage. C'est pareil avec une balle. Elle devient instable et sa précision s'en ressent. Aussi, pour tirer à de telles distances, il faut utiliser une cartouche très puissante – qui puisse rester supersonique à douze cents mètres... Mais il y a d'autres facteurs à prendre en compte. Les principaux sont l'humidité, la température de l'air et la pression barométrique. Pour ce qui est de l'humidité, une assez forte variation ne donnera au pire qu'un décalage de un ou deux centimètres sur douze cents mètres. On peut donc s'en désintéresser, si vous voulez... La température de l'air, elle, c'est une autre affaire. Un simple degré Centigrade va provoquer une différence de deux centimètres au moins sur la cible, à cette distance. Donc, par exemple, entre l'aube et midi, vous allez avoir une hausse de température de dix degrés ou plus, ce qui produit un écart de vingt centimètres et vous fait sortir de la cible qui n'en mesure que quinze.

– À ce point-là ? Jamais je n'aurais cru.

– Pourtant... Et là, je parle de munitions sophistiquées. Avec du 7.62, plus petit et plus lent, la marge sera d'autant plus grande.

– Bon sang, je savais que ça jouait, mais pas tant.

Pensif, Howard se frotta le menton. Il commençait à regretter d'avoir refusé quand Stoner avait voulu l'emmener à Bisley pour assister à des tirs longs.

– Malheureusement, poursuivit MacDonald, ce n'est qu'un début. Passons à la pression barométrique. Elle dépend à la fois du temps et de l'altitude. Encore que les deux soient liés, si vous voyez ce que je veux dire. Plus on monte, plus la pression est basse – c'est d'ailleurs comme ça que marchent la plupart des altimètres. Pour l'altitude, c'est facile – on peut la trouver sur une carte et on calcule l'effet avec une grille appropriée. En gros, une différence de trois cents mètres en altitude et de trois millibars en pression barométrique vous fera deux centimètres d'écart sur la cible à douze cents mètres. Mais les variations barométriques dues aux changements de temps atteignent souvent trente millibars ou plus et il vous faut une très bonne carte pour connaître l'altitude avec moins de cent mètres d'erreur. Plus on monte, et donc plus la pression est basse, plus l'air est léger et résiste moins à la balle qui va conserver plus longtemps sa vitesse. Là, la gravité va avoir moins d'incidence sur la balle parce qu'elle va atteindre la cible plus tôt. Et vous comprenez bien qu'elle va la toucher plus haut, la cible, qu'à une altitude moindre et à une plus forte pression barométrique. Vous me suivez, là ?

– Oui, je crois.

Howard était très impressionné. MacDonald dominait apparemment très bien son sujet et avait en tête tous les détails et toutes les possibilités.

– Bien, continua le jeune homme. Donc, en théorie, si le fusil a été réglé par temps froid, disons à une température de dix degrés Centigrade, au sud de l'Angleterre, à cent mètres au-dessus du niveau de la mer, n'espérez rien de bon en montagne un jour de grande chaleur. À une altitude de cinq cents mètres, par une température de vingt degrés Centigrade, la balle irait se perdre quelque part entre cinquante centimètres et un mètre au-dessus de votre cible de quinze centimètres de diamètre placée à douze cents mètres, et ça serait complètement raté. À des distances plus réduites, évidemment, ces différences s'estompent et, en dessous de trois cents mètres, on peut même carrément les négliger. Mais attention, depuis le début, je ne parle que de munitions appropriées, tirées à très grande vitesse. Avec du matériel de l'OTAN, les marges deviennent énormes. Vous commencez à saisir comme ça serait facile de manquer votre cible de quinze centimètres, n'est-ce pas ?

– Oui, effectivement, répondit Howard qui sentait monter en lui une sorte d'angoisse tant les choses paraissaient compliquées en regard de ses prévisions.

– Ce n'est pas tout, ajouta MacDonald. Avez-vous entendu parler de ce qu'on appelle l'effet Magnus ?

– Non. Ça a quelque chose à voir avec la rotation de la terre ?

– Non, sourit MacDonald. Par chance, il n'y a pas trop de souci à se faire pour ça avec les armes légères. Le Magnus concerne l'effet que prend la balle. Les rainures du canon donnent un effet à la balle, ce qui lui assure sa stabilité en vol. Généralement, c'est un effet à droite, c'est-à-dire dans le sens des aiguilles d'une montre. Une balle avec effet à droite va avoir tendance à dévier vers la droite. Heureusement, à une distance donnée, l'effet est constant. Pour le genre de balles dont je vous parle, à douze cents mètres, l'effet aura un angle de deux minutes. Ce qui équivaut à cinquante centimètres – ce n'est pas rien. Aussi faut-il ajuster votre tir à cinquante centimètres à gauche pour compenser.

– Jamais je n'aurais cru, s'exclama Howard, de plus en plus soucieux. Et si le tir est en plongée ?

– Ça change moins de choses que ce que vous pouvez craindre. Ce serait une plongée de combien ?

– Eh bien, répondit Howard, supposons que le tireur soit à soixante-dix mètres au-dessus de la cible. C'est beaucoup, non ?

– Ça semble beaucoup, j'en conviens. Mais ça ne l'est pas tellement, en réalité, à une telle distance. C'est assez facile à calculer. Attendez...

MacDonald se perdit un moment dans ses pensées, puis hocha la tête.

– Bien, reprit-il. Ça donne un angle de deux ou trois degrés. À douze cents mètres, ça signifie que la balle va remonter d'une quinzaine de centimètres. Il faudrait faire le calcul exact mais ce n'est pas plus grave que ça.

– Enfin une bonne nouvelle, murmura Howard.

– Attendez, dit MacDonald, le pire est à venir. Il reste deux paramètres – tous deux d'une grande importance. Ils font une différence énorme et ce sont eux qui jouent le plus. Je vous en ai parlé quand je vous ai raconté le tir sur le cerf. La distance et le vent. Une *petite* erreur dans ces deux domaines et vous êtes cuit. Permettez-moi de prendre un exemple, toujours avec notre balle supersonique. D'habitude, la distance ne pose pas de problème, bien sûr, puisque ce genre de tir s'effectue dans un endroit où l'éloignement de la cible est précisé au mètre près. Mais la question devient cruciale si vous n'avez pas les moyens de le connaître exactement – et je pèse mes mots : *exactement*. Pour en revenir à notre exemple de douze cents mètres, imaginons que nous avons fait une erreur de cent mètres dans notre estimation. En plein air, c'est une supposition tout à fait réaliste. Disons que nous croyons que la distance est de treize cents mètres. Disons aussi que nous estimons la vitesse du vent à dix nœuds de la droite vers la gauche, mais qu'à un endroit quelconque entre vous et la cible, le vent fasse complètement autre chose, ce qui n'est pas seulement possible, mais probable – surtout si le sol est accidenté. Ça arrive d'ailleurs même sur terrain plat. On voit très bien le phénomène en mer : au premier coup d'œil tout est calme et pourtant de petites rafales font trembler la surface par endroits. Mais estimons à huit kilomètres à l'heure l'erreur moyenne que vous faites sur la vitesse du vent – ce n'est pas une grosse erreur, sur une telle distance. Pouvez-vous deviner de combien vous allez manquer votre fameuse cible de quinze centimètres ?

– Dites-le-moi, souffla sinistrement Howard.

– La balle passera à environ deux mètres au-dessus de la cible et un mètre vingt sur le côté. Voilà de combien. Vous voyez ce que je veux vous faire comprendre ?

– Oh, Dieu de Dieu, grogna Howard. Je n'aurais jamais imaginé que c'était à ce point-là.

– Le problème n'est pas insurmontable, évidemment, dit Mac-Donald, et pour des tirs d'exercice c'est grandement facilité. Comme je vous le disais, on connaît la distance de la cible au mètre près. En plus, la plupart du temps, on plante des petits drapeaux de loin en loin, ce qui fait qu'on peut bien voir quel jeu joue le vent. Et puis, il y a les tirs d'essai qui permettent de vérifier nos marques. En général, on a deux ou trois essais juste avant de commencer la compétition proprement dite.

– Bien, dit Howard, essayons de préciser les choses. Mettons que nous connaissons l'altitude à trente mètres près, que nous avons la pression barométrique, la température et le degré d'humidité...

– Attendez, l'interrompit MacDonald. Il nous faudra du temps pour faire ces calculs. Au moins vingt minutes.

– Cinq minutes maximum.

– Impossible, sauf si vous avez préparé plusieurs éventualités d'avance. Et ça demandera des jours entiers. En plus, vous n'avez rien dit de la distance ni du vent.

– On pourrait peut-être placer un ou deux petits drapeaux. Pas plus. Pour la distance... Admettons que nous la sachions à cinquante mètres près. Qu'est-ce que vous en dites ?

– Si vous désirez une réponse catégorique, je n'en ai pas.

Il se mit à réfléchir intensément.

– Mais il y aurait peut-être moyen d'utiliser l'effet de mirage pour le vent, s'il fait chaud ce jour-là...

– Un effet de mirage ? sursauta Howard. Que voulez-vous dire ?

– Vous savez certainement ce qu'est un mirage. À de telles distances, la moindre chaleur s'élevant du sol entre le tireur et la cible crée une illusion d'optique. La cible semble flotter, en se déplaçant de haut en bas. Le bas peut même disparaître. Par très grande chaleur, il est pratiquement hors de question de tirer, bien sûr, mais si l'effet est moins important, on voit le mirage bouger dans le vent. Et c'est une aide précieuse pour évaluer sa vitesse.

– Oh.

Ed Howard sembla sonné pendant plusieurs secondes. Et s'il se mettait à faire trop chaud, le jour J, avec un bon gros mirage qui empêcherait le moindre tir ?

– De toute façon, reprit MacDonald, on peut toujours dire, pour la beauté du geste, que nous connaîtrons précisément la distance et que nous pourrons nous faire une bonne idée de la vitesse du vent. Parlons des essais.

– Quels essais ?

– À combien de tirs d'essai le tireur aura-t-il droit avant de tenter le coup pour de bon sur la cible ?

– Aucun.

– Comment, aucun ?

– Aucun essai.

– Monsieur Howard, déclara MacDonald avec un hochement de tête et un sourire compatissant, tout ce que je peux vous dire

c'est que, avec un petit brin de vent et à une distance non préci-
sée, même le meilleur tireur du monde n'a aucune chance de faire
mouche au premier coup. Il serait très fort s'il touchait une cible
d'un mètre cinquante de diamètre, alors ne parlons pas de vos
quinze centimètres. Et je n'exagère pas. Sincèrement, c'est irréalisable. Avec un observateur très expérimenté à côté de lui, muni
d'une excellente lunette, il pourrait peut-être toucher au
deuxième, troisième ou quatrième coup, après avoir fait les
réajustements nécessaires. Mais au *premier* coup ? Pas la
moindre chance.

— Il n'y a vraiment aucun moyen de résoudre ce problème de la
distance ?

— Eh bien, il faudrait avoir un télémètre précis. Vous avez un
côté militaire. Ils n'ont rien de tel dans l'Armée ? Des télémètres-
laser ? Il me semble bien avoir entendu parler de trucs de ce
genre.

— Les premiers étaient destinés aux chars, dit Howard. Ils sont
très lourds et je ne vois pas comment un civil arriverait à s'en
procurer un, de toute façon. Ils en ont certainement des plus
petits, maintenant, mais ils sont sûrement réservés aux unités spéciales.

Howard réfléchit. Ses copains du SBS pourraient sans doute lui
en fournir un mais il n'osait pas demander une chose pareille. Il
était d'accord avec Dartington : ils ne devaient rien avoir à faire
avec les forces de sécurité.

— Jamais je n'obtiendrai un machin comme ça pour cette mission. Je crois qu'il vaut mieux chercher ailleurs. Ne me dites pas
qu'il n'y a pas une autre solution.

— Évidemment, si on place près de la cible un objet dont on
connaît la taille exacte, il suffit d'avoir des jumelles graduées
pour mesurer l'angle et on se fait ainsi une idée assez précise de
la distance. D'habitude, on prend la taille moyenne d'un homme.
Mais, dans notre cas de figure, un centimètre d'erreur sur le type
et c'est dix mètres à l'arrivée. C'est trop loin pour un homme de
toute façon, il faudrait un objet beaucoup plus important. Mais je
vous le répète, avec ce recul, une erreur de soixante mètres est
courante. Or, à chaque mètre, la balle dévie de deux centimètres.
Alors, une erreur de six mètres, sans parler de soixante, et adieu
la cible.

— Il n'y a donc aucun moyen de...

— Attendez, j'ai une idée. On pourrait se servir d'un télémètre
optique. C'est très gros, mais vraiment précis – pas plus de deux
ou trois mètres de risque d'erreur, à cette distance. Ça fonctionne
selon le principe de la double image. L'objet considéré est coupé
en deux dans le sens de la hauteur. Vous tournez une molette pour

faire coïncider les deux moitiés. Ensuite il suffit de lire le résultat sur la règle graduée. Oui, ça devrait marcher. J'aurais dû y penser plus tôt.

—Et on peut s'en procurer, de ces machins-là ?

—Mon oncle en a un. C'est un vieil instrument de la Marine que son père a rapporté de la guerre. Je jouais avec quand j'étais petit. C'est un objet encombrant, lourd et inesthétique. Très ancien. Mais il marche. Ou du moins il marchait. Il doit l'avoir encore.

—Très bien, dit Howard, soulagé. Maintenant, parlons du vent, si on ne peut pas utiliser de drapeaux.

—On a absolument besoin que quelque chose nous donne la vitesse du vent. L'idéal, ce serait un bon anémomètre météo. Ou même plusieurs, de préférence. Vous savez, ces appareils avec trois petites coupes qui tournent en haut. On les place sur la trajectoire de la balle, avec un homme près de chacun d'eux qui lit la vitesse du vent et vous la transmet par radio. Il y en a des miniatures. Ce serait beaucoup plus précis que des drapeaux.

—Excellent, s'exclama Howard. J'ai un copain qui est spécialiste en électronique. Je suis certain qu'il saura nous installer deux ou trois de ces merveilles qui enverront des signaux à un décrypteur car nous n'aurons pas de présence humaine – il faudra un décrypteur.

—Comment ça, pas de présence humaine, et pourquoi ?

—Monsieur MacDonald, avant de répondre à cette question, je voudrais savoir une chose. Avec votre télémètre, les anémomètres et des tables préétablies pour la température etc., pouvez-vous, *vous*, atteindre une telle cible avec votre première balle ?

MacDonald réfléchit longuement, puis posa sur Howard un regard oblique chargé de curiosité avant de dire prudemment :

—Oui, monsieur Howard ; je pense que j'aurais une bonne chance de réussir. Je ne peux rien garantir ; personne ne le pourrait. Mais s'il ne fait pas trop mauvais temps c'est du domaine du possible. Avec un vent fort ou tournant, ou avec une pluie dense qui viendrait troubler l'image de la cible, ça deviendrait vraiment très difficile.

Puis MacDonald se pencha en avant et regarda Howard bien dans les yeux.

—Je suppose que tout cela nous mène quelque part. Peut-être avez-vous seulement parié avec quelqu'un qu'on pouvait réussir une chose pareille et, pour une raison que j'ignore, vous avez fait des pieds et des mains pour me trouver et m'interroger. À mon avis, ça a quelque chose à voir avec le gars de Bisley qui n'arrête pas de m'écrire et qui essaie de m'enrôler dans son équipe de tir. Je me trompe ?

Le visage d'Howard resta impénétrable.

—Bon, poursuivit MacDonald. Après tout, pari ou pas, je m'en fiche, du moment que vous me payez mes frais. En réalité, je vous avoue que ça m'excite assez. Il faudra me faire confiance pour le choix du fusil et des munitions, bien sûr. Un seul fabricant au monde est capable de sortir une arme à la hauteur d'un coup pareil... Mais si le but ultime est de m'abonner et de me faire intégrer une équipe, je vous conseille de laisser tomber tout de suite. Ça ne m'intéresse pas... J'ai été extrêmement patient, monsieur Howard. Maintenant, il faut cesser les cachotteries, je vous en prie. De quoi s'agit-il exactement ? Et c'est quoi, cette fameuse cible de quinze centimètres que vous voulez que je touche ?

Howard soutint le regard de MacDonald et sa réponse vint, très doucement.

—Ce n'est pas ce que vous croyez, monsieur MacDonald. Ce n'est pas du tout un pari. Je suis sérieux. Terriblement sérieux, en vérité. La cible, c'est un homme.

—QUOI ?

MacDonald se retrouva debout, ouvrant de grands yeux incrédules. Mais bien vite il devint rouge de colère et commença à pointer un doigt menaçant sur Howard. Il avait beaucoup de mal à contrôler sa voix.

—Donnez-moi une seule bonne raison, immédiatement, espèce de fou, de ne pas aller tout droit à la police et leur répéter ce que vous m'avez dit !

Howard ajouta aussitôt, sur le même ton calme et doux.

—La cible, c'est Saddam Hussein.

Le sang se retira brusquement des joues de MacDonald et il s'assit bien vite, assommé par ce qu'il venait d'entendre. Howard observa attentivement le visage du jeune homme où des émotions contradictoires s'entrechoquaient. Il en apprit plus en quelques secondes sur le caractère du guide qu'en une heure de conversation. Petit à petit, les yeux gris-bleu de MacDonald prirent des teintes métalliques. Howard avait rarement vu un regard plus fixe et plus dur. Et la voix, lorsqu'elle put enfin former des mots, n'était qu'un murmure :

—Dites-moi que ce n'est pas une plaisanterie. *Dites-le-moi !*

—Je suis on ne peut plus sérieux, monsieur MacDonald. Ce n'est pas une plaisanterie. Et vous le savez bien. Vous le savez et il y a trois bonnes raisons pour lesquelles vous n'irez pas à la police.

Et Howard jeta un regard appuyé de côté. MacDonald suivit la direction qu'il indiquait. Ses mains se refermèrent sur les bras du fauteuil et les veines apparurent sur ses avant-bras et sur son front. Et lorsqu'il parla de nouveau, sa voix sembla siffler entre ses dents serrées.

—Oh, salaud. Espèce de *salaud!* Vous étiez au courant, hein? Oui. Je vais le faire. *Je vais le faire!*

23

Le soir, Morag se coucha, le cœur battant d'impatience. Allait-il revenir dans sa chambre ? Ou bien cette merveilleuse folie resterait-elle sans lendemain ? Pensait-il les choses qu'il lui avait dites ? Oh oui, il les pensait, décida-t-elle. Il le fallait, il le *fallait...*

Elle entendit à peine le bruit de la porte qui s'ouvrait. Puis, soudain, il fut là, penché sur elle, les lèvres tout contre son visage, alors qu'elle se soulevait pour l'enlacer... *Oh mon Dieu,* songea-t-elle, *la seule présence de son corps, ses bras, sa force...*

Un peu plus tard, elle sentit qu'elle allait à nouveau perdre tout contrôle d'elle-même. Elle lui saisit la main et la plaça sur sa bouche comme la première fois, puis elle laissa les vagues de plaisir la recouvrir, encore et encore...

Howard resta avec elle jusqu'à 6 h 30. De retour dans sa chambre, il s'endormit. À 9 heures, il se leva et fit ses valises, prêt pour le départ. En bas, Sheila lui servit son petit déjeuner. Il remarqua que la jeune fille était préoccupée et qu'elle regardait sans arrêt sa montre. Un moment, il se demanda si elle ne les avait pas entendus, mais se dit que c'était impossible.

— Quelque chose ne va pas, Sheila ? interrogea-t-il gentiment.

— Oh non, monsieur Hatcher, dit-elle très vite, après un instant de stupeur. Tout va bien. Seulement, je ne sais pas ce que fait maman. D'habitude elle se lève plus tôt, et comme je devais sortir...

Elle laissa sa phrase en suspens et parut confuse.

— Ne vous mettez surtout pas en retard pour moi, dit-il. Si vous voulez partir, je peux très bien rester assis là à lire le journal. J'attendrai votre mère avant de m'en aller.

Sheila lui lança un coup d'œil. Ses soupçons du début avaient disparu. Il s'était montré poli et prévenant et n'avait causé aucun désagrément. Elle se sentit même un peu coupable d'avoir téléphoné à Danny à son propos, mais enfin ça lui avait donné une occasion de lui parler et le résultat c'est qu'elle avait rendez-vous avec lui...

—Bien, alors si ça ne vous ennuie pas..., répondit-elle avec un sourire.

—Partez vite, la pressa-t-il en se levant pour lui serrer la main. Et merci de vous être si bien occupée de moi. J'ai adoré mon séjour ici ; et plus encore. J'espère que j'aurai la possibilité de revenir un jour.

Elle rougit, dit au revoir puis déguerpit. Il la regarda par la fenêtre prendre la route dans sa Fiesta, après quoi il retourna à l'étage.

Il frappa à la porte de Morag. Lorsqu'il l'ouvrit, elle s'étira et sourit en le voyant, puis elle s'assit d'un coup, inquiète.

—Ed, tu es fou ! Sheila va nous surprendre !

Il eut un geste de la main pour la rassurer et vint s'asseoir au bord du lit.

—Tout va bien. Sheila est sortie. Nous sommes seuls dans l'auberge – totalement seuls. Je suis venu te dire au revoir. Il faut que je parte.

Il l'embrassa. Elle prit son visage entre ses mains et le regarda longuement dans les yeux.

—J'espère que tu ne t'imagines pas que je me conduis de cette façon avec tous les clients.

—Si tu le faisais, tu entendrais parler de moi, répondit-il en riant. Est-ce que tu m'autorises à revenir te voir, un jour ou l'autre ?

—Si tu ne le fais pas, tu entendras parler de moi, dit-elle tendrement. Au revoir, bel étranger.

—Au revoir, Morag, souffla-t-il doucement.

Ils restèrent un moment enlacés, puis il s'en alla.

Howard regagna Edimbourg, perdu dans ses pensées. Il rendit la voiture de location et attrapa le premier vol pour Londres. On était le dimanche 1er décembre. Installé dans l'avion, il se dit qu'il n'était pas près d'oublier les événements de ce week-end. Danny MacDonald engagé, la dernière pièce maîtresse s'imbriquait dans le puzzle. Et puis, il y avait eu Morag... Il devait reconnaître qu'il avait pris un risque insensé qui aurait bien pu faire tout rater. Sans discussion possible, cette imprudence se situait en dehors de tout professionnalisme. Mais cette femme-là avait quelque chose... quelque chose d'irrésistible.

Le lundi matin, il se rendit à Swindon où il trouva Bob Usher en train de vérifier les livraisons dans le bâtiment 8 de la zone industrielle. Assis à un bureau, dans un réduit, Bourne se battait avec la paperasse. Le bâtiment ressemblait à n'importe quel entrepôt avec ses colis empilés impeccablement sur des palettes bien alignées. Un camion-grue de location attendait dans un coin. Howard se dirigea vers la petite pièce et entra.

–Salut, Johnny, comment ça se passe ?

–Très bien. On est même en avance sur les prévisions. Mel et Andy sont rentrés du Texas hier matin – ils ont l'air d'avoir déniché un pilote qui fera l'affaire.

Il lui rapporta tout ce qu'il savait sur Sullivan.

–Ça a l'air parfait. Des nouvelles de Mike ?

–Non. Ça fait une semaine qu'il est aux États-Unis. Je suppose que ça ne doit pas être facile de mettre la main sur ces NVG. Quant au reste, mystère... J'espère qu'il téléphonera dès qu'il aura un problème. Et toi, en Écosse ? Tu as l'air en pleine forme.

–Tout roule. Danny MacDonald est un bon – il connaît parfaitement son truc. Il est même meilleur que tout ce qu'on pouvait rêver.

Il lui raconta en détail la rencontre et surtout le moment où MacDonald lui avait demandé son vrai nom.

–Il est très éveillé. J'en avais fait un peu trop en interrogeant la fille – j'étais sûr qu'elle allait le prévenir. Et je me suis bien collé à sa camionnette sur la route. Mais quand même, si on pense qu'il n'a aucune raison de surveiller ses arrières, il a eu vite fait de comprendre que deux et deux font quatre.

–Je suis impatient de le rencontrer, approuva Bourne. À propos, quand Andy et Mel ont appelé, je leur ai dit de donner un coup de main à Chris – il cherche toujours un avion.

Howard était d'accord. Chris Palmer l'avait prévenu qu'il faudrait sans doute un peu de temps pour trouver un avion adéquat, mais s'était malgré tout montré optimiste sur les chances de réussite.

–Tu aurais peut-être dû y aller toi-même ?

–Impossible, vraiment, répliqua Bourne d'un air navré. Je suis totalement submergé ici. Ce n'est pas aussi simple que je croyais de faire tourner trois entreprises.

–Tu as toute ma sympathie, rond-de-cuir, dit Howard en riant. Au boulot ! Moi, je vais aller dire un mot aux autres. Où est Tony ? J'ai du travail pour lui.

–Bâtiment 9, à côté. Il a déballé tout son matériel. Nous utilisons le 9 comme atelier et celui-ci est réservé aux livraisons et au stockage. Il s'est attaqué aux silencieux AK. Il s'est dit qu'il pouvait s'en sortir.

–Et le bâtiment 10 ?

–Rien encore. Le container arrivera plus tard dans la semaine. C'est là qu'on l'entreposera. Nous devrons y travailler *in situ,* sur la remorque. Le bâtiment 10 a bien un treuil, mais qui ne peut supporter que dix tonnes.

—Bon, parfait, je t'abandonne à tes passionnantes écritures, mon vieux.

Howard quitta le petit bureau et alla voir Usher.

—Ça boume, chef ? demanda gaiement Usher en l'accueillant.

—Bob, j'ai un travail supplémentaire à te confier. Est-ce que tu peux nous mettre au point des trucs comme ça ?

Il lui tendit les notes qu'il avait rassemblées sur les anémomètres.

—Réfléchis-y et dis-moi si c'est faisable. Il faut que j'aille toucher deux mots à Tony du fusil dont nous aurons besoin.

Il laissa Usher éplucher les notes et gagna le bâtiment voisin où il trouva Ackford penché sur un établi, les yeux protégés par des lunettes de soudure. Un cylindre d'acier de douze centimètres était pris dans un tour, la mèche mordant une extrémité pour former une sorte de goulot. Ackford releva la tête lorsque l'ombre d'Howard passa sur l'établi. Il éteignit la bruyante machine.

—Salut, chef. Ça s'est bien passé dans le nord ?

—Oui, merci, Tony. Le garçon marche avec nous. Il m'a donné une liste de matériel. Comment tu t'en tires ?

—Très bien. J'ai déjà fabriqué un silencieux, comme modèle. Je viens juste de commencer celui-ci. Tu veux voir de quoi ça aura l'air, à l'arrivée ?

Ackford présenta à Howard l'exemplaire fini.

—Ça a été facile, comme j'avais dit. Ce bout-là se dévisse comme ça et les amortisseurs de son se trouvent à l'intérieur. L'autre extrémité a le même pas que la gueule du AK standard. Tout ce qu'on a à faire, c'est de dévisser le frein de bouche et de mettre ceci à la place. Regarde, je vais te montrer comment ça marche sur ce AK 47 désarmé que j'ai acheté chez un marchand de répliques.

Ackford saisit un fusil d'assaut AK 47. On avait coulé de l'acier dans le canon et percé et soudé la culasse pour rendre impossible son utilisation. Tel quel, on pouvait se le procurer sans permis bien que son aspect extérieur ne laissât rien paraître. Ackford appuya sur un petit taquet à l'extrémité du fusil et dévissa un collier d'un centimètre de long, découvrant ainsi un pas de vis. Il n'eut plus qu'à fixer le silencieux à la place. Howard examina le résultat.

—Ça m'a l'air bien, Tony, dit-il. Est-ce que tous les AK ont ce pas de vis à l'extrémité du canon ?

—Oui, l'AK 47, l'AKM, l'AKMS, tous. Même les versions chinoises l'ont. Mais le AK 74 ne l'a pas, bien sûr – il en possède un propre.

Le AK était le fusil d'assaut le plus répandu et le plus copié dans le monde. La ligne originale du Avtomat Kalashnikova 47, du nom du citoyen soviétique qui le mit au point en 1947, avait subi très peu de modifications depuis lors. Pour gagner en légèreté, les modèles plus récents étaient fabriqués en acier moulé plutôt que fraisé et un frein de bouche évidé vissé remplaçait le simple collier – ce qui avait pour effet d'éliminer la tendance du canon à remonter vers la droite pendant un tir automatique. C'était une machine simple mais efficace. La version AKMS avait une monture pliable et équipait les troupes aéroportées et les servants de chars. La plupart des pays du Pacte de Varsovie et pas mal d'autres avaient créé leur version personnelle du même modèle. Le AK 74 était la dernière nouveauté et tirait du calibre 5.45 mm, plus petit que le 7.62 du vieil AK 47. Le AK 74 n'était pas sorti en masse de l'ancienne Union soviétique et on trouvait surtout, à peu près partout, le AK 47 ou le AKM.

– Il te faut encore combien de temps pour terminer les huit silencieux ?

Ackford montra les outils variés éparpillés devant lui.

– C'est un boulot rapide avec ça. Disons quelques heures, chef. Ensuite je m'occuperai de modifier les échappements – ça, ça risque d'être un peu plus long. Je devrais avoir tout fini demain soir, tard.

– Parfait. Il faut juste se rappeler que les balles seront supersoniques à distance rapprochée et qu'elles vont donc émettre un craquement au moment du tir. Il y aura aussi tout un vacarme au cours de l'action. Mais au moins les silencieux supprimeront les détonations. À propos, j'ai les coordonnées du fusil pour le tireur d'élite. Est-ce que ça te dit quelque chose ?

Howard lui tendit une feuille de papier qu'il étudia, intéressé.

– Accuracy International, hein ? Il n'y a pas de meilleur choix. Qu'est-ce qu'on va leur prendre – le L 96 ? Accuracy International Ltd a créé le L 96 de précision pour remplacer le vieux L 42 de l'Armée britannique.

– En fait, non. Il existe maintenant une version de seconde génération du L 96 encore plus pointue. Elle s'appelle AW. Mais on s'offre la version de spécialiste du modèle : le Super Magnum.

L'Armée suédoise avait déjà commandé le AW. Comme le L 96, le AW était équipé en standard 7.62 de l'OTAN (Winchester 308). Ce calibre convenait au tir de précision courant jusqu'à une distance approximative de huit cents mètres, mais au-delà on avait des problèmes de trajectoire et la puissance de frappe de la balle fléchissait sensiblement. C'est pourquoi Accuracy International avait sorti le Super Magnum dans plusieurs versions de plus fort calibre. L'une d'elles était le Lapua Magnum 338, une arme redoutablement puissante puisqu'elle pouvait atteindre une force de frappe six fois supérieure à celle du 7.62 à une distance de mille mètres. Quelques Unités spéciales avaient déjà été dotées de ce Super Magnum 338 pour des missions à très longue distance.

—Je connais le Winchester Magnum 338, mais pas le Lapua Magnum, dit Ackford.

—Moi j'en avais déjà entendu parler, mais je n'en savais pas grand-chose avant l'autre jour, lui expliqua Howard. Il est beaucoup plus puissant. C'est un dérivé du Rigby 416. Il a une énorme cartouche qui tire une balle de deux cent cinquante à une vitesse initiale de mille mètres par seconde.

—Ouh la la! S'il tire plus de deux fois de suite, ça va lui déglinguer l'épaule. Et la balle passe sous la vitesse du son à quelle distance?

—Pas avant treize cents ou quatorze cents mètres — au moins quatre cents mètres plus loin que le 7.62.

La vitesse initiale de mille mètres représentait à peu près trois fois la vitesse du son; mais une balle perdait très vite de sa vitesse à cause de la résistance de l'air et elle tombait même en dessous de Mach 1 sur une longue distance. Une balle forte et très rapide possédant de bonnes qualités aérodynamiques conservait de la vitesse plus longtemps que des munitions plus conventionnelles.

—Est-ce qu'on n'aurait pas intérêt à en choisir une qui passe sous le son avant la cible, pour éviter le bruit?

—J'en ai parlé avec Danny. Il a été catégorique là-dessus. D'abord, en devenant subsonique, une balle flotte et donc la précision s'en ressent. Et puis, le claquement d'une balle supersonique sera très surprenant et ne donnera aucune indication sur l'endroit d'où elle a été tirée. Une balle passée en dessous du son émettra le sifflement normal en arrivant et avec une trajectoire moins impeccable. Ce sera tout aussi évident qu'on vient de tirer mais, au lieu d'être désorienté par le claquement supersonique, un témoin pourrait bien avoir la présence d'esprit de repérer la détonation d'origine. On a imaginé l'adaptation d'un silencieux, mais c'est hors de question. Et de toute façon, le fusil est doté d'un excellent frein de bouche qui étouffera une bonne part de la détonation qui, à cette distance, sera déjà peu audible.

—Bien. Tu veux que je passe la commande? Ça va être délicat. Chez Accuracy International, ils sont connus pour leur méfiance. Ils ne vendent pas un truc pareil à n'importe qui. Je vais devoir faire jouer notre brevet RFD pour l'obtenir, et sans doute présenter la chose comme l'exigence d'un gouvernement étranger ami.

Entre autres aptitudes, XF Sécurité était autorisée à vendre des armes (Registered Firearms, Dealer = RFD). Il arrivait que des clients demandent des armes particulières pour leur protection et, grâce à sa licence RFD ainsi qu'à un deuxième certificat délivré par les Services du Commerce extérieur, l'organisation d'Howard pouvait se les procurer en toute légalité.

—Parfait. Utilise la Colombie. Ziggy s'en occupera dès son retour – il fait un petit boulot pour les autorités de là-bas avec la bénédiction du gouvernement britannique. Tu sais bien, les affaires de drogue. Le nouveau gouvernement colombien essaie de démanteler les cartels. Réfléchis-y, et Johnny est au courant lui aussi – il te conseillera. Et n'oublie pas que nous en voulons deux, de ces fusils, pas un seul. Est-ce que tu vois un problème pour le reste du matériel qu'il a réclamé ?

Ackford vérifia la liste en nommant à haute voix chaque alinéa.

—Cent cartouches de deux cent cinquante, bon. Cinquante cartouches incendiaires, bon. Un chronomètre balistique portable, bon. Des pieds de lunette, bon. Une lunette de visée dix par quatre de chez Bausch and Lomb, bon. Non, pas de problème. En fait Accuracy va s'occuper de tout, je leur dirai que c'est un ensemble. Je ne vais presque rien avoir à faire. C'est quoi, cette lunette ? Je ne la connais pas.

—Elle est très bonne, très sophistiquée. Chaque cran donne un angle d'un quart de minute, au lieu d'une demi ou même d'une minute entière sur la plupart des autres. Ce qui nous fait du six centimètres à mille mètres, au lieu de douze ou vingt-cinq. Tu la vois la précision, là ?

—Mais les lunettes de tir doivent avoir des crans larges, justement, à cette distance, puisque les variations de trajectoires sont énormes.

—Pas celle-ci. Elle peut monter jusqu'à plus de soixante-dix MOA – c'est plus qu'il n'en faut. De toute façon on connaît en gros la distance à laquelle on l'utilisera. Danny va pouvoir s'exercer un peu avant de partir. Et puis il y a tout le reste du matériel d'évaluation.

—Bien, chef. Tu seras livré !

Howard le gratifia d'une tape dans le dos et retourna dans le bâtiment voisin, ravi de voir que tout avançait sans heurt. Usher vint à sa rencontre.

—Ces anémomètres devraient naître sans trop de douleurs, chef. Les derniers modèles fournissent un relevé digital. Ce sera facile de le convertir en signal radio. J'aimerais bien que Chris cogite avec moi là-dessus, quand il pourra. Il doit avoir des idées. Il est calé en électronique.

—Excellent. Mais ne perds pas de vue qu'ils doivent être aussi petits et aussi peu voyants que possible, et avoir une autonomie de quarante-huit heures, à tout hasard. Trouve-toi de la peinture pour modèles réduits et passe-les en kaki et sable. Et choisis une fréquence qui ne risque pas d'être brouillée. Quelque chose de légèrement au-dessus de la bande commerciale VHF normale, mais au-dessous de la bande aérienne internationale – disons autour de cent dix kilohertz. Il y a une petite recherche à bricoler à ce niveau-là. Il ne s'agit pas qu'un avion ou pire se demande d'où vient ce signal électronique.

—D'accord, je vais voir ça. Dis donc, chef?

—Oui, Bob?

—Tu n'as pas oublié la Turquie, hein? dit Usher en riant.

Howard sourit en pensant à la sinistre cellule qu'il avait partagée pendant six mois avec Usher dans une prison turque. L'ancien SAS solide et musculeux s'était révélé un compagnon idéal; malgré la dureté des conditions de détention et la nourriture insuffisante, ni l'un ni l'autre n'avait élevé la voix une seule fois. Au lieu de se serrer les coudes, la plupart des prisonniers se battaient comme des chiffonniers à force de désespoir. Howard aimait vraiment beaucoup Usher. Une telle expérience faisait de l'autre un ami ou un ennemi à vie. Le respect mutuel qu'ils se portaient était indestructible.

—Ne t'inquiète pas, Bob, dit-il avec un sourire diabolique. Quoi qu'il arrive, je peux te garantir une chose: tu ne perdras plus un seul cheveu!

Usher éclata de rire et le boxa amicalement sur l'épaule.

—Tu m'enlèves un poids, répondit-il. Encore que tu ne prennes pas de grands risques. Pour le cas où tu ne t'en serais pas aperçu, le dernier cheveu de mon crâne a péri dans un combat inégal il y a déjà quelques années.

24

Le jeudi, Palmer appela Bourne de Dublin pour lui annoncer son succès dans la découverte d'un avion adéquat. D'ordinaire impassible, le Rhodésien semblait enthousiasmé par sa trouvaille. L'appareil, un bimoteur Pilatus Britten-Norman Islander BN2B-20, était en parfait état et avait subi récemment une révision complète. Les réservoirs de secours n'étaient pas habituels sur le BN2B-20 mais on en avait déjà installé sur celui-ci, ce qui lui donnait une capacité totale de 814 litres et une charge, réservoirs pleins, de 438 kg. Ainsi amélioré, il était doté d'une autonomie, à une vitesse de croisière de 128 nœuds, de 1 075 miles nautiques.

Le Islander avait presque tous les autres aménagements désirés, y compris le pilote automatique. Les seules modifications que Palmer devrait effectuer seraient d'enlever des sièges et d'incorporer un système de navigation par satellite GPS. Les deux portes arrière, ouvrant de chaque côté du fuselage, étaient assez larges pour permettre le chargement et les pneus adaptés aux terrains défavorables. Le Islander avait été spécialement étudié pour les décollages et les atterrissages courts (STOL) et le modèle BN2B-20 ne nécessitait que deux cent cinquante mètres de piste.

—Il est pratiquement parfait pour notre affaire, Johnny, dit Palmer en conclusion de sa description. Je crois qu'il faudrait se décider assez vite pour ne pas le laisser filer.

Bourne le félicita pour cette découverte.

—Excellent travail, Chris, dit-il. Ed va être tout frétillant en apprenant ça. Je te rejoins dès ce soir pour signer la vente.

Dans la soirée, Bourne s'envola pour Dublin et le lendemain matin, métamorphosé en M. Bryce, il alla rencontrer en compagnie de Palmer les propriétaires du Islander et s'occupa des formalités de transfert de fonds et d'enregistrement.

25

Le gros semi-remorque s'engagea dans Loundis Road et roula lentement jusqu'au bout. On entendit le gémissement des freins à air; le conducteur sauta de sa cabine et alla sonner à la porte latérale du bâtiment 10. Un homme au visage rond, en jeans, vint ouvrir et se présenta comme étant M. Bryce; il eut un bref échange avec le conducteur et entreprit de relever le grand rideau de fer qui donnait accès au bâtiment; le conducteur retourna à son volant.

Dix minutes plus tard, la remorque était entrée en marche arrière dans le hangar et M. Bryce réglait les formalités, accusant réception de la remorque et de sa cargaison, un container frigorifique vide de douze mètres de long. Le conducteur débrancha les circuits hydrauliques, électriques et à air comprimé qui reliaient la remorque au semi Scania et fit descendre les cales avant; après avoir reçu les documents signés de la main de M. Bryce, il remonta dans sa cabine et repartit.

M. Bryce abaissa le rideau de fer, cachant ainsi la remorque aux yeux extérieurs. Il retira les tampons de ses joues et redevint Johnny Bourne, puis il sortit par la petite porte latérale et alla chercher les autres.

Usher, Harris et Howard tournèrent lentement et sans un mot autour du grand container peint en jaune trônant sur la remorque. À l'intérieur du bâtiment, il paraissait énorme. Extérieurement, il mesurait douze mètres de long, deux mètres cinquante de large et deux mètres cinquante de haut. Ackford s'approcha de l'arrière, déplia une volée de marches et monta ouvrir les deux lourdes portes de chargement. En les rabattant de chaque côté, il étouffa un juron.

— Ah, merde. Ils ont branché ce putain de truc. Il fait un froid de canard. Il va falloir attendre que ça se réchauffe avant que je puisse commencer à bosser dedans. Je vais laisser ouvert.

— Ils ont dû penser qu'on avait l'intention de le remplir tout de suite, Tony, dit Howard. Ce genre d'engin ne reste pas vide très longtemps quand les propriétaires peuvent faire autrement.

— Eh bien, celui-ci, il va rester vide *ici* un sacré moment. Mais enfin, il nous appartient, après tout, non ? Quand j'aurai fini, il va transporter une cargaison plutôt originale !

— Nous avons tout notre temps, et plus encore si c'est nécessaire. Et pendant qu'on travaille sur cette boîte magique, les autres n'ont qu'à reprendre leurs activités XF courantes, pour donner le change. Il n'y a plus rien d'autre à faire avant environ trois mois. Bientôt ce sera Noël et chacun peut partir en vacances, comme d'habitude. Si, pendant les quinze prochains jours, vous avez besoin de quoi que ce soit, demandez à Chris et Andy quand ils auront terminé leur bricolage sur l'avion. Et à Mike, aussi, dès qu'il rentrera des États-Unis. N'hésitez pas à m'appeler au moindre problème. Est-ce que tu as tout ce qu'il te faut ?

— Absolument, chef. Je ne vois pas quel problème il pourrait y avoir.

Ackford redescendit les marches et alla inspecter à l'avant du container le bloc réfrigérant placé en saillie. Il fronça les sourcils.

— Il y a moins de place que ce que j'imaginais, grogna-t-il en sortant un mètre-rouleau. Le bloc réfrigérant occupe presque toute la face. Il y a juste vingt-cinq centimètres de chaque côté. L'ouverture la plus grande qu'on puisse espérer ne dépassera pas quarante-cinq centimètres de large. Est-ce que ça va suffire ? C'est quoi, le plus gros truc à faire passer ?

Howard réfléchit un moment.

— Le réfrigérateur domestique, je pense, dit-il enfin. Tout le reste devrait y aller. Tu verras bien la dimension exacte de l'ouverture quand tu l'auras faite. Si le réfrigérateur est trop important, on en cherchera un plus petit. Je préférerais éviter de le casser à cause du bruit, mais si on n'a pas d'autre solution, il faudra s'y résoudre. Bien sûr, il se peut que nous ayons accès aux portes arrière, mais ce n'est pas garanti.

— Je commence demain, annonça Ackford. Il se sera réchauffé d'ici là. Je vais laisser les radiateurs du hangar ouverts cette nuit... Dis donc, chef, moi j'aimerais assez travailler pendant Noël et le Nouvel An, si je n'ai pas fini avant. Ma douce s'en va en pèlerinage annuel dans sa famille à Dublin, et je ne me vois pas faire partie des bagages. Ça me déprime de rester assis, à regarder les autres s'emmerder et s'empiffrer à s'en mettre malade. Et puis, comme ça, je ne serai pas interrompu. Tu ne voudrais pas me signer un billet ou un machin que je lui montrerai pour lui prouver que je dois bosser ?

— D'accord, Tony, dit Howard avec un sourire. Je vais te mitonner ça. Mais pas de boucan pendant les jours de congé, tu veux? Inutile d'attirer l'attention.

Le lendemain matin, 10 décembre, Ackford se mit à l'œuvre. Desserrant les huit gros boulons qui maintenaient en place le bloc réfrigérant, il le sépara de l'avant du container et le suspendit en l'air à l'aide du treuil de dix tonnes.

Pendant les deux semaines qui suivirent, il se consacra à la paroi du fond, à l'intérieur du caisson. Il y avait là deux panneaux d'alliage, de quatre-vingt-dix centimètres de large sur deux mètres dix de haut chacun, séparés par les conduits et les ventilateurs qui pulsaient de l'air froid dans le container. En les examinant de près, il s'aperçut que ces deux panneaux étaient interchangeables. Il choisit celui de droite et le descella soigneusement. Sans toucher aux conduits d'air, il enleva la matière isolante logée entre le panneau et la paroi externe en acier du caisson.

À l'extérieur, il traça un trait allant de la marque laissée par le bord du bloc réfrigérant jusqu'au coin du container. Il perça deux petits trous sur cette ligne et revint à l'intérieur. Il rejoignit les deux trous de ce côté par un trait et perça d'autres trous depuis l'intérieur, pour délimiter les quatre angles de l'ouverture qu'il voulait faire. Ensuite il repassa dehors et relia les quatre trous ainsi obtenus. Lorsque ce fut terminé, il prit une scie électrique, y adapta une fine lame à pointe de diamant et commença à découper très minutieusement la peau métallique du container, en suivant les traits qu'il venait de tirer.

Noël arriva puis s'en fut; Ackford travaillait toujours. Il ne s'ennuyait pas, il adorait cette paix et cette solitude. Comme personne ne venait le déranger, il avança beaucoup plus vite que prévu. Le mardi 31 décembre, il avait fini. Il alla dans le bâtiment 8 pour y chercher Bourne qui faisait un saut pour relever le courrier.

Bourne inspecta attentivement le container, de l'extérieur comme de l'intérieur. Finalement, après dix minutes d'examen méticuleux, il écarta les bras en signe d'abandon.

— D'accord, Tony, je laisse tomber. J'ai vu l'objet sans le bloc réfrigérant, j'ai vu aussi le trou que tu as pratiqué. Mais là, je veux bien être pendu si je peux en retrouver la moindre trace. Comment as-tu fait?

— Viens voir dedans, chef, dit Ackford en riant.

Les deux hommes pénétrèrent dans le container par la double porte arrière et Ackford se dirigea vers le fond. Sa voix se mit à résonner dans le caisson vide.

— Bon. Alors, le bloc réfrigérant se trouve de l'autre côté de cette paroi, tu peux voir les conduits d'air à travers ces grilles, comme si tout était normal. Le bloc fonctionne en aspirant de l'air, en le refroidissant et en le pulsant à l'intérieur grâce à ces tuyaux. Il peut fabriquer de l'air froid ou de l'air frais. Certaines cargaisons, les fleurs par exemple, demandent de l'air frais, d'autres non. Maintenant, regarde ces panneaux, là...

Il montrait le panneau de droite. Comme celui de gauche, identique, il était maintenu en place par des vis. Ackford sortit un tournevis.

– Toutes ces vis sont fausses, sauf ces trois-là...

Il donna un quart de tour à chacune des trois vis indiquées et tira. Le panneau entier fut libéré et vint se rabattre sur le mur latéral.

– À présent, poursuivit-il, tu peux voir l'ouverture que j'ai découpée dans la coque extérieure du container. Le portillon est gondé là, contre les conduits et ces quatre taquets le verrouillent ici à l'angle du caisson. Si tu relèves les taquets, la porte pivote vers l'extérieur créant un passage de quarante-cinq centimètres de large sur deux mètres dix de haut. Je ne te fais pas la démonstration parce que je viens juste de finir le joint et la peinture à l'extérieur.

Bourne hochait la tête à chaque nouvelle étape.

– Les traces de découpe sont scellées au joint, aussi ça risque d'être un peu difficile à ouvrir. Pour aider, j'ai conçu deux points de poussée. Deux crics de voiture, fixés à ces attaches métalliques. Plus aucun problème d'ouverture. J'ai essayé sur un modèle, à part. Ça marche très bien. Alors, voilà le travail... Maintenant...

Il rabattit le panneau métallique qui reprit étroitement sa place et donna un tour aux trois vis modifiées.

– Bon, repassons dehors.

Ils retournèrent à l'avant pour inspecter le bloc réfrigérant lui-même. Ackford déroula un câble et brancha le bloc sur une batterie. Le ventilateur se mit à ronfler bruyamment.

– Tu ne remarques rien ? cria Ackford pour se faire entendre malgré le bruit qui résonnait dans tout le hangar.

– Non, c'est exactement comme avant. Dis, éteins cet engin. On ne s'entend plus réfléchir.

– Oui, eh bien, ça ressemble à ce que c'était avant, mais c'est entièrement différent, dit Ackford en débranchant la prise. Tu vas voir, je vais t'expliquer. D'abord, ce n'est pas un container prévu pour les bateaux. C'est une unité de transport qui va sur les camions. Si on a choisi ce modèle c'est parce que, sur l'autre, le bloc réfrigérant occupe tout l'avant, ce qui veut dire qu'on n'aurait jamais pu y ouvrir un passage. Sur celui-ci, le bloc ressort mais ne prend qu'une partie de la paroi. Mais le principe est le même et ceux-ci peuvent aussi être transportés par bateau, bien sûr. Notre container possède deux sources d'énergie — un moteur diesel qui lui permet d'être autonome, et un moteur électrique. Et le moteur électrique peut être connecté sans problème sur la source électrique du bateau. La puissance est de quatre cent soixante volts. Tu relèves quelque chose de bizarre sur celui-ci ?

— Il m'a l'air parfaitement normal, dit Bourne en secouant la tête après l'avoir soigneusement observé. Mais je ne suis pas expert.

— En réalité, il n'y a presque rien de changé. Le ventilateur marche toujours, tu l'as entendu, mais j'ai bricolé un ou deux trucs. D'abord, il propulse de l'air frais et non de l'air froid.

Il dévissa la grille du bloc, découvrant le moteur.

— Tu ne vois toujours rien ?

— Non, franchement, dit Bourne, bluffé. Si ce n'est un moteur de frigo, des condensateurs, des tuyaux et des machins.

— Et ces deux bidules, là, c'est quoi ? demanda Ackford en montrant deux minuscules appareils nichés au milieu du moteur et reliés séparément à d'autres fils et d'autres tuyaux.

— Ah, ça y est, j'ai compris. Maintenant j'y suis, c'est ça. C'est là que tu les as mis.

— J'avais pensé les loger à l'intérieur, dans un premier temps, et puis j'ai eu cette idée. Pourquoi pas ici ? À moins de vouloir vraiment les trouver là, qui irait les remarquer ? Et il y a encore un avantage — ils vont goutter, exactement comme le ferait le bloc s'il marchait normalement.

— Pigé. Et le thermomètre ?

— Ici, à l'extérieur. Je ne suis pas mécontent de ce boulot-là.

Ackford replaça la grille et le couvercle du bloc. Il resserra les vis. Bourne put lire les indications portées sur le thermomètre et sur le cadran du thermostat.

— Je me suis contenté de tout démonter et de tout remonter à l'envers. Lorsqu'il indique moins vingt, ça signifie qu'en réalité la température à l'intérieur du caisson est de *plus* vingt — c'est-à-dire, une température d'ambiance normale au lieu d'un gel à pierre fendre. Et j'ai adapté la lecture du thermomètre aux nouveaux ordres du thermostat : il dit exactement le contraire de ce qui se passe. Tu vois, il affiche moins vingt-deux, pour le moment.

— Ack, c'est génial. Tu as fait un boulot exceptionnel. Franchement, on ne se doute de rien.

Bourne alla voir de plus près la paroi extérieure, sous le bloc réfrigérant.

— Je ne distingue même pas le cadre de la porte.

Il promena un doigt dessus, à la recherche d'un renflement.

— Hé là, attention, chef, la peinture n'est pas sèche !

145

Bourne retira bien vite sa main, mais il s'était déjà taché.

– Voilà, regarde-moi ce que tu as fait, dit Ackford en éclatant de rire. Mon œuvre est fichue. Il va falloir restaurer le tableau.

– Désolé, Tony, s'excusa Bourne en s'essuyant sur son jean. C'est récupérable, au moins ?

– Mais oui. Le joint est sec, c'est ce qui compte. J'en ai pour deux minutes à peine.

– Eh bien, Ed va être heureux. C'est du grand art.

– Il vient la semaine prochaine. Ensuite, on pourra commencer à l'arranger et à le charger. Ça ne sera pas long. Une semaine, deux à tout casser.

– Et ce sera tout ? Plus rien à faire, après ?

– Juste le fusil, quand il arrivera. Il va falloir appeler notre Écossais, que je règle les détails avec lui. Et puis, de toute façon, on a tous envie de le connaître.

– Oui, dit Bourne, je dois avouer que je serais content de le rencontrer, moi aussi. Bon, Tony, je te propose de prendre quelques jours de repos. Tu les as bien gagnés et il n'y a rien de mieux à faire. Retrouvons-nous lundi.

– D'accord, je pense que ce serait bien si je passais chez ma mère et mon père pour le Nouvel An. Histoire de voir comment ils se portent. Ma douce est encore en Irlande.

Quand Bourne fut parti, Ackford exécuta la petite retouche de peinture sur le container, ferma le hangar et prit la route de l'ouest par la M4. Il pénétra dans la zone Leigh Delamere et laissa dans le vaste parking la Vauxhall Astra qu'il avait achetée – en liquide – pour prendre sa Honda Civic personnelle. Puis il rejoignit la route et, vingt-cinq minutes après, fonçait sur la M5, plein sud. Il arriva chez ses parents, à Taunton, à 17 heures.

Sept heures plus tard, tous les membres de l'équipe, à l'exception de Mike Ziegler, toujours aux États-Unis, célébraient le début de la nouvelle année, chacun à sa manière, et aux quatre coins du pays. Tony Ackford alla boire tranquillement un verre avec ses parents à leur pub ; Mel Harris et sa femme se rendirent à une soirée chez des amis de Worcester ; Bob Usher, plus au nord, à Manchester, était au lit avec sa petite amie, une jolie blonde deux fois plus jeune que lui ; Johnny Bourne, dans son appartement de Londres, déboucha une bouteille de champagne et trinqua à l'avenir avec l'inspecteur nouvellement promue Juliet Shelley ; et Andy Denard traîna Chris Palmer à Trafalgar Square où, pour une fois, il y eut peu de problèmes d'ivresse et de bagarre – bien que Palmer dût payer de sa personne afin d'empêcher le pilote un peu trop démonstratif de se déshabiller pour piquer une tête dans une des fontaines.

Ed Howard passa ce moment seul, dans son appartement de

Wandsworth. Un verre de whisky à la main, il resta assis à réfléchir, l'œil indéchiffrable et la pensée lointaine. Lorsque la radio retransmit le douzième coup de Big Ben, il se demanda brièvement ce que lui réservait 1992. Un fin sourire étira ses lèvres et il leva son verre. *À ton cinquante-cinquième anniversaire, Saddam,* songea-t-il. *Nous serons là pour le fêter avec toi, espèce de salopard. On va venir mettre de l'ambiance dans ta jolie réception.*

26

Le matin du lundi 6 janvier 1992, Bourne releva le courrier dans la boîte de chaque bâtiment et regagna son bureau dans le bloc 8. Il s'assit et commença à classer les lettres. La plus grande partie de cette correspondance datait d'avant Noël ; il y avait quelques envois factices qu'il postait lui-même à Londres pour donner au facteur l'impression que les trois entreprises fonctionnaient ; pour le reste, il trouva les relevés de banque de décembre, les notes de téléphone de chacune des trois lignes, et les trois factures d'électricité.

La dernière enveloppe de la pile attira son attention ; elle portait le cachet de Portsmouth. Il l'ouvrit ; c'était Accuracy International qui informait « M. Arndale » que les deux fusils qu'il avait commandés étaient à sa disposition. Il téléphona aussitôt à Ackford.

– Tony, j'ai dans l'idée que l'un de nous deux va devoir jouer serré. Ce sera moi. Ils ne les lâcheront pas sans la licence de XF Sécurité. Mais c'est toi qui les as contactés, alors ce serait bien que tu annonces à ton correspondant là-bas qu'il va recevoir ma visite.

Ackford appela aussitôt tandis que Bourne partait pour Londres dans sa BMW. Au parking longue durée de l'aéroport d'Heathrow, il retira ses verres de contact et ses tampons de joues et passa comme d'habitude dans son Alfa Romeo personnelle, laissant la BMW sur un emplacement libre à côté. Cet endroit était hors de prix – et il avait en permanence une des deux voitures garée là – mais des milliers d'autres véhicules garantissaient l'anonymat. Bourne rejoignit la M4, tourna dans la M25 pour attraper la M3 en direction de Southampton et enfin dans la M27 vers Portsmouth.

À 16 heures, il avait récupéré la BMW à Heathrow et rentrait à Swindon en possession de deux étuis longs et minces et d'une boîte plus petite mais pas plus légère. Une fois dans le bâtiment 8, il ouvrit le tout avec Ackford. À la vue des deux fusils, les yeux d'Ackford s'agrandirent.

– Oh, bon sang. Alors ça, c'est du travail d'artiste.

Il prit une des deux lourdes armes et en actionna la culasse.

– Écoute-moi ça. On comprend tout de suite à quoi ça sert.

– C'est quelque chose, reconnut Bourne. Mais ne t'attache pas trop. Souviens-toi de ce que tu dois faire à l'un des deux.

– C'est du vandalisme pur et simple, chef. Je ne suis pas sûr que je vais pouvoir m'y résoudre.

– Alors, le meilleur moyen, c'est de t'y mettre immédiatement. Ce soir, tu perces le bloc et tu soudes la gâchette. Et demain, tu bouches le canon. Ensuite tu pourras te venger en bichonnant l'autre pour notre tireur d'élite.

– Oui, mais lequel, chef ? implora Ackford. Ce sont deux chefs-d'œuvre.

– Quels sont les numéros de série ? dit Bourne en lisant les chiffres gravés sur les canons. Très bien, ça nous facilitera les choses. Non seulement les numéros se suivent, mais ils se terminent respectivement par « 8 » et par « 9 ». Ça décide pour nous. Voici le « 9 ». Va le saboter. Intérieurement seulement, bien sûr. Fignole-nous ça – il faut juste réussir l'inspection. Il doit avoir l'air bon, vu de l'extérieur.

Ackford s'en alla avec le fusil, lugubre. Quelques minutes plus tard, alors qu'il enfermait l'autre fusil et la lourde boîte de munitions dans le coffre du bâtiment 8, Bourne entendit la plainte d'une perceuse surpuissante. Ackford avait commencé à transformer un fusil flambant neuf et hypersophistiqué en un magnifique mais inutilisable morceau de métal.

Le mercredi matin, le mal était fait. Ackford tendit à Bourne l'arme désormais inoffensive et celui-ci prit la BMW pour aller à Birmingham faire établir un certificat. À son retour, dans l'après-midi, il rendit l'épave à Ackford.

– Et voilà, Tony, ça a marché. J'ai le Certificat de Mise Hors d'État. Maintenant, change-moi ce « 9 » en un joli « 8 ». Je vais m'occuper des formalités d'exportation.

Assis à son bureau, Bourne entreprit de remplir les trois formulaires du Département du Commerce extérieur, notant les caractéristiques du fusil et celles d'un négociant assermenté par le gouvernement colombien avec qui XF Sécurité travaillait régulièrement. À son retour à Londres, le soir, il posta les documents.

L'obtention de l'autorisation du Département prenait quatre semaines. Au bout de ce délai, une licence serait délivrée pour l'exportation d'un fusil Accuracy International dont le numéro de série se terminait par « 8 ». Le fusil hors d'état, « 9 », et son numéro soigneusement maquillé en « 8 » par les talents d'Ackford serait envoyé au négociant colombien. À Heathrow, les douaniers vérifieraient le fusil pour voir que tout était en règle et que le numéro de série, le modèle et le calibre correspondaient bien à ceux indiqués sur la licence. Ils n'iraient pas chercher si l'arme était ou non en état de marche. Pour quoi faire ? Qui aurait l'idée de demander une licence du Commerce extérieur pour un fusil hors d'usage, qui n'en a donc nul besoin ? À la réception du fusil, le négociant colombien se perdrait en conjectures et remarquerait immédiatement qu'il était inutilisable. Mais il recevrait un coup de téléphone de Bourne confirmant l'erreur et lui conseillant de le jeter. Aux yeux des autorités britanniques, le fusil « 8 » – celui qui fonctionnait – avait été exporté et, de ce fait, ne relevait plus de la compétence des Services du Royaume-Uni ; de son côté, le fusil « 9 » avait officiellement cessé d'exister en tant qu'arme à feu – un certificat officiel le prouvait. Le crime était donc parfait.

MacDonald arriva à Londres le mardi 14 janvier par le train de nuit en provenance de Fort William. Howard l'attendait à la gare de King Cross et le conduisit à Swindon où les autres membres de l'équipe, à l'exception de Ziegler, s'étaient réunis, tous impatients d'accueillir le chasseur. Howard les lui présenta, un par un, en précisant leurs spécialités. Ce fut Ackford qui passa en dernier.

– Tony est notre armurier. Il se tient à votre disposition pour ajuster le fusil à vos mesures.

Ackford et MacDonald disparurent dans le bloc 9 où ils s'enfermèrent pour parler armes en général et Super Magnum en particulier. Howard attendit qu'ils soient sortis, puis il se tourna vers le petit cercle.

– Bon, ça semble déjà coller avec Tony, dit-il. Qu'en pensez-vous, vous autres ?

– Il a l'air bien, commença Harris. Il paraît solide et dynamique, et puisque tu dis qu'il sait tirer, ma foi...

– Il m'a plu, l'interrompit Denard. Il te regarde en plein dans les yeux. Il m'a fait l'effet d'un gars direct et pas con. Je pense qu'il va bien s'en sortir.

– Mais il n'a jamais combattu, hein chef ? voulut savoir Usher. Comment peux-tu être sûr qu'il ne va pas craquer ? Est-ce qu'il fait le poids ?

– Oh, il devrait le faire largement, le rassura Howard. Les guides de chasse qui ne font pas le poids ne gardent pas leur poste bien longtemps. Et il a du caractère, d'après ce que j'ai vu. C'est un type qui sait ce qu'il veut. Moi je crois qu'il va être impeccable, même si c'est son baptême du feu dans la vraie bagarre.

Il marqua un temps et repensa à ses propres débuts dans l'Armée. Il se souvint des doutes qui l'avaient assailli à propos des réactions qu'il pourrait avoir au dernier moment – quand il s'agit de voir la mort en face et de l'administrer à autrui. Le problème, c'est qu'on ne peut jamais dire avec certitude comment les autres vont réagir. Certains, timides et malingres, s'en tirent haut la main – calmes, froids et disciplinés – tandis que d'autres, avec tous les attributs du parfait soldat, se déglinguent. C'est imprévisible, mais avec un peu d'entraînement il vous vient une sorte d'instinct qui vous renseigne sur la façon dont chaque bonhomme va se comporter – et même souvent alors que le type ne le sait pas lui-même. Howard regarda Usher et hocha la tête.

– Oui, Bob, je pense qu'il va être bien... Bon... J'ai des nouvelles à vous donner. Mike rentre. Il avait l'air content de lui quand je l'ai eu au bout du fil. J'ai l'impression qu'il a déniché toute la panoplie.

– Même les lunettes à infrarouge ? demanda Bourne. Il est malin, le bougre. Il a dû tirer quelques sonnettes pour y arriver.

– Pas trop, j'espère, répliqua Howard. Mais Mike sait très bien rester discret. Il m'a annoncé qu'il n'y aurait pas de problème pour la nouvelle commande satnav, alors je suppose qu'il l'a aussi. De toute façon, on verra bien. Dès qu'il arrive, je l'envoie en Écosse avec Danny. Il faut régler le fusil. Danny connaît un endroit dans le parc de Glen Carvaig, en pleine montagne, où il pourra s'y consacrer sans être dérangé. Ça permettra à Mike de le jauger et de voir si, oui ou non, il fait le poids autant qu'il en a l'air.

Tout le monde approuva et l'équipe retourna à l'aménagement du container frigorifique.

Ziegler débarqua le lendemain, 15 janvier, et se rendit directement de l'aéroport à Swindon.

– J'ai tout, Ed. Préviens Johnny qu'il va tout recevoir par avion la semaine prochaine. Huit casques de pilotes Apache AH-64 et quatre calculatrices de poche. Pas la moindre anicroche.

– Et les NVG s'adaptent aux casques ? C'est fantastique, Mike. Comment tu as fait ?

– Ne me le demande pas, mon pote. Ne me le demande surtout pas. Admettons qu'une vieille connaissance a eu un choix difficile à faire concernant son avenir, dit Ziegler en riant.

– D'accord, d'accord, dit Howard en haussant les épaules. Je ne veux rien savoir. Qu'est-ce que c'est que cette histoire de calculatrices de poche ?

– Le tout dernier modèle GPS spatial. C'est incroyablement petit. Moi, j'imaginais quelque chose comparable à une boîte à

151

chaussures, mais celles-ci tiennent dans la main, un peu comme la calculette que tu prends pour faire tes comptes, si tu veux. Elles n'ont que le code Q, mais c'est autant de gagné en grandeur et elles peuvent t'indiquer ta position à cent mètres près où que tu sois dans le monde. Le code P te la donne à dix mètres près mais là, c'est totalement réservé aux militaires. En plus, l'ennui avec le code P, c'est que tu as besoin de quatre satellites au-dessus de l'horizon, alors qu'avec le code Q, deux suffisent. En tout cas, il y a quatre de ces bijoux en route.

— Alors, comme ça, on dirait que tu as quand même un peu travaillé, finalement. Moi qui te voyais te baigner sur une plage ensoleillée. Très bien, tu mérites une récompense. Je t'offre de jolies petites vacances en Écosse pendant deux ou trois jours. Et j'ai justement sous la main quelqu'un qui pourra te faire visiter la région. Viens, je vais te présenter.

Il faisait encore nuit, le dimanche suivant, 19 janvier, lorsque Ziegler et MacDonald prirent la route de l'Écosse dans la Ford Sierra de Ziegler. En ayant grand soin de ne pas attirer l'attention de la police, ils roulèrent prudemment pendant dix heures avant d'arriver à destination. Les deux hommes parlèrent peu durant le voyage. Quelques tentatives de Ziegler pour entamer une conversation s'étaient heurtées à des réponses laconiques. Il comprit que MacDonald était un solitaire, un homme dont la carapace serait difficile à percer.

Ils arrivèrent au cottage de MacDonald près de Fort William à 17 heures. Il donna un bref coup de téléphone à Duncan Macrae, puis se mit à la préparation du repas.

— Duncan dit qu'on pourra monter au lac dès demain, rapporta-t-il à Ziegler. Et il nous prête un des Argocats, si on veut.

— Bah, allons-y plutôt à pied, Mac, répondit Ziegler d'un ton léger. Un peu d'exercice me fera du bien.

— Si vous voulez, répliqua MacDonald avec un coup d'œil de défi. Mais ça monte beaucoup et nous allons être très chargés.

— Si c'est bon pour vous, c'est bon pour moi aussi, dit Ziegler.

Pendant quelques secondes, ils s'observèrent. Ziegler crut lire une certaine hésitation sur le visage du jeune guide et puis il comprit. *Sacré bon sang,* pensa-t-il, *cet Écossais est sincèrement en train de se demander si je suis assez en forme pour me payer une petite promenade !*

— Ouais, je me sens partant pour un peu d'effort physique, ajouta-t-il en riant.

MacDonald hocha la tête sans rien dire. La glace n'était toujours pas brisée entre eux. Le guide restait sur ses gardes.

Les deux hommes quittèrent le cottage le lendemain matin à 6 heures. À l'arrière de la voiture, ils avaient logé un grand sac à dos bien rebondi et une claie de portage garnie d'un volumineux objet. Chacun des bagages pesait près de trente-cinq kilos. Le plus gros poids venait d'une batterie placée dans le sac, et l'engin le plus difficile à manier et lourd aussi était attaché sur la claie avec le fusil. C'était un long cylindre métallique d'un mètre avec des viseurs en caoutchouc, un trépied et divers accessoires, le tout peint d'un gris pisseux.

—C'est un vieux télémètre, avait expliqué MacDonald. Il appartient à mon oncle.

—On croirait plutôt qu'il appartient à un musée, avait murmuré Ziegler. Vous êtes sûr qu'il marche ?

Ils laissèrent la Sierra au relais. Il était 6 heures 30. On était encore loin de l'aube et l'air de janvier, vif et immobile, vous glaçait. Ils chargèrent les deux lourds fardeaux sur leurs épaules et attaquèrent le chemin qui escaladait le glen, MacDonald en tête.

Le guide démarra d'un bon pas. Au bout d'un kilomètre, ne sentant aucun signe de détresse derrière lui, il força encore l'allure. MacDonald s'aperçut que l'Américain ne semblait même pas s'essouffler ; il accéléra une nouvelle fois. Ils atteignirent le sommet du glen en une heure et quarante minutes, au bout de quinze kilomètres de montée sans pause. Ils s'étaient élevés de deux cents mètres et une neige légère couvrait maintenant la piste. Aucun des deux hommes n'avait demandé grâce. Chacun avait trouvé en lui les forces nécessaires. Il ne faisait pas encore jour.

—Ça va devenir plus abrupt, maintenant. Il reste environ huit kilomètres. Le terrain est un peu difficile par endroits. Faites attention à vos chevilles.

—Pas de problème, Mac.

Hors piste, ils avançaient moins vite. La neige s'épaississait de plus en plus. Sous leur charge, les deux hommes peinèrent un peu, s'enfonçant parfois jusqu'aux genoux. En arrivant au sommet, ils sentirent tous les deux la fatigue. Ils dominaient de quatre cents mètres l'étable où Howard avait dégusté ses sandwiches au bœuf trois semaines plus tôt. Le reste du trajet était assez accidenté et MacDonald adopta un itinéraire très sûr qui évitait les pires fondrières dissimulées par la neige. Lorsqu'ils parvinrent enfin au but, très haut dans la montagne, il était près de 10 heures. Ils avaient mis trois heures et demie pour couvrir vingt-trois kilomètres. Une bonne condition physique aurait été indispensable à quiconque aurait voulu faire cette escalade dans un temps comparable, en plein jour et les bras ballants. Ils venaient de l'accomplir dans l'obscurité et avec trente-cinq kilos sur le dos.

L'aube se levait enfin et Ziegler put voir le terrain qu'ils avaient parcouru. Devant eux, sur plus d'un kilomètre s'étendait un lac naturel, à peine gelé, cerné de montagnes neigeuses. C'était comme une tache d'encre veloutée au sein de la blancheur silencieuse du paysage. Il se gorgea de ce spectacle.

– Pourquoi ne suis-je jamais venu ici ? Cet endroit est tout bonnement magnifique, Mac. Extraordinaire !

– Oui, moi aussi, j'adore ces montagnes, répondit MacDonald en le gratifiant d'un sourire.

Les deux hommes commencèrent à déballer la batterie, le fusil, le chronomètre balistique et le télémètre que MacDonald installa sur son trépied sur un petit tertre herbu près du lac. Ziegler suivit la rive avec un talkie et de quoi monter une cible. Au bout de cent pas, il se retourna et assembla la cible qu'il présenta verticalement tandis que MacDonald jetait un coup d'œil dans le télémètre. Il fit revenir Ziegler sur quatre pas, vérifia encore et se déclara satisfait. Ziegler planta le piquet de la cible dans le sol. Peinte en jaune vif, elle mesurait quarante-cinq centimètres de large sur un mètre cinquante de haut. À quinze centimètres au-dessus de la base, il y avait un petit carré d'un centimètre qui servait à faire le point. Avant de quitter Swindon, Ziegler s'était demandé pourquoi les cibles devaient être jaunes et non blanches comme d'habitude. Maintenant qu'il voyait la neige, il comprenait. Il revint au point de tir. Toujours sur le tertre, MacDonald avait disposé le fusil sur son bipied. Le corps et la mécanique restaient enveloppés dans une couverture chauffante alimentée par la batterie. Il posa le chronomètre juste devant le tertre. Une balle passant devant la cellule déclencherait le lecteur de vitesse. Il commença à remplir un sac de petits graviers ramassés au bord du lac.

– Parfait pour les essais, remarqua-t-il. Pas un souffle de vent. On n'aura même pas besoin des anémomètres.

Il examina le baromètre et le thermomètre et consulta un calepin. Toutes les pages en étaient couvertes de signes.

– Ce sont des tables balistiques que j'ai établies pour cette altitude et ces conditions atmosphériques. Il reste à calculer le rapport pour douze cents mètres. À cent mètres, la balle devrait toucher à exactement quatre-vingt-dix centimètres au-dessus de la marque.

Prenant le thermomètre, il vérifia la température à l'intérieur du fusil puis, après avoir ôté la couverture chauffante, il se mit en position de tir, à plat ventre, en se servant du sac de graviers comme appui. Les deux hommes s'étaient coiffés de casques antibruit.

La détonation roula entre les montagnes, le long du lac. MacDonald éjecta la cartouche et Ziegler consulta le chronomètre.

– Huit cent quatre-vingt-dix-huit mètres et cinquante-trois centimètres par seconde, déclara-t-il.

– C'est très bien, dit MacDonald d'un ton enjoué. J'en tire une autre.

La lecture donna cette fois neuf cent deux mètres et quatre-vingts centimètres comme vitesse de sortie de canon. MacDonald était ravi.

– C'est vraiment très satisfaisant – et conforme aux chiffres du fabricant qui annonce neuf cents.

Il reposa le fusil et referma dessus la couverture chauffante pour empêcher l'air glacé de janvier de le refroidir.

Les deux hommes allèrent voir la cible et les sourcils de Ziegler montèrent d'un cran devant les trous très proches l'un de l'autre.

– Ça, c'est du tir, Mac, s'exclama-t-il. Groupés à un centimètre ! C'est stupéfiant avec une arme aussi lourde.

Mac Donald utilisa un mètre-ruban pour mesurer la distance de l'impact au point de repère. Il trouva quatre-vingt-cinq en hauteur et à peine un centimètre à gauche. Il était visiblement très content.

– Eh bien, on dirait qu'ils savent ce qu'ils font, chez Accuracy International. Ce fusil est très bien fichu. À ce train-là, les réglages ne prendront pas longtemps.

Ils revinrent au point de tir. MacDonald retira les deux capuchons imperméables des barillets de réglage de la lunette télescopique. Il monta de quatre crans la verticale et de deux crans à droite l'horizontale, puis il remit les capuchons en place.

– Je vais faire deux tirs de plus pour confirmation, dit-il. Si ça marche, on pourra passer tout de suite à douze cents mètres.

Les deux tirs frappèrent la cible si confondus que Ziegler dut prendre la loupe pour voir qu'il n'y avait pas qu'un seul trou. Le chronomètre donna une vitesse encore plus proche de l'idéal que les deux premières.

Lorsqu'ils se retrouvèrent devant la cible, MacDonald laissa libre cours à son enthousiasme.

– Je n'ai jamais vu un fusil pareil. C'est étonnant, regardez. On est exactement sur la marque à quatre-vingt-dix centimètres. Tout ce qu'il me reste à faire, c'est de régler la lunette huit crans à gauche pour l'effet Magnus à douze cents mètres.

– Bon, dit Ziegler, mais ça ne peut pas être le fusil tout seul. D'après mes tablettes à moi, j'appelle ça du tir de première, Mac. En fait, je n'ai jamais rien vu d'aussi bon de toute ma vie.

Ils regagnèrent le tertre et Ziegler prit de quoi constituer une deuxième cible. Son talkie à la main, il s'éloigna le long du lac au pas de course. Dix minutes plus tard, il atteignit un petit promontoire qu'ils avaient repéré sur la carte comme étant à peu près à douze cents mètres du point de tir. Il monta le cadre d'un mètre vingt de côté et tendit la toile jaune. Au milieu de la cible se trouvait un disque noir de quinze centimètres de diamètre. Il appela MacDonald par radio et tint le cadre parfaitement immobile pour la mesure au télémètre.

Bientôt la voix de MacDonald lui parvint.

– J'ai douze cent trente-cinq. Rapprochez-vous de trente-cinq pas et je mesurerai.

Peu de temps après, les piquets de la cible étaient solidement fichés dans le sol à douze cents mètres exactement du tireur. Ziegler alla se mettre à l'abri derrière un rocher à dix mètres de là et appela pour dire qu'il était prêt. Il avait un chronomètre électronique à la main. Trente secondes plus tard, la balle émit un claquement de fouet en passant près de lui ; instantanément, il déclencha le chronomètre. Et une seconde et demie après, il entendit la lointaine détonation du fusil. Il pressa de nouveau et parla dans la radio.

– Mac ? Je trouve 1 seconde 46. C'est bon ?

– À cette altitude, oui. La balle a mis 1 seconde 75 et le son 3 secondes 21. Ça veut dire que la détonation parvient juste au-dessous d'une seconde et demie après la balle. Où est-ce que ça a tapé ?

Ziegler s'approcha de la cible. D'abord il ne vit rien du tout ; puis il repéra le trou. Un sifflement lui échappa.

– Jésus-Marie, Mac. Vous avez mis dans le noir. À la première balle, Dieu du Ciel ! À sept heures, par rapport au centre, juste sur le bord du disque noir.

– Parfait. Maintenant, je vais tirer trois fois, pour avoir un groupe de quatre.

MacDonald prit son temps entre chaque tir. Il avait utilisé la couverture pour éviter un refroidissement du fusil mais à présent il ne voulait pas que les tirs l'échauffent. Un œil sur le thermomètre, il attendait chaque fois que la température de l'acier redescende à soixante degrés Fahrenheit.

Lorsque l'écho du dernier tir emplit la montagne, Ziegler retourna à la cible. Les quatre trous n'étaient pas éloignés les uns des autres de plus de douze centimètres. Le centre du groupe se trouvait juste sous le noir, à douze centimètres du centre du disque de quinze centimètres et à huit centimètres sur la gauche.

– Putain, Mac, s'exclama-t-il dans le talkie. Je connais un tas de types qui aimeraient bien faire un carton pareil à *deux* cents mètres, alors à *douze cents*... C'est incroyable, mon vieux !

– Merci. Je vais effectuer quelques réglages supplémentaires et je tenterai trois autres coups. Avec un peu de chance, ça suffira. Vous pouvez obturer les trous, maintenant.

MacDonald posa sa radio et s'intéressa de nouveau à la lunette télescopique. Cette fois, il tourna deux crans vers le haut et un à droite.

Ziegler recouvrit les quatre trous de petits papiers collants et réintégra son abri. Lorsque MacDonald eut tiré trois fois, l'Américain revint à la cible. Sa mâchoire s'effondra sur sa poitrine quand il vit le résultat. Il prit la radio.

– Mac, je n'arrive pas à en croire mes yeux. Ils sont groupés sur huit centimètres, en plein dans le noir. À cette distance, ça dépasse l'entendement ! À mon avis, on a fini, non ?

– Oui, ça ira ! Ça s'est vraiment bien passé, dit la voix de Mac-Donald, visiblement aux anges. C'est un sacré bon fusil, et je n'ai jamais vu des balles aussi précises. Avec ça, on peut dire qu'on est bien partis !

Lorsque Ziegler le rejoignit, MacDonald avait fini de boucler le sac à dos et le fusil avait regagné sa boîte antichocs molletonnée déjà arrimée sur la claie de portage. L'Américain prit la main de MacDonald et la serra avec effusion, le visage rayonnant d'un large sourire.

– Mac, pour un Scotch, vous êtes un sacré type. C'est vraiment... et merde, pour une fois, les mots me manquent.

– Vous n'êtes pas mal non plus, Yankie, sourit MacDonald. Mais appelez-moi *Scots,* pas Scotch. Scotch, c'est le whisky.

Il sortit une flasque d'étain de la poche de sa veste en tweed.

– À moins que ce ne soit vraiment Scotch, que vous vouliez dire. Vous en voulez une goutte ?

Ziegler en avala une bonne gorgée. Fouetté par l'air glacé et excitant des montagnes, il eut l'impression de n'avoir jamais rien bu d'aussi bon. Il exhala un soupir de satisfaction et rendit la flasque à MacDonald.

Ils chargèrent les paquets sur leurs épaules. Avant de se mettre en route, MacDonald se tourna vers Ziegler.

– Mike, je n'ai pas très envie de faire la course pour redescendre, si vous n'y voyez pas d'inconvénient. Je ne voudrais pas risquer de cogner le fusil et de fausser la lunette. C'est du matériel solide mais le réglage, lui, est fragile et mieux vaut ne pas tenter le diable. De toute façon, vous avez prouvé en montant que vous étiez un sacré bonhomme. J'aimerais bien vous emmener à la chasse, un jour, dans les montagnes. Histoire de voir comment *vous* tirez. Vous avez l'air d'en connaître un rayon.

– Eh bien, en réalité, dit Ziegler en éclatant de rire, jusqu'à aujourd'hui je me prenais pour une assez bonne gâchette... maintenant, je dois reconnaître que je ne peux pas prétendre à votre *catégorie*. Mais ce serait un honneur pour moi que d'aller à la chasse avec vous. En tout cas, d'accord pour la descente, allons-y tranquillement. Vous m'avez à moitié tué, à l'aller.

La glace était brisée. Les deux hommes bavardèrent sur le chemin du retour, exaltés par la réussite de cette journée, enivrés par la splendeur de ce paysage d'hiver et la vision fugace des cerfs dans le lointain. Ils échangèrent des histoires et des anecdotes et se découvrirent mutuellement des talents de conteurs. Quand Ziegler en vint à un souvenir du Viêt-nam où se télescopaient des latrines débordantes, des cochons sauvages, des fusées de détresse et des officiers supérieurs, MacDonald pleura de rire. Ils atteignirent le relais bien avant 17 heures. Ils avaient parcouru plus de quarante-cinq kilomètres avec leur attirail sur les épaules, mais ni l'un ni l'autre ne semblait particulièrement fatigué. Leur amitié était scellée.

Le lendemain matin, Ziegler installa le fusil et tout le matériel dans la Sierra avant de reprendre la route du sud. MacDonald lui dit au revoir sur le pas de sa porte.

— Fais attention, Mike. Conduis prudemment.

— Ne t'inquiète pas. On se revoit dans un mois à peu près. Je suis content de te connaître, *Scotch*.

— Et moi aussi, *Yank,* dit MacDonald en riant.

27

—Sers-toi, Johnny, dit Howard en désignant le bar, dans un coin de la pièce.

Bourne se versa une dose de whisky et revint s'asseoir.

—Merci... Alors, à notre grand projet, lança-t-il en levant son verre. Jusque-là, ça roule.

—Oui, tout a bien été. Il ne reste plus grand-chose à faire avant le départ. Notre pilote américain arrive quand ?

—Mel l'a appelé hier. Il débarque dans un peu moins de trois semaines, le 28 mars. Il paraît qu'il bout d'impatience.

—Ça doit être la perspective des quatre-vingt-dix mille dollars. C'est drôle de penser que je ne le rencontrerai peut-être jamais. Et les visas ?

—Tout est paré. Sullivan aura les papiers Darcon qu'on lui a préparés. Et pour les autres, du pur authentique de la PAP.

La Pan-Arabian Petroleum était un autre client de XF Sécurité. Bourne avait utilisé ses entrées au bureau de Londres de la PAP pour réunir suffisamment de renseignements sur les visas d'anciens employés et établir des contrats PAP pour tous les membres de l'équipe.

—Et tu penses qu'ils vont être agréés ?

—On a été très méticuleux – il le fallait, d'ailleurs. L'Arabie Saoudite est un des pays qui délivrent le plus difficilement des visas. Ils refusent tous les touristes et n'acceptent que les hommes d'affaires garantis et les pèlerins pour La Mecque. C'est comme ça. Il faut avoir une raison en acier trempé pour y entrer, et un dossier inattaquable, avec un rapport médical complet, y compris le test du Sida. Mais la PAP et Darcon sont des firmes très largement respectées là-bas et leurs employés n'ont jamais eu la moindre histoire.

—Parfait. En parlant de Darcon, où en es-tu avec le deuxième jeu de documents – ceux destinés au chef de projet sur place ? C'est arrangé avec lui ?

– Tony Hugues ? Oui – il est très bien. Il ne se doute de rien. Le fax que je lui ai envoyé a l'air de sortir des mains de Dartington – on a copié son style grâce aux messages que tu as piqués chez lui. On a fait un petit concours pour voir qui imitait le mieux sa signature ; c'est Bob qui a gagné. Hugues est donc persuadé que Dartington a autorisé une équipe de surveillance à venir jeter un coup d'œil sur un nouveau projet confidentiel, et que lui doit s'appliquer à lui faciliter la tâche. J'avais peur qu'il se méfie au moins un peu, mais pas du tout. Il s'est montré tout à fait disponible. Alors je lui ai précisé par téléphone tout ce dont nous aurions besoin. Il laisse à notre disposition ce vieux chantier que nous voulions et il fait le nécessaire pour les véhicules et pour tout ce que je lui ai demandé. Dans son esprit, tout ça respire le propre.

– Et tu l'as déjà rencontré, ce Hugues ? Il pourrait te reconnaître ?

– Non, on s'est juste parlé au téléphone. Les seuls qu'il verra, ce sera Chris et moi, et nous aurons des faux papiers à lui montrer. Il croira ce qu'on lui dira – pourquoi en douterait-il ? Je ne vois pas pourquoi il irait soupçonner que nous sommes entrés dans le pays sous des noms différents en tant qu'employés d'une autre entreprise.

– Bien. Et les préparatifs à Mombasa ?

– Terminés. L'agent local sait ce qu'il nous faut. Il s'occupe de tout rassembler. Il n'a pas la moindre idée de ce dont il s'agit. Mel entrera en contact avec lui depuis Djedda pour vérifier que tout va bien. De toute façon, si l'agent rate quoi que ce soit, on aura toujours assez de temps pour rectifier le tir. Et si vraiment tout foire, on pourra encore se rabattre sur le vieux truc du « passeport perdu ». Ça devrait marcher au Soudan.

– Je ne veux pas de ça, sauf dans un cas désespéré. Bon, maintenant écoute-moi, Johnny, dit Howard en faisant craquer toutes ses phalanges. Le moment approche. Il faut que nous prenions une décision définitive sans tarder : est-ce que tu viens avec nous, oui ou non ?

– Dis donc, Ed, je croyais que l'affaire était entendue, s'écria Bourne en sursautant de surprise. Tu ne vas pas me laisser choir maintenant. Je suis fin prêt.

– Je sais, Johnny, je sais. Et, crois-moi, ce n'est pas de gaieté de cœur. Mais je ne veux t'emmener que si tu sais ce que tu fais à cent pour cent. Tu as d'autres responsabilités, à présent, avec ta fiancée.

– Mais Ed, je suis sûr. Cent pour cent. En plus, tu as besoin de moi.

– C'est justement ça dont je voudrais te parler, Johnny. Je ne veux pas que tu te croies indispensable. Tu es peut-être le meilleur pour ce boulot, mais tu n'es pas indispensable.

Les yeux de Bourne se rétrécirent de colère. Il se pencha en avant dans son fauteuil.

— Tu as contacté quelqu'un d'autre, c'est ça ? Qui ? Allez, accouche, Ed, qui c'est ?

— Oui, j'ai contacté quelqu'un d'autre. Il se tient prêt à prendre le relais si tu te retires. C'est quelqu'un que je connais bien, depuis des années, avant mon séjour au SBS.

— Son nom, Ed ?

— Aucune importance, Johnny. Tout ce que je veux dire, c'est qu'il ferait la farce, en gros. Il parle très bien l'arabe – peut-être moins bien que toi, mais ça ira – et il a un autre atout. C'est un tireur d'élite. Meilleur que toi, que moi, et même que Mike. Si par malheur quelque chose venait à clocher avec notre Écossais, il pourrait le remplacer. Mais cela dit, je préférerais que ce soit toi. Ce que tu dois savoir, c'est que si tu restes de peur de nous mettre dans le pétrin, tu as tort.

— Mais bordel, Ed ! Tu n'oserais pas me laisser sur la touche ! Pas après tout ce qu'on vient de faire ensemble ! Et d'abord, qui c'est ce mec ? Tu ne vas pas me dire qu'il n'a pas la moindre vie privée, même pas une petite amie ?

— En réalité, il est marié. Mais Mel et Tony le sont aussi.

— Oh, arrête, Ed ! Tu me fais un sermon sur mes responsabilités, et tu ne vois aucun inconvénient à aller dégoter un type marié pour le coller à ma place ? Si ça continue, tu vas me dire qu'il a des gosses !

— Eh bien, justement...., commença Howard avant d'éclater de rire. D'accord, j'abandonne. Et avec grand plaisir. Mais tu comprends que j'aie tenu à en discuter. Il fallait que je sois sûr que tu avais réellement envie de venir.

— Comment as-tu pu en douter une seule seconde ?

Bourne avait retrouvé le sourire, et sa colère s'était évaporée aussi rapidement qu'elle était apparue. Howard éprouvait le plus profond respect pour les sautes d'humeur de Bourne. Au moins, il ne vous cachait rien, il mettait son mauvais caractère et ses émotions en vitrine. Avec Johnny Bourne, on avait exactement ce qu'on voyait. Oh, et puis se dit Howard, un jour ou l'autre, il finirait bien par se calmer et par apprendre à se contrôler davantage. Peut-être.

28

La pluie glacée de mars s'abattait en rafales ; l'orage était d'une violence inhabituelle. La soudaineté du déluge avait surpris les deux silhouettes qui couraient, mais ça ne les empêchait pas de rire au milieu des gerbes d'eau qu'elles soulevaient dans le sentier déjà inondé.

C'est alors que la fille glissa et tomba. Elle cria, et l'homme s'arrêta et revint sur ses pas. Elle s'était assise sur un rocher, en dehors du sentier, et se tenait le genou. La toile mouillée de son jean était déchirée et un filet de sang se mêlait à l'eau de pluie. Avec un mouvement volontaire du menton, elle voulut se relever mais tituba et laissa échapper un nouveau petit cri. L'homme la rattrapa avant qu'elle ne s'affaisse et la souleva dans ses bras. Elle semblait toute petite et légère.

– Viens, dit-il. Je vais te porter jusqu'à l'écurie, sinon on va se noyer tous les deux.

– Oh merci, Danny, gémit Sheila Cameron en se mordant la lèvre tant son genou lui faisait mal. C'est ma faute – et en plus on était presque arrivés...

Danny MacDonald la regarda brièvement en escaladant la piste à grands pas. Blottie contre sa poitrine, elle avait les cheveux trempés et plaqués sur le visage et le cou et soudain, il pensa qu'elle ne lui avait jamais paru aussi vulnérable et aussi jeune. Il atteignit l'écurie, souleva le loquet et ouvrit la porte en grand. À l'intérieur, enfin à l'abri de la pluie, il la déposa sur un tas de ballots de paille et essuya l'eau qui lui coulait dans les yeux.

– Saleté, dit-il. Tu parles d'un orage. Bon, voyons un peu ce genou.

– Maman me tuera quand elle me verra comme ça, soupira Sheila tandis qu'il ouvrait son couteau de poche et agrandissait soigneusement l'accroc de la toile pour dégager la blessure. Le froid la faisait claquer des dents et elle commença à frissonner.

Danny la considéra un instant. Elle allait attraper froid *pour de bon,* pensa-t-il.

–Tiens, lui dit-il en ôtant sa veste en tweed. Elle est mouillée mais elle sera toujours un peu chaude.

–Et toi, Danny, demanda-t-elle pendant qu'il l'en couvrait. Te voilà en chemise, et trempée, en plus...

–Bah, ça ira.

Il jeta un œil au-dehors. La pluie tombait à torrents. Il alla fermer la porte et la bloqua avec une pierre.

–Je crois qu'on a intérêt à rester ici un moment, en attendant que ça se calme.

Ils étaient à six kilomètres du relais. Il regarda encore la jeune fille qui était agitée de frissons incontrôlables.

–Je vais faire du feu, décida-t-il, soucieux. Ça t'aidera à te réchauffer un peu.

La petite écurie était en réalité un ancien cottage jadis habité, mais qui depuis des années ne servait plus que de remise et d'abri pour les poneys, à mi-hauteur du glen. Sur l'un des murs, la cheminée existait encore. Danny arracha une grosse poignée de paille à l'un des ballots, puis se mit à casser du petit bois avec des restes de meubles vermoulus qui traînaient dans le coin. La paille s'enflamma aussitôt et le bois sec ne tarda pas à craquer.

–Ça devrait nous faire du bien, dit-il en souriant. À moins qu'un choucas n'ait eu l'idée d'élire domicile dans la cheminée et de la boucher avec son nid.

Pendant quelques secondes, une épaisse fumée se répandit dans l'écurie, puis le tirage commença à fonctionner et la cheminée remplit son office.

–Là, ça va aller. Viens, dit-il en la reprenant dans ses bras. Approchons-nous de la chaleur.

Du pied, il fit rouler deux ballots de paille à un petit mètre de l'âtre et l'installa dessus. Elle tremblait encore, recroquevillée sous la veste.

–Je suis désolé, Sheila, dit-il doucement en se penchant à nouveau sur sa blessure. J'ai vraiment eu une idée stupide de t'emmener ici par un temps pareil. J'aurais dû deviner que ça allait éclater. Tu es trempée et tu m'as l'air complètement glacée. Comment tu te sens ?

–C'est autant ma faute que la tienne, Danny, dit-elle en essayant de sourire sans pouvoir s'arrêter de claquer des dents. Merci de m'avoir portée.

Il couvrit le feu qui prit encore de la force, mais l'écurie restait froide et Sheila frissonnait toujours. Il s'assit près d'elle et l'enlaça tendrement. Leurs vêtements commençaient à dégager un peu de vapeur. L'odeur épaisse de l'étable et celle du tweed détrempé se mêlèrent. La fille se blottit contre lui. Il avait l'habitude de la protéger.

—Danny, ta chemise est toute mouillée, dit-elle bientôt, la tête sur son épaule. Enlève-la donc pour la faire sécher.

Il lui lança un coup d'œil, puis se leva et ôta sa chemise, la tordit et l'installa sur un chevron de bois près du feu. Elle ne l'avait pas quitté des yeux.

—Écoute, dit-il alors. Tu devrais en faire autant. Tu vas tomber malade si tu restes avec tous ces trucs trempés sur le dos. Ne t'inquiète pas, je ne te regarderai pas. Je me tournerai de l'autre côté. Enlève-les, mets-les à sécher et reprends ma veste pour te couvrir. Tu te réchaufferas mieux comme ça. Attends, je vais t'aider pour retirer tes chaussures.

Il les délaça, les lui ôta puis la débarrassa de ses chaussettes. Il repensait à une autre fois, il y avait bien longtemps, où il avait fait les mêmes gestes. C'était une petite fille de six ans, à cette époque et elle était tombée dans une fondrière. Elle pleurait. Lui en avait quinze. Il l'avait sortie de là. Maintenant, comme alors, il lui enlevait ses chaussettes de laine et les étendait pour qu'elles sèchent. Elle avait les pieds glacés. Il les prit entre ses mains et les frictionna pour faire circuler le sang. Puis il se leva et se détourna.

—Je ne regarde pas, répéta-t-il.

Sheila commença à se déshabiller devant la cheminée. Danny souffrit de l'entendre frémir lorsqu'elle quitta sa chemise et se plaindre doucement de la douleur que lui causait son jean en glissant sur sa blessure. Elle eut un nouveau frisson en reposant la veste sur ses épaules. Puis elle se rassit sur le siège improvisé.

—Aïe, ça pique, dit-elle avec un petit rire. Voilà, Danny, tu peux te retourner.

Elle semblait se sentir un peu mieux, maintenant, pensa Danny. Il regarda sa mince silhouette perdue sous la grande veste en tweed, et ses jambes nues tendues vers les flammes. Le vêtement lui descendait presque aux genoux. Le feu marchait fort, mais il avait déjà dévoré la moitié de la vieille table à trois pieds. Danny chercha au-dessus des poutres et attrapa quelques bouts de bois qui avaient été rangés là. Il les mit en pièces à coups de talon et empila les morceaux à côté de la cheminée. Il essora la chemise et le jean de Sheila et les pendit aux chevrons.

L'écurie commençait enfin à se réchauffer et les tremblements de Sheila s'espacèrent.

—Cette veste, tu l'as fait nettoyer quand, la dernière fois, Danny? On dirait qu'il y a un oiseau mort dedans.

—Qu'est-ce que vous croyez, mam'zelle? répondit-il en riant. Que je vais la porter chez le teinturier chaque soir en rentrant de la montagne, c'est ça ? Non, elle est pleine de sueur, de merde de mouton, de crotte de cerf, de sang, de tourbe...

— Oh, s'écria Sheila avec une grimace. Ce que tu es dégoûtant ! Puis elle sourit.

— Allez, viens t'asseoir ici pour me tenir chaud.

Il s'assit et se pencha pour examiner l'état de son genou.

— Pas trop vilain, conclut-il. Tu peux le bouger ?

Elle tendit la jambe, réprima un petit cri de douleur, mais le rassura.

— C'est pas grave. C'est juste un coup et une entaille. Ça ira mieux dès que j'aurai un peu chaud.

Puis elle le regarda dans les yeux.

— Merci de prendre soin de moi, ajouta-t-elle doucement.

Il sourit gauchement et se leva pour aller alimenter le feu. Il fixa les flammes.

— Je l'ai toujours fait, Sheila. Ou du moins, j'ai essayé.

— Ça t'ennuierait de remettre ton bras autour de mes épaules, Danny ? J'ai encore froid.

Il obéit, le regard toujours perdu dans le feu. Elle posa la tête sur son épaule nue. Danny ne dit rien. Soudain, il se sentit maladroit et gêné. Ce n'était plus une enfant.

— Tu as beaucoup de petites amies ?

— Allons, tais-toi voyons, Sheila, dit-il surpris. Qu'est-ce qui te prend de poser des questions pareilles ?

— Eh bien, de quoi veux-tu qu'on parle ? On se racontait tout quand on était petits. Enfin, quand moi j'étais petite. Alors réponds...

— Bah, je...

Puis il s'interrompit, se contentant de hausser les épaules.

— Il y en a une qui compte plus que les autres ?

— Sheila ! protesta-t-il. Tu es très indiscrète !

— Oh, pourquoi tu te caches, Danny ! On se connaît depuis toujours. En tout cas toujours, pour moi, murmura-t-elle. Alors ?

— Bon, eh bien si tu veux tout savoir, la réponse est oui, j'ai eu une ou deux petites amies. Et aucune sérieusement, jusqu'ici. Voilà.

— Pour moi, il n'y a jamais eu qu'un seul homme, dit-elle d'une voix basse, à peine audible dans le craquement des flammes, en se blottissant un peu plus contre lui. Mais je crois bien qu'il ne s'en est pas rendu compte.

Le choc de l'aveu frappa Danny MacDonald de plein fouet et ce fut comme si un orage éclatait dans sa tête. Sans qu'il décide rien, son bras se resserra plus étroitement autour de ses épaules et il s'aperçut de son aveuglement. Il n'avait pas remarqué que Sheila s'était redressée pour observer ses réactions. Tendu, il sentit que son esprit se mettait à fonctionner à toute allure et il essaya de mettre de l'ordre dans ce flot de pensées. Il n'avait vu jusqu'à maintenant que la petite Sheila, une sorte de petite sœur, si jeune et si fragile, une véritable petite fille, une enfant qu'il chérissait... Et voilà que, bien qu'elle ne se fût pas exprimée très clairement, il ne pouvait plus ignorer... Et d'ailleurs une absolue certitude s'imposait à lui... Comment avait-il fait pour ne rien voir...

Lentement, il se tourna vers elle et il trouva dans son regard une réponse à chacune des questions qu'il se posait. Sans un mot, il prit son visage entre ses deux mains. Il l'avait déjà embrassée bien des fois, depuis qu'elle était bébé. Mais le visage familier était aujourd'hui celui d'une jeune femme. *Plus du tout celui d'une enfant, oh, Seigneur, ça non...* Elle ferma les yeux en lui tendant ses lèvres et il sentit ses bras se refermer sur lui. La veste glissa et Danny fut bouleversé lorsque sa peau nue et douce vint se presser contre sa poitrine.

Dégageant sa main droite, il fouilla dans la poche de son pantalon et en ressortit son couteau qu'il ouvrit dans le dos de la jeune fille. La lame brilla, rouge, dans la lueur du feu. Le cran fit un petit clic. Et il frappa deux fois, très fort.

La lame d'acier s'enfonça dans la paille et sectionna sans peine les deux liens écarlates qui la tenait en ballot. La paille s'effondra sous eux, libérée. Danny lança son couteau au loin. On l'entendit rebondir près de la porte. Il se leva et mit Sheila debout. Ils s'embrassèrent de nouveau, très fébrilement, cette fois, puis il finit de disperser la paille sur le sol pour en faire un matelas. Après quoi il se débarrassa de ses chaussures et de ce qu'il lui restait de vêtements sur le corps et jeta le tout de côté. En relevant les yeux, il vit la silhouette irréelle de Sheila dans la lumière des flammes qui enlevait sa culotte et se présentait nue devant lui. Il fut saisi par l'ampleur de ses formes. C'était bien la plus jolie, la plus adorable et la plus irrésistible créature qu'il eût jamais contemplée. Plus aucun rapport avec la petite fille de son enfance – tout ça c'était du passé...

Sheila Cameron vint doucement s'étendre sur la paille au côté de Danny MacDonald. Et, oublieux du monde, leurs corps se cherchèrent avidement. Dehors, il pleuvait toujours à verse et le toit de tôle battait comme un tambour. À l'intérieur, une légère vapeur s'échappait des vêtements qui séchaient sur les chevrons. Dans la cheminée, le feu dansait joyeusement, enveloppant les jeunes amants de ses éclairs rouges et tremblants.

Il la garda couchée sur lui tandis qu'elle laissait échapper ses derniers sanglots, et lui caressa les cheveux et le dos.

—Sheila, pardonne-moi, je t'en prie, pardonne-moi.

—Qu'est-ce que tu veux dire, Danny, mon amour ? Te pardonner pourquoi ? demanda-t-elle d'une petite voix.

—C'est ma faute... Jamais je n'aurais dû...

—Mais Danny, dit-elle doucement, je l'ai voulu aussi. Et maintenant, je me sens une vraie femme. Je sais ce que les autres filles...

—Mais je t'ai fait mal...

—Au début, un peu. Mais après...

—Mais tu as crié...

Sheila releva la tête et le regarda dans les yeux, en souriant au milieu de ses dernières larmes.

—Oui, je crois bien, dit-elle doucement en l'embrassant. Mais, Danny, c'était un cri de bonheur, pas de douleur, mon chéri.

—Mais alors pourquoi pleures-tu ? insista-t-il, toujours inquiet.

—Je ne pleure pas vraiment, voulut-elle le rassurer. Mais... même si je pleure, c'est parce que je suis heureuse.

Et elle sanglota de plus belle en se serrant contre lui de toute sa force.

—Je n'ai jamais été aussi heureuse de toute ma vie, finit-elle par lui confier tout près de l'oreille.

Il se persuada qu'elle disait vrai et en éprouva une paix immense. Il la tint enlacée et l'embrassa et la caressa encore. Elle était si minuscule, pensait-il, si totalement féminine, et maintenant si adulte, en même temps. Il se sentit emporté par un océan de tendresse, par une émotion qu'il n'avait connue avec aucune autre fille. Puis une ombre vint s'étendre sur ce bonheur tout neuf.

—Sheila, ma chérie, articula-t-il lentement. Il y a une chose qu'il faut que je te dise. Dans quelques jours, je dois partir.

Elle se redressa vivement, une grande panique au fond des yeux.

—Ça ne devrait pas durer plus d'un mois, ajouta-t-il aussitôt, et il vit qu'elle recommençait à vivre.

—Où vas-tu ? demanda-t-elle.

—À l'étranger, pour du travail. C'est bien payé.

—Que vas-tu faire, Danny ?

—Je n'ai pas le droit d'en parler. Il faut me faire confiance.

Elle reposa la tête dans son cou et resta un instant immobile contre sa poitrine.

—Danny ? murmura-t-elle au bout d'un moment. Tu en as beaucoup, des petites amies ?

—Une seule, dit-il avec un sourire en la serrant plus fort. Il y a une seule femme dans ma vie. Je ne m'en étais seulement pas aperçu, jusqu'ici.

29

Quelqu'un qui aurait observé les allées et venues dans Loundis Road pendant la semaine commençant le lundi 23 mars aurait noté une sensible accélération de l'activité des locataires. Le premier matin, on livra au bâtiment 8 six grandes bennes à ordures. Elles furent entreposées dans le hangar qui avait été préalablement vidé de tout son contenu. Après le départ des camions de livraison, Usher, au volant d'un chariot élévateur de location, les emplit de ferraille et autres débris. Tout ce rebut avait été préparé par Ackford et ses compagnons qui travaillaient dans le bloc 9. Ackford avait joué du chalumeau pour réduire en pièces métalliques non indentifiables tout son outillage, tandis que les autres membres de l'équipe s'appliquaient à écraser, tordre et débiter systématiquement tout ce qui avait pu servir jusqu'ici. Et l'ensemble se retrouva dans les bennes. En vingt-quatre heures, les hangars 8 et 9 furent entièrement débarrassés, réduits à leur carcasse. Dans le 10, le grand container frigorifique attendait toujours sur sa remorque. Un frère plus modeste d'une longueur de six mètres l'avait rejoint et son système de réfrigération fonctionnait. Dans un autre coin, il restait un petit tas de matériel destiné à être chargé dans l'avion.

Le mardi 24 à midi, les camions revinrent récupérer les bennes. Ils les portèrent directement à la décharge du Comté où le contenu alla grossir les milliers de tonnes de détritus et d'ordures anonymes qui y étaient déjà.

Le lendemain matin, mercredi, le matériel pour l'avion fut réparti dans les voitures d'Howard, de Palmer et d'Usher qui se rendirent ensuite en convoi à l'aéroport de Southampton. Palmer et Denard y supervisèrent le chargement des divers paquets, tous d'aspect banal, dans l'Islander, et s'en retournèrent à Swindon. Là, Howard tendit les clés de sa Rover 820 à Denard qui avait laissé sa Toyota Corolla à Londres pour faire le voyage avec Palmer. La Rover avait rendu à Howard tous les services désirés et il n'en avait plus besoin. Ce soir-là, Bourne ramena Howard dans sa BMW puis dans son Alfa Romeo, en effectuant l'échange rituel au parking longue-durée d'Heathrow. MacDonald arriva plus tard dans la soirée par le train de Fort William et passa la nuit dans l'appartement d'Howard.

Au matin du jeudi 26, Bourne reconduisit Howard et MacDonald à Swindon, au bâtiment 10, où ils attendirent Harris. Il se présenta à 10 heures au volant d'un gros semi-remorque Volvo. Ce qui manquait encore fut soigneusement rangé dans le container. On termina par des palettes de nourriture transférées par chariot élévateur depuis le petit container qui les avait gardées au frais. Puis on verrouilla les portes. Harris fit reculer le Volvo contre la remorque et les circuits électriques, hydrauliques et d'air furent rétablis. Le ventilateur du bloc réfrigérant se mit à ronfler bruyamment. Bourne confia les papiers administratifs à Harris qui s'en alla avec le semi-remorque.

Bourne coupa la réfrigération du petit container à présent vide dont on n'avait plus l'usage, puis il passa dans le bureau pour demander son enlèvement à l'entreprise à laquelle il l'avait loué. Il donna encore deux coups de téléphone : le premier à Lansing Linde pour qu'ils viennent reprendre le chariot élévateur le lendemain matin, et le second à une entreprise de nettoyage industriel.

Tandis qu'Harris emmenait le container vers l'est par la M4, il se produisit une série d'incidents apparemment bénins dus à l'incroyable négligence de certains conducteurs et qui aurait soulevé le cœur de tout policier chargé de la prévention de la délinquance s'il en avait été témoin. À Bristol, en début d'après-midi, on gara une Vauxhall Astra dans une rue proche de la gare de Temple Meads ; le conducteur, un solide gaillard, en sortit et s'éloigna, sans verrouiller la porte, la vitre avant ouverte aux trois quarts et les clés sur le contact. Une fois à la gare, Ackford consulta les horaires de trains pour Londres et s'installa pour attendre le prochain. À Oxford, c'est un petit homme blond qui, à son tour, laissa une Rover 820 dans un état comparable sur un parking près de la rocade nord. Denard regagna le centre en bus et marcha jusqu'à la gare. Comme Ackford, il prit le train suivant pour Paddington. Pendant ce temps, à moins d'un kilomètre de distance l'une de l'autre, dans un des quartiers les plus défavorisés du sud-est de Londres, une Peugeot 205 et une Ford Escort XR3 furent abandonnées respectivement par Palmer et Usher ; et près de quinze kilomètres plus au nord, de l'autre côté du fleuve, la Sierra de Ziegler se retrouva à la sortie d'un pub à Leytonstone. Un peu plus tard, Denard, de retour à Londres après s'être débarrassé de la Rover d'Howard, conduisit sa Toyota jusqu'à

Wembley. Choisissant une allée entre le stade de football et la bouche de métro, il y arrêta la voiture, prit la Bakerloo Line jusqu'à Charring Cross et rentra à son hôtel en taxi.

À part l'étrange exception de la Peugeot 205 qui n'intéressa personne pendant près de deux jours pleins, toutes les voitures furent volées dans les heures qui suivirent leur abandon. On découvrit la carcasse incendiée de l'Escort à plus de cent cinquante kilomètres, près de Stoke-on-Trent, ultime station sans doute d'une joyeuse virée ; la Rover subit le même sort à l'est d'Oxford ; et les autres disparurent tout simplement, pour être vendues à d'honnêtes acheteurs qui ignoreraient que leur nouvelle acquisition avait une histoire bien différente de celle que décrivaient les papiers. C'est ainsi que la Golf GTi d'Harris et la BMW de Bourne durent attendre une semaine complète avant de trouver une famille. Aucun vol ne fut signalé. La police locale s'étonna bien que personne ne porte plainte pour l'Escort et la Rover – les seules voitures qui attirèrent leur attention du fait du feu – mais dans les deux cas ils ne parvinrent qu'à l'information selon laquelle le dernier propriétaire connu avait vendu le véhicule à quelqu'un qui avait certainement omis de déclarer le changement au service central des cartes grises de Swansea. On soupçonna les voitures d'avoir trempé dans une activité criminelle quelconque. L'avant-dernier propriétaire de l'Escort, un cafetier du Southend, ne parut pas des plus sincères dans ses protestations d'innocence, mais on manquait de preuves, alors on classa les deux affaires. Comme les statistiques indiquaient une recrudescence des vols de voitures, l'Escort et la Rover ne firent qu'allonger la liste des cas non élucidés.

Harris arriva au Terminal maritime de Felixstowe Trinity à 15 heures. S'étant rendu au bureau d'embarquement, il remplit les formalités, vérifia une dernière fois que le générateur diesel permettait bien au bloc de fonctionner hors de toute source d'électricité et assista à l'enlèvement du container dont le ventilateur tournait bien sagement, par une grue, ainsi qu'à son dépôt dans l'un des quatorze mille emplacements des immenses entrepôts. Harris reprit la route de Londres. S'arrêtant sur une aire de repos, il détacha la remorque vide, démonta les plaques d'immatriculation et la laissa là. À son arrivée à Londres, il rendit la cabine Volvo à son propriétaire. La remorque allait rester là pendant plusieurs semaines avant que la police ne se rende compte qu'elle avait été abandonnée. Retrouver sa provenance serait un nouveau casse-tête insoluble.

Les agents d'embarquement de Felixstowe soumirent l'habituel formulaire C88 aux douanes ; un fonctionnaire parcourut rapidement la liste des produits, calcula mentalement poids et volume de la cargaison de denrées réfrigérées et compara son chiffre avec celui noté comme poids total par l'envoyeur. Les deux indiquaient vingt-six tonnes. À lui seul, le Terminal de Trinity voit passer chaque année un million de containers maritimes : avec un tel trafic, pour des raisons pratiques, la plupart – et surtout ceux qui quittent le pays – ne sont même pas inspectés. Voyant que ce container-là ne renfermait ni viande surgelée, ni aucune autre marchandise nécessitant un contrôle poussé, le douanier apposa son tampon et les scellés furent mis. À partir de cet instant, les déplacements du container seraient commandés par le système informatique du port. L'un des quarante immenses ponts roulants le transféra sur le quai d'un kilomètre et demi de long où attendaient six porte-containers en partance pour diverses destinations. Parmi eux, le *Manatee* battait pavillon chypriote. À 14 heures on coupa le générateur diesel et une grue géante Panamax s'en empara, l'éleva au-dessus du bateau et vint le déposer avec une grande précision dans un endroit du pont situé juste en arrière de la superstructure, là où aboutissaient les sorties d'alimentation électrique. Un manœuvre vint fixer le container au pont par les quatre coins et brancha les circuits ; le ventilateur se remit en marche, tirant maintenant son énergie du bloc électrogène du bateau.

En moins de deux heures, tous les autres containers destinés au voyage numéro 56 du *Manatee* pour l'Afrique orientale furent embarqués ; il y en avait huit cents, alignés en huit rangées de vingt sur une hauteur de cinq. Le départ du *Manatee* était prévu pour le lendemain matin, vendredi 27 mars.

Si le douanier avait décidé de vérifier le poids du container sur une bascule ou d'inspecter son contenu, il n'aurait rien pu déceler d'anormal au premier coup d'œil. Le poids se serait révélé comparable à celui annoncé sur le descriptif, et en ouvrant les portes arrière il aurait vu quatre palettes de légumes surgelés, empilées par deux en hauteur et deux en largeur. Le douanier aurait pu s'émerveiller devant la rigueur avec laquelle on avait agencé les palettes, bien qu'il eût pu s'interroger sur la faible circulation d'air réfrigéré qu'autorisait un tel assemblage : les palettes s'ajustaient en effet très exactement à la largeur et à la hauteur intérieures du container. Il n'y avait pas plus d'un centimètre de jeu, dans les deux sens. Elles ressemblaient au modèle en bois qu'on trouve partout, mais en réalité, on les avait fabriquées sur mesure pour combler totalement l'espace et empêcher qu'on ne voie ce qu'il y avait derrière elles. D'ailleurs, pourquoi le douanier se serait-il posé ce genre de question ? Derrière, de toute évidence, il y avait la même chose. S'il avait voulu contrôler la température, il aurait remarqué que les légumes n'étaient pas aussi froids qu'ils auraient dû l'être. Mais bien qu'ils soient passés de moins vingt à moins treize degrés Centigrade, il n'y avait aucune différence à première vue et, s'il avait vraiment pris un thermomètre, il aurait certainement mis cette déperdition sur le compte de la mauvaise circulation d'air due au stockage trop serré.

Derrière les quatre palettes de légumes, le douanier aurait découvert d'autres palettes, de margarine en conserve, cette fois, surgelée également. Normalement, il n'y avait aucune raison de surgeler de la margarine, mais cela arrivait parfois dans des cargaisons non homogènes comme celle-ci et ça n'aurait pas paru particulièrement étrange. En réalité, la margarine était là pour contribuer à tenir les légumes au frais et servir en quelque sorte de tampon isolant entre eux et ce qui se trouvait à l'autre bout du container.

Derrière la margarine, à deux mètres cinquante des portes arrière et cachée par toute la nourriture, il y avait une solide cloison isolante peinte en noir qui évitait que la cargaison surgelée ne refroidisse la deuxième partie de l'habitacle longue, elle, d'environ neuf mètres. Le sol de cette deuxième section était recouvert d'un dallage en ciment de trente centimètres d'épaisseur dont la seule utilité était de faire du poids. Ce dallage ainsi que les murs et le plafond étaient revêtus d'une bonne couche de caoutchouc qui assurait une isolation phonique correcte.

L'espace de neuf mètres était plutôt encombré. Contre l'un des murs, on avait empilé des paquets et des provisions presque exclusivement emballés dans des sacs de marine étanches. Alors là, le douanier aurait sans doute été passionné par leur contenu : ils renfermaient tout le matériel de contrebande destiné à l'opération, dont le fusil, les munitions, les silencieux pour les AK, l'appareil de navigation par satellite, les lunettes à infrarouge et toutes sortes de curiosités. Contre le mur opposé, s'exhibaient un réfrigérateur domestique, un extincteur à incendie, un aspirateur, un réchaud de camping, une bouilloire et une batterie de cuisine minimum rangées sur une étagère, des bidons d'eau et d'essence, une petite cabine de bois renfermant un WC chimique, une table et deux fauteuils en toile pliables et, tout au fond, près des bouches d'aération, deux articles supplémentaires propres à donner une attaque cardiaque au douanier. Sur le sol, il y avait deux matelas occupés.

Lorsque le container fut doucement déposé sur le pont du bateau et que son ventilateur se redéclencha, Howard s'étira, ouvrit son sac de couchage et se mit debout. Malgré l'isolation, les surgelés avaient sensiblement refroidi l'atmosphère pendant le temps très court où le ventilateur avait été coupé. Maintenant qu'il était branché sur le bloc du bateau, l'air extérieur entrait à nouveau et il aurait vite fait de réchauffer la pièce. Deux petits régulateurs thermostatiques d'air conditionné fonctionnaient. C'était eux qu'Ackford avait nichés à l'intérieur du moteur réfrigérant et que Bourne n'avait pas su détecter. Ils allaient diffuser l'air à une température constante de vingt degrés Centigrade.

– Encore vingt-quatre heures d'attente, hélas, murmura Howard. Ensuite, nous serons en mer. La première nuit nous pourrons commencer à flanquer la nourriture et le lest par-dessus bord pour faire un peu de place.

Il regarda son compagnon.

– Danny ?

Eh bien ça par exemple, pensa-t-il avec admiration. *Il a un de ces sang-froid !*

Sur l'autre matelas, enfoui dans son sac de couchage, Danny MacDonald dormait à poings fermés.

DEUXIÈME PARTIE

LA TEMPÊTE

30

Le bruit se perdit parmi les habituels craquements métalliques et les grincements du bateau, étouffé encore par les ronflements conjoints de tous les ventilateurs, alors que le *Manatee* voguait vers le sud dans la splendeur nocturne de la baie de Biscaye. Ce fut un léger plop, semblable à un rivet qui saute, pas très fort. Presque invisible dans l'obscurité, une fine ligne de peinture sur la paroi extérieure du container de douze mètres venait de craquer. Une partie du mur avant s'entrouvrit. La sortie imaginée par Ackford fonctionnait.

À l'intérieur de l'habitacle, Howard desserra le cric de voiture et élargit prudemment l'ouverture, pour jeter un coup d'œil au-dehors. Il croisa les doigts pour qu'il n'y ait pas quelqu'un à côté, mais tout était possible. En tout cas, à moins d'avoir eu le regard fixé sur cette cloison précise au moment de l'ouverture, personne ne pouvait se douter de quoi que ce soit, même maintenant.

Il n'y avait pas un chat sur la droite, la seule direction visible par le faible entrebâillement. Il s'aperçut qu'il restait un espace de plus de deux mètres entre le container et le mur de la super-structure. Les autres containers rangés de chaque côté créaient un à-pic et un couloir permettant d'accéder d'un bord à l'autre du bateau. Plutôt que d'ouvrir plus largement et passer la tête pour inspecter la gauche, Howard sortit un petit miroir de sa poche à l'aide duquel il s'assura que la voie était libre. Satisfait, il se tourna vers MacDonald.

– On ne pouvait pas être mieux lotis, chuchota-t-il. On a toute la place et en plus on est au rez-de-chaussée, directement sur le pont et pas perchés en haut de la pile. Nous n'aurons pas besoin de cordes, il suffira de franchir le seuil. Je vais aller voir si on ne pourrait pas ouvrir les portes arrière. Il y a peu de chances mais on ne sait jamais. Je reviens dans cinq minutes.

Il rabattit la porte dans son dos et commença son exploration. Du côté le plus court, le container était suivi de deux autres, avec un espace nul entre eux. Il y en avait quatre au-dessus de chacun, ce qui formait une paroi verticale métallique de douze mètre cinquante de haut. Sur les huit de la rangée du bas, sept étaient réfrigérants et branchés sur le bloc du bateau. À chaque extrémité du passage entre la cargaison et la superstructure, une échelle ralliait le pont principal, trois mètres en dessous. Howard ne voyait toujours pas signe de vie. Il descendit et fit douze mètres vers l'arrière. En se penchant un peu et en regardant au-dessus, il constata qu'il y avait un écart de près de deux mètres entre la première rangée de containers et la deuxième. Ce serait suffisant pour leur permettre d'ouvrir les portes arrière. Il regagna sa cache où MacDonald l'attendait.

– Très bien, Danny, ils sont vraiment pleins d'attentions pour nous. On va pouvoir ouvrir les portes. Et pas seulement ça, mais en plus personne ne viendra nous déranger. Il n'y a aucun accès direct à cet endroit du pont. D'ailleurs, pourquoi y en aurait-il ? Bon, on a un tas de trucs à faire avant le jour. Je voulais d'abord foutre tout ce qui est inutile à la baille avant de resceller le passage et de faire un raccord de peinture. Mais puisqu'on peut se servir des portes arrière, allons-y tout de suite.

Ils sortirent et refermèrent derrière eux. Les taquets se remirent en place à l'intérieur. Il n'y avait plus que la fine craquelure sur la peinture pour révéler l'existence de la porte. Howard essuya d'abord la blessure avec un chiffon puis il appliqua du mastic à prise rapide avec un couteau souple tandis que MacDonald ouvrait un petit pot de peinture. Lorsque le mastic fut entièrement étalé, Howard passa soigneusement une fine couche de peinture par-dessus. À nouveau, la porte était invisible.

Après avoir descendu l'échelle qui conduisait au pont principal, les deux hommes marchèrent sans bruit vers l'arrière. Howard lança un grappin d'acier qui s'accrocha au gond du container extérieur de la première rangée, au-dessus d'eux. MacDonald le regarda grimper souplement puis se hissa à son tour. Ils récupérèrent la corde. Ainsi que l'avait dit Howard, l'espace entre les rangées était de près de deux mètres. Il n'y avait pas de garde-fou sur ce pont-là. C'était seulement une large plate-forme surplombant directement la mer à bâbord comme à tribord.

À l'aide d'une cisaille, Howard coupa le fil de fer des scellés et glissa le sceau dans sa poche. Puis il ouvrit en grand les portes arrière, les rabattant contre les containers à gauche et à droite.

Les colis de légumes surgelés s'étaient considérablement réchauffés depuis l'embarquement, mais ils restaient encore très froids et les deux hommes furent contents d'avoir prévu de gros gants isolants lorsqu'ils commencèrent à déchirer les housses de plastique et à dégarnir les palettes. Un par un, les blocs de dix kilos prirent le chemin du large après une chute de quinze mètres. Chaque fois, couvert par le vacarme du bateau, le flac était inaudible. Travaillant lentement et en silence, ils mirent près de sept heures pour se débarrasser de la totalité des légumes et de la margarine. Vers 5 heures du matin, il ne restait plus un seul paquet ni d'ailleurs aucune palette. Ils se trouvaient en face de la cloison isolante qu'ils démontèrent et dont ils jetèrent les panneaux à la mer. Ils avaient ainsi rejoint l'habitacle et n'auraient plus besoin du passage créé par Ackford.

–Bien, Danny, ça ira pour cette nuit. On balancera les parpaings de ciment demain. Allons boire un coup.

Et, tirant les doubles portes sur eux, Howard et MacDonald regagnèrent leur «appartement», maintenant plus grand d'un tiers.

Deux nuits complètes furent nécessaires pour se débarrasser des dalles de ciment car il fallait rouler le tapis de caoutchouc d'un côté puis de l'autre et tout changer de place chaque fois. Finalement, ils n'avaient gardé que leur équipement de survie et les grands sacs étanches renfermant le matériel de contrebande. La disparition des dalles abaissait le sol de trente centimètres et diminuait d'autant la pression claustrophobique qui les guettait depuis le départ. Ajoutait aussi au sentiment de confort le choix qu'ils avaient à présent de sortir du caisson par deux endroits différents : les portes arrière et l'ouverture d'Ackford. Au cours de ces trois nuits, ils n'avaient vu aucun membre d'équipage. Ils savaient que les prises d'alimentation électriques étaient vérifiées deux fois par jour mais ils n'avaient jamais eu à s'interrompre. Ils se retrouvaient même en avance sur l'emploi du temps établi par Howard car, si les portes arrière avaient été inaccessibles il leur aurait fallu plusieurs nuits supplémentaires.

Au bout de quatre jours de traversée, Howard et MacDonald avaient pris le pli de dormir la journée et de vivre à partir du soir. Howard passa les quatrième et cinquième nuits sur le pont principal afin d'étudier les mouvements de l'équipage et d'essayer de deviner quelle était l'organisation à bord. Il fut soulagé de constater que l'activité nocturne en mer se réduisait à presque rien et que les rondes d'inspection étaient très espacées et à heures fixes, donc prévisibles.

Comme il avait devant lui une dizaine de jours vacants, Howard sortit ses cassettes d'arabe et commença à améliorer ses maigres connaissances. Il était naturellement doué pour la prononciation mais il n'avait aucune chance de faire illusion plus de quelques secondes, et encore, en s'en tenant à des phrases élémentaires. Il se concentra donc sur les sons qui lui seraient plus utiles que le vocabulaire s'il devait un jour articuler quelques mots d'arabe. Il souhaita ne jamais avoir à se présenter à cet examen-là.

Mais très vite son esprit s'évada et il se prit à songer à ce qui l'avait décidé à emmener MacDonald plutôt qu'un autre dans le container. Le choix le plus évident aurait été Tony Ackford, à cause de son passé dans le SBS, mais Tony avait encore du travail indispensable. Bob Usher lui aussi aurait pu faire l'affaire, mais depuis son expérience des geôles d'Ankara, il était devenu — et c'était compréhensible — claustrophobe. Et en plus il fallait qu'il aide Tony. Mel Harris avait à s'occuper de Sullivan, tandis que les ex-coloniaux, Andy et Chris, devaient se concentrer sur l'avion — sans compter que ces deux-là n'avaient aucune expérience de la mer. Johnny Bourne devait continuer à régler les détails administratifs et Mike Ziegler... Non, se dit-il. Il avait bien fait d'élire MacDonald. Et il s'en tirait d'ailleurs parfaitement, il n'avait pas l'air de souffrir le moins du monde d'être mis en conserve dans cette saleté de boîte en acier.

—Tu t'en sors, de tes calculs, Danny ? demanda-t-il la septième nuit.

Pendant qu'Howard étudiait les mouvements de l'équipage, MacDonald s'était plongé dans son cahier de tables et de trajectoires, travaillant avec une calculatrice de poche et prenant d'innombrables notes.

—Je crois que j'ai presque fini, répondit-il en émergeant. Je pense avoir envisagé toutes les possibilités, y compris certaines, peu probables, de changement de temps. Il est pratiquement impossible qu'on se retrouve dans des conditions pires que celles que j'ai imaginées. Je vais encore vérifier les plus plausibles.

—Bien, j'ai un petit cadeau à te faire de la part de Bob. J'ignore s'il t'aidera ou non mais j'aimerais que tu l'essaies. Regarde donc si ça cadre avec tes calculs.

Perplexe, MacDonald vit Howard fouiller dans un sac étanche et en sortir un paquet rectangulaire de trente centimètres sur vingt-cinq. De couleur gris sombre, l'objet avait cinq centimètres d'épaisseur et pesait trois kilos. Howard appuya sur deux loquets et le couvercle s'ouvrit, révélant un petit écran. Il enfonça le bouton de mise en marche à droite, l'écran s'alluma et la machine produisit un minuscule murmure. Sous l'écran, un voyant vert indiquait que la pile fonctionnait.

Howard exposa les rudiments de l'appareil à MacDonald.

—C'est un ordinateur portable, un Grid 386 NX. Bob dit qu'il est particulièrement bon. Le MoD en a acheté plein. Ils sont très performants, malgré leur petite taille. Je ne sais pas grand-chose sur ce modèle-ci, mais je suis plutôt calé en ordinateurs si tu as besoin d'aide. Bob t'a préparé quelques instructions. Il dit que le logiciel est très simple. C'est Mike qui l'a dégoté. C'est américain. Comme je te voyais te bagarrer avec tes tables, j'ai pensé qu'il y avait peut-être un meilleur moyen. Vois ce que tu peux en tirer.

– Un ordinateur ? Tu plaisantes ? dit MacDonald, incrédule. Tu te rends compte que le 1er avril, c'était justement hier ?

– Non, non, je suis très sérieux, Danny. Mais je ne sais pas jusqu'à quel point ça peut te servir. Le programme balistique n'est peut-être même pas du tout adapté à la situation. Enfin, essaie toujours.

La surprise de MacDonald tourna à la fascination lorsqu'il se mit à suivre les directives laissées par Usher. Après avoir sollicité le programme, il tapa « EXTBAL6.EXE », puis pressa la touche retour. Après une courte pause, l'écran LCD présenta le logo du programme « EXTERIOR BALLISTICS OF SMALL ARMS ». Presque aussitôt, l'écran se vida et le logo fut remplacé par des colonnes de chiffres donnant la liste exhaustive des munitions existantes et tout un éventail de conditions climatiques. MacDonald constata que la sélection avait déjà été opérée pour les munitions du fusil Lapua Magnum 338 ainsi que pour un choix de températures, d'altitudes, d'humidité, de distances, de pressions barométriques et de vitesses du vent. Il s'y plongea goulûment. Se conformant toujours aux prescriptions d'Usher, il chercha dans son carnet les pages correspondant aux mêmes suppositions. « Maintenant, tape sur RÉSULTAT », lui écrivait Bob. Ce qu'il fit. Aussitôt l'écran s'effaça et « VEUILLEZ ATTENDRE » apparut. Deux secondes plus tard, plusieurs colonnes de chiffres s'affichèrent. Dans la première figurait une série de distances de zéro à quinze cents mètres, cent mètres par cent mètres ; dans la deuxième et la troisième, la vitesse initiale des balles et leur puissance à chaque distance ; dans la quatrième, l'affaissement progressif en centimètres par rapport à la sortie du canon ; et dans la dernière le temps de vol de la balle suivant la distance. Les sixième et septième colonnes donnaient en centimètres et en minutes d'angle l'écart de tir par rapport au point de mire et les huitième et neuvième alignaient, également en centimètres et en minutes, les variations dues au vent, par cran de cinq kilomètres à l'heure.

– Oh, bon Dieu, regarde-moi ça ! s'exclama MacDonald.

Il mit en parallèle les résultats fournis en deux secondes par l'ordinateur et ceux qu'il avait accumulés dans son calepin. Ils correspondaient presque parfaitement, la différence n'excédant pas un centimètre à une distance de douze cents mètres. Et MacDonald se dit que l'erreur devait plutôt se trouver de son côté que sur l'écran de la machine. S'apercevant qu'il pouvait demander toutes les variantes possibles concernant la température ou la pression, il commença à pianoter furieusement, comparant les chiffres à ceux qu'il avait mis des dizaines d'heures à obtenir manuellement. Il ne lui fallut pas plus d'une demi-heure pour tout vérifier, levant de temps en temps vers Howard un regard de plus en plus agressif. Celui-ci finit par se rendre compte de la tension et agita les mains comme pour s'excuser.

–Je sais ce que tu penses, Danny. Tu te demandes pourquoi je ne t'ai pas donné ce machin plus tôt pour t'éviter tout ce boulot. Il faut d'ailleurs que je t'avoue que les autres étaient partisans de te le confier tout de suite – sauf Mike et moi. On était persuadés tous les deux qu'il valait mieux te laisser aller au bout de tes calculs avant, de façon que tu puisses t'appuyer sur quelque chose de solide pour faire confiance à ses performances. Sans cela, tu aurais pu douter. En plus, je suis sûr que toutes ces manipulations de chiffres t'ont familiarisé avec les munitions bien plus que ne l'aurait fait l'ordinateur. Je suis désolé, vieux, mais j'espère que tu comprendras pourquoi j'ai agi comme ça.

MacDonald fit la moue, réfléchit un moment, puis haussa les épaules.

–Tu as raison. J'aurais certainement refusé de le croire. D'ailleurs je dois reconnaître que je suis scié. C'est stupéfiant – à une telle vitesse. Le mieux serait de prendre les deux : l'ordinateur et mon calepin. Comme ça, s'il tombe en panne ou si la pile est morte, j'aurai toujours mes notes. Et en plus, j'ai maintenant la preuve de ne pas m'être trompé.

–C'est exactement ce que j'avais envie d'entendre, dit Howard. Maintenant, debout, il va bientôt faire nuit et j'ai un autre joujou à te montrer. Nous allons savoir où nous nous trouvons exactement, à cent mètres près. Avec ça !

Et il tendit un petit appareil de vingt centimètres de long. Mac-Donald l'étudia et ne put dire s'il s'agissait d'une grosse calculatrice de poche ou de la commande à distance d'un téléviseur.

–C'est un appareil de navigation par satellite, dit Howard.

31

Le matin du 7 avril, Harris et Denard regardèrent Sullivan décoller de l'aéroport de Southampton. Harris était ravi. Le pilote américain s'était parfaitement comporté durant son séjour à Londres. Il ne s'était pas abîmé dans la boisson ni dans les fêtes et avait semblé désireux de faire du bon travail. Il avait étudié le plan de vol que lui avait donné Harris et avait même suggéré quelques amendements plutôt sensés. Le plan de vol avait été mis au point par Denard, qui avait reconnu plus tard que les modifications proposées par l'Américain étaient judicieuses, mais à aucun moment il n'avait laissé penser à Sullivan qu'il était lui-même pilote. Et ils restaient les deux seuls membres de l'équipe qu'il ait rencontrés.

– Je pense qu'on a tiré le bon numéro, commenta Harris tandis que le Islander s'élevait au-dessus de la mer vers sa première escale avant l'Arabie Saoudite.

– S'occuper d'un cowboy en Arabie Saoudite ne doit pas être un exercice de tout repos, poursuivit-il, mais je ne crois pas que celui-ci nous donnera trop de fil à retordre. Tu as vu, il ne boit même pas tellement – à part une bière de temps en temps. On ne peut pas en dire autant de toi, Andy, vieux bougre.

– Appelle-moi Superman, répliqua Denard. Je ne bois jamais quand je vole. Allez, rentrons à Londres. La première bière, c'est ma tournée.

Puis il ajouta, lugubre :

– Ça sera aussi la dernière avant un bout de temps... Saloperies de Saoudiens, avec leurs lois anti-alcool !

Ce soir-là, quatre membres de l'équipe quittèrent Londres pour l'Arabie Saoudite : Bourne, Denard, Palmer et Harris prirent le vol BA 133 de la British Airways pour Djedda. Ziegler, Ackford et Usher suivirent le lendemain matin à bord du BA 125 pour Riyad. Ils pénétrèrent tous les sept sous leur identité réelle avec leur passeport personnel.

L'entrée en Arabie Saoudite est très étroitement contrôlée. Il n'y a pas de tourisme et seulement deux sortes de visiteurs sont admis. Les premiers, pèlerins pour La Mecque et Medine, les deux lieux saints, n'ont pas le droit de se rendre ailleurs que dans ces deux villes et Djedda, et la majorité d'entre eux ne sont accueillis que pendant la période du hajj. Les hommes d'affaires accrédités forment la deuxième catégorie avec les travailleurs et leur famille. Jusqu'à un certain point, ils ont plus de liberté de déplacements dans le royaume selon leur contrat. Mais aucun non-musulman ne peut pénétrer dans les deux villes saintes. Un visa n'est accordé que si une entreprise fournit une preuve convaincante d'engagement et la raison de cet engagement est soigneusement étudiée par le service qui délivre l'autorisation. Il arrive que les autorités saoudiennes, comme par exemple l'Ambassade saoudienne à Londres, demandent à faire elles-mêmes les vérifications auprès de l'entreprise pour s'assurer que l'autorisation est justifiée. Mais, en général, une demande sérieusement préparée, soutenue par une entreprise bien implantée, ne rencontre pas d'opposition. Les passeports des sept hommes d'Howard stipulaient que leurs titulaires étaient envoyés par la Pan-Arabian Petroleum qui, en plus de ses sept cent cinquante employés nationaux, comptaient quarante-cinq Britanniques, douze Américains et huit Pakistanais travaillant sur place. La PAP jouissait du plus grand respect. Le fait qu'elle était entièrement détenue par la famille royale saoudienne la mettait à l'abri de la plupart des interventions bureaucratiques habituelles.

En tant que conseiller pour la sécurité, Bourne n'avait eu aucune difficulté à leur établir des contrats PAP imparables. Ayant accès à l'ordinateur du fichier du personnel des bureaux de Londres, il y avait intégré des fiches individuelles sur les six autres et lui-même, avec pour chacun une note précisant qu'on devait le contacter pour tout problème les concernant. Pendant les semaines suivantes, il surveilla étroitement le service du personnel. Lorsqu'il apparut que l'Arabie Saoudite n'élevait aucune objection et que les autorisations seraient délivrées (Bourne n'en avait pas vraiment douté), il effaça les sept fiches dans l'ordinateur et ce fut comme s'ils n'avaient jamais été là. Il se promit quand même, lors de son retour, de faire bénéficier le service du personnel d'un petit tour de vis quant à la sécurité, car personne n'avait même seulement remarqué la présence de ces sept « employés » supplémentaires.

Dans un premier temps, tout individu venant travailler en Arabie Saoudite reçoit un visa d'entrée valable un mois. S'il souhaite rester plus longtemps, il doit, avant que ce mois soit expiré, échanger son visa de tourisme contre un visa d'affaires ou de

« sortie-et-rentrée ». Pour ce faire, une deuxième autorisation est nécessaire, accordée après présentation d'une nouvelle lettre de l'employeur. Un *iqaama* (permis de travail) est alors remis au candidat. Le titulaire de ce *iqaama* devra toujours avoir sur lui ce livret de six pages à couverture brune, après avoir généralement confié son passeport à son employeur, lequel passeport recevra un tampon indiquant qu'un *iqaama* a été délivré. Sans *iqaama,* un étranger n'a aucune existence en Arabie Saoudite. Pour quitter le pays, le titulaire du *iqaama* devra solliciter un visa de sortie, et cette formalité demande entre quatre et six jours.

Cependant, pour l'homme d'affaires qui ne veut pas rester plus d'un mois, la vie est grandement facilitée. Il conserve son passeport et ne se sépare pas de la lettre de son employeur stipulant les conditions et le lieu de son travail et donc précisant les déplacements autorisés dans le pays.

En arrivant à Djedda aux premières heures du 8 avril, Harris et Denard prirent un taxi qui les conduisit directement à l'hôtel Sheraton, sur la Corniche, où ils emménagèrent dans les deux chambres contiguës qu'Harris avait réservées à leurs noms. À la réception, ils tendirent leurs passeports qui portaient le tampon habituel pour les visiteurs. Personne ne fit de remarque sur la moustache que Denard avait laissé pousser ni sur le fait que ses cheveux étaient plus sombres que sur la photo ; on ne leur avait pas non plus posé de questions gênantes à l'aéroport sur leurs activités exactes. Harris était un « administratif » – comme l'indiquait son passeport – supposé travailler pour la Pan-Arabian Petroleum tandis que Denard s'honorait du titre de « chef d'entreprise », survivance de l'époque où il dirigeait sa propre flotte privée d'avions de tourisme, avant qu'elle ne soit absorbée par la United Air Charters du Zimbabwe.

Denard monta immédiatement dans sa chambre et il y resta trois jours sans se montrer en y prenant tous ses repas. Le service était fait dans la chambre d'Harris qui signait la note et qui utilisait ensuite la porte de communication. « Ce que j'ai pu me faire chier » fut le seul commentaire de Denard lorsqu'il émergea de son isolement le 11 avril.

Bourne (également « chef d'entreprise ») et Palmer (« ingénieur ») descendirent dans un autre hôtel, le Marriott. Au matin, après le petit déjeuner, Bourne appela Tony Hugues, le directeur général de Darcon pour l'Arabie Saoudite. Hugues attendait des nouvelles de « M. Bryce » et envoya une voiture le prendre à son hôtel en même temps que « M. Potter ». Lorsqu'ils arrivèrent à son bureau, il examina les ordres de mission Darcon que Bourne avait établis, se qualifiant lui-même de géologue et « Potter » d'inspecteur. Les messages par fax que Hugues avait reçus depuis la machine de Dartington avaient un ton si sérieux et si confidentiel qu'il ne put que se montrer coopératif.

Hugues était un petit homme énergique et Bourne comprit tout de suite pourquoi Dartington avait une telle confiance en lui. L'idée que Dartington semblait organiser de nouveaux projets sur son territoire dans son dos n'avait pas l'air de le choquer. Bourne s'aperçut bientôt, en entendant parler Hugues, que les deux hommes étaient très liés depuis de nombreuses années et que Hugues éprouvait une admiration sans bornes pour son patron. Bourne pensa qu'ils avaient bien fait de préciser, dans les fax supposés émaner de Dartington, que Hugues ne devrait jamais aborder ce sujet au téléphone sauf avec « M. Bryce » personnellement.

—Tout a été préparé, Jim, dit Hugues à Bourne. On vous confie la direction du vieux chantier de Badanah. Comme je vous l'ai déclaré, il est désert depuis quatre mois, en fait depuis que nous avons terminé le revêtement de la piste TAP. Je vous ai fait conduire là-bas les quatre véhicules demandés et deux mécaniciens vont partir vérifier qu'ils sont bien en état de marche. En dehors d'eux, vous aurez trois gardes pour la sécurité, deux polyvalents, un magasinier et un cuisinier. Tous saoudiens, sauf le cuisinier qui est pakistanais. Désirez-vous du personnel supplémentaire ?

—Non merci, répondit Bourne.

Et, intérieurement, il se dit qu'il s'empresserait d'accorder aux employés saoudiens trois semaines de congés payés. Il garderait le cuisinier pakistanais en faisant en sorte qu'il n'ait pas l'idée de sortir de sa cuisine. Et celui-ci serait sans doute ravi de voir s'éloigner ses collègues, car les Saoudiens traitaient les travailleurs immigrés non blancs plus bas que terre.

—Nous sommes très autonomes, vous savez, Tony, ajouta-t-il. Dès que les autres nous auront rejoints, nous serons à l'extérieur du camp la plupart du temps. Ils doivent y aller directement, eux. Vous avez été parfait.

Hugues invita les deux hommes à dîner avec sa femme et lui, et il sembla déçu lorsque Bourne refusa poliment, expliquant qu'ils avaient encore beaucoup de choses à préparer avant de se mettre en route pour le nord. Palmer et lui prirent congé et regagnèrent leur hôtel où Ziegler, Ackford et Usher, qui avaient attrapé une correspondance à Riad, les retrouvèrent après l'atterrissage.

Le lendemain, 9 avril, Bourne, Palmer, Ackford et Usher se levèrent tôt et retournèrent en taxi à l'aéroport international de Djedda King Abdul Aziz où ils embarquèrent sur le vol SV 738 de la Saudi Arabian de 7 h 45 pour Ar'ar, à l'extrême nord du pays. Le chantier Darcon se situait à quinze kilomètres sur l'axe routier du Pipeline Trans-Arabie (TAP), après la ville de Bada-nah, à environ trois cents mètres à l'écart de la route. Ils y arrivè-rent à 11 h 30, en pleine chaleur et commencèrent à s'installer. Comme Bourne l'avait prévu, les huit employés saoudiens furent ravis de se voir octroyer trois semaines de vacances et ils s'en allèrent sans demander d'explications.

Ziegler, qui avait accompagné les autres à l'aéroport, se rendit au bureau de location de voitures Avis et choisit le plus gros véhicule disponible. C'était une grande camionnette couverte Dodge Ram Charger à cabine séparée avec beaucoup de place à l'arrière. Il quitta la ville par le nord avec un soupir de soulage-ment en échappant au trafic urbain qui semblait s'inspirer très vaguement du code de la route. Il conduisit avec lenteur et pru-dence, en prenant tout son temps. Peu après la sortie de la ville, il tomba sur le barrage permanent de la police où il présenta son passeport et son autorisation de déplacements de la PAP. Les policiers n'eurent pas l'air de vouloir lui faire d'histoires et ils devinrent même charmants lorsque Ziegler les gratifia poliment des quelques phrases d'arabe qu'il s'était mises dans le crâne. En revanche, il les vit fouiller de fond en comble deux véhicules conduits par des Pakistanais. Au fur et à mesure qu'il s'éloignait vers le nord, la circulation se raréfiait ; au bout d'une heure, il trouva la route de la côte qu'il prit, en direction de Yanbu, tou-jours vers le nord. Il y parvint à midi, à peu près à l'heure où Bourne et les autres, à huit cents kilomètres au nord-est, se met-taient à table au chantier de Badanah.

À une distance comparable, mais cette fois au nord-ouest de Yanbu, la traversée du *Manatee* en Méditerranée touchait à sa fin. Le minuscule récepteur de navigation par satellite GPS d'Howard l'informa que le bateau approchait de Port Saïd, à l'extrémité septentrionale du canal de Suez.

32

Harris se trouvait au King Abdul Aziz International lorsque Sullivan se posa au matin du 11. Le Texan, voyageant avec son propre passeport et un dossier d'embauche Darcon concocté par Bourne, passa la douane sans difficulté. Son allure avenante et décontractée fit merveille auprès des fonctionnaires saoudiens. Et son salut chaleureux bien que linguistiquement contestable «Eh ben, salamalec à toi aussi, mon pote!» arracha un sourire au préposé à l'immigration. Il y avait quelques formalités supplémentaires concernant le Islander, mais les Saoudiens avaient l'habitude de voir les hommes d'affaires arriver dans leur propre avion et cela aussi se déroula sans anicroche. Sullivan appartenait à ce type d'hommes qui pensent qu'avec un peu de politesse et de bonne humeur on va loin. Il avait un caractère facile et savait s'en servir.

Harris le conduisit au Sheraton dans sa voiture de location. Il engagea la conversation en demandant à Sullivan s'il avait fait bon voyage.

–Pas le moindre pépin. En fait, c'était un vol au poil... Ah, bon Dieu!

Il avait crié; une camionnette Mazda venait de les frôler.

–Vous avez vu comment ils conduisent, ces mecs! Ils en ont marre de la vie, ou quoi?

Harris lança un juron à l'autre conducteur qui s'éloigna sans s'occuper de rien.

–Comme vous pouvez le constater, il n'y a pas que des champions du code de la route, par ici, murmura-t-il à Sullivan. C'est un vrai foutoir, la circulation.

Un peu plus tard, il changea de sujet et se lança dans un numéro soigneusement répété pour les beaux yeux de Sullivan.

–Écoutez, Ray, il y a eu un petit changement. Le patron a dû quitter la ville. Un voyage imprévu. J'ignore quand il va rentrer mais il a dit que ça pourrait durer trois semaines, et peut-être quatre. Vous et moi, on n'a donc plus rien à faire en attendant, mais il nous demande de rester en stand-by. On est descendus au Sheraton. Il va falloir y demeurer sans bouger jusqu'à ce qu'il nous fasse signe. Ça ne vous pose pas de problème ?

— C'est vous qui commandez, dit Sullivan. Pour moi, ça roule, je fais ce que vous me dites de faire.

— Très bien, poursuivit Harris, toujours dans son rôle. Je me suis occupé de toute la paperasse, mais j'aurais besoin de votre passeport et de vos autres papiers pour la réception de l'hôtel. Tous. Vous n'avez pas idée de leur bureaucratie. Pour des raisons de sécurité, ces hôtels tiennent à tout vérifier. Permis de conduire, tout. Et aussi le permis de vol. Et ils les gardent jusqu'au départ. Je règle tout ça, bien sûr — je parle la langue.

— D'accord. Voici mon portefeuille — tout est dedans, dit-il avec un petit rire. J'ai comme l'impression qu'après ce boulot ce bon vieux portefeuille aura meilleure mine, avec ses quatre-vingt-dix mille billets, hein ? En attendant, moi je suis patient. Et je ne pose *pas la moindre* question.

— Merci, dit Harris. Voici la clé de votre chambre — sixième étage. Elle est prête, vous n'aurez qu'à y aller directement et je me chargerai du reste. Mettez tout ce dont vous aurez besoin sur la note — ce sera payé par nous.

Quelques minutes plus tard ils arrivaient à l'hôtel. Sullivan monta s'installer au sixième étage. La chambre avait été libérée le matin par Denard qui attendait maintenant dans celle d'Harris, son petit sac de vol bouclé. Harris laissa s'écouler une dizaine de minutes avant d'appeler Denard depuis la réception, pour lui dire de descendre.

Denard passa devant le bureau de l'hôtel, sortit et monta dans la voiture d'Harris. Cinq minutes après, celui-ci le rejoignait et lui tendait le portefeuille du Texan avant de le conduire à l'aéroport. Sous l'identité de Sullivan, Denard déposa un plan de vol pour Al Wajh, une petite ville sur les bords de la mer Rouge à trois cents kilomètres au nord de Yanbu. Harris s'en alla avant qu'il ait décollé.

33

Au cours de la nuit du 11 avril, Howard et MacDonald firent un grand ménage dans le container. Howard avait consulté son récepteur satellite de plus en plus fréquemment. Un petit orifice pratiqué par Ackford en haut du caisson permettait de faire passer une antenne si bien que la lecture pouvait avoir lieu à l'intérieur. Howard calcula qu'ils arriveraient à l'endroit prévu normalement dans le courant de la nuit suivante, du 12 au 13.

Les deux hommes sortirent le 12 à 18 heures, vêtus de combinaisons de plongée noires. Travaillant rapidement, ils commencèrent à empiler ce qu'ils voulaient emporter devant les portes arrière. Tout le reste fila par-dessus bord. La plus grosse gerbe fut provoquée par le réfrigérateur domestique dans lequel ils avaient entreposé leur nourriture pendant le voyage. Ils ne surent jamais qu'un des membres de l'équipage avait pris ce soir-là une heure de retard sur sa première ronde de nuit. Le réfrigérateur passa tout près de lui, à trois mètres au-dessous d'eux. S'il avait eu encore sa couleur blanche originelle, peut-être l'aurait-il remarqué, mais comme Ackford l'avait peint en noir mat, il n'eut que la vague impression que quelque chose avait volé à côté de lui. Il s'arrêta, fronça les sourcils et vint à la rambarde. Il ne vit qu'un petit tourbillon insolite dans l'eau sombre et se dit qu'il avait la berlue. Il poursuivit sa ronde. Vingt minutes plus tard, il avait regagné sa cabine et tout oublié de l'incident.

Howard passa l'aspirateur pour faire disparaître les dernières traces de leur séjour, puis le débrancha de la prise dissimulée derrière le panneau d'aluminium près du bloc réfrigérant. Il replaça le panneau, jeta à l'aide de sa torche un dernier coup d'œil au container vide et sortit. Refermant les doubles portes, il se tourna vers MacDonald, penché sur le réchaud de camping installé sur le pont. Un petit pot fermé mis à chauffer dessus contenait quatre onces de plomb. Lorsqu'il fut fondu, MacDonald le coula précautionneusement dans un moule en plâtre qu'Howard avait fabriqué à partir du sceau des douanes. Il passa le fil d'origine – à présent un peu plus court puisqu'il avait été coupé – dans les poignées des portes et le fit aboutir dans le moule pour que le plomb l'emprisonne en se solidifiant. MacDonald versa quelques gouttes d'eau froide sur le moule pour le rafraîchir. Constatant que le plomb prenait, ils balancèrent le réchaud, l'aspirateur et tous les objets inutiles par-dessus bord. Lorsqu'ils eurent utilisé une dernière fois chacun le WC chimique, ils s'en débarrassèrent aussi. Et avec joie. Malgré le ventilateur et les deux appareils d'air conditionné, son odeur écœurante ne les avait pas lâchés pendant deux semaines. Ce fut lui qui plongea en dernier. Howard consulta sa montre. Il était 19 h 56, heure locale.

Quinze minutes plus tard, ils avaient descendu tout leur matériel par corde sur le pont principal. Conscients que c'était maintenant qu'ils couraient le plus gros risque d'être découverts, ils se hâtèrent de transporter les grands sacs étanches et le reste à l'arrière du bateau. La grande bâche de toile cirée verte qui recouvrait le treuil hydraulique de poupe du *Manatee* leur permit tout de même de se cacher un peu. C'est derrière elle qu'ils commencèrent à vider de son contenu le plus volumineux et le plus lourd des sacs. À l'intérieur se trouvait le bateau gonflable de type Gemini de cinq mètres. MacDonald se mit à le gonfler avec une bouteille de plongée tandis qu'Howard retournait calmement à l'arrière du container. Le moule était à présent tout à fait frais au toucher. Il brisa le plâtre et lava à l'eau le nouveau scellé de plomb. Il l'inspecta brièvement dans le faisceau de sa torche. Ça irait. Il jeta les débris de plâtre à la mer, puis revint auprès de MacDonald pour l'aider à finir de gonfler le Gemini.

Howard fixa l'extrémité d'un filin de soixante mètres à une épaisse épontille d'acier à bâbord, en ne laissant libre que six mètres de cordage. Il attacha cette extrémité-là à l'anneau bâbord du Gemini. MacDonald, pendant ce temps, opérait de même à tribord. Puis ils firent passer le Gemini par-dessus le garde-corps, l'arrière en premier, et laissèrent filer.

L'embarcation de caoutchouc resta suspendue à quatre mètres cinquante environ au-dessous du bastingage, par ses deux anneaux latéraux, le dessous tourné vers le cargo. À l'aide d'un troisième bout attaché à une troisième épontille centrale, Howard descendit lui-même jusqu'au Gemini, retenu par un harnais de montagne. Une fois en place, il s'arrima à l'embarcation par un clip du harnais et se libéra de la corde. Debout sur le bourrelet arrière du Gemini, il fit signe à MacDonald de lui passer le matériel avec le bout du milieu. Howard attrapait chaque paquet et les fixait solidement au fond du Gemini par des bandes-nylon adhésives. Le premier colis à être descendu, le plus lourd aussi, fut le

191

moteur hors-bord de quarante chevaux. Suivirent les bidons d'essence et d'eau, puis neuf grands sacs de marine contenant de la nourriture, des vêtements et diverses autres choses. Enfin, MacDonald fit comprendre par gestes à Howard qu'il devait prendre un soin tout particulier du gros fusil qui arrivait maintenant dans son étui étanche et antichocs. Howard sourit en saisissant délicatement l'objet. Il savait bien que c'était loin d'être la chose la plus fragile du chargement, mais il comprenait que Danny s'inquiète pour la lunette télescopique. Le chasseur réagissait correctement par rapport à ses nouveaux outils de travail.

Quand tout fut solidement assuré dans le bateau, Howard remonta. Ensemble, MacDonald et lui donnèrent du mou aux deux filins en utilisant les épontilles comme freins jusqu'à ce que le Gemini touche l'eau par l'arrière. Sous le *Manatee,* l'hélice soulevait de gros bouillons. Pendant quelques secondes, Howard craignit que le Gemini ne se retourne, mais lorsqu'ils eurent entièrement déroulé les cordes, l'embarcation de caoutchouc avait déjà pris son équilibre et suivait bien droit, à cinquante mètres derrière le cargo.

Howard aida MacDonald à enfiler son gilet de sauvetage et accrocha lui-même le harnais de l'Écossais à l'un des deux bouts. MacDonald enjamba le bastingage. Howard se servit de la troisième corde pour freiner sa descente et le regarda glisser lentement vers le Gemini.

Howard avait prévenu le jeune homme de bien prendre garde aux secousses en touchant la mer, mais la violence du tangage surprit MacDonald qui but la tasse et fut brutalement projeté contre le flanc du Gemini. Se reprenant, il s'agrippa et parvint à se hisser à bord en crachant et en toussant. Il désolidarisa son harnais de la corde pour le fixer directement sur l'embarcation, puis, saisissant le bout qui avait freiné sa descente, il le noua à l'anneau central du Gemini. Sur le cargo, Howard tira dessus et l'attacha solidement à l'épontille. Ensuite, il sectionna les deux autres, à bâbord et à tribord, les laissant filer et jetant à la mer les extrémités qui formaient les nœuds. Ainsi, le Gemini n'était plus retenu que par le filin central. Enfin, Howard gonfla incomplètement son gilet de sauvetage et coupa la dernière amarre du Gemini qui se mit à flotter librement. Il lança vite la partie du nœud par-dessus bord et sauta dans le vide.

Il se ramassa sur lui-même en vue d'une bonne claque, en touchant l'eau douze mètres plus bas, mais la mousse brassée par l'hélice lui causa une agréable surprise de douceur. Dès qu'il entra en contact avec la mer, il réamorça le gonflage de son gilet. Après quelques secondes d'angoisse où il se demanda s'il avait fait un bon calcul et s'il n'allait pas être attiré par les remous de l'hélice, il rebondit à la surface. Il dansa encore pendant près d'une minute dans le bouillonnement, puis l'eau se calma. La mer était étale. En s'orientant sur les lumières du *Manatee* qui s'éloignait, il nagea dans la direction opposée. Deux minutes plus tard, il distinguait la lueur verte à l'avant du Gemini et actionnait sa torche pour se signaler à MacDonald. Celui-ci approcha à la rame et l'aida à monter. Sans les détacher, ils halèrent les trois cordes flottantes et les roulèrent dans le bateau.

Howard sortit le moteur hors-bord de son empaquetage et l'installa à l'arrière avec soin, branchant ensuite l'arrivée d'essence.

–Ça va être une sacrée partie de pagaies si cette saloperie refuse de démarrer, commenta-t-il pour MacDonald en préparant le starter.

–C'est la première fois que je fais une chose pareille sans moteur de secours, mais là, on n'avait vraiment pas la place, ajouta-t-il.

Puis il consulta sa boussole de poignet et montra l'est.

–La côte saoudienne est par là, environ à cent dix kilomètres.

Le moteur de quarante chevaux démarra à la troisième sollicitation.

–Remercions le bon Dieu, murmura Howard. S'il n'était pas parti, j'aurais inscrit Tony pour un tour du monde à la rame.

Il regarda à nouveau sa boussole puis examina le ciel. On reconnaissait bien l'étoile polaire, désignée par le W de Cassiopée et il eut ainsi la confirmation de la direction du nord. En fixant l'étoile, il eut l'impression de voir un clignotement comme si quelque chose était brièvement passé devant elle. Une fine bande de nuages dans un ciel pourtant si clair, se dit-il. Ou bien un satellite. Il mit le cap à l'est et ralentit le régime du moteur. Par temps calme, le Gemini devait facilement filer quinze nœuds, calcula-t-il. Alors – disons cinq heures, avec un peu de chance. Il était 22 heures locales. Si les conditions météo ne changeaient pas, ils y seraient vers 3 heures du matin. En étant plus optimistes encore, ils pourraient peut-être éviter une journée d'attente.

Élevé sur la côte ouest, MacDonald n'était pas perdu sur une petite embarcation. Il avait fait d'innombrables sorties par tous les temps, à toutes les heures du jour et de la nuit et dans tous les types de bateaux. À cet instant, pourtant, alors qu'ils amorçaient leur demi-traversée de la mer Rouge sur un cinq mètres, il se sentit seul et fragile comme jamais. Il eut une pensée pour son glen et pour la jeune Sheila... si loin... un autre monde, une autre vie. Il fouilla l'obscurité autour de lui – il n'y avait rien. Rien du tout. À peine encore les lumières du *Manatee* qui s'évanouissaient peu à peu dans la nuit, vers le sud.

La traversée se passait mieux que n'avait espéré Howard. Au bout de la première heure, il compta que le Gemini avait couvert vingt-trois kilomètres. À 23 heures, il arrêta pour consulter le récepteur GPS. Aucune réponse. Sur les quinze satellites Navstar qui faisaient la ronde autour de la terre, le récepteur en exigeait deux au-dessus de l'horizon pour effectuer ses calculs. Peu importe, se dit-il. On est encore loin du but. Ils ne risquaient pas de percuter la côte de sitôt. Durant les deux heures qui suivirent, ils subirent une mer moins calme et à une heure, Howard ne voulut pas risquer de mouiller le GPS. Il supposa qu'en dépit du mauvais temps ils avaient dû parcourir encore une trentaine de kilomètres – ce qui les amenait à mi-chemin. Peu après 1 h 30, le vent tomba d'un coup et Howard redonna toute sa puissance au hors-bord. Il conserva une vitesse de vingt nœuds environ jusqu'à 3 heures et là, il évalua qu'ils devaient se trouver à moins de quinze kilomètres de la côte saoudienne. Il arrêta pour avoir un point précis par le GPS qui répondit 36 deg 54 min est, 25 deg 31 min nord. Consultant la carte à la lueur d'une lampe, il comprit aussitôt que le vent du sud les avait poussés plusieurs kilomètres plus au nord que prévu. Ils se trouvaient au large du sud de l'île Shaybara, à quelques encablures de la côte. De jour, ils pourraient très bien voir la terre.

Il se pressa d'ordonner à MacDonald de sortir la housse du moteur pour amortir le bruit. Il avait décidé de ne pas l'installer tout de suite mais changea d'avis très vite lorsque Danny aperçut une lumière qui approchait par le sud. Howard mit le cap au nord pour lui échapper mais elle gagnait du terrain et n'était plus qu'à deux ou trois kilomètres. Tout à coup, une poursuite lumineuse troua la nuit. Un garde-côtes saoudien, pensa Howard, consterné. Il fallait absolument se cacher.

Ils disposèrent la housse silencieuse et diminuèrent la puissance tout en piquant droit sur la côte. Le projecteur se rapprochait encore mais Howard ne pouvait deviner si c'était accidentel ou s'ils avaient été repérés sur un écran radar. Cette dernière éventualité paraissait improbable car le profil radar du Gemini était pratiquement nul. Ils virent bientôt un promontoire rocheux juste devant. Howard les y conduisit en douceur, le moteur presque inaudible. MacDonald éperonna pendant qu'Howard déployait un filet de camouflage et en recouvrait l'embarcation et eux-mêmes.

Il était temps. La poursuite prit la masse maintenant informe du Gemini en plein dans son faisceau. Ils retinrent leur respiration, le rayon passa. Sous le filet qui évoquait des algues, tout était peint en noir mat. Même à cent mètres, personne ne pouvait deviner qu'il y avait là un bateau. Le garde-côtes s'éloigna, d'abord vers l'ouest, puis vers le sud et son fanal se fondit dans la nuit. Howard replia le filet et dit à MacDonald de larguer l'amarre.

Un kilomètre plus loin, ils atteignirent l'extrémité orientale de l'île Shaybara. Howard s'engagea au nord dans un chenal étroit et commença à naviguer au milieu d'un petit archipel en vue de la côte principale.

À 3 h 55, ils accostèrent, mais Howard jugea que le rivage était trop plat et trop vide. S'ils devaient attendre le jour, ils seraient à découvert et ce garde-côtes pouvait surgir à tout moment. Après un autre kilomètre, toujours silencieux, ils parvinrent à une petite crique rocheuse qui offrait plus de sécurité. Howard trouva l'endroit idéal. C'était une sorte d'entaille dans la côte. À moins de se pencher au bord de la petite falaise qui surplombait la crique, personne ne pourrait voir le bateau. Et, depuis la mer, l'abri était indécelable.

Howard descendit, laissant à MacDonald le soin d'amarrer l'embarcation. En escaladant la paroi rocheuse, il eut la satisfaction d'entendre une rumeur au loin. Moins de quelques minutes plus tard, les phares d'un camion balayèrent la nuit à sept ou huit cents mètres. Très bien, se dit Howard, la route du bord de mer était donc toute proche. Il retourna au bateau et les deux hommes entreprirent de décharger la cargaison.

Après avoir enlevé leur combinaison de plongée, ils se séchèrent et s'habillèrent tout en noir : pantalon, T-shirt, blouson, cagoule et chaussures de sable. Puis, un sac de plastique à la main, Howard gagna la route. En faisant très attention de ne pas se laisser surprendre par les phares d'un véhicule, il posa trois petits drapeaux sur le bas-côté à quatre cents mètres de distance. Un jaune à chaque extrémité et un orange au milieu. Puis il regagna la crique. MacDonald avait fini de vider le Gemini et il s'apprêtait à le dégonfler.

À 4 h 40, Howard surveilla, inquiet, la deuxième lumière de phares qui approchait. Il se faisait tard. Dans moins d'une heure le jour allait se lever. Le véhicule passa devant l'endroit où il avait placé le premier drapeau jaune. Un klaxon émit trois longues et une brève. Au drapeau central, il retentit à nouveau : trois brèves et une longue. Puis la lumière s'immobilisa et s'éteignit.

C'était Ziegler dans sa Dodge Ram Charger. Depuis trois nuits il campait dans les environs et faisait des allers et retours sur la route chaque soir après la tombée du jour et chaque matin avant l'aube. Howard et MacDonald étaient ravis de le voir mais leur bonheur fut à son comble lorsqu'il leur présenta la grande bouteille thermos pleine de café qu'il avait apportée. Marchant devant la Dodge, Howard guida Ziegler hors de la route jusqu'à la rive. À 5 h 05, le chargement de la camionnette était terminé et ils reprenaient la route du nord.

Il était 6 h 45 lorsqu'ils arrivèrent à Al Wajh. Denard les attendait. Il obtint son autorisation de vol pour 7 h 30. Ziegler conduisit la Dodge au pied du Islander pour transborder le matériel puis la ramena au parking de l'aéroport, la verrouilla, empocha la clé et l'abandonna, revenant à pied vers l'avion. À 8 heures exactement, le Islander décolla et prit la direction du nord-est pour rallier Ar'ar.

34

−J'ai bien peur qu'il n'y ait encore rien sur le plan armement, Ed, informa Bourne en contemplant Howard et MacDonald attablés devant deux grandes assiettes généreusement garnies.

Les trois hommes s'étaient installés dans la cuisine du camp de Badanah. Il était midi.

−Mais tout le reste roule, ajouta Johnny. Avec Bob, j'ai trouvé un peu de matériel médical et on a dévalisé la Land Rover du camp prévue pour les urgences. Tony et Chris ont bricolé un ou deux trucs qui ont bonne figure. Je crois que nos deux fausses ambulances risquent de faire fort.

−Et les véhicules eux-mêmes, ils sont comment ? demanda Howard, la bouche pleine.

Le voyage avait affamé les deux navigateurs et l'affable cuisinier pakistanais leur avait préparé un repas pantagruélique.

−Mieux que le modèle. Tous pareils et presque neufs. À peine trois mille kilomètres au compteur, sauf un qui en a dix mille. Pas un moins bien que les autres. Tout de même, on en a sacrifié un pour les pièces de rechange. Il ne reste plus que le minimum. On devrait avoir terminé la mécanique dans deux jours et ensuite on s'attaquera à la peinture.

−Bien. Je vais aller voir ça. Mmm, ce que c'est bon. La vie dans une boîte de conserve à manger des boîtes de conserve, ce n'est vraiment pas mon truc.

Il essuya son assiette avec un morceau de chapatti, puis prit une mine songeuse.

−Je crois qu'on devrait renoncer à se procurer des armes ici – ce serait chercher des complications et on n'a pas besoin de ça. On en piquera après la frontière irakienne. À propos, vous n'avez pas eu de problèmes avec l'immigration ?

−Non. Pas un seul. Enfin, juste Andy, et sans gravité. Et avec la douane, encore, pas avec l'immigration. Ils ont trouvé un exemplaire de *Penthouse* dans son bagage à main, alors ils ont fouillé toutes ses affaires pour voir ce qu'il avait d'autre. Et les miennes aussi, puisqu'on était ensemble. On n'avait rien, évidemment. Tu aurais vu la tête de Mel – je suis sûr qu'il savait d'avance que ça allait arriver. Lui et Chris se tenaient à l'écart et faisaient semblant de ne pas nous connaître. Ils étaient tous les deux pliés en quatre de rire. Heureusement que personne n'avait eu l'idée d'emporter un peu d'alcool.

Howard soupira. Comme par hasard, c'était Andy qui trouvait le moyen de se faire remarquer, pensa-t-il. Enfin, il n'y avait rien de cassé.

– Comment ça se passe entre Mel et son protégé ? demanda-t-il.

– On ne peut mieux. J'ai parlé avec lui ce matin. On dirait que Sullivan est vraiment très facile à vivre – détendu, calme, sans histoires. Mais tu sais, Mel en a vraiment gros sur la patate de devoir rester en retrait.

– On ne pouvait pas faire autrement, dit Howard en haussant les épaules. Il le savait dès le début. Il a donné son accord en pleine connaissance de cause. C'était lui ou Bob, et Bob ne parle pas un mot d'arabe. Le chaperon de Sullivan doit pouvoir se débrouiller si quelque chose tourne mal. Le travail de Mel est très important – entre autres, il assure nos arrières... Bon. J'ai trop mangé... Allons voir comment tout ça se présente.

Ils se rendirent à l'atelier. Assisté de Bob Usher, Tony Ackford travaillait sous un Land Cruiser Toyota. À côté se trouvaient deux véhicules identiques et la carcasse sans roues d'un quatrième qui était là pour fournir les pièces détachées.

– Tu tiens le bon bout, Tony ? demanda Howard en se penchant vers le mécanicien.

– Impec, chef. Pas de hic. Tiens, je vais te montrer l'idée que j'ai eue. Je soigne un peu l'échappement sur celui-ci. J'ai installé ce levier à l'avant. En l'actionnant, on peut contourner le silencieux, tu vois ? Chaque fois que le levier est abaissé, on croirait que l'échappement est mort. Et on peut le rétablir et l'enlever de nouveau, à volonté.

– Excellente initiative, dit Howard après un instant de réflexion. Ça me plaît. Tu vas faire la même chose sur les deux voitures ?

– Je pensais qu'une suffirait, mais je peux faire les deux si tu veux.

– Non, non, une seule, ça ira. Et l'électricité ?

– Là, j'en ai pour très peu de temps – c'est de l'ouvrage de dames. En fait, il y a juste les gyrophares à installer. À propos, tu as apporté les filtres à infrarouge ? Je vais en avoir besoin pour modifier l'éclairage.

— Ils sont dans un des sacs, dit Howard. Mike et Danny sont en train de tout déballer. Je peux t'aider ?

— Pas de refus ; donne-nous un coup de main pour serrer ce truc bien droit. Si ce trou crache trop de saloperies dans la mauvaise direction, ça risque de boucher le filtre à air.

Juliet Shelley s'était immergée dans son travail pour essayer de supporter l'absence de Johnny. C'était son avant-dernier jour à son ancien grade. Il ne restait plus que demain. Ensuite elle aurait samedi et dimanche de libre et lundi, le 20, elle se présenterait à son nouveau poste à Scotland Yard. En attendant, elle se faisait un point d'honneur de laisser son bureau dans un ordre parfait.

Le départ allait être un peu douloureux, pensa-t-elle. C'était une bonne équipe. Ils lui avaient organisé un pot, la veille. Certains avaient bu un peu plus que de raison, mais dans l'ensemble, l'ambiance avait été excellente. Jusqu'au superintendant qui s'était joint à la fête. C'était à noter dans le livre des records car il n'était pas particulièrement du genre sociable. Il avait été la gentillesse même. Parmi les autres, quelques-uns s'étaient conduits... eh bien, peut-être un peu au-delà de ce qu'il convenait. Ils avaient, en fait, manqué de la plus élémentaire prudence. Juliet espérait que le superintendant ne leur en tiendrait pas rigueur. Même pour le DC Ford, elle croisait les doigts. Gavin Ford avait fait l'idiot. Juliet avait vu le superintendant échanger un mot discret avec le nouveau DS, qui avait fait sortir Ford presque tout de suite après. Il ne l'avait pas volé, l'imbécile.

Son bureau impeccable, elle prit sa veste et s'en alla. Plus qu'un jour, et ensuite une nouvelle aventure, une nouvelle vie. Une nouvelle vie...

Tandis que le bus essayait de se frayer un chemin dans le flot compact de la circulation du soir, elle songea à son avenir avec Johnny. Comme il lui manquait ! Il était parti depuis seulement huit jours et il lui manquait terriblement. Combien de temps encore ? Deux semaines, trois peut-être... Elle ne le laisserait plus la quitter comme ça, Jamais ! Elle sortit son portefeuille et, pour la centième fois, contempla sa photo. Le regarder ainsi suffisait à faire battre son cœur beaucoup plus vite.

Le bus arriva enfin à son arrêt et elle descendit. Au lieu de rentrer directement à l'appartement, elle tourna en direction des magasins. Heureusement, le teinturier était encore ouvert.

Comme elle cherchait partout son ticket de blanchisserie, elle dut se rendre à la triste évidence. Elle l'avait oublié quelque part.

— Je suis désolée mais je crois que j'ai perdu mon ticket. Mon nom est Shelley. Je suis venue ce matin. C'est une jupe noire.

— Quelle adresse, beauté ?

Juliet la donna et le teinturier alla fouiller dans les jupes et pantalons.

Lorsqu'il revint, Juliet ouvrit le paquet pour voir si la tache avait disparu. Oui, Dieu merci. Dans le cas contraire, elle se serait sentie obligée d'aller assassiner le DC Ford. Du Bloody Mary plein sa jupe. Elle mit son nez contre le vêtement. Il n'y avait plus d'odeur non plus.

— Merci beaucoup. Combien ça fait ?

— C'est deux livres soixante-cinq, beauté. Et si vous prenez l'autre truc, ce sera deux-quarante en plus.

— Quel autre truc ?

Le teinturier lui présenta un deuxième cintre supportant un jean.

— C'est la même adresse, sur le ticket, beauté.

Juliet regarda le ticket. Il portait le nom « Bourne ». Le jean de Johnny.

— Oui, je le prends. C'est à mon fiancé.

Elle paya et sortit. Sur le chemin, elle balançait ses paquets à bout de bras, désinvolte. Quel drôle de type, pensait-elle. Ce que les hommes peuvent être paresseux ! Pourtant, avec une machine à laver... Est-ce qu'on donne un jean à nettoyer ? C'est ridicule. Bien trop cher. Drôle de type, se répétait-elle en souriant.

Arrivée chez elle, elle ôta sa veste et déballa les vêtements pour les ranger dans la penderie. C'est à ce moment-là qu'elle remarqua la tache au dos du jean et fronça les sourcils. Tête de linotte ! Il ne savait donc pas que lorsqu'on a une tache particulière il faut en informer le teinturier et préciser de quoi il s'agit ! En plus, il aurait très bien pu l'enlever lui-même, cette tache. Elle emporta le jean à la cuisine et alla chercher sous l'évier parmi les flacons de détachants. L'orange, c'était pour la graisse et les huiles, le jaune, pour la colle et le chewing-gum, le blanc pour la rouille, le gris clair pour l'encre et le feutre... Ah, voilà. Le gris sombre.

Elle commença à frotter. Cinq minutes plus tard elle leva le jean devant elle et l'inspecta soigneusement. Elle avait de quoi être satisfaite. La tache avait disparu.

Howard et les autres avaient du temps devant eux. Leur arrivée en Arabie Saoudite avait été principalement déterminée en fonction des départs une seule fois par semaine des porte-containers de Felixstowe pour l'Afrique orientale. Howard avait décidé de prévoir un délai supplémentaire pour le cas où il y aurait des difficultés à Suez ou un contretemps imprévu en Arabie Saoudite. Il avait mis ces exigences en regard de son désir de rester le moins longtemps possible en Arabie Saoudite. Une visite surprise de

Hugues ou même un contrôle de routine de la police locale risquaient d'être gênants. Ils ne devaient pas quitter Badanah avant le 25 avril.

Le 17, Denard emmena Howard et Ziegler faire un tour en avion. Ils avaient choisi le vendredi, le *jum'a* musulman, car ce jour-là l'activité était ralentie au maximum. Denard s'était fait enregistrer pour un vol de reconnaissance à l'ouest, au-dessus de la route du Pipeline Trans-Arabie, et ils prirent effectivement cette direction. À quatre-vingt-dix kilomètres d'Ar'ar, ils survolèrent les pistes d'Al Jalamid. Il y avait très peu de mouvement. En revanche, la route du Pipeline était très fréquentée. C'est la voie directe qui relie la Jordanie aux États du Golfe à travers le désert et de gros camions y foncent jour et nuit. Bourne avait appris à Howard que la totalité de ces camions étaient immatriculés en Arabie Saoudite. Le gouvernement saoudien, qui promulguait constamment des lois arbitraires et changeait les règles du jeu chaque fois que ça l'arrangeait, avait décrété que le transport à l'intérieur du royaume ne pouvait être confié qu'à des Saoudiens.

Au-dessous d'eux, le paysage était des plus monotones et presque entièrement vide : des kilomètres et des kilomètres de néant jonché de rochers. Howard remarqua une étrange teinte verte, à peine visible, à fleur de désert. Il avait beaucoup plu cet hiver et des graines laissées pour mortes se lançaient dans une brève existence. Loin, au sud, il aperçut aussi le début de la grande mer de sable du désert de Nefoud.

Vingt-deux kilomètres après Al Jalamid, Denard signala une griffure sombre dans le désert à trois kilomètres au nord de la route.

– La piste d'Al Mira, dit-il à Howard dans son micro.

Howard regarda par la vitre droite pendant que Denard décrivait une boucle au-dessus de la piste. Celle-ci avait l'air totalement déserte.

– Tu vas te poser maintenant ? demanda-t-il.

– Non, c'est juste pour le coup d'œil, vieux. La piste que tu cherches est à quelques kilomètres, si ta carte est juste. Mais celle-ci serait pratique aussi pour se poser en cas de besoin. Ce serait mieux sur la route, mais il y a trop de monde – on serait vraiment voyants.

– Je suis bien d'accord, approuva Howard.

Satisfait de voir que la piste d'Al Mira pourrait convenir, Denard reprit de la hauteur et mit le cap à l'ouest. Très vite il désigna un nuage de poussière au-delà de la route du Pipeline Trans-Arabie, au nord.

– J'ai l'impression que c'est ça, là-bas. Qu'est-ce que tu en dis ?

201

– Remonte encore, Andy. Je veux m'assurer que c'est la bonne. Il y en a tellement sur la carte, sans compter toutes celles qui ne sont même pas indiquées.

Denard fit grimper le Islander à trois mille cinq cents mètres. Howard passa plusieurs minutes à étudier la carte et à la comparer à la surface presque neutre qui s'étalait sous eux. Il avait raison. La région entière était quadrillée de pistes toutes visibles d'en haut mais dont un grand nombre ne figuraient même pas sur la carte.

– Très bien, Andy. Je suis à peu près sûr que c'était la bonne. Descends, on va y laisser un marquage. Jusqu'où peux-tu t'enfoncer au nord ?

– À hauteur de radar, au-delà de dix ou quinze kilomètres, ça risque d'intriguer. Jusque-là, je peux expliquer que j'ai dévié par accident. Mais ça dépend de qui est à la surveillance et de l'importance qu'ils accordent à ce secteur. Je pourrais bien descendre au-dessous des radars, mais s'il y a un AWACS il ne va pas nous rater, et de plus notre manœuvre leur paraîtra encore plus louche. Et puis, le contrôle aérien déteste que les gens sortent de leurs écrans. Et ici, les autorités sont militaires, et drôlement à cheval. Ça se comprend un peu, d'ailleurs, après ce qui s'est passé l'an dernier. Remarque, je pourrais descendre encore plus bas, au-dessous des AWACS. Tu verras, il y a la trace d'un wadi, un ancien lit de rivière. Le wadi Al Mira. Si j'y descends, comme c'est au-dessous de la ligne d'horizon, on sera tranquille. Mais d'un autre côté, tu n'en tireras rien. Parce que tu n'auras aucun moyen de te repérer sur ta carte ni de voir la piste. Et ce genre de manège, ça fait *vraiment* dresser l'oreille des AWACS. Je m'expose à devoir répondre à quelques questions.

– Pas la peine. Reste à une altitude qui n'éveille aucun soupçon et suis la piste aussi loin que tu penses y être autorisé. Après tout, on fait un vol de reconnaissance. Si on nous interroge, on se retranchera derrière cette explication.

Au bout de dix minutes, Howard se déclara content. Denard avait suivi la piste en direction du nord assez loin pour qu'il se persuade qu'elle correspondait bien à celle de la carte. Denard vira au sud, droit vers la route du Pipeline. Howard se tourna vers Ziegler, installé à l'arrière de l'appareil et lui fit signe de se tenir prêt. Ziegler prit trois bidons d'un litre en plastique dans un sac et ouvrit sa porte.

– Bon, Andy, dit Howard. Nous sommes parés pour le marquage. Chope la route par l'ouest. Pique dès que le trafic le permet et va aussi lentement que possible. Donne un décompte à Mike : « un » à quatre cents mètres avant, « deux » à l'embranchement lui-même et « trois » quatre cents mètres après, d'accord ?

– C'est parti.

Denard tourna un moment en attendant que la circulation se calme. Il piqua, redressa à trente mètres puis descendit encore jusqu'à trois mètres, survolant la route en rase-mottes. Dix secondes plus tard, il cria : « Un ».

Ziegler passa un des bidons par la porte et saisit le deuxième. Au bout de huit secondes, au cri de « Deux », il le jeta et après huit nouvelles secondes, à « Trois », lâcha le dernier.

Denard tira sur le manche et l'avion reprit de l'altitude. Howard commençait à bien s'habituer à ces acrobaties. Lorsqu'ils atteignirent six cents mètres, il regarda en bas.

Il vit, sur la route, les trois taches de peinture blanche qu'avait faites les bidons en explosant sur le macadam. On ne pouvait pas les manquer, même de nuit. La tache du milieu se trouvait exactement à l'embranchement de la piste qui s'en allait au nord, vers l'Irak.

– Parfait, Andy, bien joué. On rentre.

Il fallut une matinée complète pour préparer les deux véhicules avant peinture. Le troisième Land Cruiser était couleur sable et ils décidèrent de le laisser tel quel. De toute façon, c'était un secours que devaient prendre Denard et Palmer. Bourne, Usher, Howard et MacDonald masquèrent avec du papier et du scotch les vitres, les chromes et les autres surfaces non peintes des deux premières voitures, pendant qu'Ackford montait le pistolet à peindre et s'exerçait sur celle qui était désossée.

Bientôt, tout fut prêt. Tout le monde sortit, sauf Ackford, et on ferma les portes de l'atelier pour que le sable et la poussière ne viennent pas se coller sur la peinture fraîche. Ackford mit ses lunettes et son masque et commença à pulvériser. Privé de ventilation, le bâtiment devint très vite une étuve et il se retrouva trempé de sueur. Quarante minutes plus tard, il émergea, refermant rapidement derrière lui. À l'intérieur, les deux Land Cruisers rutilaient.

Ils les laissèrent sécher pendant vingt-quatre heures puis rouvrirent les portes pour apprécier le travail d'Ackford. La peinture blanche était parfaite.

– Oh, magistral coup de pinceau, Tony, dit Usher en se moquant. Vraiment suffocant. Ce que tu peux être artiste. Tu as manqué ta vocation, vieux. D'ailleurs qu'est-ce que tu as été fiche dans la Marine, en vrai ? Ils t'utilisaient comme lest, ou bien est-ce qu'ils t'avaient collé en permanence à la peinture des cales ?

– Tu peux te foutre de moi, bougre de petit chauve, répliqua Ackford en riant. Il n'y a aucune raison d'avoir honte d'un joli travail. Regarde-moi ça – la perfection. Et puis, comme je vois que tu te portes volontaire, eh bien, c'est toi qui passeras la deuxième couche, dès qu'on aura fini les modifications.

– Je suis touché que tu aies pensé à moi. J'attends juste que la peinture se mélange bien à l'additif. Tu as nettoyé le pistolet ?

– Bien sûr. Alors, à toi de jouer. Au boulot.

Ackford supervisa le cabossage méticuleux en plusieurs points des véhicules et fit enlever une partie des enjoliveurs et un pare-chocs arrière en entier. Lorsque ce fut terminé, on laissa Usher seul pour qu'il passe la deuxième couche. Le lendemain, à l'ouverture des portes, les deux véhicules avaient une tout autre allure : ils étaient d'un ton vert mat. Ackford calma l'ardeur des autres qui se hâtaient d'enlever le papier et le scotch.

– Attention ! La couche de dessus est fragile. Décollez le scotch vers le haut, comme ça. Doucement, Danny. Ce n'est pas un vieux chalutier pour pêcher le hareng, mec !

Lorsque les Land Cruisers furent rendus à eux-mêmes, on les inspecta avec soin. Howard se déclara satisfait et sortit de sa poche une liste manuscrite.

– Bon, dit-il. Attaquons les dernières modifications.

À l'énoncé de la liste, ils se mirent à tourner autour des voitures. On donna de grands coups sur deux feux arrière pour les briser. On en arracha un troisième, ampoules comprises. Un phare avant subit les mêmes outrages et la vitre d'une portière reçut la caresse d'un marteau qui la fit s'étoiler. Bourne ouvrit un sachet contenant des lettres arabes et des croissants rouges auto-collants. Il les sépara de leur support et les apposa sur les capots, à l'arrière et sur les portes avant. Sous l'éclairage cru de l'atelier, les Land Cruisers avaient tout de ces ambulances qui ont beaucoup servi et dont l'entretien laisse à désirer.

– Très bien, les gars, dit Ackford en tendant à tous de gros pinceaux. C'est bon. L'heure de la dernière touche a sonné. À vos marques.

– Qu'est-ce que c'est que ça, Tony ? demanda Ziegler en contemplant le grand pot posé devant lui. C'est affreux à voir.

– Et pas seulement à voir, dit joyeusement Ackford. C'est un précieux mélange de graisse et d'huile de vidange. Maintenant, allez-y, partout. Sur tout ce qui est peint. Pas trop épais et pas sur les vitres – il faut quand même pouvoir regarder où on va, non ?

Vingt minutes plus tard, les deux Land Cruisers vert mat étaient enduits d'un mince film huileux.

– Bien, dit Howard, il est temps de s'entraîner un peu à la conduite de ces machins. Johnny, tu viens avec moi. Une chacun. Six tours du camp : trois où je mène et trois autres où je te suis.

Ensuite on passe les volants à Mike et à Danny. Et enfin à Bob et Tony. Et attention de ne pas les amocher.

—Ils sont déjà pas mal moches, murmura MacDonald.

Le périmètre du camp faisait environ un kilomètre et demi. Sur le circuit poussiéreux, les deux véhicules soulevaient des nuages de sable et ne tardèrent pas à être enfarinés. Lorsque Usher et Ackford revinrent au départ après leurs six boucles, Ackford actionna le levier spécial et le pot d'échappement privé de son silencieux produisit un tel raffut que le cuisinier pakistanais sortit de sa cambuse affolé. Bourne le fit prestement rentrer en lui faisant comprendre que tout allait très bien.

—Seigneur, susurra Howard, impressionné. Ces bagnoles ont l'air plus vieilles que Dieu lui-même. Même *moi,* je suis persuadé qu'elles ne tiendront pas dix bornes. Et sous toute cette merde, elles sont tout ce qu'il y a de neuf.

—Je suis assez content que Tony Hugues ne soit pas là pour les voir, dit Bourne. Il aurait une attaque, le pauvre.

—Je crois que quoi qu'il arrive, il va avoir quelques soucis. Mais j'espère que ce sera le plus tard possible.

Ils renfermèrent les Land Cruisers dans l'atelier. On était le jeudi 23 avril, après-midi. La nuit suivante, si tout continuait à bien se passer, ils franchiraient la frontière irakienne.

35

À la fin du jour, ils quittèrent Badanah. Howard songea que c'était toujours dans les départs qu'il se sentait le moins à l'aise. C'était d'ailleurs ridicule. Il n'y avait rien d'autre à faire qu'à conduire pendant une centaine de kilomètres sur la route du Pipeline Trans-Arabie, jusqu'aux taches de peinture blanche et là, emprunter la piste du nord. Quoi de plus simple ? Mais le risque d'être découverts était bel et bien là. Une patrouille de police passant par hasard – bien que Johnny affirmât qu'on n'en rencontrait que très rarement. Un conducteur de poids lourd allant raconter qu'il avait croisé deux ambulances bizarres et délabrées aux plaques d'immatriculation illisibles. Une panne. Qui sait, des employés de la voirie un peu trop zélés qui se seraient mis en tête de nettoyer la peinture... Il suffisait d'un gramme de malchance et des mois de préparation et de travail seraient atomisés. Un problème plus tard, même un échec, du moment qu'ils auraient au moins essayé, ce serait différent. Mais rater maintenant – ce serait tellement... *vexant*. Howard détestait se laisser envahir par un sentiment d'échec. D'ailleurs son histoire personnelle montrait assez qu'il n'avait encore rien raté de ce qu'il avait entrepris. *Pitié, pas maintenant, pas ce genre de fiasco...* Il ramassa ses forces pour chasser cette mauvaise impression. Sans la moindre raison, il consulta le récepteur GPS pour la quatrième fois.

Assis à la place du conducteur, à côté d'Howard, Bourne remarqua la tension de son passager mais ne dit rien. Il comprenait que son aîné plie un peu sous le poids des responsabilités. Quant à lui, il ne ressentait rien d'autre qu'une excitation toute pure, comme une impatience – un sentiment qu'il n'avait plus éprouvé depuis un bout de temps. La pensée de Juliet le traversa brièvement et, comme chaque fois, son cœur bondit. Il essaya de revoir son visage. L'image était un peu floue. Ce qui le surprit. Ça faisait à peine quinze jours qu'il lui avait dit au revoir avec la promesse de ne rester absent que trois semaines, quatre au plus.

Leur mariage était prévu pour le samedi 23 mai – dans moins d'un mois, depuis hier. Mais il avait lu quelque chose d'un peu particulier dans ses yeux noirs, au moment des adieux. Une ombre qui semblait dire qu'elle était moins sûre de lui. À ce souvenir, Johnny se rembrunit. Comment aurait-elle pu se douter de quoi que ce soit ? Il s'était montré extrêmement prudent. Il avait réussi à cloisonner totalement ses deux vies, en tant que Bourne et en tant que Bryce, et le seul témoin de son changement d'identité était un coin de parking de l'aéroport d'Heathrow. Elle ne pouvait absolument rien deviner. Elle ignorait tout de l'homme au visage rond, de la BMW et de cette seconde activité. Il avait dû se faire des idées. Son expression n'était peut-être rien d'autre qu'un peu de tristesse à la pensée qu'ils allaient rester quelque temps séparés. Oui, c'était bien ça – du souci, rien de plus. Il se secoua et reporta son attention sur la conduite.

– J'ai fait quatre-vingt-dix bornes depuis Badanah, d'après le compteur, Ed. On approche ?

– On devrait arriver à Al Jalamid dans quelques minutes. Et l'embranchement se trouve à peu près vingt kilomètres après.

À l'arrière du Land Cruiser, étendu sur le brancard de l'ambulance, Danny MacDonald était lui aussi perdu dans ses réflexions. De temps en temps, il regardait la nuit, au-dehors. À son grand étonnement, il s'apercevait qu'il s'amusait comme un fou. Il aimait ces hommes. Leur façon de vivre était à des années-lumière de la sienne – le jargon militaire qu'ils utilisaient parfois, cette facilité qu'ils avaient à deviner les pensées des autres avant qu'un seul mot ne soit prononcé, leur professionnalisme – mais il savait aussi qu'il partageait mille choses avec eux. Ils étaient solides, capables, libres, inaltérables comme lui. Il lui vint à l'esprit que, depuis le début, il n'en avait pas vu un seul se mettre en colère. Il y avait eu des moments de grande tension – et lui-même les avait ressentis très fort – mais jamais personne ne s'était plaint ou énervé. C'était agréable de se retrouver avec des types pareils. Une belle équipe. Et pourtant, bizarrement, ils n'avaient rien de ceux qui d'ordinaire constituent des équipes, pas plus que lui. Chacun était un individu à part entière. C'était peut-être pour cette raison qu'ils formaient un groupe aussi exceptionnel ; et chacun était en mesure de se suffire à lui-même, mais ils avaient choisi d'être ensemble, pour marier leurs talents. On n'avait pas affaire à un chef et à un groupe de satellites mais à six personnalités très fortes – neuf, en ajoutant Mel, Andy et Chris – et tous (à l'exception de lui-même, pensa-t-il) auraient eu les capacités requises pour conduire cette opération, une fois le plan établi.

Danny se mit à passer en revue ses camarades. Fort, bien équilibré, ouvert, facile à vivre, d'une nature douce et amicale, Tony Ackford était pourtant le dernier qu'on pût imaginer doué pour faire quelque chose de ses dix doigts, lui en réalité si habile, si patient et si précis. Bob Usher, petit, dur, avec son crâne en boule de billard, restait la plupart du temps silencieux et réservé, mais il savait aussi faire preuve d'un humour ravageur. Et en plus, il semblait gentil et soucieux d'autrui – n'était-ce pas Bob qui avait pensé à lui et à ses interminables calculs et avait pris la peine de lui préparer le programme du petit ordinateur ? Danny avait entendu parler de son séjour dans la prison turque avec Ed Howard, mais il ne savait pas pourquoi les autres le traitaient de « Vedette de télévision ». Il avait fini par les interroger et avait été surpris d'apprendre qu'Usher était l'un des deux premiers hommes à être entrés par les fenêtres de l'Ambassade d'Iran à Londres, au cours de l'opération du SAS qui avait permis la libération du personnel retenu en otage en 1979. Le reportage était passé des dizaines de fois à la télévision depuis, et Danny s'était souvent demandé qui pouvaient bien être ces hommes et à quoi ils ressemblaient dans la vie. Et voilà que maintenant il comptait l'un d'eux parmi ses amis. Oui, Bob et Tony étaient ceux avec qui il se sentait le plus d'affinités.

Il n'avait pas encore réussi à se faire une idée précise de Mel Harris. Agité, d'humeur changeante, incapable de rester en place, les yeux clairs toujours à l'affût de quelque chose, il devait être le moins patient de tous, pensait Danny. Mais il n'avait jamais été témoin de quoi que ce soit. Il avait entendu dire que trois bandits sardes l'avaient été, eux, témoins...

D'une certaine façon, Andy Denard et Chris Palmer représentaient un groupe à part. Andy se posait en rigolo, mais Danny savait par Howard qu'il était aussi un pilote courageux et expérimenté, doué d'un joli sang-froid qu'il ne cachait pas toujours derrière ses facéties. Et puis il y avait Chris, robuste, en qui on pouvait avoir une totale confiance, aussi efficace et habile que Tony.

Johnny Bourne lui non plus n'était pas facile à percer, se dit Danny. Un peu comme Mel Harris. Il y avait chez Johnny quelque chose qu'il n'arrivait pas à mettre au jour. De toute l'équipe, c'est lui qu'Ed semblait considérer avec la plus grande estime. C'était d'ailleurs surprenant. Il aurait plutôt vu Mike Ziegler prendre tout naturellement la deuxième place dans cette opération.

Pendant le voyage dans le container, Howard lui avait un peu parlé de la carrière militaire de Bourne. Jeune chef de section pendant la Guerre des Malouines, Johnny était entré de nuit dans un champ de mines argentin non repéré, juste après la bataille du Mont Longdon. Une pure malchance. Le sergent de sa section avait marché sur une mine et perdu un pied. Voyant cela, un soldat, pris de panique, s'était enfui et avait à son tour sauté sur une mine ; il avait lui aussi perdu un pied et un autre soldat qui, lui, n'avait pas bougé, avait été grièvement atteint par les éclats. Le médecin de la section, un caporal, qui essayait avec courage de secourir les blessés, avait sauté sur une troisième mine et perdu les deux pieds. En l'espace de quelques minutes, Johnny s'était retrouvé avec quatre blessés graves sur les bras. Il ramassa alors le sergent et fit sortir sa section du champ de mines, chaque homme reculant dans ses pas. Juste au moment où ils atteignaient un abri rocheux, des fusées éclairèrent le ciel et le terrain et une demi-douzaine de mitrailleuses se mirent à crépiter sur les hauteurs alentour, ravageant le champ. Johnny y retourna pourtant, seul, à trois reprises, pour aller récupérer ses hommes touchés. Après quoi il supervisa leur évacuation sur un hôpital de campagne et, ayant tenu un discours mobilisateur au reste de sa section, il l'entraîna dans un assaut victorieux contre les Argentins.

Howard avait entendu parler de cette action d'éclat. Dans sa recherche de recrues compétentes pour XF Sécurité, il avait rencontré quelques-uns des soldats de Bourne à leur retour des Malouines. En dehors de son immense courage, ils avaient tous remarqué la férocité terrifiante avec laquelle il avait attaqué la position argentine. Et pourtant... Lorsque les Argentins s'étaient rendus, Bourne avait fait douze prisonniers et s'était montré correct avec eux, interdisant à ses hommes le moindre acte de représailles pour étancher leur colère et participant même aux soins pour les blessés...

Que penser d'un homme pareil ? se dit Danny. Complexe, capable de passions contradictoires, courageux. Mais aussi... Danny venait de trouver. Il fut soudain frappé par l'idée que Johnny Bourne avait encore quelque chose en lui d'un petit garçon. Comme s'il n'était jamais devenu complètement adulte. Il y avait un côté attendrissant dans ses enthousiasmes, sa manière de s'engloutir dans le travail. Imprévisible ? Non, c'était impensable. Ed Howard n'aurait jamais choisi quelqu'un sur qui il ne pouvait pas compter comme sur lui-même.

En revanche, Danny comprenait facilement pourquoi Mike avait été engagé. Mike était l'un des hommes les plus impressionnants qu'il ait jamais rencontrés – une fabrique d'énergie, un soldat athlétique, pondéré, inspiré et brillant. Au cours des exercices autour du camp de Badanah, Mike était celui qui pouvait disparaître et réapparaître comme par magie. C'était lui aussi qu'Ed avait désigné pour entraîner Danny et pour lui apprendre certaines techniques de combat avec ou sans armes. Et Danny avait dû avouer qu'il n'avait jamais vu quelqu'un aussi maître de lui, aussi sûr et précis. Oui, il était impressionnant. Et terrifiant. Un combattant accompli. Et un homme charmant, séduisant.

Ed Howard également était une parfaite énigme, songea Danny. Personne ne pouvait jamais dire ce qu'il pensait. Que tirer de ces yeux sombres, dénués d'expression et de l'esprit qui se cachait derrière, toujours à calculer, à manipuler ? Howard était une sorte de génie de l'organisation et sans doute le meilleur soldat du groupe – en tout cas le plus expérimenté. Aucun des autres ne s'était montré très bavard à son sujet, même si Ziegler avait laissé échapper qu'il avait combattu avec lui à la fin de la guerre du Viêt-nam et avait été décoré deux fois pour son courage par l'armée US. Il n'avait donné aucun détail quant à ces actions de bravoure, mais la nouvelle avait malgré tout surpris Danny. Qu'est-ce qu'un soldat anglais pouvait bien être allé faire au Viêt-nam ? C'était la première fois qu'il entendait parler d'une chose pareille et il n'était pas très sûr de devoir prendre tout ça au sérieux. Pourtant Mike n'avait pas l'air de plaisanter.

Quelles pouvaient bien être les pensées d'un homme comme Howard ? Danny se retourna pour observer sa nuque. Qui pourrait jamais le dire ? Par nature, Ed était le plus secret de tous, le plus solitaire. Il y avait une sorte de tristesse chez lui, pensa Danny – peut-être due à une impossibilité de communiquer avec les gens autrement que sur le plan professionnel. Il avait vu son petit appartement à Londres. Il était totalement impersonnel, n'offrait pas le moindre indice révélateur sur son propriétaire. Howard n'avait-il aucune vie privée ?...

Danny cessa de se poser des questions. Il savait que ses camarades étaient exactement ceux qu'il aimerait avoir près de lui en cas d'ennuis. Il se sentait flatté qu'ils l'aient choisi, *lui,* qu'ils l'aient accepté. Ses réticences du début et ses soupçons appartenaient au passé. Danny MacDonald évoqua encore une fois le travail qu'il était venu faire et, de nouveau, la terrible colère lui noua la gorge. C'était pour bientôt, maintenant. Dans quelques jours... Dans l'ombre, ses yeux étincelèrent de haine alors qu'il se laissait aller en arrière pour essayer de se détendre.

Sur le siège du passager de la seconde voiture, Ziegler méditait un peu comme MacDonald à propos d'Ed Howard. *Qu'est-ce que tu vas bien pouvoir faire après ce boulot, Ed ? Et que ferons-nous, tous autant que nous sommes ? Ça va tous forcément nous changer. J'espère que tu finiras par trouver ce que tu cherches.*

Ackford, qui conduisait, brisa le cours de ses pensées.

– Il faudrait que je me décide à aller m'installer aux États-Unis, un de ces jours. J'en ai toujours eu envie, tu sais, et puis ça ne s'est jamais fait. Peut-être New York, dans un premier temps, pour faire plaisir à ma Douce. Elle est irlandaise et elle se dit qu'il y a un tas d'Irlandais là-bas. Tu crois que ça me plaira ?

—Bien sûr, Tony, si tu aimes les grandes villes, répondit aussitôt Ziegler.

Intérieurement, il songea qu'Ackford allait détester New York, presque autant que lui-même. Il serait bien plus heureux à mener une vie toute simple dans une ferme quelque part dans le Midwest par exemple. Et de préférence avec une collection de vieilles machines à retaper.

—Oui, New York c'est très beau, mais il faut vraiment aimer les grandes villes, insista-t-il.

—Oh.

Ackford avait compris l'allusion. Il la laissa se retourner quelques instants dans sa tête, la mâchoire active sur un chewing-gum.

—Oui, oh, je pourrais peut-être y rester seulement un jour ou deux. Et puis me balader, histoire de visiter le pays.

—Je préfère ça. Dis donc, si tu te décides, fais-moi signe. On organisera une virée. Une descente en canoë, par exemple, ou une partie de pêche. Qu'est-ce que tu en dis ?

—Vendu, vieux. Tu peux compter sur moi.

Ackford s'aperçut tout à coup que la voiture qui les précédait venait de ralentir. Peu après une grande éclaboussure blanche apparut au milieu de la route.

—J'ai l'impression qu'on y est. Tu as les NGV ?

—Oui.

Les deux véhicules bifurquèrent à la deuxième tache de peinture. Devant, Bourne coupa aussitôt ses phares et continua à suivre la piste sur deux ou trois cents mètres, pour s'écarter suffisamment de la route, puis s'arrêta. Avec un peu d'excitation, Howard passa à Bourne un casque d'aviateur. Il présentait sur le devant deux appareils optiques protubérants qui faisaient comme deux yeux mécaniques. Bourne se coiffa du casque, ajusta sa mentonnière et alluma l'optique. Howard l'imita, tout comme, dans la seconde voiture, Ackford et Ziegler.

Le paysage sembla s'éclairer subitement. Les lunettes de vision nocturne récoltaient le peu de lumière existante et la multipliaient des milliers de fois. La nuit se changeait en jour, jusqu'au moindre détail.

—Essayons maintenant les lampes à infrarouge, dit Bourne à Howard.

Il actionna un interrupteur sur le tableau de bord. Ackford avait équipé les deux Land Cruisers d'un jeu supplémentaire de phares avant. Ils étaient totalement recouverts de filtres noirs qui ne laissaient pas passer la lumière normale. Seuls les rayons infrarouges pouvaient filtrer au travers. Les NVG étaient sensibles aussi bien aux infrarouges qu'à la lumière normale. La transformation était radicale ; la visibilité était déjà plutôt bonne, mais là, on se serait cru en plein jour, au beau milieu de l'été. Hormis le fait que l'image NVG était vert monochrome.

À l'œil nu, les véhicules étaient invisibles dans la nuit. Mais pour leurs occupants, en revanche, qui y voyaient parfaitement, c'était un jeu d'enfant de ne pas sortir de la piste en conservant une vitesse soutenue. Ils repartirent vers le nord. Devant eux, à quatre-vingts kilomètres, il y avait la frontière irakienne.

– Une lumière, là, juste devant, dit la voix soudain tendue de Bourne.

– Vue, répondit Howard. Ralentis et approchons-nous doucement.

Il consulta à nouveau le GPS qui lui donna 39 deg 40 min est, 32 deg 04 min nord. Suivant la ligne qu'on choisissait sur la carte, ils se trouvaient donc juste en deçà de la frontière irakienne réelle ou bien juste de l'autre côté de la frontière *de facto*. Et de toute façon, les cartes de ce secteur étaient si vagues que les lignes pouvaient tout aussi bien être complètement fausses... Mais la lumière, elle, brillait bel et bien à environ trois kilomètres juste en face. Et elle se situait donc en Irak, quelle que soit la frontière choisie.

Depuis quinze kilomètres, ils roulaient beaucoup plus lentement, en fait, depuis le dernier carrefour. Cette partie de la piste était abominable. Apparemment elle n'avait pas dû beaucoup servir, ces derniers temps, et même pas du tout. Elle paraissait à l'abandon. Heureusement qu'ils avaient réussi à repérer le croisement, quinze kilomètres plus tôt. C'était Ziegler, dans la voiture suiveuse, qui l'avait vu et avait fait un appel de phares IR. Ils s'étaient arrêtés pour se concerter et Howard avait conclu que Mike avait raison. La branche de gauche continuait au nord sur quelques kilomètres puis commençait à s'infléchir vers l'ouest pour revenir plein sud et retomber finalement sur la route du Pipeline Trans-Arabie à Turaif, près de la frontière jordanienne. *Pas du tout* là où ils voulaient aller. Ils avaient opté pour la branche de droite, en direction de la frontière irakienne.

Les deux véhicules roulèrent vers la lumière, leur moteur tournant presque sans bruit. À un kilomètre, Howard fit un geste à Bourne pour qu'il s'arrête de nouveau. Ils descendirent de voiture et observèrent la lumière en essayant de comprendre de quoi il s'agissait exactement.

Howard sentit qu'on lui tapait sur l'épaule. C'était Ziegler qui les avait rejoints.

– Ça se déplace, murmura-t-il dans l'oreille d'Howard. Tu as vu la petite lumière sur la gauche ? C'est un homme, je le jurerais. Il fume une cigarette. Et la plus grosse bouge aussi dans le vent. Il y a un bâtiment sur la gauche, un peu en retrait de la piste. Un poste de garde, sans doute.

– Je suis d'accord. Bon, approchons-nous un peu plus.

Howard, Bourne et Ziegler en avaient discuté avant de partir. Ils ignoraient s'il y aurait ou non un poste frontière et, dans l'affirmative, s'il serait saoudien ou irakien, ou les deux. Ils avaient décidé qu'ils improviseraient selon ce qui se présenterait. Ziegler avait analysé la possibilité la plus probable.

– À mon avis, il suffit de regarder l'endroit, avait-il dit en tapotant du bout du doigt le point sur la carte où la piste traversait la frontière. Très jolie garnison, non ? Une vie nocturne unique, la dolce vita, le rêve absolu pour n'importe quel militaire.

– Qu'est-ce que tu veux dire, Mike ? avait demandé Johnny.

– Eh bien, si tu étais un général irakien bien finaud, tu y enverrais qui, dans une merde pareille ? Je vais te dire qui, moi. Un vrai trou du cul. Tu y mettrais quelqu'un que tu ne voudrais surtout pas voir traîner ailleurs. Comme ça, tu ne l'aurais plus dans les jambes. Ni sous les yeux. Ni même à l'esprit. Quelqu'un que tu voudrais carrément oublier, non ?

– Puissant raisonnement, avait approuvé Howard. C'est sûrement le dernier des boulots. Confié à des incompétents ou à des punis. Le moral doit être à zéro. Calme plat jour après jour, nuit après nuit. La discipline doit être relâchée, la mobilisation minimum, le matériel succinct. Je ne pense pas qu'on rencontre trop de difficultés, mais le problème n'est pas là. Ce dont nous devons nous assurer, c'est de ne pas être vus.

– Bien, soufflait maintenant Howard en se souvenant de cette conversation. C'est encore mieux que ce qu'on avait espéré. On a même des chances de récupérer quelques armes, en plus. Trois d'entre nous suffiront. On va encore s'approcher de quatre ou cinq cents mètres, avec les bagnoles. Toi, Johnny, tu attendras auprès d'elles. Pendant ce temps, je trouverai quelque chose pour créer une diversion. Mike, tu iras faire un tour dans leur armurerie avec Tony et Bob pour voir ce que vous pouvez leur piquer. Tu penses avoir besoin de combien de temps ? Une heure ?

– Disons 22 heures précises pour la diversion, dit Ziegler. C'est un joli nombre bien rond. J'aurai fini mon petit boulot d'ici là. On se retrouve à cinq cents mètres de l'autre côté ?

– Très bien, Johnny, à 21 h 45, avance très lentement aussi près que tu pourras. Et passe sans lumière dès que tu verras la diversion. Pas d'autres questions ?

–Ed ? chuchota Ziegler. Ça t'ennuie si je prends plutôt Danny avec moi ?

Howard lui jeta un coup d'œil, puis il sourit.

–Excellente idée. Ça l'intégrera bien à l'équipe. Et dans son travail, il a l'habitude de se faufiler sans être vu, non ?

–C'est exactement ce que je me disais, répliqua Ziegler.

Il retourna auprès de la voiture d'Howard et murmura à travers la portière.

–Mac, le chef nous a désignés, toi et moi, pour aller jouer aux voleurs dans le poste frontière.

MacDonald se sentit soudain, un peu bêtement, flatté d'avoir été choisi.

Ziegler se mouvait comme un fantôme dans l'obscurité. Derrière lui, Danny suivait parfaitement à l'aise. Il avait très vite assimilé le langage des signes et la technique de progression nocturne que Ziegler lui avait enseignés lors de l'entraînement de nuit, à l'extérieur du chantier de Badanah et, comme Howard l'avait noté, il était doué pour le déplacement invisible et silencieux. Les deux hommes atteignirent l'arrière du bâtiment principal. Ziegler indiqua à MacDonald de rester immobile et il fit seul les derniers mètres. Ôtant ses lunettes, il regarda par la fenêtre. Il vit un bureau et un fauteuil. Un poêle à kérosène placé au milieu de la pièce diffusait une lumière triste. Un homme aux épaulettes de lieutenant de l'armée irakienne dormait dans le fauteuil. Une barbe de plusieurs jours lui mangeait le visage et il avait rabattu son béret devant ses yeux. *Minable,* pensa Ziegler. Une cloison de bois séparait le poste de commandement du reste du bâtiment qui devait être le magasin. Il se retourna vers MacDonald. Ils n'eurent pas besoin d'examiner le deuxième bâtiment. La série de ronflements qui s'en échappait leur prouvait assez qu'il s'agissait du dortoir. Le troisième bloc abritait un réfectoire et une cuisine. À l'intérieur se tenaient six hommes blottis autour d'un second poêle à kérosène. La garde de service.

–Bien, Danny, murmura Ziegler dans l'obscurité. Il y a trois possibilités. Un, ceux qui ne sont pas de garde ont leurs armes avec eux au dortoir ; deux, elles sont entreposées dans le magasin du bâtiment principal ; ou trois, un peu des deux. Moi, j'opte pour le trois, ce qui signifie qu'il y a quand même des armes dans le principal. Allons jeter un coup d'œil.

La porte arrière du magasin n'était pas fermée à clé. Ziegler n'eut même pas à la crocheter. Il enfila des chaussettes de laine par-dessus ses chaussures pour étouffer le bruit de ses pas sur le sol de bois. À l'intérieur, ses NVG lui permettaient de voir aussi clair que si le plafonnier avait été allumé. Deux douzaines de

AKM et de AKMS attendaient sur un râtelier, au mur. Sur le sol, à côté, il y avait une pile de boîtes de métal peintes en vert d'une vingtaine de centimètres de long, ressemblant à des boîtes de sardines géantes. Sur un autre râtelier étaient rangés six lance-roquettes antichars RPG-7 avec plusieurs caisses de munitions posées devant et sur un troisième présentoir se trouvaient quatre mitrailleuses légères RPD, six RPK et une mitrailleuse moyenne Goryunov avec son trépied replié sur le sol. Trois autres caisses de bois contenaient des grenades à mains et une plus grande était pleine de mines antichars.

Dans un silence parfait, Ziegler tendit six AKM à MacDonald qui les aligna par terre, dehors, et six grosses boîtes de sardines, après avoir pris le soin de lire sur chacune les inscriptions en cyrilliques. Il ne s'intéressa pas aux mitrailleuses mais préféra choisir l'un des RPG-7 et une caisse de munitions. Le fait que le lot de mines soit complet le rassura. Cela voulait dire que la piste n'était pas minée. Pour finir, il se pencha pour s'emparer d'une caisse de grenades à mains.

Une planche du parquet émit une forte plainte et Ziegler se figea. *Merde!* se dit-il, furieux contre lui-même, et il se mit à réfléchir à toute vitesse. Mais presque aussitôt il se rendit compte que le bruit venait de la pièce à côté et non de sous ses propres pieds. Le lieutenant avait dû remuer ou s'étirer dans son sommeil. Il n'y eut pas d'autre alerte et, au bout de deux minutes d'immobilité totale, Ziegler sortit, sa caisse de grenades dans les bras. Avec une lenteur infinie, il referma la porte derrière lui.

Peu de temps après, Ziegler et MacDonald avaient rempli un sac à dos de boîtes de sardines. Dans l'autre ils rassemblèrent les roquettes RPG et les grenades à fragmentation. Après avoir attaché les armes ensemble pour qu'elles ne tintent pas les unes contre les autres, Ziegler consulta sa montre. Un peu moins de vingt minutes encore. Il restait une dernière chose à faire – vider une bouteille d'eau dans le réservoir d'essence du camion. Mac-Donald, portant un des sacs et la moitié des armes, le suivit dans l'obscurité.

Neuf minutes et demie plus tard, plusieurs événements se produisirent en même temps. D'abord, le petit réveil mécanique du bureau se mit à sonner. Le lieutenant bâilla et s'éveilla et, à l'extérieur, la sentinelle reprenant conscience, jeta un coup d'œil panoramique pour s'assurer que personne ne l'avait vu dormir pendant son service. À cet instant, il y eut un sourd *whoompf!* provenant de l'arrière du bâtiment.

Le planton se dressa, indécis. Il regarda autour de lui et alla frapper à la porte du bureau. Avant même qu'on lui dise d'entrer, il sentit brusquement une odeur de brûlé et une lueur rouge éclaira le ciel. Inquiet, il se précipita à l'intérieur juste comme le lieutenant ouvrait et les deux hommes roulèrent à terre. Le lieutenant éructa un juron et, se relevant, courut à l'angle du bâtiment où le spectacle qu'il découvrit le cloua sur place. Un gémissement de terreur et de colère lui échappa. Il courut réveiller ceux du dortoir. Dans l'obscurité et la confusion, ils fulminaient en cherchant leurs chaussures, puis ils vinrent se regrouper dans la nuit – qui ne ressemblait plus du tout à la nuit, d'ailleurs.

Le travail d'Howard avait été des plus simples. La réserve d'essence contenait vingt-six fûts de deux cents litres de kérosène et d'essence et un d'huile de moteur. L'un des bidons de kérosène, à moitié vide, était couché sur un chevalet et un chiffon en bouchait l'orifice. Les fûts d'essence étaient empilés debout. L'un d'eux, ainsi que le bidon d'huile, était muni d'une pompe à main. À l'aide de ses pinces, Howard débloqua les bouchons de vingt bidons sans les enlever complètement. À 21 h 50, il commença à pomper l'huile et l'essence qui se mélangèrent sur le sol en ciment de l'enclos. Lorsque les deux bidons furent vides, il ôta le chiffon de celui de kérosène dont le contenu se mit à couler sur le sol détrempé avant de s'échapper par un trou d'évacuation donnant sur une gouttière extérieure en ciment elle aussi. La gouttière finit par déborder. Howard recula de cinq mètres et attendit.

Huit secondes exactement avant 22 heures, il alluma son briquet qu'il approcha du chiffon encore imprégné de kérosène. Puis il jeta le chiffon enflammé dans la gouttière et s'en alla au pas de course, dans les ténèbres.

La flamme courut jusqu'au trou d'évacuation et surgit dans l'enclos avec un *whoompf!* brûlant, celui-là même qu'avait entendu la sentinelle. Mais ce n'était rien en comparaison du vacarme qui s'ensuivit peu après.

Les flammes cernèrent furieusement les fûts. Le bidon vide, encore plein de vapeurs d'essence et donc plus instable, fut le premier à exploser et ses débris s'élevèrent dans le ciel tandis qu'un bang formidable trouait le silence de la nuit. Trois fûts pleins furent atteints par les éclats. Percés, ils laissèrent échapper leur contenu qui alla alimenter l'enfer. Quelques secondes plus tard, les autres commencèrent à éclater à leur tour. Les six avec les bouchons serrés furent les plus longs à céder. Il fallut près de cinq minutes avant que le dernier accepte de partir en morceaux et couronne ce spectacle de fin du monde de sa langue flamboyante.

À 21 h 45, quinze minutes avant l'heure prévue pour la diversion, Bourne et Ackford avaient prudemment déplacé les véhicules à deux cents mètres des bâtiments. Dès que Bourne vit le premier feu, il mit son moteur en marche et le bruit fut noyé par celui de l'incendie et des explosions. Dans la deuxième voiture, Ackford fit de même. Ils attendirent que le garde ait disparu pour se décider. Bourne savait bien que le choix du moment où ils démarreraient était des plus délicats.

Après des semaines et même des mois d'ennui et d'inaction qui les avaient plongés dans une sorte de stupeur, les pauvres soldats irakiens relégués dans ce poste-frontière oublié du monde voyaient enfin quelque chose d'intéressant se produire. N'importe quel incendie fascine. Tirés du sommeil en sursaut par celui-ci, ils se contentèrent d'abord de l'observer. Puis, très excités, ils s'en approchèrent en bavardant pour se réchauffer.

Le lieutenant tenta bien de faire agir ses hommes, à grand renfort de jurons, de menaces et de cris qui se mêlaient au crépitement des flammes. La seule réponse cohérente qu'il reçut fut celle d'un gros caporal hirsute et tout à fait réveillé qui l'assura sur un ton sarcastique que si lui, le lieutenant, il voulait aller pisser sur ce volcan avec le ridicule *zobb* de chien d'extincteur à main qui constituait l'unique matériel anti-incendie de ce prestigieux établissement militaire, eh bien, il en avait parfaitement le droit, le lieutenant. Lui, le caporal, prierait pour qu'il jouisse d'un avenir glorieux au paradis, au milieu de sa légendaire abondance de beautés grasses et dévouées, ses coussins de soie, son eau courante et ses inépuisables provisions de fruits – dans cet ordre-là.

Le lieutenant renonça. Se rongeant les ongles à la pensée des ennuis qui pleuvraient lorsque ses supérieurs apprendraient un pareil désastre, il décida immédiatement de ne pas le signaler avant quelques jours, le temps de faire un peu de ménage. Il regarda lugubrement se consumer les maigres espoirs qui lui restaient d'améliorer une carrière militaire jusque-là parfaitement médiocre et s'envoler ses illusions dans les énormes paquets de fumée noire qui escaladaient le ciel.

Si lui, ou n'importe lequel de ses hommes, s'était retourné, à 22 h 05 précises, il aurait pu voir les formes sombres de deux ambulances pas très propres glisser tranquillement sur la piste conduisant au nord, à moins de trente mètres de là.

Mais aucun n'en eut l'idée. Les deux véhicules passèrent sans éveiller l'attention de quiconque.

L'équipe d'Howard était en Irak.

36

John Kearwin jeta un coup d'œil à la console placée sur la gauche de son bureau car le voyant «alarme» venait de s'allumer. Un point lumineux près du centre de l'écran circulaire étincelait à chaque passage de la barre de balayage. Trace au sol du faisceau DSP, se dit Kearwin distraitement, pas encore son domaine à proprement parler. Le NORAD devait déjà s'en occuper et il saurait bien assez tôt s'il convenait de chercher plus loin. Il tapa sur le clavier de la console pour lancer un programme d'analyse standard sur cette empreinte et reprit son travail sur l'écran principal car il devait terminer son rapport BDA sur le site nucléaire irakien d'Al Ateer.

L'étude d'Al Ateer avait donné bien du fil à retordre à Kearwin qui pourtant avait déjà passé des centaines d'heures à détailler et à compléter d'autres programmes d'estimation de dégâts causés par les bombes depuis les sérieux ratages de la Guerre du Golfe. L'étude qu'il faisait des données d'un satellite de reconnaissance était mise en regard des enquêtes de terrain. Il ignorait tout des conclusions des observateurs et on ne lui disait rien tant qu'il n'avait pas mis un point final à son rapport. Cette étude était effectuée en direct. Kearwin travaillait dessus depuis quatre heures et il avait bientôt terminé.

John Kearwin ne détestait pas avoir des défis à relever et il adorait son métier. Il le prenait très au sérieux. Tous ses collègues du Bureau National de Reconnaissance (NRO) en faisaient autant, à y bien réfléchir, mais il n'avait jamais réussi à adopter complètement leurs manières détendues et facétieuses qui ne les empêchaient pourtant pas de se concentrer sur leur travail. Tous étaient exceptionnellement doués et compétents, ça il le savait bien, comme il savait aussi qu'il était lui-même parfaitement qualifié pour le poste qu'il occupait. Chez lui, c'était très naturel, il ne voyait rien de sensationnel dans ses capacités professionnelles et ne se croyait pas plus efficace qu'un autre. Sa seule référence était l'estime évidente que lui portaient ses pairs, et il s'étonnait parfois qu'ils le jugent aussi bon qu'eux. Bien sûr, à plusieurs reprises, il avait produit des résultats qui avaient éveillé leur admiration. Chaque fois, il les avait mis sur le compte de la chance, mais rien n'était plus précieux pour Kearwin que les félicitations tacites de ses collègues et la camaraderie qui en découlait. Rien ne lui plaisait plus que d'être considéré comme « un gars de l'équipe ».

Il aurait été surpris et gêné s'il avait su que tous les autres le regardaient comme une sorte de surdoué, même d'après leurs critères élevés, et surtout, il n'aurait pas compris du tout pourquoi. Dans son esprit, il n'avait rien de plus que les autres, et au fond de lui il aurait bien aimé posséder leur aptitude à s'amuser en dehors du travail – et aussi parfois pendant. S'il avait un défaut, c'était bien son trop grand sérieux, mais comme il restait vraiment un jeune homme simple et modeste, tout le monde l'aimait et le respectait.

Kearwin avait une inquiétude secrète, une seule, et il s'en était ouvert à son patron, Walter Sorensen, au cours d'un entretien qu'il avait eu avec lui avant d'entrer au NRO. Il était terrifié à l'idée que quelqu'un pût le surnommer « Radar ». Car, il fallait le reconnaître, il ressemblait énormément au comédien qui jouait le rôle à la télévision dans le feuilleton *M.A.S.H* : vraiment petit, il avait un visage poupin, une voix assez aiguë et il portait des lunettes rondes à monture de métal. Il avait confié cette hantise à Sorensen qui avait tout de suite compris que le jeune homme prenait cette affaire très à cœur, et qu'il avait un petit problème de confiance en soi. Il avait relu le rapport confidentiel sur Kearwin et les éloges remarquables que faisaient de lui les scientifiques qui avaient guidé ses progrès. Kearwin était né pour ce travail. Sorensen, en bon patron, savait parfaitement tirer le maximum de ses subordonnés. La veille du jour où Kearwin devait intégrer l'équipe du NRO, Sorensen avait réuni les autres. Il leur avait donné un aperçu du degré de compétence de Kearwin et ils avaient été impressionnés. Enfin il avait ajouté :

– Alors faites-nous un petit plaisir, à lui et à moi, hein, les gars ? C'est un chic garçon. N'allez pas trop le malmener. Il y a une chose dont il a horreur, c'est qu'on l'appelle « Radar », comme le type de la télé. Si j'en prends un de vous à le surnommer comme ça, il aura affaire à moi, d'accord ?

Et personne ne s'y était risqué. Kearwin avait suivi les conseils de Sorensen et avait remplacé ses lunettes rondes par des carrées. Tout ça, c'était sept ans auparavant. Depuis, la confiance en soi de Kearwin s'était améliorée de façon stupéfiante. Il avait joué un rôle capital dans le développement des méthodes d'analyse du

NRO. Et il avait ri de bon cœur la première fois où quelqu'un lui avait fait remarquer que Sorensen ressemblait un peu à un morse. Et le surnom de « Morse » s'était attaché à la personne du patron. D'ailleurs celui-ci était au courant et s'en moquait, mais personne n'avait jamais appelé Kearwin « Radar ».

L'installation de la console directe sur le satellite du Programme d'Aide à la Défense (DSP), quatre ans plus tôt, avait été une idée de Kearwin. Sorensen lui-même l'avait d'abord rejetée, ce qui avait surpris le jeune homme.

– Ce n'est pas notre boulot, John, avait dit gravement le Morse. Le direct, ce n'est pas notre boulot. On ne s'occupe que du moyen et du long terme. C'est le NORAD qui fait les études en direct et gère les situations à réplique immédiate. Ils sont là pour ça. Et c'est nous qui avons la meilleure part, à affiner plus tard ce qu'ils n'ont pas eu le temps de détailler.

Pour la cinquantième fois, au moins, le Morse s'était lancé dans une de ses diatribes coutumières, le doigt levé, à propos des analystes de salons et du rôle prépondérant du Bureau National de Reconnaissance (NRO) des États-Unis d'Amérique.

Brave vieux Morse, avait pensé Kearwin. Au bout de trois ans de présence au NRO, il le traitait exactement comme le premier jour. Mais il avait préparé sa contre-attaque.

– Vous avez absolument raison, Walter, mais c'est le retard qui m'embête. Souvenez-vous de ce qui se passe quand il y a une empreinte. L'État-Major hurle pour avoir une analyse immédiate. Bon, d'accord, ils hurlent aussi contre les gars du NORAD, d'après ce que je sais, mais c'est surtout à nous qu'ils s'en prennent pour avoir des détails. Ils sont certains que c'est nous qui pouvons les leur donner, alors ils nous tombent dessus. Chaque fois ça recommence. Évidemment, ce n'est pas moi qui suis obligé de répondre, mais enfin...

Kearwin laissa sa dernière phrase en suspens. Il savait qu'il avait capté l'attention de Walter Sorensen. Le Morse avait un point sensible. Très sensible. Il était patient mais ça l'exaspérait de devoir expliquer au premier étoilé venu l'appelant au téléphone qu'on ne devait pas s'adresser à son département pour avoir des analyses à chaud, alors qu'en plus on ne l'avait même pas prévenu qu'il y avait une empreinte – le NORAD n'ayant pas encore décidé s'ils faisaient suivre. Et le Morse détestait ne pas avoir l'air au courant de ce qui se passait.

– Foutues ganaches ! murmura-t-il, employant son expression favorite pour désigner les officiels qui venaient l'empoisonner sans raison. Chaque fois, en raccrochant le téléphone à l'issue d'une de ces conversations, il disait : « Foutues ganaches. »

– La façon dont je vois les choses, Walter, est la suivante, poursuivit Kearwin. Si nous avions, ne serait-ce qu'une seule console directe ici, disons sur le satellite DSP, on saurait ce qui se passe au fur et à mesure. Ça ne nous prendrait pas un temps extravagant. Le DSP, ce serait l'idéal. En réalité, ce sont seulement les empreintes DSP qui intéressent l'État-Major. Je pourrais monter un programme succinct qui nous donnerait les grandes lignes. Vous savez, ça ne me mobiliserait pas plus de quelques minutes par empreinte, et on sait bien que le NORAD en traite quatre-vingt-quinze pour cent sans nous en faire part. On aurait juste à s'attarder un peu sur les cinq pour cent restants. On n'aurait rien perdu du tout – on aurait même peut-être gagné une heure ou deux, puisqu'on devrait travailler dessus de toute façon. Et vous auriez de quoi répondre à l'État-Major.

Sorensen avait pris un air songeur. L'idée lui plaisait. Il tortillait sa grosse moustache tombante et il finit par accepter.

– Très bien, on va faire un essai... Un seul écran, et sur votre bureau. C'est votre bébé. Et vous vous en occuperez. Moi, je ne veux même pas savoir qu'il est là, sauf s'il y a une merde. Et pour un seul satellite, hein ? Il n'est pas question que vous alliez vous amuser avec les histoires de 3-D à en utiliser deux pour deviner les trajectoires ou des conneries de ce genre. Ça, c'est exclusivement réservé au NORAD. Un seul satellite.

Puis, se penchant en avant, le doigt solennellement levé, il ajouta :

– Et écoutez-moi bien, fils, que je ne vous prenne pas à contempler cette foutue machine à longueur de journée et à négliger votre vrai boulot.

– Aucun risque, dit joyeusement Kearwin. Il servira uniquement à vous fournir des réponses toutes prêtes pour l'État-Major. Une fois par mois, peut-être deux, si on peut en juger par le passé.

On ne pouvait pas en juger par le passé. Peu de temps après l'installation de l'appareil DSP sur le bureau de Kearwin pendant l'été 1988, le NRO reçut l'ordre soudain de laisser de côté une grosse part de ses tâches habituelles. Kearwin et cinq autres analystes quittèrent le secteur Bloc de l'Est pour être affectés à la section Moyen-Orient. Ils durent se plonger dans l'étude du programme nucléaire irakien et travaillèrent vingt-quatre heures sur vingt-quatre pendant un mois pour arriver à une conclusion. Kearwin ne se souvenait pas d'une autre période où il y ait eu une telle priorité. Tout le reste avait l'air de mériter la poubelle. La CIA y mit son nez et on entendit même tout un tas de rumeurs venues de divers pays étrangers dont certaines furent d'ailleurs très utiles. La conclusion fut énoncée au début de septembre 1988 : elle indiquait que le programme nucléaire irakien était bien avancé et donnait comme estimation 1994 pour une utilisation possible d'armement nucléaire. À ce moment-là, les choses se calmèrent quelque peu.

Pas pour longtemps. Deux semaines plus tard, l'ordre parvint de reprendre le diagnostic et d'y intégrer de nouveaux détails. Kearwin s'y attendait. Ils avaient rendu les conclusions en demandant un délai supplémentaire, en précisant que ce ne pouvait être qu'un diagnostic provisoire étant donné que des informations fraîches arrivaient tous les jours, bla, bla, bla... Du Morse tout craché, pensa Kearwin, mais tant mieux. On ne pouvait pas changer l'orbite de deux satellites KH-11 et espérer qu'ils fourniraient instantanément des réponses sur un nouveau secteur. D'accord, il y avait déjà eu des passages au-dessus de l'Irak auparavant, mais il y avait des limites à ce que pouvait accomplir une équipe aussi réduite et des contraintes dans les capacités de stockage des données. En plus, ces gars avaient été très occupés par la surveillance de la guerre Iran-Irak. Quelqu'un les avait même traités de statisticiens morbides. Pas leur faute : ils obéissaient aux consignes, rien de plus.

Donc, l'ordre arriva : six mois de travail, cette fois. Nouveau changement d'orbites pour les KH-11 afin d'obtenir une meilleure couverture de l'Irak. Un passage quotidien ne suffisait pas. Kearwin fit un calcul approximatif pour connaître les conséquences sur la durée de vie des KH-11 avant que le carburant vienne à manquer. La réduction serait de la moitié, estima-t-il : l'opération allait les faire chuter à sept cent cinquante jours par oiseau. De *gros* oiseaux, d'ailleurs – les KH-11 comptaient parmi les plus volumineux des sept mille objets divers qui tournent en permanence là-haut. Vingt mètres d'envergure et pesant quinze tonnes pièce, la série des KH-11 avait révolutionné le pouvoir de surveillance de l'Union soviétique par le NRO. Pendant toute une période, en fait jusqu'au moment où ils avaient acheté une copie du manuel technique du KH-11 à un ancien officier de surveillance du Centre d'Opérations, les Soviétiques avaient même ignoré à quoi il servait. Ils savaient qu'il *était* là, mais il n'avait pas l'air de fonctionner. On aurait dit qu'il n'émettait aucun signal. En fait, contrairement à son prédécesseur, le KH-9, il ne délivrait aucune information apparente. L'émission du KH-11 était astucieuse : il envoyait ses signaux dans l'espace sur un satellite de relais couplé, plutôt que directement sur terre. Le KH-11 lui-même semblait électroniquement inerte, aussi les Soviétiques ne prenaient-ils pas la peine de cacher les éléments sensibles à ses passages. Mais l'atout majeur du KH-11 était sa capacité de transmettre les informations en temps réel. Les anciens satellites espions devaient éjecter leurs films dans d'autres engins qu'on récupérait avant de pouvoir traiter et analyser les données. Le KH-11, lui, enregistrait digitalement ses propres observations et les relayait électroniquement, de cette façon, elles étaient déjà prêtes pour l'analyse immédiate – ni relais, ni délai.

Ainsi on allait donc griller deux KH-11 pour obtenir ces données sur l'Irak. Il fallait compter quatre jours pour modifier leur orbite en faisant descendre leur périgée plus au sud, au-dessus de la latitude voulue. Le point le plus proche de la terre de l'orbite elliptique était à deux cent cinq kilomètres et permettait une observation très fine. Eh bien, ça n'était pas assez et ils voulaient un «rebond» à chaque passage, en plus. Ça consistait à abaisser le périgée à cent cinquante kilomètres au-dessus d'un objectif spécifique, afin d'obtenir un maximum de détails, en utilisant l'effet de «fronde» pour les ramener ensuite à leur altitude normale. Les techniciens avaient hissé l'apogée de trois cents kilomètres à trois cent cinquante, mais Kearwin ne croyait pas que ça aiderait à les faire durer plus longtemps. Le problème, c'était le carburant. Un seul passage quotidien était considéré comme insuffisant. Chaque fois le satellite glissait un peu sur le côté et il fallait lui redonner un coup de pouce pour le ramener au-dessus de l'objectif. Et cela à chaque orbite.

Schématiquement, le parcours orbital du KH-11 ressemblait assez à une pelote de laine, pensait Kearwin. Chaque fois que le fil s'enroulait autour de la pelote, il s'écartait très légèrement de la position qu'il occupait au tour précédent. La terre se trouvait au centre de la pelote et les pôles Nord et Sud étaient figurés par les trous, à chaque bout. Le fil tournait autour de la pelote plus de dix fois par jour, mais à chacun de ses passages, jusqu'au lendemain où tout recommençait à zéro, il ne repassait jamais exactement au même endroit, à cause de la rotation de la terre. Si on voulait qu'il passe exactement au même endroit, il fallait lui donner une impulsion pour compenser. Le satellite avait une vitesse de six kilomètres par seconde et son temps de rotation était de quatre-vingt-dix minutes, ce qui donnait seize orbites par jour. Seize dépenses supplémentaires de carburant, chaque jour ! La vie du satellite en était abrégée d'autant. Mais, pendant leur existence, ces deux satellites allaient fournir un tas de renseignements. Et lorsqu'ils mourraient ? Eh bien on enverrait deux Titan-4C chargés de leurs remplaçants. Une affaire onéreuse. «Dans cette course, le temps c'est de l'argent», disait le Morse et il ne plaisantait pas. «Vous feriez bien de tirer le maximum de ces deux bébés tant qu'ils sont là, les gars.»

Kearwin et son équipe avaient mordu à pleines dents dans ce beau gâteau. Et quantité d'informations avaient été accumulées. Ils avaient maintenant quelques mois de données supplémentaires et pouvaient affiner leurs conclusions. Leur deuxième diagnostic faisait apparaître plusieurs installations qui n'avaient pas été décelées jusqu'ici et une montagne d'enquêtes de terrain fournies par les fantassins de la CIA afin d'effectuer des recoupements. La communication préliminaire du Morse selon les ordres à mi-étude établissait que les Irakiens pourraient posséder la bombe atomique en 1993. Le rapport final (Kearwin devait se dire plus tard qu'ils avaient parlé un peu vite en le qualifiant de « final ») ramenait cette échéance à 1992.

Vlan. Voilà que ça recommençait, en priorité absolue. Et on leur donnait cent jours. Une réponse définitive était exigée, avec une marge d'erreur autorisée de type 2. On mettait un troisième KH-11 sur le coup, et six analystes en renfort. On attendait un KH-12 pour bientôt. On tripla les capacités d'archivage. Kearwin reçut une promotion et une grosse augmentation de salaire. Et, pendant tout ce temps, la console DSP resta au coin de son bureau délivrant parfois un signal de trace au sol. Mais Kearwin avait fort peu de temps pour s'y intéresser et le Morse durcit sa position en face des ganaches, leur agitant sous le nez avec une grande jubilation son ordre de mission signé par le secrétaire à la Défense, Dick Cheney en personne, chaque fois qu'ils venaient le relancer.

Kearwin avait longuement plaidé afin qu'on change les grilles d'analyse et il avait proposé quelques paramètres nouveaux pour l'évaluation des changements dans un pays du Tiers Monde comme l'Irak, en remplacement de ceux qui avaient été définis pour une superpuissance au bord du gouffre comme l'Union soviétique. Le Morse l'avait soutenu. Sorensen lui-même avait engagé d'âpres discussions avec les vieux de la vieille de la CIA qui se souvenaient de l'époque où l'industrie nucléaire soviétique était encore balbutiante. On demanda leur avis à des scientifiques civils sur la technologie de pointe et il en résulta que les pauvres troupiers des services secrets eurent encore plus de pistes à écumer. En Europe, certaines corporations se firent douloureusement taper sur les doigts pour leurs activités passées. Il y avait tout un régiment de Rouges parmi des industriels apparemment respectables. Quant aux gouvernements eux-mêmes... Tout cela s'était passé à un rythme incroyable, se souvenait Kearwin, et ç'avait été sans doute le dossier le plus passionnant qu'il avait eu à traiter de toute sa vie. En octobre 1989, l'ultime rapport était au point. Les constatations de Kearwin concernant les plus récents projets de constructions irakiens, et plus particulièrement la sécurité qui les entourait, avaient ouvert de nouvelles voies pour les recherches et le document final corroborait de nombreuses intuitions du jeune analyste. Mars 1991, annonçait le rapport. Et peut-

être février. À ce moment-là, l'Irak serait en possession de sa première arme atomique. Il ne restait pas beaucoup plus d'un an,
d'ici là.

Ce fut lorsqu'on modifia l'orbite du DSP que Kearwin comprit
à quel point on prenait tout cela au sérieux. Il ne couvrait même
plus l'est de l'URSS, bon sang. Le Kamtchatka se retrouvait hors
de l'écran. Et les satellites du DSP jouaient sur un tout autre
registre. D'abord, ils ne prenaient pas de photos, ils réagissaient
simplement aux signaux infrarouges émis par les missiles et donnaient un relevé du pas de tir. Après le tir, les services du DSP
suivaient les relevés du satellite ; en recoupant les données de
plusieurs DSP on obtenait une image 3-D qui indiquait une trajectoire et une cible supposée en soixante secondes. Les DSP
étaient géostationnaires et donc ne se déplaçaient pas par rapport
à la terre. Ainsi, ils observaient en permanence le même secteur,
délivrant une nouvelle lecture de la totalité de leur faisceau toutes
les dix secondes. Pour rester au même endroit, ils devaient être
situés sur des orbites beaucoup plus hautes. Le satellite DSP
auquel Kearwin avait affaire était le treizième à avoir été lancé et,
jusqu'à ces derniers temps, avait été géostationnaire au-dessus du
Sinkiang, au nord-ouest de la Chine. De là, à trente-huit mille
kilomètres au-dessus de la terre, soit à plus de cent fois l'altitude
d'un KH-11, il pouvait voir la moitié de la surface du globe, y
compris l'Union soviétique en entier, les pays du Pacte de Varsovie, la Chine et tout l'Extrême-Orient. Mais depuis l'achèvement
du rapport du NRO sur l'Irak, on l'avait ramené de près de quatre
mille cinq cents kilomètres à l'ouest, au-dessus de... devinez
quoi ? Gagné, le Golfe. Et on avait rajouté des satellites DSP
aussi, un peu partout, pour que le NORAD puisse faire ses
recherches en 3-D.

Depuis un an ou deux, il n'y avait eu que quelques empreintes
DSP. Après leur analyse, on avait conclu qu'il s'agissait de tirs
d'essai de SS-1 Scud-B, Al Abbas et Al Hussein. Pas facile à
situer mais le DSP était un bon système. L'ennui majeur venait
des nuages. Un objet de la taille d'un missile balistique intercon-
tinental, spécialité du DSP, était quand même repérable à travers
une fine couche nuageuse et de toute façon quand il avait dépassé
les nuages. Le Scud-B, en revanche, était beaucoup plus petit. Sa
signature thermique n'arrivait pas à un pour cent de celle d'un
ICBM et bien sûr il n'atteignait pas la même altitude. Alors il
était plus difficile à détecter, surtout avec des nuages. Mais Kearwin avait réussi malgré tout à en voir quelques-uns. À force
d'expérience. La section de balistique avait donné des renseignements sur les tirs d'essai de Scud, mais c'était le NORAD qui
avait fourni l'essentiel sur le sujet, ce qui avait un peu consolé

l'État-Major. Le Scud était du matériel minable – de A à Z un truc à mettre à la poubelle, un véritable système de tir digne de l'âge de pierre aussi efficace que la gifle d'un manchot. Seulement, il y avait une tête nucléaire au bout, alors...

L'État-Major avait sans doute été au courant de ce que les Irakiens préparaient, conclut Kearwin rétrospectivement. Ça le réconfortait de se dire que tout avait été prévu. Même le Morse reconnaissait que les ganaches avaient bien joué. Le Koweït. Le Bouclier du Désert... et puis la Tempête du Désert elle-même. Quelle aventure ! Quand le Morse avait vu tous les petits jeunes se bousculer devant la console DSP de Kearwin lors d'un tir réel de Scud, il avait été sur le point de lui ordonner de débrancher l'appareil et de s'en débarrasser. Il y avait quelque chose d'irrésistible dans l'analyse en direct. Kearwin lui aussi avait été fasciné.

Il se repassa mentalement le film des opérations. Tout avait été si vite, tout à coup. *Whoosh*, le Scud était parti. Au bout de dix secondes on avait reçu le premier signal DSP. Et un autre toutes les dix secondes. Enterré très profondément au cœur du mont Cheyenne, dans le Colorado, le Centre de Surveillance des Missiles de la direction du NORAD le confirmait et donnait une trajectoire et une cible probable moins d'une minute après le tir – à condition qu'il n'y ait pas de nuages. Les nuages retardaient tout car on devait attendre que le Scud les dépasse. Le DSP transmettait ses informations à un satellite de données TRDSS directement relié au NORAD. Dès que l'ordinateur avait fourni la trajectoire, elle était renvoyée à un relais MILSAT qui à son tour la livrait au CENTCOM du Golfe. Moins de trois minutes et demie après le lancement, les commandants militaires sur le terrain étaient en possession de l'information et dans les quatre-vingt-dix secondes qui suivaient, soit cinq minutes après le tir, les batteries de Patriots basées en Israël et en Arabie Saoudite se tenaient prêtes. Le temps de vol d'un Scud tournait autour de huit minutes, aussi ne restait-il aux batteries de Patriots que deux ou trois minutes – dans le meilleur des cas – pour intercepter l'agresseur. Dans une section de tir de Patriots, on dormait chaussé et d'un seul œil. Quand on dormait.

Le problème avec les Patriots, pensait Kearwin, c'était qu'ils avaient été conçus pour des cibles de classe, par pour de la brocante comme les Scuds ou leurs dérivés, les Al Abbas ou les Al Hussein. Ces Scuds pourris commençaient à se déglinguer dès qu'il retombaient à quinze ou vingt kilomètres d'altitude et éclataient en trois morceaux quand ce n'était pas plus. La queue se séparait, le plan fixe fichait le camp et parfois le corps du missile lui-même se brisait en deux. La procédure habituelle consistait à tirer deux Patriots PAC-2 contre chaque cible, ce qui fait qu'on devait très souvent en tirer quatre ou plus sur chaque Scud : deux pour la tête armée, et deux autres à la poursuite des morceaux, quelquefois sur toute leur trajectoire jusqu'au sol. Une nuit, on tira trente-cinq PAC-2 contre seulement sept Scuds. Une séance à un million de dollars. Les débris mêlés des Patriots et des Scuds, dispersés sur une immense étendue, causèrent plus de pertes que n'en auraient fait les têtes de Scuds toutes seules. En Israël, le nombre des blessés par Scuds augmenta de soixante pour cent après l'intervention des Patriots et les dégâts matériels furent multipliés par trois.

La Raytheon Corporation, qui fabriquait les Patriots, avait d'une certaine façon anticipé le problème lors de ses essais à White Sands, dans le désert de l'Arizona, mais personne n'aurait pu prévoir à quel point les Scuds irakiens se révéleraient instables et peu fiables. Très rapidement, la Raytheon trouva la parade. Dans les vingt-quatre heures, ils envoyèrent dans le Golfe des notes supplémentaires. Les responsables du tir des Patriots pouvaient maintenant utiliser un système automatique et un maniement mécanique modifié qui leur permettaient de se bloquer sur la cible à trajectoire la plus stable – la tête armée – bien qu'il faille avoir les nerfs très solides pour sélectionner un seul des morceaux du Scud quarante secondes à peine avant qu'ils ne vous arrivent sur la figure.

Il n'y eut qu'une vraie tragédie – l'accident désastreux au cours duquel un Scud rasa le réfectoire de la base de Dhahran, tuant vingt-huit militaires américains. Les Patriots ne s'étaient pas attaqués à ce Scud, mais personne n'avait commis de faute. Chaque batterie de Patriots avait une zone bien spécifique à défendre, appelée « keep-out zone » (KOZ). Nécessairement, cette zone était limitée – si elle était trop vaste, il n'y avait plus aucun espoir d'interception. Ainsi, tout Scud ne pénétrant pas dans la KOZ devait être négligé. La KOZ dépendait du missile et de sa trajectoire. Si cette dernière était basse, la KOZ pouvait être plus étendue car cela signifiait qu'il n'allait pas trop vite, mais s'il arrivait presque à la verticale, à très grande vitesse, le Patriot avait très peu de temps pour s'ajuster. Le missile qui détruisit le réfectoire suivait une trajectoire exceptionnelle et il n'avait pas été possible de s'adapter à temps à cette situation nouvelle. Le réfectoire se trouvait à peine à quinze mètres de la KOZ la plus proche. C'était vraiment pas de chance...

Dans l'ensemble, la Raytheon avait fait du sacré bon boulot avec ses Patriots, pensait Kearwin. Au départ, il s'en souvenait très bien, ils avaient été créés, sous le nom de PAC-1, comme arme destinée à abattre des avions. C'est seulement en voyant leurs performances que l'État-Major avait fait pression pour qu'on adapte le système aux missiles. Et, vraiment, le PAC-2 avait largement fait ses preuves. En dépit des accidents, ce qui avait importé, c'était le sens politique de sa seule existence. Les Patriots avaient jusqu'à un certain point rassuré la population israélienne et avaient joué un très grand rôle dans le fait qu'Israël était finalement resté en dehors du conflit. Mais Kearwin en connaissait la véritable raison. C'avait été l'apparition du successeur du Patriot, le système Arrow. Arrow avait une portée de cent kilomètres et pouvait monter jusqu'à quarante kilomètres contre respectivement vingt et cinq pour le Patriot. Le seul problème, c'était que Arrow coûtait très cher. Les Israéliens étaient incapables de l'assumer seuls. Le Gouvernement israélien avait négocié ferme avec les États-Unis, exigeant une aide financière et technologique. Les USA avaient dû se montrer très prudents – le traité ABM de 1972 interdisait tout « transfert technologique », aussi n'était-il pas question de livrer du matériel. Le financement, en revanche, et une aide pour l'achat d'Arrow, c'était autre chose et les USA avaient fait le nécessaire dans ce domaine. C'était *ça* qui les avait dissuadés d'intervenir, pas les Patriots.

Kearwin soupira. Tout était rentré dans l'ordre maintenant, ou presque. Pour le moment, la priorité restait le Moyen-Orient, mais le travail se limitait au contrôle, à la surveillance des déplacements et des constructions. L'étude des dégâts causés par le bombardement des installations de Al Ateer avait amené un peu de nouveauté, et des satisfactions. Le KH-12 avait donné d'excellents relevés. Ce serait intéressant de voir si ses données seraient confirmées ou non. Il était convaincu qu'elles le seraient.

– Bien, Peter, dit-il à un de ses assistants. Je crois qu'on a tout, maintenant, là-dessus. Classe les tirages et envoie tout ça, d'accord ?

L'assistant acquiesça et s'en alla préparer le dossier à soumettre au Morse.

Kearwin se frotta les yeux, se renversa dans son fauteuil et bâilla. Dehors, Washington profitait d'une belle journée de printemps. Il travaillait depuis 6 heures du matin. Avec un peu de chance il aurait terminé dans une demi-heure et pourrait rentrer chez lui et finir l'après-midi au soleil avec Carrie et le bébé. Il s'étira et fit rouler sa tête pour s'assouplir la nuque.

Une nouvelle fois, le flash de la console DSP attira son attention. L'analyse suivait. Il la regarda et tiqua. Sacré bon sang, se dit-il, en tapant une rapide demande de renseignements supplémentaires sur cette trace au sol. Et il appela le Morse par-dessus son épaule.

– Walter, on a une empreinte sur le DSP. Irak-est. On dirait un tir de Scud. Vous voulez voir ?

—Qu'est-ce que vous racontez, un Scud ? s'écria Sorensen en se levant. Vous êtes malade ? La putain de guerre est finie, bon Dieu.

Mais lorsqu'il consulta les données, son front se couvrit de sueur.

—Oui, mais regardez l'endroit exact.

Kearwin tapa sur le clavier et de nouvelles informations apparurent sur l'écran ainsi qu'une carte de la région. Il resserra sur le point indiqué.

—En plein sur la frontière, c'est incroyable.

—Et la signature est comment ? demanda Sorensen en maltraitant sa moustache.

—Elle correspond aux paramètres de Scud sur la bande des 4,3 micromètres, un peu basse sur celle des 2,7.

Les récepteurs ondes courtes à infrarouge du DSP travaillaient en permanence sur ces deux fréquences et l'intensité relative des signaux produits par les deux bandes donnaient un très grand nombre d'informations pour l'analyse. Grâce à eux, on pouvait déterminer quel type de missile avait été lancé car chaque combustible avait sa propre signature. Dès que la CIA connaissait le nom du combustible, c'était comme si on avait le missile.

—Et où est-il rendu, maintenant ?

Kearwin tapa la question sur le clavier. Quelques secondes plus tard, la réponse s'afficha et il en cligna les yeux de surprise.

—Bon sang, il n'a pas bougé ! Peut-être un essai de machine.

—Essai de machine, mon cul, répondit Sorensen dont le visage venait de s'éclairer d'un grand sourire. Regardez le nouveau chiffre sur la 2,7. Plus grand, d'accord ? Alors ça vous dit quoi ? Un essai de machine ? Ici ? Sur la frontière ? Vous voulez que je vous dise un truc, petit génie ? Vous n'avez rien de plus qu'un bidon d'essence qui aura pris feu ! Alors là, je n'aurais jamais cru que vous tomberiez un jour dans ce genre de panneau ? Eh, les gars !

Se retournant, le Morse ameutait la salle. Et tout le monde le regarda avec stupéfaction lorsqu'il se lança dans une tirade faussement émerveillée.

—Ce bon John a découvert un bidon d'essence enflammé ! Et il m'a appelé pour que je puisse l'admirer ! Qu'est-ce que vous en dites ?

Il administra une vigoureuse tape sur l'épaule de Kearwin.

—Tout le boulot un peu délicat, à partir d'aujourd'hui, c'est pour vous, mon vieux John, d'accord ?

Et il regagna son bureau sous les applaudissements de l'assemblée. Une boulette de papier vola tout près de la tête de Kearwin.

Il passa en revue timidement les visages hilares autour de lui. Puis il éclata de rire.

– Allez, ça va, les gars. Tout le monde peut se tromper, non ?

– Elle est bien bonne, John, s'exclama un de ses assistants.

– Jolie prestation, John, dit un autre.

– Ouais, ouais, d'accord. Tout le monde s'est exprimé ? Alors, repos ! Hein ?

Kearwin n'était pas analyste pour rien. Il vit tout de suite que la tension venait de tomber. Ça n'arrivait pas si fréquemment et un peu de bonne humeur faisait du bien à tout le monde, même si c'était à ses dépens. Il sourit et reprit son travail.

Quinze minutes plus tard, Kearwin n'était pas encore remis de son erreur. Tout de même, quelque chose ne tournait pas rond. Qu'est-ce qu'il leur prenait, aux Irakiens, de jouer au petit jeu du baquet d'essence enflammé en pleine paix et juste sur la frontière, en plus ? Il repensa à la Guerre, lorsque cette tactique avait été utilisée pour leurrer les F-16 Falcons pendant les tirs de Scuds. Recevant les informations en même temps que les batteries de Patriots, dès le tir d'un Scud, les F-16 décollaient, accompagnés de F-111 Wild Weasels équipés de brouilleurs de radar ALQ-131 ECM. Et les avions ravitailleurs suivaient.

Les fautifs avaient été les opérateurs-radio avec leurs bavardages entre avions, se souvenait Kearwin. Dans le domaine de l'écoute-radio, les Irakiens s'étaient révélés meilleurs que ne le pensaient les Alliés et, bien que leurs écrans radar fussent aveuglés par le ECM des F-111, ils réussissaient à déceler l'approche des F-16 avec leur seule radio. Ils parvenaient même à décrypter les codes et, à l'arrivée des F-16, les batteries de Scuds avaient disparu, la plupart du temps dissimulées sous un pont ou un viaduc. Une fausse batterie était laissée à la place, avec autour d'elle des fûts d'essence enflammés pour donner une signature de chaleur aux récepteurs des F-16. De nombreux bombardements « réussis » n'avaient en fait détruit que des leurres. C'était le coup du baquet d'essence, pensait Kearwin. Et maintenant, il venait de tomber dedans à son tour.

Mais était-ce bien ça ? Et pourquoi ? Pourquoi, surtout, juste sur la frontière saoudienne ? Ça n'avait aucun sens. Irrité, Kearwin décida d'y regarder de plus près. Il tapa sur son clavier principal la demande du relevé du plus récent passage de satellite KH-11 ou KH-12. Un diagramme des différents relevés de satellites espions apparut sur le grand écran sous la reproduction de la zone surveillée. Parfait, pensa Kearwin. Un KH-12 avait survolé l'endroit justement cinq minutes plus tôt. L'information devait être déjà délivrée via les satellites relais et la station au sol réceptrice, et le signal digital devait être en ce moment même décrypté par ordinateur avant d'être archivé. Il ne faudrait que quelques minutes à l'ordinateur pour fouiller dans les archives et retrouver ce qu'il voulait. Ce serait très bien, se dit Kearwin. Il jetterait un rapide coup d'œil pour voir de quoi il s'agissait exactement, et puis il rentrerait retrouver Carrie et le petit.

Il se laissa aller dans son fauteuil, réfléchit, puis se pencha de nouveau en avant. Pendant qu'il y était, autant appeler les deux derniers passages, pour comparer. Il formula une nouvelle demande. Le passage précédent avait été celui d'un KH-11 vingt minutes plus tôt et il conviendrait parfaitement. Il en fit la commande. Le passage encore antérieur datait de quarante-cinq minutes et se situait un peu plus à l'est, si bien que le point qui l'intéressait ne se trouvait pas dans le champ. Il ne lui serait donc d'aucune utilité. Il y en avait encore un, bon celui-ci, près de deux heures auparavant. Il le sollicita aussi, comme deuxième vérification. Au sous-sol, l'ordinateur géant se lança dans la recherche désirée parmi les innombrables fichiers pendant une minute et trente secondes et le relevé du KH-11 apparut sur l'écran de Kearwin. Excellent, se dit-il. Pas de nuages. Une image parfaite. Il régla la lecture digitale pour obtenir le meilleur contraste possible des infrarouges.

Un endroit oublié de Dieu, apparemment. En plein désert. Le seul objet remarquable était un petit groupe de bâtiments au centre de l'écran que traversait une piste de haut en bas. Auprès d'eux, on voyait une sorte de mini dépôt. Un camion était garé devant le bâtiment principal. Un modeste poste militaire de soldats de plomb. En fait, un poste frontière. Pas terrible. Rien d'étonnant, songea-t-il, il se trouvait à des kilomètres de tout. Une présence symbolique.

Le voyant du support de console s'éclaira, l'informant que le passage de deux heures avant était maintenant à sa disposition. Il l'appela à l'écran. À l'œil nu, il était semblable à l'autre. Kearwin activa le code qui superposait les deux images en relevant les différences. Il eut une pensée émue pour l'énorme capacité d'analyse qu'exigeait un exercice à première vue aussi simple. L'image infrarouge avait une précision de quinze centimètres, ce qui signifiait qu'on ne pouvait y discerner ce qui était plus petit qu'un ballon de football d'enfant. La rumeur populaire qui faisait croire qu'un satellite situé à des centaines de kilomètres de la terre pouvait lire les plaques d'immatriculation d'une voiture était une idiotie. D'ailleurs, ça ne servirait pas à grand-chose de détailler à ce point – quinze centimètres suffisaient largement à identifier avec exactitude des objets tels que des véhicules surtout avec les moyens d'agrandissement des ordinateurs actuels. Chaque carré de 15 × 15 au sol était représenté sur l'image par un pixel, un point gris variant selon une échelle de seize tons différents. Pour une zone de cent mètres sur cent, on avait déjà un tiers de million de ces points. Et pour un kilomètre carré – ce qui ressemblait en gros à ce que Kearwin observait en ce moment – on allait gaillardement vers les cent millions. Et chacun de ces pixels devant être comparé à son correspondant sur l'image précédente – pas vraiment un travail élémentaire. Les écarts de températures entre les passages devaient être intégrés, certains corps se refroidissant ou se réchauffant plus vite que d'autres. L'échelle des gris serait ajustée en conséquence. Ce n'était d'ailleurs pas le problème le plus complexe à résoudre : l'ordinateur devait aussi tenir compte du fait que l'angle de vue était différent à chaque passage puisque dépendant de l'orbite suivie par le satellite. Les variations qui s'ensuivaient devaient être elles aussi digérées.

Kearwin regarda les deux images se superposer tandis que l'ordinateur s'appliquait à les faire coïncider. Puis, lorsque la machine s'estima totalement satisfaite, elle commença son travail de comparaison. L'écran se vida alors au fur et à mesure que les pixels s'annulaient les uns les autres, après constatation de leur conformité. À la fin, il ne subsistait que deux petits amas en haut de l'écran et deux autres plus près du centre. Kearwin lança un programme d'alignement supplémentaire pour confirmer la différence de lecture entre les deux passages. La réponse indiqua que ces anomalies étaient à soixante pour cent trop importantes pour être négligeables. Il y avait donc là quelque chose de positif. Kearwin revint à l'image du satellite et agrandit le secteur du haut incluant les anomalies. Voilà. Encore un petit ajustement sur l'intensité des gris et c'était net. Deux véhicules. Là, dans le passage le plus ancien, mais rien dans le plus récent.

Il savait ce qu'il allait trouver dans le second jeu de petits amas près du centre : de nouveau deux véhicules, cette fois sur la deuxième image et pas sur la première. Presque certainement les deux mêmes. Kearwin se demanda vaguement pourquoi ils ne s'étaient déplacés que de quatre cents mètres environ en une heure et demie. Sur la deuxième image, ils se trouvaient à peine à deux cents mètres du poste frontière.

Le voyant de la console s'alluma de nouveau. Le dernier relevé, celui du KH-12 qui allait montrer la source de chaleur décelée par le DSP, était maintenant disponible. Kearwin transmit les deux premiers passages qu'il venait de comparer à l'imprimante, ainsi que les agrandissements des véhicules dans chacune des positions. Il commanda également une lecture digitale de la signature infrarouge réelle des véhicules. L'image apparut sur l'écran.

Il vit tout de suite son baquet d'essence en feu. Un joli petit brasier, selon toute apparence. La réserve de carburant du poste, probablement. L'essence avait pris d'un coup. Quelque imbécile avait dû allumer une cigarette. Rien de plus à en tirer, pensa-t-il écœuré. Il fit descendre les gris jusqu'à ce que l'image soit presque noire, sauf l'espace entourant le feu. Il les descendit encore pour que même les objets réchauffés par l'incendie disparaissent et ne laissent visible que la source exacte de chaleur. En continuant à assombrir, ce fut comme si le feu s'éteignait. Puis, par bonds de vingt pour cent, il remonta jusqu'à la normale, passant à l'imprimante à chaque stade en ajoutant une demande d'analyse de chaleur. La série des tirages donnerait des précisions sur la source et sur les effets dans un rayon d'environ cent mètres. D'après ce qu'il pouvait déjà constater, les bâtiments du poste n'étaient pas exposés. Il tapa le code de sortie et commença à ranger son bureau avant de s'en aller.

Dix minutes plus tard, après s'être attardé à discuter de son rapport Al Ateer avec Sorensen, il décida de rentrer chez lui. Il cueillit les tirages et retourna à son bureau. Il y jetterait un coup d'œil demain, s'il avait un moment. Il les déposa dans le panier des instances près de son poste de travail.

Ce fut à cet instant que Kearwin remarqua que son écran était encore sous tension. Au lieu de presser la touche de sortie, il avait appuyé sur celle de comparaison. Il comprit qu'il devait être un peu surmené. Le dossier Al Ateer lui avait demandé une très grosse concentration. Il n'aurait pas dû en plus s'embarrasser de ce sacré fût d'essence. Maintenant, son écran lui présentait une comparaison entre trois clichés.

Il y avait le feu, gros amas de points blancs inexistants sur les deux premières images. Il y avait les deux petits pâtés en haut et les deux autres près du centre : les deux véhicules à leurs deux emplacements différents. Et... comme c'était intéressant – ils étaient aussi là, presque en bas de l'écran. Ils s'éloignaient du feu. Pourquoi ? Il vérifia immédiatement sur son logiciel, pour voir l'heure à laquelle le satellite DSP avait signalé le feu pour la première fois. Il allait le savoir à dix secondes près. L'heure s'afficha : 15 h à l'heure USA-côte ouest. Ce qui signifiait 22 h en Irak. Une heure vraiment exacte. Et même beaucoup trop exacte pour être accidentelle. Alors, un acte délibéré ?

Soucieux, il aligna les heures des trois passages des satellites KH. Le premier, un KH-11, était passé à 20 h 13, heure irakienne. Le deuxième, également un KH-11, à 21 h 48 et le troisième – après le début de l'incendie – un KH-12, cette fois à 22 h 12. Il récapitula ce qu'il avait en main. Deux véhicules, à six cents mètres du poste frontière à 20 h 13. À 21 h 48, ils s'étaient rapprochés jusqu'à deux cents mètres. Et puis à 22 h 12, après

233

que l'incendie se fut déclaré, ils se trouvaient à cinq cents mètres de l'autre côté de la frontière. Il étudia les relevés des véhicules. Identiques : petits et carrés. Pas des camions. Des voitures – probablement des tous-terrains pour rouler sur une piste du désert. Ils étaient bizarres... L'analyse spectrale indiquait qu'ils avaient leurs phares allumés, on le voyait aux ombres portées. Mais il y avait quelque chose de pas normal dans ces ombres. Il parcourut à nouveau les données. Les ombres apparaissaient sur la bande infrarouge mais pas sur la fréquence plus courte du spectre visible. Des phares à infrarouge !

Très intrigué, cette fois, Kearwin étudia la carte du secteur en entier. Il n'y avait que la piste. Un trou perdu, comme il le pensait bien. Il se leva lentement et alla voir Sorensen.

– J'ai un drôle de truc, Walter. Peut-être les gars de Langley pourront-ils nous éclairer. Vous pouvez venir ?

Le Morse terminait juste la vérification du rapport de Kearwin sur les dommages causés par les bombardements.

– Une petite minute, fils, je finis ça.

Il tourna la dernière page, hocha la tête en lisant la conclusion, parapha et appela l'assistant.

– C'est bon, Peter. Faites-moi partir ça à la Section d'Observation pour comparaison. Illico.

Puis il revint à Kearwin.

– Joli travail, ce rapport BDA. Très pointu. Je suis curieux de voir comment il va résister en face des observations de terrain. Bon, alors, qu'est-ce que vous me disiez sur la CIA ? Qu'est-ce qu'ils ont encore fait ?

Ils gagnèrent ensemble le bureau de Kearwin pendant que celui-ci expliquait sur quoi il était tombé.

– C'est mon bidon d'essence en feu. Quelque chose clochait, alors j'y ai mis le nez.

– Vous savez ce qui me plaît chez vous, John ? dit le Morse avec un sourire. Vous vous accrochez. Vous détestez vous sentir battu. Vous n'abandonnez jamais, hein ?

Kearwin devait bien l'admettre. Il était d'un caractère plutôt doux et timide, mais il pouvait montrer un entêtement et une résistance à l'échec qui étonnaient beaucoup ceux qui en étaient les témoins. Il ne lâchait pas prise avant d'avoir obtenu une réponse. Il était capable de garder des données inexpliquées dans le crâne pendant des jours, parfois des mois, en attendant qu'une information fraîche lui apporte un éclairage nouveau sur un vieux casse-tête. Walter Sorensen ne l'ignorait pas et, à plusieurs reprises, il n'avait eu qu'à se féliciter d'avoir un collaborateur de cette trempe.

– Je me pose des questions, Walter, c'est tout. Regardez.

Kearwin fit une recherche rapide et arrêta l'image sur le troisième passage.

– Ici, on a le feu, d'accord ? C'est un relevé KH-12 moins d'un quart d'heure après le signal DSP. D'après le DSP, il s'est déclenché à 22 h exactement, heure irakienne. Essence enflammée, juste à côté de ce petit poste frontière, là. Vingt, peut-être trente bidons d'essence, un peu de kéro, etc. Rien d'étonnant là-dedans, sauf l'heure – exactement 22 h. Un peu pile pour être un accident.

Kearwin appela les deux premières images et sollicita la séquence comparative.

– Alors maintenant, voici deux passages de KH-11, un peu plus tôt. L'un à 20 h 13, l'autre à 21 h 48. Laissez tomber le feu et jetez un coup d'œil sur ces trois paires de petites grappes, là.

Les trois jeux de damiers remontaient sur l'écran.

– Deux véhicules ?

– Juste. Deux tous-terrains à quatre roues motrices, à mon avis. Mais remarquez les heures. Cent minutes avant l'incendie, ils sont à cinq cents mètres du poste. Douze minutes avant, ils se sont rapprochés à deux cents mètres. Enfin treize minutes après l'incendie, ils ont traversé la frontière et se trouvent là, en bas. Et maintenant, regardez ça.

Kearwin sortit les analyses spectrales montrant les ombres produites par les phares des véhicules.

– Léger, pas du cent pour cent, mais je parierais bien dix dollars qu'ils utilisent des phares infrarouges et pas des phares normaux. Qu'est-ce que ça évoque, pour vous ?

– Si vous voyez juste, ça m'évoque la clandestinité, répondit Sorensen. Je dis bien : *Si*...

Il avait beau avoir insisté sur ce dernier mot, en observant les analyses spectrales, il était intimement persuadé que Kearwin avait raison. C'étaient des phares à infrarouge, il n'y avait pas de gros doute là-dessus.

– Alors, quelle est votre théorie ?

– Deux véhicules sont arrivés de nuit à la frontière. Là, ils ont déposé quelques gars. Ces types se sont glissés jusqu'au poste pendant que les véhicules attendaient. Un quart d'heure avant l'heure prévue, les véhicules se sont discrètement rapprochés de la frontière. À 22 h précises, ils ont mis le feu au dépôt d'essence pour faire diversion. Pendant la confusion, les voitures ont traversé, sans éclairage visible, et ont attendu ici, de l'autre côté, pour récupérer les saboteurs. Les gardes irakiens ne les ont même pas vus – regardez, aucun signe de poursuite. Ce camion n'a pas bougé.

– Ouais, ça colle, sauf que l'incendie a dû faire un peu de lumière. Quelqu'un aurait pu les repérer.

– Impossible. Les hommes devaient tous être occupés à essayer d'éteindre le feu. Ou alors le camion a lui aussi été saboté. Écoutez, Walter, j'aimerais que Langley nous dise s'ils ont des tuyaux là-dessus. À mon avis, ils ne savent rien, sinon ils nous auraient alertés d'une façon ou d'une autre, ne serait-ce qu'en nous demandant de regarder ailleurs. Et puis ça ne ressemble pas à du Langley, de toute manière. Aussi je voudrais que vous m'autorisiez à consulter les fichiers de données E-8A. On sait qu'ils ont des E-8A qui tournent en ce moment, pour surveiller les mouvements vers le nord. Et pourquoi pas des images TR-1. Enfin, laissez-moi voir ce qu'ils ont. Ils ont sûrement quelque chose.

– Du calme, mon petit ami, protesta le Morse. Ne vous emballez pas. Quelques types ont passé la frontière, d'accord. On ne peut pas le leur reprocher, les pauvres. Vous n'en feriez pas autant à leur place ? Ils ne vont pas tarder à se faire piquer. Ils sont sans doute inoffensifs. Ils vont aller tout droit trouver les flics saoudiens, comme un seul homme, et demander l'asile politique. Souhaitons-leur bonne chance.

– Désolé, Walter, mais j'ai oublié de préciser un détail. C'est entièrement ma faute. Ces images sont inversées. Le haut de l'écran représente le sud, pas le nord.

Le Morse lui jeta un coup d'œil stupéfait.

– Vous voulez dire...?

– Oui. Ces mecs, qui qu'ils puissent être, ont fait des pieds et des mains pour *entrer* en Irak, pas pour en sortir. Alors, qui diable voudrait faire une chose pareille ? Mon avis est qu'il serait bon de le savoir. Laissez-moi contacter Langley.

Le front de Walter Sorensen s'était creusé de tout un réseau de rides méditatives. Il triturait ses moustaches.

– Ouais, dit-il. Qui serait assez malade pour faire une chose pareille ?

Il resta plusieurs secondes perdu dans ses pensées, à étudier les tirages. Puis, d'un coup, il pointa son index vers l'écran.

– Trouvons ce qu'il y a là-dessous.

37

Howard avait décidé de mettre autant de distance entre eux et la frontière que possible avant de faire une halte. Heureusement, la piste était facile. Il y avait de nombreux carrefours mais, à l'évidence, aucune des autres pistes n'avait été empruntée récemment par un engin aussi lourd que le camion qu'ils avaient vu au poste frontière. Un coup d'œil de temps en temps au GPS certifiait qu'ils tenaient toujours le bon cap. La piste commençait à dévier vers le nord-est. À maintes reprises les profondes ornières succédèrent aux nids-de-poule, mais, dans l'ensemble, Howard trouvait que le trajet se passait plutôt mieux que prévu.

Secoué à l'arrière du Land Cruiser, MacDonald était d'un avis légèrement différent. Il grognait et jurait en essayant sans grand succès de ranger les armes volées à l'abri des regards dans un endroit où elles cesseraient de s'entrechoquer. Au bout de vingt minutes, il renonça et décida que grenades et roquettes seraient encore plus en sécurité dans leurs caisses qu'à rouler et sautiller dans le fond de la voiture. Il se consacra à la fixation sur les AK des silencieux fabriqués par Ackford, mais il ne tenta même pas de s'attaquer aux frettes à prise de gaz. Par-dessus tout, il faisait trop sombre et il n'aurait pas vu ce qu'il faisait. Il se demanda comment s'en sortait Usher qui devait être en train de se débattre avec les mêmes problèmes dans l'autre véhicule.

Bourne, qui conduisait, fut le premier à repérer le pylône. Il stoppa à quatre cents mètres environ avant de l'atteindre.

– Voilà la ligne électrique.

– Attends, je vérifie, dit Howard.

Le GPS confirma. Ils avaient couvert près de trente kilomètres.

– Il risque d'y avoir davantage de circulation, reprit-il. La carte indique un axe plus important qui coupe là et qui suit l'alignement des pylônes.

Bourne arrêta le moteur et descendit avec Howard. Ziegler les rejoignit.

– Vous croyez qu'ils ont donné l'alerte ?

– Il n'y a pas eu signe de poursuite, dit Howard après un instant de réflexion. J'ai arraché leurs fils d'antenne pour le cas où il leur viendrait la mauvaise idée de faire un rapport. Et comme tu as saboté leur camion, ils ne risquent pas de nous courir après, même s'ils le veulent. Mais ce n'est pas ce qui m'inquiète.

– Ouais, dit Ziegler. J'ai bien regardé. Pas trace de vie dans le ciel non plus.

À ce stade, ils le savaient bien, le plus grand danger résidait dans les patrouilles d'hélicoptères. Le Mi-24 Hind était une machine terrifiante – comme avaient pu en faire la douloureuse expérience les Moudjahidin afghans à l'époque où les Soviétiques occupaient leur pays. Le Hind était lourdement armé et blindé, presque impossible à abattre, et il était équipé d'un radar sophistiqué et de diaboliques chasseurs optiques de cibles. Ils n'ignoraient pas que Saddam disposait de ce matériel. Sans qu'on pût raisonnablement se l'expliquer, on lui avait concédé l'autorisation de continuer à les faire voler après la Guerre du Golfe, et il s'en servait surtout pour étouffer dans l'œuf la moindre velléité de rébellion dans les montagnes du Kurdistan au nord et dans les marais mésopotamiens au sud. Howard croisait les doigts pour qu'il n'en ait pas basé quelques-uns ici, dans l'ouest du pays. La présence malheureuse d'un seul Hind dans ces régions désertes signifierait la découverte immédiate du commando. Deux véhicules roulant sans escorte à cette heure de la nuit seraient immanquablement fouillés, et ce serait cuit. Une fois sur la route au nord, ils auraient une meilleure chance de passer inaperçus.

– Rien à signaler. Allons-y. J'aimerais qu'on arrive au-delà de Rutbah avant minuit, si possible.

Dix-huit kilomètres plus loin, Howard s'arrêta de nouveau. Ils avaient atteint un grand croisement et ils tournèrent en direction du nord et de Rutbah. Mais presque aussitôt, ils sortirent de la route et allèrent s'abriter dans le lit peu profond d'un wadi pour permettre à MacDonald et Usher de terminer l'agencement des armes. Le lance-roquettes RPG-7 fut dissimulé sous le matelas du brancard de la voiture de tête. À l'aide d'un couteau, MacDonald creva le matelas et y enfouit les roquettes. On emplit les deux boîtes à gants de grenades et chaque homme reçut un AKMS qu'il glissa sous son siège, crosse repliée et silencieux en place.

– Quelqu'un aurait-il un ouvre-boîtes ? demanda Ackford. Ces grandes sardines russes me mettent l'eau à la bouche.

Il fallut dix minutes pour ouvrir les grosses boîtes métalliques à l'aide d'une scie à métaux. Chacune contenait sept cents cartouches de 7,62 × 39 mm pour les AK. On distribua les munitions, six chargeurs de trente cartouches par homme. On logea le restant sous les brancards. Après avoir jeté les emballages vides dans le wadi, ils vérifièrent que personne ne passait sur la route avant de repartir.

Cette piste vers Rutbah était sensiblement meilleure. Au bout de quarante-cinq kilomètres, elle s'améliora encore spectaculairement et ils parvinrent bientôt à l'intersection avec la route menant au terrain d'aviation de Rutbah Sud. Le terrain se trouvait à quinze kilomètres à l'est, et la route qui le reliait à la ville de Rutbah était empierrée par endroits. Howard souffla un peu, soulagé. Ils ôtèrent leurs NVG et allumèrent leurs phares. L'heure était venue de commencer à jouer le duo des vieilles ambulances.

Ils durent se rapprocher à douze kilomètres de Rutbah pour rencontrer le premier signe de vie. Quatre séries de phares arrivaient en face d'eux sur la route. Il n'était pas question de les éviter.

— On dirait des militaires, dit Howard.

— Qu'est-ce que tu décides ? demanda Bourne.

— Appel de phares, deux coups de klaxon, fais un geste amical et balance-leur un truc patriotique en arabe.

Bourne s'exécuta. Les occupants des quatre véhicules leur prêtèrent à peine attention en les croisant. Au passage, MacDonald eut le temps d'entrevoir des visages plutôt apathiques et renfrognés, encapuchonnés pour se préserver du froid.

— Des Land Rovers, merde, murmura Howard. Sans doute un détachement de la garde qui se rend au terrain d'aviation. De toute façon, ça prouve au moins que personne n'a encore lâché les chiens après nous.

Les lumières de Rutbah, bien qu'assez chiches, apparurent bientôt. La ville donnait l'impression d'être presque abandonnée. L'électricité était coupée et Howard se dit que la seule zone bien éclairée, à un ou deux kilomètres à l'est de la route, devait être une installation militaire dotée d'un générateur. Derrière lui, alors qu'ils pénétraient dans la ville déserte, il entendit un rugissement. C'était Ackford qui testait son levier de dérivation de pot d'échappement. Howard se mit à rire en silence. Qui, en entendant un boucan pareil, irait s'imaginer qu'il voyait passer un groupe d'assassins essayant de traverser l'Irak sans se faire remarquer.

La première voie importante qu'ils rencontrèrent fut la route 10, la vieille jonction Bagdad-Jordanie. Ils la prirent à gauche puis, un kilomètre et demi plus loin, ils s'engagèrent à droite sur la piste qui les conduirait vers Hadithah en longeant les bases aériennes aux noms de code H2 et H3. Au bout de trois kilomètres, alors qu'ils se croyaient tirés d'affaire, ils rencontrèrent leur premier obstacle.

Les restes d'un pont d'autoroute jonchaient le sol. Visiblement, on n'avait pas fait beaucoup d'efforts pour dégager le chemin. D'énormes blocs de béton gisaient à l'endroit où ils étaient tombés et les deux sections de l'autoroute surplombaient la piste, en plein ciel. L'épave calcinée d'un gros camion bloquait le passage devant eux. Sans doute le chauffeur, ignorant que le pont avait été détruit, avait-il plongé dans le vide.

– Mince, dit Howard. Tu vois un moyen de sauter par-dessus ça, Johnny ?

– Il doit bien y en avoir un. C'est par ici qu'ils passent pour contourner le blocus.

Tandis qu'ils parlaient, ils remarquèrent des phares qui approchaient de l'ouest sur la route supérieure. Bientôt, ils tournèrent et disparurent pour dévaler le remblai. Ils virent le véhicule cahoter derrière le camion échoué et remonter en face par l'autre remblai. Regagnant la route, il s'éloigna en direction de Bagdad.

– Bon, courage. Tâchons de nous sortir de ce foutoir.

Cinq minutes plus tard, ils avaient à leur tour fait l'escalade, traversé la route brisée et étaient redescendus de l'autre côté. Puis ils continuèrent en direction de Hadithah.

– Vous croyez que c'est une bombe qui a détruit ce pont ? demanda MacDonald.

– Plusieurs bombes, à mon avis, répondit Bourne. Pendant la Guerre du Golfe, on appelait cette route « Scud Alley ». Les batteries mobiles de Scuds l'empruntaient et tiraient aux abords des cuvettes et des ponts comme celui-ci. Après le tir, ils laissaient des leurres sur place et allaient cacher les vrais lanceurs sous les ponts pour les protéger des bombardements. Les Alliés ont mis un certain temps avant de réaliser. J'espère qu'il y avait un Scud planqué dessous quand celui-ci s'est effondré.

– La base aérienne H2 se trouve à peu près à trente-deux kilomètres sur cet axe. On aura un embranchement en T. À gauche, ça conduit à la base, donc nous prendrons à droite, nous dépasserons un poste d'essence et nous éviterons la base. En tournant à droite après le poste, on retrouvera la grand-route.

– Pourquoi on l'appelle H2 ? demanda MacDonald.

– Sais pas, dit Howard. Mais c'est ce nom-là, sur ma carte.

À l'approche de la base, ils rencontrèrent davantage de circulation. Bourne recommença son manège, à coups de gestes et de klaxon et on les ignora, comme s'ils appartenaient au paysage. Howard se dit que très peu d'Irakiens, et même les militaires, savaient réellement ce que faisaient les autres et qui était censé se balader ou non dans les parages à cette heure de la nuit. Ce qui était certain, c'est que tous ceux qu'ils avaient croisés jusqu'ici ne semblaient pas s'en préoccuper. Il y avait toujours le risque du

couvre-feu, mais il espérait qu'on n'oserait pas arrêter deux ambulances dont les gyrophares marchaient. Ce qu'ils avaient vu du
pays laissait une impression de désordre lugubre et catastrophique.

—Bon, Johnny, dit Howard en apercevant les lumières de H2.
Dès qu'on prend à droite vers le poste d'essence, rallume le gyrophare. Je ne sais pas ce qu'on va trouver. Il est peut-être gardé.

La précaution n'était pas nécessaire. Du poste d'essence il ne
subsistait que quelques vestiges et la route alentour était creusée
de cratères. Bourne vit le premier in extremis. Ce n'était certainement pas le moment de faire sauter une roue et de casser la suspension avant du Land Cruiser.

—On l'a échappé belle, murmura-t-il en levant le pied. On
dirait que les Alliés n'ont pas lésiné par ici.

—Tout le pays a l'air déglingué, commenta MacDonald. C'est
comme si plus rien du tout ne fonctionnait.

—Ne parle pas trop vite, dit Howard. On revient maintenant
près de la base. Espérons qu'il n'y aura pas trop d'activité.

Ils venaient d'effectuer une boucle autour de la base pour éviter de passer tout contre. De nouveau, ils virent les lumières.

—Les rampes sont allumées, remarqua Bourne. En principe, tous
les vols militaires sont interdits. Qu'est-ce que tu penses de...

Il y eut un rugissement et les feux d'un énorme avion de transport glissèrent très bas au-dessus d'eux avant de toucher le sol.
Instinctivement les trois hommes plongèrent, puis ils se mirent à
jurer, furieux de s'être laissé impressionner.

—Merde ! C'était quoi, ça ? s'exclama Bourne.

—Un gros cargo. Pas eu le temps de le cataloguer. Plus gros
qu'un C-130. Un Antonov, peut-être. J'en sais rien.

Howard regarda descendre les lumières de l'avion qui se
posait.

—De toute façon, conclut-il, on ne va pas rester là pour vérifier.
On tourne à droite, là-bas.

—Tu me rappelleras, en rentrant, de signaler aux Nations unies
que Saddam n'applique pas à la lettre les résolutions, dit Bourne.
Bien, à droite toute.

Ils se retrouvèrent sur la route.

—Un peu moins de quatre-vingt-dix bornes jusqu'à H1,
annonça Howard. Si tout va bien, on devrait y arriver dans une
heure. Disons vers 1 h 45.

Cette partie du chemin était presque rectiligne. Le peu qu'ils
purent voir du paysage était vide et informe. Un désert de pierres
et de poussière avec quelques buissons épars. La circulation était
quasiment nulle et ils firent une bonne moyenne.

Quinze kilomètres avant la base, Howard donna l'ordre de
s'arrêter. Ils quittèrent la route et éteignirent les phares.

— Il vaudrait mieux remplir les réservoirs.

Il coiffa ses NVG et scruta l'horizon. Rien en vue. Les véhicules avalèrent trois jerricanes chacun. Très contents de gagner un peu de place à l'arrière, les passagers s'en débarrassèrent une fois vides. Howard inspecta devant et ils redémarrèrent.

Peu de temps après, les lumières de H1 trouèrent l'obscurité.

— Avec un peu de chance, on pourrait passer contre, dit Howard. La route est toute droite et...

Un projecteur s'alluma juste en face d'eux, à environ six cents mètres. D'autres lumières surgirent.

— Mets la sirène, Johnny. Les feux de panique et tout le toutim. Je saute derrière avec Danny.

Howard plongea par-dessus son siège et enfila une veste blanche. Danny était déjà sur le brancard et rabattait une couverture sur lui.

— Allez, Danny, c'est l'heure de ta pilule. Tu mords d'un coup sec dedans quand je te le dis. Ferme les yeux et gémis très fort.

Dans le deuxième véhicule, Ziegler faisait la même chose. Avec Usher sur le brancard. Les sirènes des deux ambulances hurlèrent dans la nuit et Ackford mit un comble au tintamarre en actionnant son levier de dérive d'échappement. Les deux autos freinèrent pile devant le barrage et Bourne descendit en gesticulant et en lançant des invectives en arabe tandis que des silhouettes arrivaient au pas de course. Il assaillit un officier et le propulsa à l'arrière de l'ambulance en le noyant sous un flot de paroles qui ne laissait aucune chance à l'autre de placer un mot.

— *Maintenant,* Danny, souffla Howard dans l'oreille de Mac-Donald, à l'instant exact où la porte arrière s'ouvrait.

Danny donna un vigoureux coup de mâchoire et laissa échapper une plainte très convaincante. Il eut l'impression que quelque chose lui explosait dans la bouche et, sans qu'il ait rien décidé, il se mit à cracher un liquide rouge vif sur sa poitrine. Il essaya bien de serrer les lèvres, mais la mixture continuait à se répandre. Il gémit de nouveau.

En voyant l'officier approcher de l'ambulance avec Bourne, Howard s'était mis à parler tout seul. Lorsque la porte s'ouvrit, il se retourna et lâcha une des deux phrases qu'il avait laborieusement répétées sous la direction de Johnny. Elle sembla sortir toute seule.

— Fermez cette porte, imbéciles! cria-t-il, furieux. Vous ne voyez pas que cet homme est grièvement blessé? Et faites-moi dégager cette route, sinon vous aurez sa mort sur la conscience.

La vue du sang qui sortait de la bouche du blessé, ajoutée à la sommation du « médecin », eut raison de la détermination de l'officier. Il battit en retraite et ferma la portière. Mais Bourne ne s'arrêta pas pour autant. Toujours jacassant, il entraîna l'autre vers la deuxième ambulance. Des cris s'en échappaient. Bourne ouvrit la porte arrière et força l'homme à regarder à l'intérieur. Un Ziegler au regard paniqué, en veste blanche et le stéthoscope autour du cou, essayait de maintenir Usher qui gesticulait en hurlant sur le brancard. Sortant de dessous la couverture, sa jambe gauche dégoulinait de sang. Au-dessous du genou, l'os blanc du tibia pointait, sous un angle horrible, hors d'une masse monstrueuse et un gros morceau de chair pendait du membre massacré.

L'officier avait son compte. Incapable de réfléchir dans le bruit des sirènes, de l'échappement cassé de la seconde ambulance dont le chauffeur, affolé, abusait comme un dément, et de la voix stridente de l'infirmier qui continuait à lui crier dans les oreilles, il finit par se dégager et se mit à courir. Faisant des gestes hystériques à ses hommes, il ordonna de libérer la route pour que les ambulances puissent passer. Bourne revint devant son véhicule et resta dans la lumière des phares, toujours hurlant en direction de l'officier et exhortant les soldats à se dépêcher.

—N'en fais pas trop, mon petit Johnny, chuchota Howard en observant le cinéma de Bourne. Lui-même se sentait un peu décervelé par le vacarme.

Les véhicules qui barraient le chemin s'effacèrent, Bourne bondit au volant et démarra dans une plainte aiguë de pneus. La seconde ambulance suivit avec son échappement assourdissant. Lorsque Bourne dépassa les soldats, il criait encore en agitant le bras par la portière et il continua son numéro jusqu'à ce que, trois cents mètres après le barrage, ils se retrouvent hors de vue à la faveur d'un tournant. Trois kilomètres plus loin, il éteignit la sirène et le gyrophare. Derrière, Ackford fit de même et replaça le silencieux de l'échappement.

—Oh que c'est bon ! soupira Bourne. Cette saleté de sirène me rendait fou. Sans parler de l'échappement de Tony... Ça va, Danny ?

—Très bien, répondit MacDonald. Du moins je crois. Qu'est-ce que c'était que cette pilule ? J'ai de cette saloperie rouge partout.

—Des cachets effervescents, mon vieux, dit Howard. On trouve ça dans tous les magasins de farces et attrapes.

Dans l'autre ambulance, Usher arrachait sa « blessure » en latex solidaire de l'os protubérant, pendant que Ziegler épongeait du mieux possible le « sang ».

—Je pense que la prochaine fois, je te ferai la blessure à l'estomac, Bob, dit Ziegler. J'ai très envie de te verser le pot de tripes de chèvre sur le ventre, maintenant que je t'ai vu à l'œuvre avec la jambe. Ce serait dommage de l'avoir trimballé depuis Badanah sans s'en servir, non ?

— C'est un truc de bricoleur, ça, l'estomac, dit Usher. Je le laisse à Ack.

— Merci bien, répondit Ackford en mâchant paisiblement son chewing-gum. J'en ai pas marre de conduire.

38

John Kearwin n'avait pas chômé. Avec Walter Sorensen, il avait tout de suite compris que le premier problème à résoudre allait être celui des priorités stratégiques. Au sens strict, le NRO était là pour travailler sur les satellites et interpréter les données photographiques qu'ils fournissaient. Son directeur, le DNRO, rendait des comptes directement au secrétaire à la Défense, Dick Cheney, mais il n'avait pas les mains libres quant aux choix. C'était la CIA qui distribuait les tâches et décidait de ce que les satellites et les autres sources de renseignements devaient observer.

Sorensen en avait touché deux mots à Martin Faga, le directeur. Comme il faisait nuit en Irak et qu'il n'y avait pas grand-chose d'autre en train, Faga lui accorda sept heures pour lui livrer du nouveau.

– Je vous donne jusqu'à 6 h, heure irakienne, Walter, dit Faga dont la curiosité était piquée. C'est-à-dire 23 h pour nous. Si d'ici là vous ne m'avez rien décroché, je crains que nous ne soyons obligés de reprendre le programme ordinaire.

Bien qu'il n'en ait rien dit, Faga espérait que Sorensen et son équipe allaient *vraiment* découvrir quelque chose. Ça valoriserait le NRO s'il rapportait des éléments qui avaient échappé à tout le monde. Apparemment, la CIA ignorait tout de cette incursion en Irak. D'ores et déjà, le NRO pouvait se glorifier d'avoir mis le doigt dessus en premier. Son budget était menacé. Des bruits couraient à propos d'une éventuelle coupe de dix-huit pour cent pour 1993. Une réussite de ce genre constituerait un argument de poids contre cette réduction de moyens.

– Merci, monsieur le directeur, dit Sorensen. Est-ce que vous m'autorisez également à travailler sur les JSTARS en plus des KH ?

– Si vous voulez, répondit Faga après réflexion. Je ne pense pas que les équipages y verront un inconvénient. Mais gardez à l'esprit que nous devrons payer ces gars-là.

Les deux JSTARS E-8A avaient fait leurs preuves pendant la Guerre du Golfe en arrivant à point nommé. Les JSTARS E-8A étaient aux déplacements terrestres ce que les AWACS E-3 étaient aux mouvements aériens. Leurs radars pouvaient repérer des véhicules à une distance de trois cents kilomètres. Contrairement aux AWACS qui avaient un énorme disque rotatif sur le dessus, les avions JSTARS portaient leur appareillage suspendu sous le fuselage. Ce n'était au départ qu'un prototype expérimental, mais on avait très vite compris le bénéfice qu'on pouvait en tirer. Le prototype et son équipe servante composée de chercheurs civils avaient été dépêchés dans le Golfe et mis à l'œuvre. On avait payé très cher les divers scientifiques attachés au modèle et la dépense s'était révélée extrêmement profitable. Les deux avions JSTARS étaient restés dans la région pour la surveillance sous la garde de techniciens civils pour la plupart.

La première instruction que Kearwin devait leur donner était le secteur d'investigation, ainsi qu'un ordre de localisation et de poursuite de deux véhicules ayant passé la frontière près du poste. Un travail élémentaire pour les JSTARS. La région indiquée par Kearwin était pratiquement déserte et un seul avion suffit à retrouver la trace des deux voitures, à soixante kilomètres au sud de Rutbah. Maintenant qu'il était en possession d'une direction et d'une vitesse approximatives, Kearwin demanda un passage « en piqué » du KH-12. C'était ce même KH-12 qui avait fourni le relevé de 22 h 12 au poste frontière. L'ordinateur activa ses réacteurs et à 23 h 41 il plongea à une altitude de cent cinquante kilomètres et prit des vues à vitesse ultrarapide. Entre temps, le JSTARS avait montré que les deux voitures approchaient de la ville de Rutbah après avoir croisé quatre autres véhicules du même type roulant vers le sud. Kearwin combina les deux horaires et les deux localisations et à 23 h 47 l'image apparut sur son écran.

Il remercia son ange gardien pour l'absence persistante de nuages. Comme le « rebond » avait fait descendre le satellite de près de la moitié de son altitude, l'image des véhicules était beaucoup plus précise que les précédentes et il allait pouvoir en tirer meilleur parti. Il l'agrandit et demanda à l'ordinateur d'optimiser la netteté. Un examen des ombres indiquait qu'ils avaient maintenant leur éclairage normal et non plus les phares IR. Évidemment, se dit-il. Le fait que la circulation ait augmenté expliquait le changement. Si on côtoie d'autres voitures et qu'on n'ait pas de phares visibles, on *attire* l'attention au lieu de passer inaperçu. Lorsqu'il fut vraiment satisfait, il mit l'image en mémoire.

Jusqu'ici tout marchait comme sur des roulettes, pensa Kearwin. Il fallait avouer que c'était plutôt facile. Un désert, personne alentour... Mais que se passerait-il lorsqu'ils s'arrêteraient ou lorsqu'ils se fondraient dans la circulation ? Qu'allaient-ils encore inventer ? Et surtout, qui étaient-ils et que venaient-ils faire ?

Kearwin conclut que, pour le moment, il ne pouvait rien ajouter qui puisse améliorer la surveillance. Le JSTARS était essentiel car, s'il perdait les véhicules, il faudrait une chance inouïe pour les récupérer sur des passages de KH-11 ou 12. Il appela un collègue et lui expliqua la situation.

– Jerry, je veux que vous ne me quittiez pas ce truc-là des yeux.

Jerry Freedman était le premier assistant de Grade II de Kearwin.

– Maintenant j'ai un bon ciblage des deux véhicules, alors utilisez-le. On prend systématiquement des passages de routine des KH-11, mais il me faut une image « piquée » de tous ceux du KH-12. Walter a dit qu'on pourrait aussi mettre l'autre KH-12 dessus si le besoin s'en faisait sentir. Si les véhicules entrent dans une grande ville ou s'intègrent dans un flot de circulation, nous ferons appel à lui.

Pendant que Freedman s'occupait de la poursuite, Peter Stannard, l'assistant de Grade III, se chargeait des rapports du JSTARS et en confierait les données à Jerry. Le jeune Peter travaillait très bien. Un autre stagiaire se posta aux tirages et Jim Morton, autre Grade II, étudierait l'évolution des déplacements. Parfait analyste, très méthodique, Jim avait toutes les qualités requises. Ils étaient parés. Il était temps de regarder un peu en arrière.

Kearwin s'attela seul à l'exploration des données des précédents passages des satellites espions. Des milliers de kilomètres de bandes enregistrées s'entassaient dans les archives. La comparaison de nouveaux clichés avec les anciens était une des spécialités du NRO. La difficulté consistait surtout à pêcher là-dedans l'image précise dont vous aviez besoin. C'était exactement ce que se disait Kearwin.

Il fit défiler la carte et, une fois au-dessus du nord-ouest de l'Arabie Saoudite, l'agrandit. Il retrouva les coordonnées du poste frontière et constata que, entre celui-ci et Rutbah, les deux véhicules étaient restés sur une piste très bien matérialisée. Il pouvait donc espérer qu'il en avait été de même de l'autre côté de la frontière. Du côté saoudien, il existait deux routes possibles. Celle qui venait de Turaif, dans le coin proche de la frontière jordanienne, ou celle d'Al Mira qui n'avait rien de particulier. Dans les deux cas, ils avaient dû rouler au moins une heure avant d'arriver en vue du poste à 20 h 13. Voyons ce qui se présentait à 19 h 13 ?

Il obtint sa réponse en sept minutes. L'ordinateur, après avoir lu l'énorme quantité de données laissées par les passages des KH-11 de 19 h 17 et 19 h 35 en s'aidant de l'image référence intégrée par Kearwin, montra les deux véhicules à quinze kilomètres au nord d'Al Mira dans le 19 h 35. L'image n'était pas bonne, mais il n'y avait rien d'autre sur la piste et c'était suffisant pour ce qu'il désirait. Très bien, et avant cela, d'où venaient-ils ? Avaient-ils traversé le désert ou suivi la route du Pipeline ? Il choisit d'abord la seconde hypothèse et commanda à l'ordinateur de passer au crible les archives concernant la route TAP. Gagné – ils étaient là, à 19 h 04, en provenance d'Ar'ar.

Dix minutes plus tard, Kearwin bénéficia de son premier gros coup de chance. Un passage KH-11 avait saisi les deux véhicules à l'instant précis où ils quittaient un complexe situé en dehors de Badanah, près d'Ar'ar. Le passage précédent sur ce complexe n'indiquait qu'une seule différence : à l'extérieur, sur une piste circulaire qui en faisait le tour, se trouvait un avion, un bimoteur qu'il parvint à identifier, par comparaisons de gabarits, comme un Norman-Britten Islander. Il appela un passage antérieur pour vérification. La veille, l'avion n'était pas au bord du complexe mais, à quelques kilomètres, sur l'aéroport d'Ar'ar, garé sur une piste de dégagement.

Kearwin s'étira et se frotta les yeux. Il était 0 h 45 en Irak, 17 h 45 à Washington. Il travaillait depuis près de douze heures et se sentait fatigué. Il réfléchit à ce qu'il avait découvert jusqu'ici et dégagea une conclusion. Il se leva, alla voir Sorensen et lui expliqua où il en était. Puis il ajouta :

– On ne pourrait pas demander à Langley de plancher un peu pour nous, Walter ? Ils mettraient peut-être au jour des choses sur cet avion, et sur ce complexe. Ça ressemble à un chantier de construction, ou alors routier. Quelqu'un saurait sans doute reconstituer l'itinéraire de cet avion, pour voir d'où il vient.

Le Morse asticota sa moustache, songeur, puis il secoua la tête.

– Je veux bien essayer pour vous faire plaisir, John, mais je ne vois pas comment nous allons arriver à un résultat avant l'expiration du délai du Directeur. Il nous reste à peine cinq heures. Pensez-y. Si Langley accepte de nous aider – regardez l'heure. Il est plus de minuit. Vous croyez vraiment qu'il va réussir à tirer du lit un spécialiste du réseau aérien saoudien et à lui extorquer des renseignements sur un misérable petit zinc dont il n'aura même pas entendu parler ? Je ne vous donne pas une chance sur un million. Le mieux, c'est de continuer à remonter le temps dans les archives. Et puis, étudiez donc cet aéroport. Voyez le trafic. À mon avis, il doit être des plus réduits. Et puis, vous pouvez peut-être tirer quelque chose des AWACS, aussi.

Intérieurement, Kearwin pesta à l'idée de devoir interroger la banque des AWACS. Il considéra le problème. Il n'y avait sans doute pas moyen d'y échapper. La réponse tournait autour de l'avion. D'abord, depuis combien de temps se trouvait-il là ? Facile. Il s'en sortirait bien plus vite avec les archives des satellites espions, beaucoup plus accessibles. Une demande de données pour chaque jour en arrière, disons vers 18 heures. Pas sorcier. Il commença à taper les instructions sur son clavier.

Une demi-heure plus tard, il remarqua que l'avion avait légèrement changé de place le 17 avril. Ce qui signifiait qu'il avait probablement fait une balade entre deux relevés, ce jour-là. Fallait-il pour autant interroger la banque AWACS ? Non, pas encore. Après tout, l'avion était toujours présent. Il patienta deux minutes pour avoir connaissance des passages d'espions durant les jours précédents, mais il n'y avait pas trace de lui. Très bien, il avait dû arriver à une heure H le 13.

—John !

C'était Jim Morton qui avait quitté sa première affectation pour étudier les mouvements d'avions sur l'aéroport d'Ar'ar.

—Un tout petit trafic. Quatre vols hebdomadaires pour Riad et un pour Djedda. J'ai regardé ce qu'on pouvait glaner sur ce terrain. Rien à en dire. C'est tout petit. Une sorte d'escale sur la route.

—Merci, Jim, dit Kearwin.

Ça ne l'aidait pas beaucoup, mais il avait rassemblé suffisamment d'informations, maintenant, pour interroger la banque AWACS — à condition qu'ils aient quelque chose sur le jour voulu. Il décida de confier le travail à un collègue et de se consacrer au direct. Il était presque 1 h 45 en Irak. Où étaient rendus ces sacrés types ? Il alla trouver Jerry.

—Le JSTARS les a paumés dans un amas, John ! annonça la voix tendue de Peter Stannard.

—Bon. Depuis combien de temps ?

—Là, tout de suite ! On dirait qu'ils se sont arrêtés, il y a un amas sur la route, sans doute d'autres véhicules. C'est très embrouillé. Ils ne peuvent rien garantir.

—Dites-leur de rester sur cet endroit jusqu'à ce que ça bouge. Ils sont peut-être tombés sur un barrage ou un truc comme ça. Ou bien ils repartent, ou bien on devra tout laisser tomber.

Kearwin se résolut avec un soupir à interroger lui-même la banque AWACS. Cette perspective le déprimait, car une telle étude prenait infiniment plus de temps que celle des archives des satellites espions. La mémoire un peu dépassée de la banque AWACS exigeait des demandes précises. Impossible de lui dire : « Donnez-moi tous les détails sur les atterrissages sur l'aéroport d'Ar'ar et les départs avec leur destination pour la journée du 13 avril. » Non, on devait indiquer soi-même la destination et le type d'avion. Kearwin pensa qu'il faudrait bien un jour ou l'autre se décider à moderniser cette procédure. Il allait en avoir pour près d'une demi-heure à proposer les différentes hypothèses de vols et obtenir l'information. Mais il était hors de question de distraire Jerry ou Peter de leurs occupations du moment. Après un nouveau soupir, il commença à taper.

Ça ne lui prit que quinze minutes. Un avion correspondant à la description du Islander avait été repéré par un vol de routine AWACS le 13 au matin. Il suivait une trajectoire de 035 degrés magnétiques en direction d'Ar'ar. Comme on pouvait s'y attendre, personne ne lui avait prêté une attention particulière à ce moment-là et il volait déjà lorsque l'AWACS l'avait remarqué.

Pas trop de regrets. Il avait au moins sa trajectoire. Il l'intégra et la ligne se matérialisa sur la carte de son écran. Dans cette direction approximative, il y avait deux terrains d'aviation : Saka-kah, à peine à une centaine de kilomètres d'Ar'ar et Al Wajh, tout en bas, au bord de la mer Rouge. Il décida d'essayer d'abord Al Wajh. Il interrogea l'ordinateur sur une probabilité d'heure de décollage en s'aidant des données horaires de l'interception AWACS. Il calcula 8 h 05. La table des satellites indiquait un passage KH-12 au-dessus de Al Wajh à 7 h 43, ça irait très bien. Il demanda l'image.

Kearwin eut alors une triple chance. Le KH-12 avait été « piqué » sur ce passage et se trouvait très bas, à une altitude de cent soixante-cinq kilomètres, en route pour son point de plus grande chute, au-dessus de Kirkuk. En plus, il n'y avait aucun nuage, l'image était très bonne. Enfin, l'aubaine n'était pas seulement qu'on voyait très clairement l'avion sur le terrain d'Al Wajh, mais que, tout près de lui, il y avait un véhicule.

Kearwin sentit sa fatigue s'évaporer. Le véhicule était très distinct. C'était une grosse camionnette avec ce qu'il imagina être une bâche sur le compartiment arrière. D'où sortait-elle ? Il étudia la carte et décida de se fier à une intuition qui lui soufflait qu'elle devait venir du sud, par la route de la côte.

– John !

Il dut émerger de ses réflexions. C'était Jerry.

– Je crois qu'on a un problème.

– Quel genre ? demanda Kearwin en levant un regard anxieux. Le JSTARS ne les a pas récupérés après le barrage routier ?

– Non, ce n'est pas ça. On les a de nouveau, toujours sur la même route. Le problème c'est qu'ils vont arriver dans une ville appelée Hadithah. En fait, ça serait plutôt une sorte d'agglomérat de trois villes, mais c'est elle la plus facile à prononcer. Il y a une

Benny-truc et une Hackla-machin. Alors, on s'en tient à Hadithah.

— Et alors ?

— Eh bien, comme je vois les choses, on est devant trois options. Ou bien ils vont au nord-ouest – mais ça ne les conduira nulle part, si ce n'est à la frontière syrienne. Je n'y crois pas beaucoup. Ou bien ils prennent sud-ouest, vers Bagdad – j'y ai pensé et je me demande pourquoi ils seraient passés par là. S'ils voulaient aller à Bagdad, ils auraient pris la route principale, non ?

— Bon, et la troisième possibilité, dit Kearwin après avoir réfléchi à la précédente.

— Ils continuent tout droit, vers l'est. Ce qui signifie qu'ils vont devoir traverser l'Euphrate.

— Oui, et où est le problème ?

— Venez donc jeter un coup d'œil sur l'image qu'on a du pont.

— On approche de Al Haqlaniyah, Johnny, dit Howard. Environ huit kilomètres.

Il éteignit son récepteur GPS et, tendu, scruta le fond de la route.

— Routine habituelle ?

— Tu allumes le gyrophare mais pas de sirène tant que personne ne nous embête. Tu traverses la ville tout droit et tu prendras à gauche vers Beni Dahir à cinq kilomètres à peu près. Là, il y a un gros pont qui enjambe le fleuve et qui nous conduira à la route de Bayji.

— D'accord.

Il était 2 h 30 lorsqu'ils atteignirent Al Haqlaniyah. La ville était déserte. Les ambulances fonçaient à travers les rues silencieuses et Howard ordonna d'éteindre les gyrophares. Il tournèrent vers Beni Dahir et, au bout de cinq kilomètres, ils pénétrèrent dans une autre ville, plus petite. Ils étaient descendus du plateau et roulaient dans la vallée où, bien qu'il fît encore frais, la température était sensiblement plus élevée. Ils croisèrent des arbres, des vergers et des champs qui entouraient la ville. La route longeait la rive ouest de l'Euphrate. Après la sécheresse du désert, ils appréciaient l'humidité. De puissants effluves d'hommes et d'animaux s'échappaient des fenêtres ; Howard tordit le nez mais il remarqua que Bourne aspirait tout cela avec un évident plaisir.

— On va bientôt voir le pont à droite, dit Howard en consultant le GPS.

Ils se trouvaient à 34 deg 06 min nord, 42 deg 23 min est.

— Oui – le voil... Ah merde !

251

Bourne freina brutalement. Ils restèrent immobiles, à contempler en silence le spectacle qui s'offrait sur leur droite. L'énorme pont n'était plus que ruines. La portée centrale avait complètement sauté et on en voyait une extrémité qui pointait hors de l'eau. Le pilier principal s'était effondré sur le côté. Le gouffre béant avait deux cents mètres de large.

— Il y a d'autres ponts, Ed ?

— Il y en avait. Mais les trois autres sont déjà indiqués comme détruits. Celui-ci a dû être descendu en dernier.

— Alors qu'est-ce qu'on fait ?

— Le premier pont en aval est à trente kilomètres d'ici et tout contre une base militaire. Je ne veux prendre ce genre de risque que si c'est vraiment indispensable. Et en plus, rien ne dit qu'il n'a pas été abattu lui aussi.

— Et en amont ?

— Il y a un grand barrage hydroélectrique à environ huit kilomètres au nord. Et au-delà, rien avant soixante kilomètres principalement à cause de ce barrage et de son plan d'eau.

— Et on ne pourrait pas le traverser, ce barrage ?

— Il doit être sérieusement gardé. En plus, on ne voit aucune lumière dans cette direction. Rien. Je parie qu'il a été lui aussi endommagé. Non, il doit y avoir dans le coin une navette provisoire ou un truc comme ça. Avance lentement, moi je regarde. S'il n'y a rien, on tentera le barrage.

Howard aperçut le bac juste un kilomètre plus loin. Ils s'arrêtèrent et éteignirent les phares. Ziegler les rejoignit et ils l'étudièrent à la lunette. Il avait l'air désert.

— Il y a sûrement quelqu'un de garde, grogna Ziegler en levant son AK. À mon avis, il suffit d'aller le réveiller.

Dix minutes plus tard, à l'appel lumineux de Ziegler, les deux Land Cruisers glissaient lentement sur la berge boueuse en direction de la jetée. Ziegler leur fit signe de s'engager sans attendre sur le grand bac qui y était amarré. Il était à genoux. Et son genou était posé sur la poitrine d'un caporal irakien à présent parfaitement éveillé. Il avait en outre aimablement introduit l'extrémité du silencieux de son AKMS entre les dents de l'homme. Howard et les autres descendirent de voiture.

— Je vous présente le caporal Abdul, dit Ziegler sur le ton de la conversation. Il va gentiment nous servir de guide cette nuit pour notre croisière sur l'Euphrate. N'est-ce pas, Abdul ?

Ziegler accorda un sourire au militaire irakien qui n'avait pas compris un mot de ce qu'il venait de dire. La peur et la haine luttaient pour la première place sur son visage et la peur était en train de remporter une éclatante victoire.

— Bon, mon cher Abdul, je crois que je vais te remettre entre les mains de mon ami Johnny. Vous allez très bien vous entendre, tous les deux. Tu es obéissant et tu vas faire tout ce qu'il te dit, d'accord ?

Il se tourna vers Bourne.

– Méfie-toi de cet Abdul-là. C'est un personnage. Il a voulu me montrer une grosse baïonnette bien pointue. Je l'ai mise à l'abri dans le fleuve.

Bourne saisit le caporal et le força à se lever sans ménagements tout en parlant d'une voix basse chargée de menaces. Il ne lâcha pas l'Irakien d'une semelle lorsque celui-ci se décida à faire partir le moteur diesel du bac.

La mécanique démarra dans un bruit de ferraille. Bourne signala aux autres qu'ils pouvaient larguer les amarres. Le bac commença à osciller dans le faible courant du large fleuve, filant presque droit vers la berge opposée sur l'eau noire et huileuse. Howard et Usher fouillaient la rive ouest derrière eux pour voir si la manœuvre avait attiré l'attention. Ils ne remarquèrent rien.

Arrivés de l'autre côté, ils rallièrent en hâte la jetée et Bourne, resté sur le bac, lança à Howard :

– Ed, éloigne un peu les voitures. Il faut que je dise encore un petit mot au caporal.

Les deux véhicules escaladèrent le talus. Une fois en haut, Howard s'immobilisa et attendit. Deux minutes plus tard, Bourne était là.

– Tout va bien ? demanda Howard en repartant vers l'est.

– Parfaitement. Il ne s'appelait pas Abdul, en réalité. Il s'appelait Hamood. Hamood Nasir. Ce n'était pas un type facile.

À l'arrière de l'ambulance, MacDonald avait noté que Bourne parlait au passé. Il frissonna et regarda par la vitre arrière. Tout était noir. Le bac avait déjà disparu de son champ de vision.

Au fond de lui, il savait bien que le corps du caporal Hamood Nasir était allé se mêler aux mille épaves flottantes que charriait l'Euphrate, et qu'il dérivait lentement vers le sud, entraîné par le grand fleuve qui coulait vers Bagdad.

Les yeux de Kearwin étaient rouges de fatigue, mais la curiosité lui ôtait maintenant toute idée de repos. Il avait réussi à suivre la camionnette au long de la côte. Deux passages de KH-11 le 13 avril, à 4 h 47 et à 5 h 05, avaient montré qu'elle était restée immobile pendant au moins dix-huit minutes aux petites heures du jour dans un coin apparemment désert à environ cent kilomètres au sud d'Al Wajh.

Mais il n'y avait rien d'autre à cet endroit que la camionnette. Rien, vraiment ? Elle avait bien eu une raison de s'arrêter. Pour retrouver un autre véhicule sur la route ? Non. On ne voyait pas d'autre véhicule. En plus, la camionnette avait quitté la route pour faire quelques centaines de mètres en direction de...

Bien sûr ! La mer !

Mais on ne distinguait pas de bateau non plus. Rien, si ce n'était une petite tache de deux pixels, très vive de chaleur, juste sur la rive, sur l'image du premier passage. Pas loin de la camionnette. Quelque chose de très petit, presque trop petit pour qu'on puisse le détecter. L'ordinateur l'avait même ignoré comme aberration. Kearwin réfléchit. C'était ridicule. Un objet de trente centimètres de diamètre. *Trente centimètres !* N'y pensons plus. C'était comme si on voulait discerner à l'œil nu une chose plus infime qu'un plomb de chasse à un kilomètre de distance. Oublions ça !

Mais n'empêche que la source de chaleur existait bel et bien. Un homme ? Non, impossible. Aucune image satellite n'avait jamais eu la précision nécessaire pour montrer un homme. D'ailleurs, cet objet, quel qu'il soit, était trop chaud pour être un homme – beaucoup trop chaud. En même temps, il n'était malgré tout pas assez chaud pour être un feu...

Un moteur ! Ce devait être un moteur !

Tapant furieusement sur son clavier, Kearwin demanda un passage de KH-12 trente minutes avant les deux KH-11. Il se mit à se ronger les ongles en attendant la réponse. Dès qu'elle commença à s'afficher, il dévora son écran des yeux. Il y avait la mer, d'un gris uniforme, plus chaude que la terre. Il l'étudia en détail. Non, il n'y avait rien. Bon sang ! Il affina le camaïeu.

Alors il le vit. Le minuscule point brûlant. Il se trouvait à sept cents mètres au large. Ça voulait dire que...

Bien sûr, la présence d'un bateau ou d'un canot n'était pas décelable – la différence de températures était trop faible, surtout si la brume refroidissait l'embarcation. Mais un moteur hors-bord...

Oui, ce ne pouvait qu'être le même objet. *C'était bien* un moteur ! *Maintenant* il avait du solide à se mettre sous la dent !

Une demi-heure plus tard, Kearwin sauta sur son siège et lança un grand cri de triomphe. Tout le monde s'arrêta de travailler dans la salle du NRO et les têtes étonnées se tournèrent vers lui.

Malgré sa propre fatigue, Walter Sorensen bondit et se précipita vers le bureau de Kearwin. Des regards incrédules le suivirent : aucune des personnes présentes n'avait encore vu le Morse se départir de sa démarche lente et mesurée. Et voilà qu'il courait. Même si c'était seulement sur quelques mètres, le Morse était incontestablement en train de *courir*.

– Je les ai, Walter ! Je les ai !

Très agité, Kearwin commença à raconter, sa voix haut perchée, au bord de la rupture à force d'exaltation, couvrant le murmure de ses collègues. Au fur et à mesure que le flot de paroles se déversait, les autres analystes quittaient leur poste et venaient se grouper autour de Kearwin pour apprendre ce qui se passait. Il leur exposa tout depuis le baril d'essence en feu et les questions qu'il s'était posées, les véhicules, la piste remontée depuis la frontière, l'avion au chantier puis sur le terrain d'Ar'ar. Il expliqua la banque AWACS et le travail d'ordinateur pour retrouver la provenance du Islander, de l'aéroport d'Al Wajh, de la camionnette suivie par les KH-11 jusqu'à la côte. Et puis la minuscule tache de chaleur des deux pixels, toute seule au milieu de la mer...

Walter Sorensen écoutait parler Kearwin avec une immense fierté. C'était l'un de *ses* gars. Le brouhaha excité des autres l'entourait comme une brume tandis qu'il pensait à ce que Kearwin venait de réussir. Lui, Walter Sorensen, avait formé le jeune John Kearwin. Et maintenant le gamin – bon, c'est vrai ce n'était plus tout à fait un gamin – rapportait aux autres tout ce truc incroyable et leur donnait une leçon qui trouverait peut-être un jour une belle place dans les manuels. Et la voix suraiguë de Kearwin monta encore d'un impossible cran lorsqu'il entreprit d'évoquer l'aspect technique et appela les images sur son écran pour illustrer ses propos.

Le Morse se mit à réfléchir mais il n'arrivait pas à se concentrer totalement. Il n'y avait pas à sortir de là. John Kearwin venait de réaliser quelque chose d'extraordinaire, un exploit qui faisait de lui sans doute le meilleur de toute l'histoire du métier. Ce garçon avait réussi à reconstituer tout le parcours – et principalement grâce à son intuition – depuis l'intérieur de l'Irak, à travers toute l'Arabie Saoudite et jusqu'en mer Rouge. Sur une période de deux semaines et une distance énorme, il s'était accroché à de petits éléments que n'importe qui aurait considérés comme négligeables. Et il avait accompli tout ça avec du matériel d'archives – sans moyens spéciaux de recherche.

Bon, se dit Sorensen, il aurait sans doute lui aussi été capable de mener à bien une grande partie de ce boulot, quand il était jeune. Mais peut-être pas la dernière phase. Il se délecta de cette victoire. Houah, ce que le Directeur allait aimer ça !

Kearwin avait traqué une cible minuscule, de trente centimètres de diamètre, sur cent vingt kilomètres de mer déserte.

Enfin, après tant d'années, Sorensen tenait une chose susceptible d'éveiller l'attention de Langley. Mazette, elle allait être éveillée, son attention, à Langley ! Il était en mesure de donner la route suivie, le plan, les horaires, une vague idée des véhicules, le chantier d'où ils sortaient, l'avion, il pouvait tout leur fournir.

Mais surtout, il allait leur refiler le tuyau sur ce sacré bon gros cargo porte-containers.

39

Trente kilomètres après le carrefour d'Hadithah, ce fut Howard qui découvrit le premier l'entrepôt. Sans le tournant, il ne l'aurait pas remarqué. D'un coup d'œil sur le côté, il vit l'enclos de barbelés et le poste de garde. Il prit une brusque décision.

– Arrête-toi, Johnny.

Ils se rangèrent hors de la route et observèrent la bâtisse.

– Rien ne bouge, murmura Ziegler. Pas très étonnant à 4 heures du matin.

– Ça ne va pas tarder à s'animer, dit Howard. Il ne reste plus que deux heures avant le jour. Je propose de faire un tour dans cet endroit pour voir de près ce qui s'y passe. Jamais on ne trouvera une cache plus isolée, et je ne veux pas que nous nous approchions trop de Bayji.

Ils avancèrent les Land Cruisers jusqu'à l'entrée. Personne ne se manifesta. Bourne descendit et secoua les grilles en criant en arabe. Il y eut du bruit à l'intérieur du poste puis un vieil homme apparut, hirsute et mal réveillé. Bourne bavarda amicalement avec lui pendant une ou deux minutes et, soudain, brandit son AK. Le vieux devint tout pâle. Il baragouina quelque chose, terrifié, et se dépêcha d'ouvrir.

Ils firent pénétrer les véhicules. Bourne ordonna au vieil homme de refermer la grille et de lui donner la clé. Il le poussa à l'arrière de la seconde ambulance et le força à monter.

– Surveille-le, Bob. On va jeter un coup d'œil dans cet entrepôt. Il paraît qu'il garde un bâtiment vide. Pas très crédible, ça, non ?

L'entrepôt était une vaste construction d'acier et de ciment et, comme l'avait dit le civil, il était entièrement désert. Il était le seul à travailler là. Bourne se dit qu'il devait avoir dans les soixante ans, même s'il paraissait beaucoup plus. La peur le rendait pathétique. Il resta assis, tremblant, à l'arrière du Land Cruiser tandis que MacDonald et Howard ouvraient les deux grandes portes coulissantes de l'entrepôt.

Une fois que les véhicules furent à l'intérieur et à l'abri des regards, Bourne donna quelques explications.

– C'est presque idéal. D'après notre ami, là, l'endroit est vide depuis plus d'un an. Depuis la guerre, en fait. Lui et ses deux fils ont pour mission de surveiller les bâtiments. Les fils arriveront à l'aube pour le relayer et lui reviendra au crépuscule pour passer la nuit. Il dort ici toutes les nuits. Personne n'y met jamais les pieds. Ça appartient à l'une des entreprises agricoles nationales qui les utilisait pour stocker de la nourriture. Le vieux n'est même pas armé. Il ne nous créera aucun ennui.

– Impeccable, dit Howard. Il est temps de nous occuper un peu des voitures, de manger quelque chose et de nous reposer. On a bien roulé. Mais commençons par le début.

Il sortit son paquet de cigarettes.

– Quelqu'un a du feu ?

40

Harry Cresswell était d'une humeur de chien. D'abord, il avait horreur d'être réveillé à 3 heures du matin, surtout, grogna-t-il, après s'être couché à une heure impossible. De plus, il n'aimait pas non plus ce genre d'histoires. Une vraie panique, apparemment. Que pouvait-il bien se passer ? Une invasion, qui sait ? Ou un sous-marin nucléaire qui se serait trop approché ? Ou quoi encore ? Seul Dieu saurait répondre. Toute cette affaire avait l'air pourrie. Mais ça devait être important. Cresswell jura un bon coup. Ses vacances qui commençaient demain, il pouvait leur dire adieu, se dit-il, lugubre.

Il n'y avait aucun moyen d'y échapper. Le Deputy Director (Intelligence) s'était montré très clair et très autoritaire. Et surtout, il semblait furieux.

— Remuez-vous le cul, et allez vérifier, pronto ! lui avait hurlé le DD(I) à l'autre bout du fil. Ça ne le gênait pas trop, le DD(I), pensa Cresswell, exaspéré, il était neuf heures du soir à Langley...

Bon sang, la voilà la preuve. Ça devait être rudement grave pour que le DD(I) l'appelle en dehors des heures de bureau.

Bon. Eh bien il allait commencer par saboter le dimanche matin de quelques autres personnes, et d'abord de l'ambassadeur et compagnie. Oui, il allait débuter par l'ambassadeur, et tout de suite. Il lui fallait son autorisation pour le vol et il aurait encore besoin de lui là-bas pour faire obéir la police et les douanes. Cresswell décrocha son téléphone et composa le numéro du standard.

— Appelez-moi l'ambassadeur.

— Vous pouviez l'avoir sur sa ligne directe, monsieur Cresswell. Mais vous êtes sûr que...

— Faites ce que je vous dis. Et immédiatement ! Et quand j'aurai terminé avec lui, vous me demanderez le directeur d'American Airlines à l'aéroport international de Kenyatta. Ou plutôt, trouvez son numéro personnel et joignez-le chez lui.

Un vrai nul, ce standardiste. Il faudrait lui flanquer un pétard sous les fesses pour le réveiller.

Cresswell se passa une main dans les cheveux en attendant la communication avec l'ambassadeur. Il bâilla. Il y avait quelque chose qui ne tournait pas rond, dans ce monde, ce matin, et il n'arrivait pas à mettre le doigt dessus. La gueule de bois ? Non, pas vraiment. Du café ! C'était ça. Il lui fallait une tasse de café.

Dix minutes plus tard, Cresswell se sentait un peu plus en prise avec l'humanité. Il n'avait pourtant avalé qu'une seule tasse de café. Il aurait bien aimé être du matin. Mais il ne l'avait jamais été, même gamin. Ce qu'il pouvait envier les gars qui sautaient du lit avec le sourire, prêts pour de nouvelles aventures. Il repensa à sa conversation avec l'ambassadeur, et se demanda s'il n'avait pas été un peu trop sec avec lui. Ce n'était jamais bon d'être sec avec les ambassadeurs, même lorsqu'on était le directeur d'antenne de la CIA. S'était-il montré impoli ? Il décida que non. Un peu brusque, peut-être. Il s'excuserait, en invoquant l'urgence de la situation. L'ambassadeur était un type bien.

Le téléphone sonna. Le chef des vols d'American Airlines était à l'appareil. Cresswell se présenta et expliqua au grand étonnement de son interlocuteur ce qu'il désirait en s'appuyant sur l'autorisation qu'il venait d'obtenir. Un quart d'heure plus tard, il était sur le chemin de l'aéroport. Il n'y avait aucune circulation et il mit douze minutes pour faire les douze kilomètres.

À 4 h 05, le 747 d'American Airlines s'éleva doucement dans le ciel encore sombre au-dessus de Nairobi. Puis il vira lentement et prit la direction du sud-est vers Mombasa.

Dans la section des premières classes, Harry Cresswell était installé devant un bon petit déjeuner bien chaud, indifférent aux regards perplexes du steward. Il espérait qu'il arriverait avant que ce foutu bateau n'accoste et ne commence à décharger passagers ou cargaison.

Le steward était parvenu à la certitude irrévocable que le monde était devenu fou. Un 747 entier, pensa-t-il, pour un seul client. Qui diable pouvait bien *être* ce type-là ?

— Cette fois ils sont arrêtés pour de bon, John. Le JSTARS n'a enregistré aucun mouvement depuis vingt minutes.

Peter Stannard avait l'air soucieux, nota Kearwin. À moins que ce ne soit la fatigue ? Tout le monde était épuisé. Il était 21 h 25 et ils travaillaient depuis plus de quinze heures. Peut-être bien qu'il en était de même pour les gars des véhicules. Oui, il y avait des chances, se dit-il. Il était 4 h 25 en Irak et il était bien possible qu'ils s'offrent une pause. Il souhaita voir juste.

— Demandez au JSTARS les coordonnées exactes de cet

endroit, Peter. Et vous, Jerry, voyez ce que nous en dit le prochain passage d'espion et comparez avec les archives. Si ça se trouve, ils vont rester là toute la journée.

—J'ai déjà une image d'archive, dit Freedman. Regardez. Tout est désert, à part ce gros bâtiment à l'écart de la route. Ils se sont peut-être arrêtés là.

Kearwin savait qu'on ne pouvait jurer de rien. Mais la situation du bâtiment cadrait parfaitement avec le dernier déplacement observé par le JSTARS. Il étudia attentivement l'image reproduite sur l'écran de Freedman. C'était une vue en oblique montrant la façade nord. Il y avait un petit poste au sud, près de la route, et quelque chose comme une grille tout autour. Rien d'autre.

—Elle fait combien de haut, la construction? demanda-t-il.

—À peu près sept mètres.

—Bien. Et le prochain passage KH, c'est pour quand?

—Dans dix minutes. C'est le second 12, programmé pour un piqué.

—Bon, dit Kearwin, prenez un cliché à la verticale et un en oblique de la façade sud, du côté qui longe la route.

Les deux images leur parvinrent quinze minutes plus tard. Le cliché vertical indiquait que les véhicules n'étaient pas garés contre le bâtiment ni cachés par lui, et celui en oblique présentait les grandes portes de devant — largement de taille à laisser passer les véhicules. Elles étaient fermées.

Kearwin consulta Sorensen.

—À mon avis, ils se sont planqués là-dedans et vont se reposer toute la journée. Ils ont roulé pendant douze heures. Quand même, j'aimerais bien que le JSTARS reste en faction deux heures, pour le cas où ça ne serait qu'une courte halte. On peut leur demander ou ça risque de créer des problèmes?

—John, vous êtes en position d'obtenir tout ce que vous voulez, lui répondit le Morse avec un sourire amusé. Ils vous prêteront même l'avion privé du Président, si vous faites un caprice.

Kearwin le regarda avec stupéfaction et Sorensen sourit à nouveau avant de poursuivre.

—Il y a une heure, j'ai téléphoné au directeur pour lui raconter ce que vous aviez découvert. J'aime autant vous dire qu'il est heureux, le directeur. Il vient de me rappeler. Il a fait un malheur à Washington et il y a une fumée verte qui s'élève au-dessus de la Direction de la CIA, à Langley. Le DCI est fou de rage. Il voudrait bien savoir pourquoi cette putain de CIA n'est pas tombée sur le truc la première. Il a remonté les bretelles de son DD(I), et le DD(I) a soufflé dans les naseaux de ses gars à Riad et Nairobi. Et dans des dizaines d'autres villes, en prime. Ils sont tous sur le

261

coup, à essayer de dénicher l'avion et le porte-containers. Le directeur a même entendu un bruit émanant du ministère de la Défense selon lequel un type de la CIA aurait réquisitionné un Boeing 747 pour lui tout seul, juste pour déplacer sa carcasse jusqu'à Mombasa. Le Conseil national de sécurité doit se réunir d'urgence dans... (Sorensen consulta sa montre), dans une demi-heure, et le conseiller national pour la sécurité a déjà parlé au Président. Oui, il me semble que vous pouvez vous flatter d'avoir ouvert un sacré bal dans cette ville.

—Mais pourquoi ? dit Kearwin, totalement stupéfait. Qu'est-ce qui se passe donc ?

Le Morse le considéra en caressant sa moustache et ses yeux brillèrent de malice.

—Je crois que vous étiez trop occupé à suivre vos bonshommes pour vous poser des questions. Mais le directeur, en revanche, s'est beaucoup creusé la tête, lui. Il a émis quelques hypothèses qui me paraissent toutes très bonnes. Ces types sont clandestins. Là-dessus, pas de doute à avoir. Ils se sont d'abord introduits en Arabie Saoudite par la mer, et ensuite en Irak par la frontière, le tout sans se faire remarquer. Ils doivent être très forts, et très déterminés. Ils risquent leur vie. D'après le directeur, ils sont là pour un gros coup. Un *vrai* gros coup.

Le Morse s'interrompit un moment et fit la moue.

—Pour quoi — ou peut-être devrais-je dire pour *qui* — croyez-vous qu'ils aient fait tout ça ?

Il y eut un silence tandis que Kearwin saisissait enfin le sens des paroles de Sorensen.

—Oh, dit-il faiblement. Je n'avais pas du tout pensé à ça. Holà !

—Exactement, dit le Morse. Holà !

41

Harry Cresswell ignorait à qui avait pu parler l'ambassadeur, mais ce devait être quelqu'un de bien placé. Sans doute le ministre kenyan des Affaires étrangères. Qui que ce soit, le Président Moi devait être au courant, pensa Cresswell, il ne se passait rien dans ce pays sans qu'il finisse par être renseigné. En tout cas, l'effet produit était le bon. Un inspecteur principal de la police kenyanne l'attendait à sa descente d'avion à Mombasa et le conduisit directement sur les quais. Il y arriva à 5 h 30, en même temps que les premiers signes de l'aube. Le port était bouclé. Il y avait des militaires kenyans partout, la mine grave, menaçante même, et les fusils chargés. Ils avaient l'air bien décidés à s'en servir. Dans le port, on voyait circuler les lumières de trois patrouilleurs tandis que le *Manatee* était remorqué jusqu'à son point d'amarrage.

Trois heures plus tard, dans le bureau à air conditionné du directeur du port, Cresswell reposa le combiné et se mit à réfléchir. Le DD(I) avait semblé de meilleure humeur, cette fois-ci. Le premier rapport de Cresswell après l'interrogatoire du capitaine du *Manatee* avait dû l'adoucir un peu. Il n'y avait pourtant pas grand-chose de neuf. Les seuls détails remarquables concernaient l'itinéraire du bateau. Il avait appris au DD(I) que le cargo avait accosté pour décharger des containers à Port Soudan et à Djibouti avant de gagner Mombasa, mais rien de plus. Ce qui avait paru lui faire surtout plaisir, c'était que le port d'origine était Felix-stowe, en Angleterre, et qu'il n'y avait pas eu d'autres escales.

– Pas de traces de passagers clandestins à bord ?

– Nous continuons de chercher, monsieur. Une centaine de policiers kenyans passent le bateau au peigne fin et plusieurs équipes des Douanes s'occupent personnellement d'ouvrir les containers. Je ne leur ai pas dit que nos oiseaux s'étaient déjà envolés, ça aurait pu refroidir leur ardeur. Le capitaine hurle au meurtre parce que les flics ont saccagé sa cabine et, d'après ce

263

que j'aperçois d'ici, ils n'ont pas l'intention de négliger quoi que ce soit.

– Bien, appelez-moi dès que vous avez quelque chose.

– Comptez sur moi, monsieur.

Cresswell regarda de nouveau par la fenêtre et hocha la tête au spectacle infernal qu'on donnait sur ce quai. Il ne voyait pas de raison d'intervenir ou de demander que les recherches soient plus rationnelles. De plus, ils ne le prendraient peut-être pas très bien, en bas, mais enfin, ils changeaient ces containers de place, le bateau était déjà à moitié vide. Cresswell observait l'inspecteur principal Robert Mwanza au milieu d'un brassage de corps en effervescence, en train de distribuer des ordres et de diriger les opérations. À sa manière, l'inspecteur principal était tout à fait efficace.

Dans son for intérieur, Cresswell était persuadé qu'on ne trouverait rien. Les types en question avaient fichu le camp, non ? À quoi ça pouvait bien servir de les chercher maintenant. Mais on ne sait jamais...

On frappa à la porte et un jeune policier entra.

– Excusez-moi, m'sieur, l'inspecteur principal vous demande.

– J'arrive.

Cresswell sortit du bureau et dévala l'escalier. Lorsqu'il ouvrit la porte et se cogna au grand soleil du matin, la clameur du quai le cueillit comme une rafale de mitraillette. Il alla rejoindre l'inspecteur principal Mwanza qui, penché sur son bureau, fouillait dans une pile de paperasses.

– Comment ça se passe, inspecteur ?

– Celui-ci est vide, répondit Mwanza en désignant, par-dessus son épaule, un grand container peint en jaune.

– C'est inhabituel ?

– La Douane affirme que oui, mais pas tout à fait impossible non plus. Il arrive qu'ils restent vides dans un sens quand le propriétaire n'a pas de cargaison pour l'aller et le retour.

– Et qu'est-ce que dit le billet de fret ?

– C'est justement ce que j'essaie de trouver, monsieur Cresswell, répliqua Mwanza en continuant à feuilleter ses bordereaux.

Cresswell alla voir le container de plus près. Quatre douaniers se tenaient devant les portes ouvertes, à examiner le sceau des Douanes britanniques. Un agent de police était en faction devant l'entrée et tentait de se donner des airs importants. Il était un peu ridicule, à garder une boîte vide. Cresswell s'approcha des douaniers.

– Les scellés sont bons ?

– Oui, m'sieur, dit l'un des hommes en levant les yeux.

Cresswell passa la tête dans le container. Propre comme un sou neuf. Il en fit le tour lentement, l'étudia de l'extérieur. À l'autre extrémité, le ventilateur tournait à grand bruit. Visiblement, il avait une autonomie électrique.

Eh là, doucement ! Pourquoi tournait-il donc, ce fichu machin ? C'était vide, oui ou non ? Un imbécile avait dû le brancher par erreur. Il retourna voir Mwanza.

— Quelqu'un a branché la réfrigération par mégarde.

Mwanza lui jeta un bref coup d'œil mais ne répondit rien. Il compulsait toujours ses papiers. Cresswell revint à l'arrière du container.

— Quelqu'un sait-il comment on éteint ce truc ?

Des regards stupides se posèrent sur lui. Cresswell haussa les épaules. Très bien. Qu'il marche. Il s'en fichait, après tout, qu'on perde du carburant à réfrigérer un...

Une petite seconde, là ! *Il n'était pas réfrigéré*. Cresswell tâta la paroi intérieure. Elle n'était pas froide du tout. Il retourna à l'avant. Le ventilateur tournait toujours. Ça gouttait même à cause de la condensation. Et le thermomètre marquait... *moins vingt !*

— Inspecteur ! Je crois qu'on tient un bout, par ici ! lança Cresswell en se précipitant au bureau.

— En effet, monsieur Cresswell, c'est aussi mon avis, s'exclama, rayonnant, Mwanza en produisant une feuille de papier. Il apparaît qu'il y a eu fraude. Ce bordereau indique que notre container a quitté Felixstowe avec une cargaison de légumes surgelés.

Pendant la demi-heure qui suivit, Cresswell dut attendre en faisant les cent pas pour calmer son impatience, pendant que la police opérait un relevé d'empreintes. Il y en avait quelques-unes, mais toutes appartenaient à Cresswell qui les avait laissées là en touchant le mur. Mwanza lui décocha un regard meurtrier mais ne dit rien.

Dès que ce fut terminé, les policiers se répandirent à l'intérieur et commencèrent à démonter tout ce qui était démontable. Cinq minutes plus tard, la sortie de secours était mise au jour. On entendit plusieurs chocs tandis qu'un homme l'attaquait au marteau de forgeron avec un bel entrain. Observant du dehors, Cresswell vit d'abord la peinture se craqueler, et à 9 h 02 précises, la porte pivota sur ses gonds.

Il fallut encore patienter une heure avant qu'un ingénieur vienne annoncer que deux blocs de conditionnement d'air avaient été dissimulés dans l'unité réfrigérante et expliquer pourquoi le thermomètre s'obstinait à donner une température négative.

Cresswell n'attendit pas l'ingénieur. Dès que la porte clandestine fut ouverte, il se précipita dans le bâtiment de la direction du port. Montant les marches quatre à quatre, il se rua dans le bureau du directeur, décrocha le téléphone et fit un numéro.

À 3 h 09, heure de Washington, la sonnerie retentit dans le bureau du DD(I) à Langley, en Virginie. Le DD(I) alluma la lumière, quitta à regret son divan et décrocha.

Quand il entendit ce que Cresswell avait à lui dire, sa fatigue s'envola d'un coup.

– Dieu soit loué, murmura-t-il en raccrochant. Que Londres se démerde avec ça, maintenant.

Ce qu'il ne pouvait pas savoir, c'était que, exactement six heures plus tard, toute l'affaire allait lui revenir en pleine figure.

42

À Londres, la réunion d'urgence du Comité britannique inter-service de renseignement venait de s'achever et ses membres se dispersaient déjà. Comme il allait franchir le seuil, le préfet de police fut abordé par un homme soigné aux cheveux gris portant une cravate militaire.

– Monsieur le préfet, puis-je faire une suggestion ?

Le préfet posa sur l'homme un regard bienveillant.

– Oui, monsieur Goodale, je suis ouvert à toutes vos idées.

– Permettez-moi d'abord de vous dire, commença Max Goodale en souriant, combien je regrette la façon dont le dossier IRA a été traité. Je pense que les choses n'auraient jamais dû être rendues publiques avec aussi peu de discrétion et la majorité de mes collègues du Cinq, je crois, sont de mon avis.

Le préfet approuva. La police avait été dessaisie des opérations antiterroristes au profit du MI 5 et cette décision avait provoqué quelques remous dans les rangs des policiers. Leur fierté avait été blessée et plus d'un avait ressenti cette blessure comme une insulte.

– C'est très aimable à vous, monsieur Goodale. J'estime moi aussi que cette affaire aurait pu être mieux conduite.

– Il est très important qu'il ne subsiste pas de malaise entre nos services. Je dis cela car il se pourrait qu'une intervention de notre part soit utile sur l'un ou l'autre point de ce nouveau dossier.

Le sous-directeur du MI 5 observa soigneusement la physionomie du préfet pour y déceler la moindre contrariété. Comme il l'avait espéré, il n'en trouva aucune. Le préfet était un homme d'une grande intelligence et Goodale savait que, comme lui-même, il se plaçait au-dessus des rivalités entre services.

– Naturellement, poursuivit-il, nous ferons tout ce qui sera en notre pouvoir, à condition que l'enquête reste entièrement sous votre contrôle. C'est uniquement parce que nous détenons divers moyens qui pourraient se révéler nécessaires. Je souhaiterais les mettre à votre disposition. Après tout, nous ignorons encore ce qui nous attend.

— Votre offre est très généreuse, monsieur Goodale, dit le préfet en rendant son sourire à l'homme du MI 5, et j'apprécie grandement la manière dont vous l'exprimez. Je trouve votre suggestion excellente et j'aimerais beaucoup collaborer avec vous là-dessus. Puis-je vous demander si vous en avez déjà parlé avec votre directeur ?

— Pas encore, répondit Goodale, mais j'ai la certitude qu'il sera entièrement d'accord. Pour commencer, avec votre permission bien sûr, je pourrais prendre contact avec l'homme à qui vous avez l'intention de confier cette enquête. Ainsi, lui et moi partirions du même pas.

— Bonne idée, dit le préfet. Et si je vous ramenais au Yard dans ma voiture ? Ça nous permettrait de le mettre au courant ensemble devant un bon petit déjeuner.

— J'en serais ravi, répondit Goodale.

Ils marchèrent jusqu'à l'auto du préfet. Un sergent de police à l'uniforme impeccable salua et ouvrit les portières arrière. Goodale fit signe à son propre chauffeur de les suivre. Les deux hommes s'installèrent confortablement et la Jaguar traversa à toute vitesse les rues désertes. Ils évoquèrent la nature inhabituelle de la mission qu'on venait de confier à la police.

— Je vais mettre le SO11 sur ce dossier, dit le préfet. Au départ, de toute façon, c'est plutôt l'affaire du Criminal Intelligence Branch, avec bien sûr l'aide d'autres services – y compris le vôtre, comme vous me l'avez gentiment proposé... D'ailleurs, vous savez, si vous ne me l'aviez pas suggéré, j'y aurais sans doute pensé moi-même à un moment ou à un autre, et je vous aurais contacté.

— Eh bien, c'est agréable de constater que nous sommes sur la même longueur d'onde, dit Goodale en riant. Espérons qu'à nous deux, nous arriverons à quelque chose. Pouvez-vous me dire à qui vous allez confier l'enquête ?

— Au commandant du SO11. L'un des meilleurs, sinon *le* meilleur. Jones. Patrick Jones.

— Je l'ai déjà rencontré, dit le sous-directeur du MI 5. Pour des raisons évidentes, nos routes se sont croisées. Nous nous entendons très bien.

— S'il y a quelque chose à trouver, Jones le trouvera, dit le préfet.

43

—Très bien, messieurs. Voici donc comment nous allons procéder.

Le commandant Patrick Jones se pencha au-dessus de la table et regarda les hommes qui l'entouraient. Il s'arrêta sur un petit individu trapu, aux cheveux roux clairsemés et aux yeux rapprochés.

—Hughie, vous allez vous rendre à cette adresse à Swindon. Prenez contact avec la police locale en arrivant là-bas. Ne les bousculez pas mais je veux qu'ils comprennent clairement que les ordres viennent du plus haut et que l'enquête est centralisée ici à Londres. S'ils vous font des difficultés, dites-leur d'appeler leur quartier général de Kidlington. Le commissaire est sûrement au parfum à l'heure qu'il est et il remettra de l'ordre dans les rangs. Il y a de grandes chances pour que personne ne réponde à l'adresse indiquée ; enfoncez la porte. Et inspectez l'endroit à fond – je veux qu'on m'analyse le moindre grain de poussière. Trouvez qui a occupé les locaux, qui les possède. Renseignez-vous pour découvrir si quelqu'un a vu les gars qui étaient là. Si c'est à louer, allez voir l'agence et qu'ils disent tout ce qu'ils savent. Les noms, les descriptions, le type d'activité, tout. Qui effectuait les livraisons, ou qui venait chercher les choses fabriquées là. Le courrier, la décharge publique, le laitier. Ne négligez personne ayant pu apercevoir l'un des occupants de ces bâtiments. D'accord ?

Le détective superintendant Hughie Carter avait pris des notes. Il leva les yeux et hocha la tête. Il commençait à se dire que ça devait être une sacrée affaire, à en juger par les effectifs mobilisés. Comme s'il n'avait pas assez de travail avec les enquêtes en cours, pensa-t-il amèrement. Il allait appeler sa nouvelle assistante et lui refiler tout le reste. Ainsi, il pourrait se concentrer entièrement sur ce boulot. Oui, décida-t-il, c'était une très bonne idée. Un excellent baptême du feu pour cette assistante à ascension supersonique. Ça lui donnerait l'occasion d'apprécier comment la petite s'en sortirait sans lui. Elle devait être plutôt compétente – en tout cas, elle l'avait été jusqu'ici. Il fallait qu'elle soit drôlement calée, supposait-il, pour avoir grimpé aussi vite. Eh bien, comme ça, on allait voir de quel alliage était faite cette fusée.

Maintenant, le commandant s'adressait à un grand blond, à la mine d'étudiant et portant des lunettes à monture épaisse.

–Paul, je veux que votre équipe s'attaque aux banques. Commencez par les directions des principales banques d'affaires et établissez où cette organisation possédait un compte. Une fois le compte repéré, prenez copie de tous les mouvements depuis son ouverture, de tous les chèques émis ou reçus, de toutes les transactions et de tous les paiements débités ou encaissés, ainsi que de la correspondance avec la banque. Ils conservent ça en archives. Allez voir les gens qui ont traité avec eux, la chambre de commerce et interrogez tout le monde. Trouvez également qui gérait leurs comptes et tirez-en le maximum. Là aussi, je veux des noms et la description de ces gens-là. C'est bien clair ?

L'inspecteur chef de la Brigade des fraudes Paul Hallam acquiesça. Cette affaire lui plaisait. Il adorait sortir du lit les paisibles citoyens le dimanche matin.

Jones se tourna alors vers un homme brun qui ressemblait exactement à ce qu'il était en réalité – un ancien boxeur poids-moyen.

–Jerry, je veux que toi et tes hommes, vous me dénichiez cet avion. Tout ce qu'on a jusqu'ici, c'est la fiche d'enregistrement en Angleterre. Mets quelques gars là-dessus et trouvez-moi où ils l'ont acheté. Si c'est une deuxième main, à qui ? Que les autres remontent la piste à partir de l'Arabie Saoudite. Il est arrivé là-bas le... (Jones consulta ses notes)... le 11 avril. Disons un jour ou deux ou peut-être trois ou quatre pour le voyage, alors d'où est-il parti ? Commence par les terrains du sud de l'Angleterrre. Ne t'occupe que de ceux qui ont un bureau des douanes. Fais-toi aider par quelqu'un du CAA. Qui l'a vu et, le plus important, qui était aux commandes ? Je veux un nom et un signalement.

–D'ac.

L'inspecteur Jerry Willson doutait un peu de ses chances de succès un dimanche sur des terrains civils mais sa détermination était totale. Tout comme Hallam, il était bien décidé à partager le gâchis de son week-end. La Civil Aviation Authority allait être la première bénéficiaire.

–Et maintenant, dit Jones, j'aimerais vous présenter M. Goodale. M. Goodale appartient aux Services de sécurité – le MI 5.

Il y eut quelques coups d'œil stupéfaits. Jerry Willson ouvrit la bouche pour protester puis se ravisa. Jones poursuivait déjà.

– Je propose à chacun de vous de réfléchir attentivement à ce que M. Goodale peut lui offrir, autant en hommes qu'en moyens. Vous avez tous déjà travaillé avec le Cinq, à un moment ou à un autre. M. Goodale va rester à Londres et mon bureau sera relié au sien par une ligne directe. Lui et moi serons coordinateurs à égalité dans cette affaire.

Jones laissa le message s'imprimer dans les esprits. L'assistance étudia Goodale avec une attention nouvelle ; à l'évidence ils avaient affaire à un gros bonnet du MI 5. Jones nota cet intérêt avec satisfaction. Il n'avait pas l'intention de préciser le rang de Goodale.

– Donc, reprit-il, nous allons être associés. Le préfet m'a personnellement donné l'instruction de monter une opération mixte. Nous aurons un homme de la Sécurité affecté à chaque équipe. Vous utiliserez au mieux ce qu'ils peuvent nous apporter. J'exige une collaboration sans arrière-pensées. J'espère me faire bien comprendre. Et j'exige également des résultats. Et des résultats rapides.

Et, dès les heures qui suivirent, les résultats commencèrent à arriver. Le travail préliminaire n'avait pas posé de difficultés. Le bordereau du container avait conduit à l'adresse de Loundis Road à Swindon, et la société de location confirma qu'il avait été livré au bâtiment 10. Aussitôt, une dizaine de spécialistes se mirent à éplucher la construction pour trouver des indices. Au même moment, un agent immobilier stupéfait, qu'on n'avait eu aucun mal à localiser puisqu'une pancarte «À louer» agrémentait l'entrée de Loundis Road, fut brutalement arraché à la grasse matinée dominicale qu'il s'apprêtait à savourer dans les bras de sa petite amie, et soumis à un interrogatoire serré par deux CID austères et déterminés. Il comprit très vite que ce n'était pas une mauvaise plaisanterie, sans parler d'une bonne, et leur dit tout ce qu'il savait. Les recherches s'étendirent alors aux bâtiments 8 et 9 et on fit circuler le signalement de M. Bryce et de sa BMW 325i bleue.

L'agent immobilier fut très loquace sur la voiture. C'était une quatre portes bleue, expliqua-t-il, avec une boîte de vitesse manuelle et des sièges en cuir gris argent. Quant au modèle, c'était la version 1991, pas la précédente. La seule chose dont il ne se souvenait pas, c'était le numéro d'immatriculation, ce qui fait que l'équipe de Hughie Carter dut se pencher sur la liste complète des voitures de cette série, avec leurs numéros de châssis et de moteur, qu'elle obtint auprès des principaux concessionnaires BMW de Bracknell. Sur une production totale de deux mille six cent neuf BMW modèle 1991, cent sept étaient bleues, à quatre portes, boîte manuelle et sièges gris. Le service des cartes grises de Swansea se saisit des numéros et il apparut qu'aucune de ces voitures n'avait été vendue à un M. Bryce. La police de tout le pays se lança dans l'enquête en urgence absolue et on rendit visite à domicile à tous les propriétaires. Sur les soixante-dix-neuf qu'on trouva chez eux, cinq correspondaient à peu près au signalement de M. Bryce et on les emmena au poste pour vérification. On arrêta douze autres conducteurs sur la route. Onze d'entre eux purent reprendre le volant après avoir été longuement interrogés et après avoir menacé de porter plainte auprès du Service des réclamations de la police pour harcèlement. Le douzième rejoignit les cinq détenus pour complément d'informations. On envoya les six jeux de photographies à Swindon mais le jeune agent immobilier n'en reconnut aucun.

Sur les seize propriétaires de BMW restants, quatorze étaient en vacances ou en voyage d'affaires et les voisins affirmèrent que M. Bryce ne ressemblait pas à l'absent ou au mari ou au fiancé dans les cas où le véhicule appartenait à une femme.

Les deux dernières voitures présentaient un plus grand intérêt. On avait signalé le vol de la première en janvier 1991 et la deuxième avait été vendue mais l'acquéreur ne l'avait pas fait réenregistrer.

—Regardez la date, Trev, dit le superintendant Hughie Carter. On l'a volée en janvier 1991. L'agent dit que le joufflu la conduisait en novembre. Ça ne peut pas être celle-ci. Est-ce que l'ancien propriétaire de l'autre a donné une description de son acheteur ?

—Oui, chef, mais ce n'est pas concluant, répondit le sergent Trevor Smith. C'est un de ces ahuris qui ne se rappellent jamais rien. Il se souvient juste que le gars avait une petite trentaine, peut-être un peu plus. Et qu'il avait la tête de n'importe qui, il a dit.

—Tu lui as décrit le joufflu ?

—Oui. Mais il n'était pas sûr, ce con.

—Peu importe, décida Carter. C'est forcément celle-là. Bon, on va diffuser le numéro d'immatriculation dans la presse et on verra bien ce que ça donnera.

Ça ne donna rien du tout. La BMW de Bourne, volée et rebaptisée, se trouvait actuellement en Italie. Elle n'était plus bleue et son nouveau détenteur ignorerait toujours toutes les aventures qu'elle avait pu vivre.

Le chef inspecteur Hallam débuta lui aussi par des succès. La Barclays Bank coopéra et produisit aussitôt tout le dossier de l'entreprise de fret créée par Bourne. On découvrit l'existence des deux autres sociétés fictives. Hallam en confia immédiatement l'étude à ses hommes et baigna bientôt dans son élément, à mettre à la question des fondés de pouvoir et des comptables tous parfaitement innocents et à rechercher des empreintes sur les moindres documents. Lorsqu'on remonta enfin jusqu'aux paiements initiaux issus de la banque du Liechtenstein, il appela le commandant Jones.

—Je crois que nous allons devoir attendre demain, Paul, dit Patrick Jones avec une moue, ses doigts tambourinant sur son bureau. On ne peut pas importuner comme ça un établissement étranger. Mais je vais quand même faire une tentative.

Il raccrocha, préoccupé. Le Liechtenstein, vraiment. Ça ouvrait de nouvelles perspectives. Mais ça ne mènerait sans doute nulle part. Jusqu'ici, le joufflu avait très bien su couvrir sa retraite. La piste de la voiture ne donnerait rien, Jones en était persuadé. Les trois bâtiments industriels étaient propres comme des hosties, d'après ce qu'avait dit Hughie Carter. Pas le moindre indice : l'endroit sentait le désinfectant ; à l'évidence on l'avait récuré jusqu'à l'os. Le seul petit élément qu'ils avaient trouvé, c'était une minuscule tache de peinture jaune dans l'un des entrepôts et elle correspondrait sans doute à celle du container. Hughie Carter s'était un peu excité en découvrant, parmi les empreintes digitales, celles d'un condamné pour vol de voitures. Ils avaient foncé chez le suspect. Mais il était apparu qu'il travaillait pour une entreprise de nettoyage industriel. Son patron avait confirmé qu'ils s'étaient occupés des trois bâtiments mais n'avaient jamais vu aucun des occupants.

Comme l'agence immobilière, les banques s'étaient montrées aussi utiles que possible, mais leurs documents ne portaient les empreintes que des employés. Et pourtant, tout le monde s'accordait à dire que le joufflu n'avait pas de gants lorsqu'il signait. Alors, un revêtement invisible sur les doigts ? Probable.

Saloperie, pensa Jones. Ce gars avait bien dû faire au moins *une* erreur. Hughie Carter allait mettre le doigt sur un indice. *Quelqu'un* avait forcément vu quelque chose, un jour ou l'autre, à Loundis Road. Ne serait-ce que l'une des nombreuses personnes qui avaient effectué des livraisons. Hughie avait déjà interrogé le chauffeur qui avait amené le container, mais tout ce qu'il avait vu, c'était... le joufflu. Ce type ne pouvait quand même pas être tout seul, il devait bien avoir des complices avec lui. Le chauffeur se souvenait que d'autres voitures stationnaient devant les bâtiments – mais il ne s'en rappelait aucune en particulier.

Ils devaient se cacher à l'intérieur. Le joufflu servait de paravent. Ce qui signifiait qu'il se moquait d'être vu. Pourquoi ?

Réponse évidente : il était déguisé. Le visage aussi ? Des verres de contact, des cheveux teints et peut-être... du rembourrage dans les joues. Oui, du rembourrage. La voix ? Neutre, rien de caractéristique. Inclassable. Un accent de grande école ou même pas. Pourquoi pas un étranger parlant anglais ? Un homme normal, taille moyenne, parfois en costume, parfois en vêtements de travail... Il n'y avait pratiquement aucune chance, à moins que Hughie ne dégote un témoin ou que Paul attrape un fil dans un dossier bancaire. Le problème, c'était que très peu de transactions avaient eu lieu par les comptes. Uniquement la circulation entre les trois entreprises fantômes et le Liechtenstein et des opérations banales comme les notes d'électricité ou de téléphone. Mais comment avaient-ils payé tout le matériel nécessaire à la transformation du container ? Sans parler de ce qu'ils avaient fourré dedans. Ils avaient bien dû l'acheter quelque part. En liquide, pensa Jones, sinistre. Ça oui, le joufflu avait vraiment bien balayé derrière lui.

Le téléphone sonna. C'était le DI Willson.

— On a suivi l'avion, sherif. Aéroport de Southampton. Il a décollé le 7 avril. Et on l'a remonté jusqu'en Irlande. C'est là qu'ils l'ont pris.

— Des noms ou des signalements ? s'exclama Jones, piaffant derrière son bureau.

— Moi j'espérais plutôt que vous pourriez récolter quelque chose à Dublin, sherif. Vous devriez leur demander d'interroger les précédents propriétaires de l'avion. Ce serait mieux si les questions venaient d'eux.

— C'est comme si c'était fait, dit Jones, soudain ragaillardi. Et le pilote ?

— Je gardais le meilleur pour la fin. L'aéroport nous a donné accès aux registres. Il s'appelle Sullivan. Citoyen américain avec permis commercial. On a son adresse, son numéro de passeport, tout. Il était seul dans le Islander. J'ai vérifié à l'immigration et ils m'ont fourni tous les détails sur son entrée au Royaume-Uni. Je vous les faxe immédiatement.

— Bon travail, Jerry.

— Merci, sherif.

— Et ne m'appelle pas sherif.

— Entendu, sherif.

Jones leva les yeux au ciel et reposa le combiné avec un large sourire. Il préférait ça, se dit-il. Voilà une bonne base de départ. Et surtout, il avait quelque chose à mettre dans son rapport. Il regarda sa montre : il était 14 h 10. Pas si mal, au bout de cinq heures de boulot à peine. Il se renversa dans son fauteuil et attendit l'apparition du fax.

274

On transmit immédiatement le rapport provisoire du commandant Jones. Les informations sur Sullivan furent envoyées sans délai au quartier général de la CIA à Langley où, à 21 h 25, elles atterrirent sur le bureau du DD(I). Celui-ci ne fut pas à proprement parler ravi d'apprendre qu'un citoyen américain trempait dans cette affaire qu'il avait cru refiler à Londres une fois pour toutes. Ceux qui eurent à travailler avec lui dans l'heure qui suivit purent mesurer son degré de déplaisir.

Après avoir adressé une sèche demande d'aide au FBI pour obtenir des renseignements sur Sullivan, le DD(I) retourna son agressivité contre James Ansell, le chef du Bureau Moyen-Orient.

– À quoi il sert, l'imbécile de Riad ? Il ne nous a absolument rien appris sur cet avion ?

– Kennings, vous voulez dire ?

– Oui, Kennings. Qu'est-ce qu'il fout, assis sur son gros cul ? Qu'il s'agite un peu, hein ? Je veux qu'on me trouve ce zinc, et vite.

Ansell fronça les sourcils devant l'éclat du DD(I). Il n'aimait pas trop qu'on l'engueule. Si ça devait durer, il irait se plaindre directement au DCI. Il fixa le DD(I) sans l'ombre d'une crainte.

– Alvin Kennings est un type très bien, répliqua-t-il. Il a tout de suite obtenu l'immatriculation de l'avion. Et je peux vous dire, d'après ma propre expérience, que ce n'est pas si facile de tirer quelque chose des Saoudiens, surtout lorsqu'ils ne voient pas de raison d'enquêter. Et de plus, vous aviez vous-même donné l'ordre de ne pas les mettre au courant de l'affaire, à ce stade des recherches.

Oui, se dit Ansell, Kennings avait parfaitement agi, jusqu'ici. Il avait fait marcher ses méninges, avait deviné à quel endroit le Islander était entré en Arabie Saoudite et avait concentré son attention sur Djedda. Il avait dû graisser quelques pattes pour avoir l'information en si peu de temps.

– Bon, dites-lui de ne pas baisser la garde, s'il vous plaît, dit le DD(I) au bout d'un instant de réflexion. Scowcroft me tanne, ce qui veut dire qu'il a lui-même le Président sur le dos.

Ansell ne répondit rien. C'était vraiment inutile de renouveler son message à Riad, pensa-t-il. Kennings n'allait pas le laisser tomber.

44

Hélas pour Alvin Kennings, le Islander avait disparu près de vingt heures auparavant. Denard avait quitté Badanah dès la tombée de la nuit après s'être inscrit dans l'après-midi au bureau d'Ar'ar pour un vol de routine. Comme destination, il avait indiqué Tabuk, à quatre cent cinquante kilomètres au sud-ouest à travers le désert du Nefoud.

Décollant à 19 heures, une heure après que Howard et les ambulanciers eurent quitté Badanah, il était monté à trois mille et s'était éloigné selon l'angle de 204 degrés magnétiques prévu avec la tour de contrôle d'Ar'ar. Après une demi-heure de vol, pensant à juste titre que les contrôleurs d'Ar'ar devaient fort peu s'intéresser à son voyage, il avait plongé tous feux éteints et avait viré en rase-mottes plein nord, presque dans la direction opposée.

Le désert était plat et égal, mais voler à une altitude qui ne dépassait pas par endroits trente mètres en pleine obscurité, et en n'utilisant que sa boussole, représentait une sorte de sommet de sang-froid et d'adresse. Au bout d'une demi-heure de ce sport, il se retrouva trempé de sueur, mais il n'osa pas remonter de peur qu'on n'ait remarqué sa disparition des radars et que les recherches ne soient déjà engagées.

En réalité, il avait tort de s'inquiéter. Dès qu'il avait constaté que le Islander empruntait bien la route prévue, le contrôleur s'était installé pour la nuit. Aucun autre vol n'était annoncé et il savait qu'on l'appellerait en cas d'urgence. Ar'ar n'était absolument pas un terrain surchargé.

Denard coupa la route du Pipeline de l'Arabian Petroleum, fonçant à quatre-vingt-dix nœuds vers la frontière irakienne. Le chauffeur d'un gros camion qui se rendait dans les Émirats eut la vague impression que quelque chose ronflait au-dessus de sa tête dans la nuit, mais comme il dormait à moitié, il se dit que ça devait être lui. Denard alluma son récepteur GPS, tourna et vint se poser sur la route derrière le camion qui s'éloignait. Il n'y avait personne à l'horizon. Il vérifia sa position sur la carte : il n'avait dévié que de trois kilomètres. Il redécolla et reprit son rase-mottes pendant dix-huit minutes puis, branchant son émetteur radio VHF il prononça un simple mot : « Allume ».

Dix secondes plus tard, il aperçut la lueur. À un kilomètre et demi, légèrement à main droite. Le signal lumineux n'était pas monté à plus de cinquante mètres et s'était perdu dans l'immensité du désert, mais ses cinq secondes de vie suffirent à Denard. Il vira et fonça droit sur le point où la lueur venait de s'éteindre. Quarante secondes après, il passait au-dessus de deux lignes lumineuses parallèles au sol. Fermant les gaz et sortant les volets, il les survola une fois à faible vitesse puis il amena l'avion entre elles. Il rebondit souplement sur ses gros boudins et roula jusqu'au bout de la piste improvisée.

Palmer l'attendait dans le troisième Land Cruiser. Ils avaient fait une reconnaissance deux jours avant pour décider du point d'atterrissage en précisant bien l'endroit à l'aide du GPS. C'était au beau milieu de nulle part, approximativement à quarante-cinq kilomètres au nord-est de al Jalamid, dans le Wadi al Ubayyid, à trente-huit kilomètres de la frontière irakienne.

Denard était exténué par la concentration que lui avait demandée son rase-mottes. Palmer lui tendit un thermos d'excellent thé et il en but deux tasses, assis dans la voiture pendant que l'autre s'employait à fermer l'avion, à fixer la protection du moteur et à l'arrimer contre un éventuel coup de vent.

– J'aime mieux mon boulot que le tien, Chris, commenta Denard lorsque Palmer le rejoignit dans l'auto. Je ne t'envie pas pour ce trajet. Quel ennui, ce pays !

– Tout ira bien, mon vieux, répondit Palmer. Tu t'es bien tenu, jusque-là, j'espère ?

– Évidemment, dit Denard en ricanant. Qu'est-ce que j'aurais bien pu faire, bon Dieu, dis-moi un peu ?

– Je préfère ne pas y penser, étant donné ton équation personnelle, répliqua Palmer en riant. Tu as les papiers ?

Denard tendit à Palmer le portefeuille de Sullivan.

– Allez, tire-toi, maintenant. Et sois prudent, ne va pas renverser un chameau.

– Et toi, ne t'avise pas de draguer une brebis égarée. Ciao, on se revoit dans deux jours.

Denard descendit de la voiture et se dirigea vers la tente qu'avait montée Palmer. Il allait dormir très longtemps. Demain, se dit-il en bâillant, il raserait ses moustaches et se rincerait les cheveux pour enlever cette teinture. Il n'avait plus aucune raison de ressembler à Sullivan.

Palmer démarra et partit plein sud en direction de la route du

Pipeline. Il avait mis ses lunettes infrarouges pour la traversée dans l'obscurité. Il arriva sur la route à 22 h 11, juste après que Bourne eut fait franchir la frontière aux deux ambulances pendant que les gardes du poste s'affolaient autour de l'incendie allumé par Howard. Très haut dans le ciel, le satellite KH-12 progressait sur l'orbite qui l'amènerait au-dessus du feu moins d'une minute plus tard. Il enregistra automatiquement la présence du Land Cruiser de Palmer à la seconde exacte où il prenait la route du TAP. L'image serait stockée dans la banque géante mais jamais retrouvée.

Palmer se détendit en prévision de son long trajet jusqu'à Djedda. Il se donnait dix-huit heures pour y arriver.

45

– Entrez.

On avait frappé doucement et poliment, comme l'aimait le DD(I). Il continua à travailler, sans lever les yeux, tandis que le visiteur pénétrait dans le bureau.

– Le rapport du FBI sur Sullivan, monsieur.

Cette fois, le DD(I) regarda le nouveau venu avec intérêt. Le jeune agent lui tendait une liasse de papiers assez peu épaisse.

– Eh bien ? Résumez-moi l'essentiel.

La nervosité fit quelque peu bégayer l'agent Jim Halsey lorsqu'il se mit à réciter.

– N-nom Ray Edwin Sullivan, n-né le 15 décembre 1945, qu-quarante-six ans, citoyen américain, n-numéro de Sécuri...

– Oui, bon, venons-en aux choses importantes, s'il vous plaît !

– D-désolé, monsieur, dit Halsey en se raclant la gorge. Céliba-taire, pour seuls parents une sœur dans l'Iowa et un oncle et une tante dans le Vermont. Habitait Granite Shoals, Texas, jusqu'à ces derniers temps, et dirigeait une unité de charters sur le terrain de Los Morelos. Il en était le seul employé. A liquidé son entre-prise en janvier et vendu son avion, un bimoteur Cessna. Le 14 mars, il a déménagé de son logement en location sans laisser d'adresse. Le 27 mars, il a pris le vol 1632 des Delta Airlines de 15 h 10 de Houston, Texas, à Atlanta, Géorgie où il avait une cor-respondance à 19 h 20 pour le vol Delta 10 en direction de Londres, Gatwick, où il est arrivé le 28 mars à 8 h 10. Ce Londres, c'est en Angleterre, monsieur.

– Je sais. Un casier judiciaire ?

– Une petite condamnation pour détention de drogue, monsieur, il y a longtemps, en 1967. Dix grammes de marijuana.

– C'est tout ? Service militaire ?

– Non, rien, monsieur. On continue à chercher.

– Quelqu'un a parlé aux, euh... à l'oncle et la tante, là ?

– On ne les a pas encore trouvés, monsieur. Mais on a interrogé la sœur. Elle dit que c'est un bon vivant, irresponsable, paresseux, baratineur. Il semble qu'il ait eu un asthme assez sérieux vers vingt ans, ce qui expliquerait son absence de l'armée. Et puis elle...

Il hésitait. Le DD(I) lui fit un signe irrité pour l'inviter à poursuivre.

– Elle dit aussi, la sœur, et je cite, que tout le monde l'aime bien mais que c'est un bon à rien, une vraie cloche.

– Quoi ? Ils ne se fréquentent pas ?

– Apparemment non, monsieur. Il y a sept ans, il lui a emprunté trois mille cinq cents dollars pour payer son avion et il ne l'a jamais remboursée. Ils ne s'adressent plus la parole. Quand on lui a appris qu'il pourrait bien être mêlé à une affaire criminelle de grande envergure, elle a éclaté de rire.

– Humm. Rien sur sa situation financière ?

– On a ses relevés bancaires pour les cinq dernières années, monsieur. Aucun achat depuis le Cessna. Il arrivait juste à payer ses factures – la plupart du temps en retard.

– Rien d'autre ?

– Non, monsieur. Voulez-vous garder le dossier, monsieur ?

– Oui, merci. Ce sera tout, Agent, euh...

– Halsey, monsieur.

– Merci, Halsey.

Le jeune homme sortit, laissant le DD(I) ruminer sombrement sur le cas Sullivan. Ce n'était pas du tout ce qu'il espérait. Une cloche, hein. Et il provoquait tout ce tintouin. Eh bien il allait faire le nécessaire pour que ce Sullivan s'en souvienne longtemps. Si jamais il remontrait son cul aux États-Unis, ou à n'importe quel endroit du globe où la CIA pourrait l'alpaguer, il aurait l'occasion de le regretter. Oh, bon sang, ça oui, il allait le regretter.

Il y avait tout de même une petite consolation et en l'évoquant, le DD(I) sentit son moral remonter d'un cran minuscule. Un bon à rien, une vraie cloche n'aurait pas eu le commencement d'une velléité d'organiser le début d'un coup de ce calibre. Sullivan devait être quantité négligeable dans cette affaire, un figurant, à proprement parler. Peut-être même une marionnette. Il n'avait pas brouillé sa piste comme les autres, si on pouvait se fier aux derniers rapports en provenance de Londres. Et rien n'indiquait qu'il y ait d'autres citoyens américains impliqués là-dedans. Ça ressemblait toujours autant à une opération strictement britannique. Parfait, pensa le DD(I). Que les Anglais se débrouillent avec le bébé.

46

Mel Harris reposa le combiné et fit la grimace. L'appel s'était assez bien passé, beaucoup plus facilement même que prévu. Mais le problème n'était pas là. Pourquoi Patel n'avait-il pas répondu lui-même ? On l'avait prévenu qu'il allait recevoir une communication et il avait promis de ne pas s'absenter de l'après-midi. Il ne devait y avoir personne d'autre, un dimanche. Quelque chose clochait. Patel n'employait jamais d'Africains, seulement des Indiens, et en général des membres de sa famille. Alors pourquoi celui qui avait répondu avait-il un accent africain ?

La conversation avait été très brève et Harris n'avait pas commis d'imprudence mais il n'avait pas aimé le ton doucereux avec lequel cette voix-là avait dit que M. Patel était sorti et avait demandé qui l'appelait « s'il vous plaît ». Harris s'était empressé de raccrocher.

Si Patel avait été arrêté, que savait-il ? Rien, réfléchit Harris. Tout ce qu'il possédait, c'était une liste de matériel à préparer pour rééquiper le container en vue du voyage de retour. Patel était un commerçant de premier ordre et rien sur la liste ne pouvait lui causer de difficultés. Il avait accepté ce travail avec enthousiasme et s'était abstenu de toute question en se voyant promettre un bonus de trente mille dollars. Pour Patel, le container n'était rien de plus qu'un container et les provisions et autres ustensiles qu'on lui avait commandés étaient inoffensifs, même si l'ensemble constituait un étrange bric-à-brac. Non, se dit Harris, Patel ne pouvait rien révéler. Mais si on l'avait arrêté... Il décida qu'il fallait s'en assurer. Il essaierait de rappeler demain. Palmer n'allait plus tarder avec les papiers et ils feraient partir Sullivan. Ce serait au moins une chose de réglée et ça lui permettrait enfin de sortir de cet hôtel où il mourait d'ennui. Harris se mit à arpenter sa chambre en tirant furieusement sur sa cigarette. Cet échange téléphonique l'avait inquiété. Heureusement, se dit-il, qu'il avait eu l'idée de faire cette vérification

À neuf cents kilomètres plus au sud, dans le bureau de Patel, à Mombasa, l'inspecteur chef Robert Mwanza reposa le combiné. Tout comme Harris, il tiquait. Donc, Patel, l'Indien, avait dit la vérité sur ce « M. Harmon », même si l'interlocuteur n'avait pas donné son nom. Le fait qu'il ait raccroché parlait de lui-même. Un Anglais, comme avait déclaré Patel. Pas un Américain. Alors pourquoi les Américains étaient-ils sur le coup ? Un appel international, mais trop court pour être localisé. Il se remémora la liste de matériel que Patel lui avait montrée. À l'évidence, une grande partie devait servir à équiper le container pour que deux hommes puissent y vivre. Mais le reste – un bateau pneumatique, des gilets de sauvetage, des cordes, etc. Plus Mwanza réfléchissait, plus il se persuadait que les Américains l'avaient entraîné sur une fausse piste. Ce n'était pas de la simple contrebande comme l'affirmait Cresswell. Il décida de joindre une protestation à son rapport. En tout cas, pensa-t-il, il avait au moins réussi à mettre un terme à cette entreprise, quelle qu'elle soit.

47

– Alvin ?

– Oui, qui est à l'appareil ?

– Jonathan Mitchell. Rien d'officiel, mais j'ai pensé que ce serait une bonne idée de mettre nos moyens en commun.

Kennings fut immédiatement sur ses gardes. Il connaissait Mitchell et l'aimait bien, mais il n'avait pas reçu de feu vert pour travailler avec lui sur cette affaire. Il feignit la surprise.

– Je ne comprends pas, quels moyens, Jonathan ?

– Oh, allez, Alvin, dit la voix anglaise, de l'autre côté, sans la moindre trace de moquerie. Pourquoi tu te méfies comme ça ? L'avion.

Kennings ne voulait pas encore lâcher.

– Quoi, l'avion ?

– Très bien, soupira Mitchell. Puisque tu veux faire ta mauvaise tête, c'est moi qui vais parler. Je sais où il est. Le Islander. Ou du moins, je sais où il pourrait bien être.

– Quoi ? hurla presque Kennings. Comment l'as-tu trouvé ? Où est-il ?

À l'autre bout, un grand silence hurla lui aussi.

– Bon, qu'est-ce que tu proposes ? abdiqua Kennings avec une brusque lassitude.

– Très simple. Tu as le moyen de transport. Le gouvernement de Sa Majesté n'est pas très généreux en ce qui concerne les avions privés, alors tu partages tes ailes et je partage mes informations.

Kennings se demanda comment Mitchell avait bien pu apprendre qu'il avait obtenu un Learjet. Peu importe. La proposition était honnête. Il capitula.

– D'accord, marché conclu. On se retrouve à King Khaled International dans vingt minutes. Devant le bureau de réservation d'American Airlines.

– Très bien, j'y serai.

Quarante minutes après, les deux gros bonnets du SIS britannique et de la CIA américaine en Arabie Saoudite étaient assis côte à côte dans le petit Lear qui prenait son élan avant de s'envoler de Riad.

– Alors, Jonathan, dis-moi un peu comment tu as découvert tout ça, commença Kennings en se tournant vers l'Anglais.

– Très simplement, en fait. Mon ambassade a appelé tous les aéroports et terrains d'aviation du pays. Et ils ont attrapé la queue du Mickey à un endroit nommé Tabuk.

– Quoi ! Je les ai eus au téléphone il y a moins d'une heure. Ils ne m'ont rien dit ! Et pourquoi va-t-on à Ar'ar, si c'est à Tabuk ?

– Il n'y est plus. Tu vas trouver ça difficile à avaler, mais il est manquant à Tabuk depuis plus de quinze heures et ils ne l'ont toujours pas signalé. Ils ont seulement constaté son absence lorsque moi je leur ai posé des questions à son sujet.

– Quelle bande de fions, s'exclama Kennings, furieux. Et pourquoi Ar'ar ?

– Deux raisons. D'abord, c'est de là qu'il est parti hier à 19 heures. Et deuxièmement, c'est là qu'il était garé depuis environ deux semaines. Dans ce secteur, en tout cas.

– QUOI !

Pour la seconde fois en moins d'une heure, Kennings, habituellement très calme, explosa littéralement de stupéfaction. Ils devaient bien le savoir, à Langley. Et ils n'avaient même pas pris la peine de le prévenir. Ils allaient voir, quand...

Mitchell observait le visage de Kennings. Il devinait ce qu'il pouvait ressentir. Il se doutait bien que cet avion n'avait pas échappé à la vigilance de la CIA.

– Sans doute une erreur dans la diffusion des informations, mon pauvre vieux. Si ça peut te consoler, on ne m'a rien dit à moi non plus. J'ai dû appeler Ar'ar après avoir parlé aux types de Tabuk. Ils sont fermés toute la journée. Il a fallu aller chercher un responsable chez lui pour qu'il vienne jusqu'au téléphone. Très coopératif, d'ailleurs, le gars, une fois au parfum.

Kennings n'écoutait qu'à moitié. Il fulminait à l'idée qu'on l'avait laissé en plein brouillard alors qu'ils savaient parfaitement où il aurait dû mettre les pieds. Il décida de penser à autre chose et changea de sujet.

– Parle-moi de cette entreprise, là, Darcon, Jonathan. Ils sont honnêtes ?

– Pourquoi me demandes-tu ça ?

– Parce que les papiers de l'Islander pour l'atterrissage à Djedda montraient que l'avion leur appartenait. J'ai contacté un certain Hugues – c'est le correspondant Darcon ici – mais il a dit qu'il n'était au courant de rien. Que ce devait être une erreur. Ils ont déjà un avion – un petit monomoteur.

– Alors là, ça change tout, dit Mitchell, soudain pensif.

– Et pourquoi ?

– Parce qu'il y a deux jours le Islander a apparemment reçu l'autorisation d'Ar'ar de se baser temporairement sur un chantier près de la route. Un endroit appelé Badanah. Mon gars à Ar'ar m'a dit que le pilote et ses amis vivaient là. Or, il se trouve que ce chantier appartient à Darcon.

– Eh bien, dit Kennings, je pense que la première chose à faire serait peut-être d'aller jeter un coup d'œil à ce chantier, non ? Et ensuite, de retourner discuter encore une petite fois avec ce gentil monsieur Hugues pour qu'il nous parle de ses employés. J'ai l'impression qu'il doit avoir quelques explications à nous fournir.

– J'ai une meilleure idée. Appelons-le tout de suite. On gagnera du temps. Il y a bien un téléphone dans cet engin, non ?

À l'aide du radiotéléphone du Lear, Mitchell joignit Hugues à son bureau juste comme il s'apprêtait à rentrer chez lui. Hugues eut l'air sincèrement étonné et scandalisé, et affirma que les visiteurs étaient tous parfaitement en règle et munis de toutes les autorisations nécessaires émanant de Londres et signées de la main même de Sir Peter Dartington.

– Monsieur Hugues, dit Mitchell, je vais envoyer immédiatement quelqu'un de mon ambassade vous rendre visite. Il sera accompagné (Mitchell lança un coup d'œil à Kennings qui hocha la tête) par un membre de l'ambassade des États-Unis. J'aimerais beaucoup que vous acceptiez de coopérer avec eux sans restrictions.

Hugues donna sa parole.

– Encore une chose, monsieur Hugues. Vous avez dit qu'ils avaient demandé quatre véhicules – vous êtes certain du nombre ?

Hugues répondit que oui.

– Très bien. Voudriez-vous faire sans délai une déclaration à la police saoudienne ? Dites-leur que ces véhicules vous ont été volés et donnez-leur le signalement des hommes que vous avez vus. Je serai à Badanah dans une heure et je vous appellerai pour vous confirmer que les véhicules ont bien disparu.

Mitchell coupa la communication et se tourna vers Kennings.

– Laissons le sale boulot à la police, hein !

– Bien joué, Jonathan, dit l'homme de la CIA avec un sourire. Ça me plaît. Ça me plaît beaucoup.

48

Troublé et irrité, Tony Hugues s'empressa de réunir les documents en sa possession sur les Land Cruisers qu'il avait livrés à Badanah ainsi que tous les faxes qu'il avait reçus d'Angleterre. Il fit trois copies de tout le dossier, une pour la police et les deux autres pour les gens des ambassades de Grande-Bretagne et des États-Unis qui avaient annoncé leur visite. En attendant l'arrivée de la police, il donna un coup de téléphone longue distance au bureau londonien de son collègue et ami Sir Peter Dartington – mais une secrétaire lui répondit qu'il était à l'étranger et qu'on ne pouvait pas le joindre. Hugues allait demander qu'on lui passe Dorothy Webster, l'assistante personnelle de Dartington avec la ferme intention d'apprendre d'elle où il se trouvait, lorsqu'on frappa à la porte et qu'on introduisit un sergent de police saoudien dans son élégant uniforme. Hugues raccrocha, et se leva pour accueillir poliment le policier.

Il y a une très faible criminalité en Arabie Saoudite, principalement parce que la police est efficace, mais aussi parce que les châtiments, même pour les petits délits, sont d'une extrême sévérité. Les vols et les cambriolages sont très rares. La perspective, s'il est pris, d'avoir la main droite coupée au poignet au cours d'une cérémonie publique, convainc le criminel potentiel que l'expérience ne mérite pas d'être tentée. En dehors du caractère abominable d'une telle sanction – assez dissuasive en elle-même – la perte de la main *droite,* plutôt que la gauche, confère un double titre d'infamie. On utilise la main droite pour manger, tandis que la gauche est réservée aux soins des parties du corps indignes d'entrer en contact, même indirectement, avec la nourriture. Quiconque commettrait la faute de donner ou de recevoir de la nourriture de la main gauche se rend coupable d'une insulte qui ne sera ni oubliée ni pardonnée. Tout le monde sait donc dans la seconde ce qu'a fait une personne à qui il manque la main droite, et même si on pense qu'il a payé sa faute, on ne l'admettra pas pour autant à sa table pour partager un repas.

Aussi, comme ses supérieurs l'avaient informé qu'il allait conduire une enquête préliminaire sur le vol de pas moins de quatre véhicules, le sergent de police n'avait-il pas particulièrement envie de plaisanter. Au cours de l'entretien d'une vingtaine de minutes qui suivit, Hugues lui dit tout ce qu'il savait et lui remit le dossier qu'il avait préparé sur « M. Bryce » et « M. Potter ». Lorsque le sergent apprit que ces individus étaient sans doute entrés dans le pays sous de fausses identités en se faisant passer pour des employés de Darcon, son expression devint encore plus austère. Pensant avoir recueilli le maximum de renseignements, il remercia gravement Hugues et s'en alla. Il était exactement 17 heures.

La police saoudienne ne perdit pas de temps. On diffusa dans tous les commissariats et dans tous les postes mobiles du Royaume le signalement des deux hommes et des quatre véhicules. Hugues avait tracé des portraits assez précis, mais il n'avait vu Bourne et Palmer que déguisés. Bourne portait les prothèses et les lentilles de Bryce et Palmer la barbe épaisse qu'il s'était laissé pousser exprès depuis novembre et qu'il avait rasée dès son arrivée à Badanah. Ils étaient entrés en Arabie Saoudite sous leur véritable identité, sans déguisements et les photographies figurant sur leurs passeports ne ressemblaient que de très loin aux hommes que Hugues avait rencontrés. Au point que lorsqu'il verrait ces photos, beaucoup plus tard, il ne les reconnaîtrait même pas.

En réalité, Hugues avait commis une faute bien compréhensible mais majeure dans le matériel qu'il avait donné au policier. Bien que Palmer n'ait prononcé que quelques mots lors de leur entrevue, quinze jours plus tôt, Hugues en avait suffisamment entendu pour se persuader que le barbu avait l'accent sud-africain. Il avait beaucoup insisté là-dessus auprès du sergent et c'est un point que les Saoudiens – et, d'ailleurs, pourquoi l'auraient-ils fait ? – ne mirent jamais en question. Pis encore, les autorités britanniques et américaines ne soulevèrent pas le moindre doute à ce sujet. La police irlandaise, en interrogeant les propriétaires précédents du Islander, avaient transmis que Palmer parlait avec un « accent sud-africain » et le témoignage de Hugues venait donc renforcer cette idée. En fait, il y a une différence assez subtile entre l'accent d'un Sud-Africain d'origine anglaise (plutôt qu'Afrikaner) et celui d'un Blanc du Zimbabwe. Si Hugues avait su déceler cette nuance, les services d'immigration saoudiens auraient très vite retrouvé la trace de Palmer, pour la simple raison qu'il n'y avait dans le Royaume à ce moment-là que trois Blancs du Zimbabwe – les deux autres étant Denard et une nurse employée par la femme d'un directeur de compagnie pétrolière américaine.

Palmer bénéficia encore d'une deuxième chance, ce jour-là. À l'instant précis où le sergent entrait dans le bureau de Hugues, Palmer était arrêté par un barrage de police avant Djedda, presque au terme de sa longue route, depuis qu'il avait laissé Denard auprès du Islander. Les policiers apathiques de service à ce barrage permanent ne s'intéressèrent que de loin au sympathique conducteur du Land Cruiser, préférant reporter leurs efforts sur le camion découvert qui le suivait immédiatement et qui transportait cinq travailleurs émigrés indiens. Il se trouva que l'un des Indiens n'avait pas son *iqaama* et, quarante minutes plus tard, lorsque l'information parvint sur les Land Cruisers volés, le camion et ses occupants étaient toujours retenus. À ce moment-là, les policiers du barrage avaient complètement oublié le Land Cruiser qu'ils avaient laissé filer et Palmer, épuisé par son marathon de mille trois cent cinquante kilomètres, se reposait au salon du Sheraton devant une copieuse boisson fraîche.

En Arabie Saoudite, la police des routes et la criminelle sont deux structures étanches, mais dans ce cas particulier elles s'étaient associées pour rechercher les deux Occidentaux dont le signalement était diffusé. Alvin Kennings et Jonathan Mitchell étaient arrivés à Badanah et ils constatèrent que les lieux étaient déserts, mis à part le cuisinier pakistanais qu'ils découvrirent dans sa cuisine. Ils comprirent très vite qu'il était totalement hors du coup mais ils le bombardèrent néanmoins de questions sur les derniers occupants du chantier. Terrorisé, sentant que quelque chose ne tournait pas rond, le Pakistanais se montra pathétiquement coopératif. Il accabla les deux hommes du SIS et de la CIA de menus faits qu'il avait pu observer. Mais, dans son obsession de bien faire, il ne lui vint pas à l'esprit qu'une information inexacte est pire que pas d'information du tout. Quand on lui posait une question dont il ne connaissait pas la réponse, il inventait celle qui, à son avis, ferait le plus plaisir à ses tourmenteurs. Le résultat, et Kennings ne tarda pas à s'en apercevoir, donnait une accumulation de détails inutilisables, fabriqués pour la plupart et conduisant à de fausses pistes. Comble de malchance, ce cuisinier n'était pas du tout physionomiste et ses descriptions n'apportèrent rien de neuf.

– On n'arrivera nulle part avec ce fakir, soupira Kennings en attirant Mitchell dans un coin. Il nous mène en bateau. Il en fait trop pour nous aider. La seule certitude qu'on ait maintenant, c'est qu'ils étaient huit, tous blancs et qu'ils sont partis d'ici hier soir avec trois véhicules et un avion. Je crois qu'on peut également lui faire confiance quand il raconte que deux des véhicules étaient peints de façon à ressembler à des ambulances et que l'un des moteurs faisait « le bruit du ciel en colère ». Ça doit être les deux qui sont passés en Irak. Le troisième a disparu aussi et on peut imaginer qu'il se trouve encore en Arabie Saoudite. Le quatrième doit être la carcasse qui est restée dans l'atelier. Je suppose qu'ils l'ont désossée pour les pièces de rechange. Alors, je propose qu'on s'en tienne au fait qu'on recherche huit hommes blancs, trois véhicules et un avion. Si on admet que Sullivan est aux commandes, ça nous laisse sept hommes dans trois véhicules, dont nous savons que deux d'entre eux se trouvent en Irak. Mon opinion est que, si on en dit plus, on ne fera qu'ajouter à la confusion.

— Tu as raison, dit Mitchell. Je vais téléphoner à Hugues et lui expliquer que c'est ce qu'il doit déclarer à la police. Espérons qu'ils finiront par mettre la main sur cette troisième bagnole.

Mitchell appela Hugues qui transmit aussitôt les renseignements à la police saoudienne. Le champ d'investigation s'élargit et on donna l'ordre de vérifier les faits et gestes de tous les employés Darcon. Si Kennings et Mitchell avaient été eux-mêmes en contact avec la police, ils auraient sans doute suggéré qu'on ne se limite pas aux employés Darcon, mais ils n'ignoraient pas que la moindre intervention directe de leur part créerait un incident diplomatique et retarderait encore les choses. Il valait de toute façon beaucoup mieux que cette affaire reste sur le terrain civil, avec Darcon portant plainte tout naturellement pour un vol important. Et pour Hugues comme pour la police, il était évident que les criminels se faisaient passer pour des employés Darcon.

L'embêtant, c'était qu'ils se trompaient.

49

La fatigue avait finalement eu raison de John Kearwin. Après avoir rebroussé le chemin du canot jusqu'au porte-containers, et s'être persuadé que le commando entré en Irak attendait bien qu'il fasse nuit, il passa la main et gagna le salon de repos. Épuisé, il tomba littéralement sur le divan et y dormit profondément pendant dix heures.

Réveillé par l'odeur du café et les conversations qu'échangeait à voix basse le personnel administratif du NRO venu aussi se relaxer là, il se rendit aux toilettes pour se rafraîchir. Puis il but un café et retourna dans la salle de contrôle.

—Oh, salut John, lui dit, surpris, son remplaçant. Je ne vous espérais pas si tôt.

—C'est ma drogue, Jack, répondit Kearwin en riant. Comment ça se passe ?

—Rien à signaler, dit Jack Fiske avec une grimace. Ils sont toujours dans ce bâtiment. Enfin, je veux croire que vous avez raison et qu'ils y sont vraiment. Mais ce n'est pas la question. Ça s'agite beaucoup, en haut lieu, à propos de cet avion. Mon idée est que Langley est incapable de le retrouver.

—Mais, hier à 18 h 30, heure locale, il était à Badanah, n'est-ce pas ? Alors, il suffit de consulter la banque AWACS depuis ce moment-là et voir où il est parti. Ça prendra du temps, mais on devrait finir par le coincer.

—Le problème est justement là, John. Ils ont bien l'information selon laquelle il a décollé de Badanah à 19 heures en direction de Tabuk, dit Fiske en montrant un point sur la carte. Seulement, il n'y est jamais arrivé. Et j'ai essayé la banque AWACS, mais c'était avant qu'on lance les recherches et tout ça et les AWACS, il n'y en avait pas hier soir. Ils ont arrêté à 18 heures.

—Alors, qu'est-ce que vous avez fait ? demanda Kearwin, le visage contracté par la déception.

—Ben, rien. Cet avion peut avoir parcouru des centaines de

kilomètres, dans n'importe quelle direction. Ou bien il a peut-être eu une avarie et s'est tout simplement écrasé quelque part. Mais ça peut être n'importe où. Alors, à moins d'un miracle... C'est comme si on voulait chercher un grain de riz sur un terrain de football – pis encore.

Kearwin le comprenait bien. Lorsqu'il avait remonté la piste jusqu'au porte-containers, il savait au moins chaque fois dans quelle direction avancer, approximativement. Fiske avait raison. Il aurait fallu un coup de chance extraordinaire pour tomber sur le Islander.

– Une hypothèse ?

– Juste une supposition, dit Fiske. À mon avis, il a disparu exprès. Après tout, s'il a eu un accident, il est hors jeu et ne nous intéresse plus. Si on admet qu'il est encore opérationnel, le dernier endroit où on peut le voir, c'est sur la route officielle, vers Tabuk. Mais, à partir de là, mystère.

– Oui. Mais qu'en pensez-vous ?

– Eh bien, je me dis qu'il a dû tourner en sens inverse et qu'il est quelque part dans le désert. Et même en Irak, pourquoi pas ?

Kearwin réfléchit un moment. Dans le doute, il se déclara d'accord avec Fiske.

– Vous avez essayé le JSTARS ?

– Oui, j'ai demandé un balayage il y a une heure.

Fiske indiqua le secteur, une partie du désert au sud du poste frontière, qu'il avait choisie un peu au hasard.

– Et puis j'ai perdu patience. Si on lui ôte la surveillance du bâtiment pour le consacrer à ça, les véhicules risquent de nous filer sous le nez. Même si on suppppose que l'avion a parcouru moins de cent kilomètres, il lui faudra deux ou trois jours de recherche-radar sans la moindre pause pour avoir une petite chance de le retrouver.

– Je suis d'accord, dit Kearwin. Ce serait une erreur. Alors il ne nous reste plus que...

– Les KH-11 et 12, dit Fiske en réprimant un bâillement. À moins, quand même, que l'avion ne décolle de nouveau, auquel cas les AWACS le choperont. J'espère que je n'ai pas fait de bêtise, mais j'ai demandé, sous votre autorité, une couverture AWACS vingt-quatre heures sur vingt-quatre à partir de maintenant.

– Bonne initiative. Eh bien, je suppose que notre seule ressource, c'est de nous tourner vers nos bons vieux satellites espions, et voir si on peut récupérer dans les archives une trace de cet avion. Après tout, c'est bien eux qui nous ont trouvé nos deux véhicules, n'est-ce pas ? Nous allons les consulter de, disons 18 h à 23 h hier soir, heure locale. Ce n'est pas la peine d'explorer dans une période plus récente car le moteur ayant refroidi, on ne verra plus rien.

Il hésita quelques secondes avant de se décider.

— Bon, on va mettre une équipe de jeunes là-dessus. Ce sera le boulot le plus ennuyeux de leur carrière. Il va y avoir des milliers d'images à comparer une à une. Il y en a pour des jours et on n'est sûrs de rien puisque la couverture sera forcément partielle. Souhaitons que l'avion nous délivre en se déplaçant... Tiens, à propos, où est Walter ?

— Ah oui, je voulais vous dire. Il est passé il y a une heure. Je ne l'avais jamais vu aussi élégant. Il portait son plus beau costume et une cravate. Il a dit qu'il venait d'être convoqué à une réunion d'urgence du NSC. Elle est prévue à 11 heures.

Seigneur Jésus, pensa Kearwin. Le Morse, à une réunion du Conseil national de sécurité. Lui qui pestait sans arrêt contre les «ganaches», voilà qu'il en devenait une !

50

À 17 h 55, alors que Palmer se commandait une deuxième boisson dans le salon du Sheraton, Harris, au comptoir de la réception, s'occupait de régler sa note et celle de Sullivan qui était encore dans sa chambre. Deux policiers arrivèrent et demandèrent à parler au directeur qui sortit presque aussitôt de son bureau. Harris entendit le plus âgé réclamer le registre. Normalement, il n'aurait pas prêté attention à la scène, mais, depuis sa mésaventure téléphonique avec M. Patel de Mombasa, il était sur ses gardes. Il tendit l'oreille. Harris savait suffisamment d'arabe pour comprendre le dialogue mais ce fut seulement lorsque le nom de « Darcon » fut prononcé que la sonnerie « catastrophe » retentit dans sa tête. Ensuite, il vit l'un des policiers montrer une photographie au-dessus du comptoir et demander au directeur s'il avait déjà vu cet homme. Mine de rien, Harris s'approcha légèrement pour jeter un coup d'œil sur la photo.

Son cœur s'arrêta pendant une longue seconde. Même si elle n'était pas bonne, elle représentait sans erreur possible Sullivan. En outre, comme pour dissiper ses derniers doutes, le nom de Sullivan était écrit dessous en écriture arabe et Harris eut le temps de lire les trois premières lettres. Cependant, le directeur rendait déjà la photo en déclarant qu'il regrettait mais ne connaissait pas l'homme.

Harris réfléchit rapidement. Heureusement qu'il avait pris la précaution de retenir l'autre chambre sous le nom de Denard et que tous deux étaient officiellement des employés de la Pan-Arabian et non de Darcon. L'autre chance, c'était que le directeur n'avait pas reconnu Sullivan. Tout de même, il avait bien fait d'insister auprès de l'Américain pour qu'il se rase les moustaches en arrivant.

Mais il n'en restait pas moins qu'ils étaient découverts. Il termina les formalités pour les notes d'hôtel, récupéra son passeport et celui de Denard et alla rejoindre Palmer. Très vite et à voix basse, il l'informa de ses soupçons.

– Chris, on est dans la merde. Les flics ont repéré Sullivan. Je viens de les voir présenter sa photo au bureau de l'hôtel. Et là, ça signifie sans doute qu'ils nous recherchent aussi. J'ai commencé à me douter de quelque chose hier déjà, quand je n'ai pas réussi à joindre notre correspondant à Mombasa chargé de réapprovisionner le container frigorifique pour le voyage de retour.

– Chiotte, dit sobrement Palmer. Alors qu'est-ce qu'on fait ?

– Ben, regardons le bon côté des choses. D'abord, ton voyage n'a pas été inutile. Le chef a eu raison de prendre cette précaution. Ça veut dire surtout que Sullivan doit partir et *tout de suite*. Dans un sens, il a rempli son contrat – on n'avait besoin que de ses papiers, pour Andy. Ç'aurait été tout bénef de récupérer l'avion, mais c'est secondaire. Je pense qu'il faudra l'enterrer. Donc, ce que je vais faire, dans l'immédiat, c'est rendre ses papiers à Sullivan et l'emmener à l'aéroport. Après ça, à lui de jouer. Au moins, il ne connaît pas nos noms. Le pire qu'il puisse arriver, s'il se fait piquer, c'est qu'il donne mon signalement et celui d'Andy – il n'a rencontré que nous deux.

– Bien, dit Palmer, mais les bagnoles ? Ils ont peut-être les numéros d'immatriculation.

– Très juste. Dans ce cas, ton Land Cruiser, là dehors, serait repéré. Il faut donc supposer qu'il l'est. Alors voilà le programme. Je conduis Sullivan à l'aéroport en taxi et là, je loue une autre voiture – un Land Cruiser d'une couleur approchante, si j'en trouve un. Ensuite, je mets ses plaques sur le tien pour que nous puissions utiliser le même véhicule. Je ne veux pas rendre une voiture louée avec un kilométrage monstrueux, ça pourrait attirer l'attention. En plus, on risque de devoir l'abandonner et ils remonteraient jusqu'à moi parce que je vais régler avec ma carte de crédit personnelle. Donc il vaut mieux utiliser ta bagnole avec les plaques de l'autre – on les récupérera si on doit l'abandonner.

– Oui, mais si tu changes les plaques, tout ce qu'on gagne c'est que ta voiture louée est grillée. Alors à quoi ça nous avance ?

– Ah, dit Harris, j'ai ma petite idée là-dessus.

Il livra les grandes lignes de son plan puis se fit remettre les papiers de Sullivan et monta.

Dépassant la porte de sa chambre, Harris se glissa dans le placard du service et regarda ce qui s'y trouvait. Par terre, il y avait une sacoche de plombier ; il l'ouvrit et y choisit une vrille à main, une scie à métaux et un tournevis, qu'il plaça dans son attaché-case. Son œil s'alluma lorsqu'il aperçut le grand plan de travail recouvert d'une mince feuille de formica. À l'aide d'un couteau de cuisine, il arracha la fine plaque qu'il cassa en deux morceaux assez petits pour entrer à leur tour dans sa mallette. Puis il retourna dans sa chambre chercher le Texan qui avait fini de se préparer pour le départ. Les deux hommes gagnèrent le rez-de-chaussée, leurs sacs à la main. Évitant la réception, Harris entraîna rapidement Sullivan vers les taxis. Palmer ne fit pas mine de bouger et l'Américain ignora jusqu'à son existence.

Sur le chemin de l'aéroport, Harris expliqua à un Sullivan interloqué que le travail avait été annulé mais qu'il serait quand même payé, comme convenu. Il lui tendit un morceau de papier indiquant les coordonnées d'une banque belge qui, sur toute demande comportant le numéro de code noté au bas de la feuille, transférerait les quatre-vingt-dix mille dollars n'importe où dans le monde.

Harris pensa qu'il devait tout de même au sympathique Texan une petite explication.

— Écoutez-moi, Ray, murmura-t-il pour ne pas être entendu du chauffeur, il se peut que vous ayez des petits ennuis à l'aéroport. Adoptez un profil bas et ne vous faites pas remarquer. Pour tout vous dire, vous avez été inscrit sous un faux nom à l'hôtel. Je vous fais confiance pour ne pas attirer l'attention sur moi. Mais il n'est pas exclu qu'on vous embête. Vous me suivez ?

— Je me disais aussi qu'avec quatre-vingt-dix mille dollars à la clé, il devait bien y avoir un nœud quelque part, dit Sullivan, fataliste. Mais ne vous bilez pas, Mitch, je serai muet comme une carpe... Mais je suppose que Mitch Hoskins, ce n'est pas exactement le nom que vous a donné votre maman chérie, je me trompe ?

Harris sourit et esquiva la question.

— S'ils vous piquent, dit-il, la pression risque d'être un peu forte pendant quelque temps. Mais tout ce que vous devrez faire, c'est répéter que vous étiez depuis le début à l'hôtel et que vous ne savez pas du tout de quoi il s'agit. Il y aura d'ailleurs plein de témoins pour le confirmer et vous identifier. Tout ce que je vous demande, c'est de donner un signalement de moi aussi vague que possible, si on vous interroge.

— Aucun problème, Mitch. Écoutez, j'ai été heureux de vous connaître. J'aimerais bien savoir ce que vous avez mijoté, mais je suppose qu'il vaut mieux que je ne sois pas trop curieux.

Harris eut un nouveau sourire. Il s'était beaucoup attaché à ce Texan tout simple.

— Ça serait très mauvais pour votre santé, Ray. Mais peut-être qu'un jour vous lirez l'histoire quelque part. Et, à propos, à votre place, je ne remettrais pas les pieds aux États-Unis. Si les flics sont après vous ici, ils doivent vous rechercher encore plus activement là-bas.

– C'est aussi grave que ça, alors ? Mais ne vous inquiétez pas, je n'avais pas la moindre intention de rentrer, de toute façon. Le seul truc, c'est que je dois un peu d'argent à ma sœur, mais je le lui enverrai, ça sera pareil.

Il resta songeur un instant, puis reprit, avec un clin d'œil :

– Je pense que je vais prendre la direction de l'est. J'ai toujours rêvé de m'offrir une petite virée en Thaïlande.

Ils arrivèrent à l'aéroport et Harris paya le taxi. Il dit un dernier adieu à Sullivan qui disparut vers les comptoirs. Harris alla directement au bureau de location Avis et demanda quelles voitures étaient disponibles. L'employé consulta son registre de sorties.

– Vous avez un Land Cruiser Toyota ? Ça me conviendrait parfaitement. Mais je le voudrais de couleur pâle. Le sombre réfléchit moins bien la chaleur.

L'employé lui jeta un regard curieux et annonça qu'ils avaient en effet un Land Cruiser libre. Harris le loua aussitôt en utilisant sa carte de crédit.

Sur le parking Avis, il trouva tout de suite le véhicule crème et démarra. Il ne roula que jusqu'au parking général de l'aéroport, à deux pas. Ayant choisi une place libre, il s'y gara en marche arrière, presque contre le pare-chocs d'une autre voiture. Il descendit avec sa mallette et alla se mettre à genoux à l'arrière de son Land Cruiser. Caché par l'autre véhicule, il ouvrit son attaché-case, prit le tournevis et démonta la plaque d'immatriculation.

Revenu à l'intérieur, il coupa le formica aux dimensions de la plaque avec la scie à métaux. Travaillant sans hâte pour ne pas endommager le matériau fragile, il y perça deux trous avec la vrille à l'emplacement des vis. Puis il s'appliqua à copier à l'identique le numéro sur le formica. Il utilisait des markers à encre indélébile. Quand il eut terminé, il compara les deux plaques. Pas mal, apprécia-t-il. Le faux ne résisterait pas à une étude sérieuse mais était largement suffisant pour ce qu'il voulait faire. Il pensa une seconde aux risques qu'il courait et se demanda s'il ne vaudrait pas mieux finalement se servir du véhicule loué. Non, conclut-il. Il avait raison. S'ils devaient l'abandonner, on le retrouverait avec le bulletin de location. Et puis il y aurait aussi le problème du kilométrage. La seule solution, c'était bel et bien la substitution.

Il ressortit et alla visser la copie à la place de l'original. Il sortit l'auto de la place de parking et s'y remit immédiatement, en sens inverse, cette fois et toujours à l'abri des regards, répéta toute l'opération pour l'avant. Après avoir glissé les deux plaques du Land Cruiser de location avec les papiers dans sa mallette, il le ferma à clé et retourna à la sortie de l'aéroport où il prit un taxi pour rentrer au Sheraton.

Palmer s'était posté discrètement à un endroit pratique pour surveiller sa voiture.

—Pas le moindre signe de flics ou autres, annonça-t-il.

Harris décida de se lancer. Pendant que Palmer continuait son guet, il travailla rapidement à faire l'échange des plaques. Fort heureusement, l'emplacement où Palmer s'était garé n'était pas éclairé. Le tour de passe-passe ne dura que cinq minutes et, lorsque tout fut terminé, les deux hommes lâchèrent un grand soupir de soulagement. Le Land Cruiser de Palmer avait maintenant complètement endossé l'identité du véhicule Avis. L'examen approfondi des papiers aurait bien sûr dénoncé une petite différence de teinte – crème au lieu de beige – mais le rude périple de Palmer avait rendu assez relative cette notion de couleur. Les deux hommes regagnèrent l'hôtel où ils se firent servir une collation avant d'entreprendre le long voyage de retour auprès de Denard.

Ils quittèrent le Sheraton à 19 h 25. Harris aurait été soulagé d'apprendre que Sullivan avait passé sans encombre le contrôle des passeports et qu'il attendait dans le salon des départs qu'on appelle les passagers du vol SV 384 de la Saudi Arabian pour Bangkok. L'avion devait décoller à 21 h 10.

Harris avait eu bien tort de s'inquiéter. À la suite d'une négligence administrative, la police saoudienne avait oublié de prévenir les frontières que Sullivan ne devait pas quitter le territoire. Lorsqu'on la découvrit, douze heures plus tard, cette erreur coûta son poste à l'officier de police responsable.

Elle permit fort aimablement à Sullivan de disparaître sans laisser de trace.

51

Depuis le Learjet, Jonathan Mitchell signala à l'ambassade britannique à Riad, que la possibilité d'une implication de Darcon dans l'affaire devait être immédiatement transmise au « Bureau ». Il appuya sur le mot et le fonctionnaire du SIS, qui avait interrogé Hugues, savait exactement ce qu'il voulait dire. Cet homme s'empressa de faxer les documents qu'on lui avait remis au Quartier général du SIS à Londres et on les fit parvenir aussitôt au commandant Jones, à Scotland Yard.

Jones parcourut les faxes – qui étaient d'ailleurs des faxes de copies de faxes – que Hugues avait fournis pour démontrer qu'il avait agi sur ordre. Il tiqua en voyant la signature en bas de pages. Il avait entendu parler de Dartington. L'homme était un industriel de premier plan, hautement respecté. C'était incroyable qu'une telle personnalité pût se retrouver impliquée là-dedans. Mais la preuve s'étalait sous ses yeux. Il appela son second et quelques secondes plus tard le DS Mike Archer parut dans l'encadrement de la porte.

– Mike, je veux que vous me trouviez le DCI Hallam. Dites-lui de confier à ses gars le travail sur les comptes bancaires dont il s'occupe. J'ai un autre boulot pour lui et je tiens à ce qu'il s'en charge personnellement.

Archer sortit, laissant Jones songeur quant aux possibles conséquences de ce qu'il s'apprêtait à mettre en branle. Oui, se dit-il, Paul Hallam était l'homme de la situation. Il avait l'habitude d'enquêter chez les riches et les puissants et savait déceler mieux que quiconque le moindre mensonge ou la plus petite vérité tronquée. Et de plus, il était d'une extrême discrétion. Vraiment, il n'existait pas de meilleur choix. Le téléphone sonna. C'était Hallam qui promettait d'être là dans un quart d'heure.

Lorsque Jones lui fit part des derniers développements, Hallam resta silencieux. Derrière ses lunettes à grosse monture, ses yeux pâles ne laissaient rien filtrer de ses pensées. Jones lui tendit la documentation et conclut :

—Soyez particulièrement prudent, Paul. Il ne doit y avoir aucune fuite. Ni auprès des employés, ni auprès de qui que ce soit. Je ne veux pas me voir accuser de propager des rumeurs sur Dartington ou sur son entreprise.

—J'ai parfaitement compris, monsieur. Je trouverai un moyen d'arriver à lui directement.

Il se leva et sortit en regardant sa montre. Il était tout juste 16 heures.

Hallam pénétra dans l'immeuble de la direction Darcon un quart d'heure plus tard et, à 16 h 20, il frappait à la porte de Dorothy Webster. Il entra sans attendre qu'on l'y invite. Mme Webster sursauta et allait protester lorsqu'il coupa court en produisant sa carte de police.

—DCI Paul Hallam, Police judiciaire, madame. Je souhaiterais voir Sir Peter Dartington immédiatement, s'il vous plaît.

Mme Webster était trop choquée pour réfléchir. Comment ce policier avait-il réussi à parvenir jusqu'ici sans être annoncé ? La tête vide, elle récita sa réponse de routine.

—J'ai peur que ce ne soit impossible sans rendez-vous, monsieur. Puis-je savoir de quoi il s'agit ?

Hallam jaugea rapidement la dame d'âge moyen qu'il avait devant lui. Elle se tenait sur ses gardes, mais c'était bien naturel. Il l'avait prise par surprise.

—Pourriez-vous me dire depuis combien de temps vous travaillez ici, madame ?

Dorothy Webster battit des paupières à cette question si inattendue, puis elle se redressa, décidée à faire face.

—Il y a vingt-cinq ans, répondit-elle fièrement, que je suis la secrétaire particulière de Sir Peter.

Très bien, pensa Hallam. Il avait vu juste. On pouvait résumer d'un mot la conception que cette femme se faisait de son travail : la loyauté. Elle devait être discrète et protéger férocement son patron. Tout ce qu'il lui dirait ne sortirait pas d'ici. L'histoire qu'il allait lui raconter, elle se garderait bien de la répéter à quelqu'un d'autre – et surtout pas à Dartington.

—Excusez-moi, madame, mais c'est un sujet très, heuh, privé, qui a à voir avec une certaine jeune personne. Je crois qu'il est indispensable que je parle avec Sir Peter immédiatement.

Hallam avait pris un air très embarrassé, les yeux baissés. En relevant la tête il vit à quel point Dorothy Webster était choquée. Ses joues étaient écarlates et sa bouche tentait d'émettre un «O» qui restait pourtant muet. Hallam afficha une mine désolée, comme pour s'excuser et se dirigea vers la porte qui donnait dans le bureau de Dartington.

—J'y vais tout de suite, ça ne vous ennuie pas ?

— C'est inutile, l'arrêta Dorothy Webster en retrouvant sa voix. Sir Peter est absent aujourd'hui.

Ce fut au tour d'Hallam d'être déstabilisé. Il revint en arrière et insista.

— Voudriez-vous, je vous prie, me dire où je peux le joindre avant ce soir ?

Dorothy Webster n'était pas du genre à capituler sans combattre. De quel droit cet homme venait-il jusqu'ici insinuer des choses dégoûtantes sur son patron ? pensa-t-elle.

— Je crains bien que ce ne soit vraiment pas possible. Sir Peter a laissé des instructions très strictes. Je ne dois révéler l'endroit où il se trouve sous aucun prétexte.

— Et moi, je crains de devoir insister encore une fois, madame.

Pendant quelques secondes, le regard pâle d'Hallam se planta dans celui de Mme Webster, puis, d'une voix très basse, il lâcha en confidence, comme à regret :

— Tout à fait officieusement, et je compte sur vous, nous pensons que les accusations portées contre lui ne sont pas fondées. Tout ce que nous désirons, c'est éclaircir cette pénible affaire au plus tôt. De cette façon, nous pourrions empêcher la partie adverse de passer aux attaques publiques.

Dorothy Webster craqua. L'éventualité d'un scandale était proprement insupportable. Sir Peter n'aurait évidemment aucun mal à prouver sa bonne foi. Ce ne pouvait être qu'un épouvantable malentendu. Elle se rassit derrière son bureau et écrivit une adresse. Puis elle tendit le papier à Hallam sans prononcer un mot.

Oh merde, pensa Hallam en lisant. *Les foutues Bahamas.*

52

— Très bien, messieurs, voyons d'abord ce dont nous disposons au niveau des faits.

Brent Scowcroft, le conseiller national pour la sécurité du Président Bush, promena un regard circulaire sur les participants et commença à récapituler.

— Au début du mois de décembre dernier, un homme à l'accent sud-africain achète un petit avion, un Britten-Norman Islander, en Irlande. Il se le fait livrer par ses vendeurs à Southampton, en Angleterre, où il reste au sol quatre mois. On voit un individu correspondant au signalement du Sud-Africain aller et venir et travailler sur l'appareil. On aperçoit aussi de temps en temps cinq ou peut-être six hommes dont nous n'avons pas la description. Pendant ce temps, un Anglais, sans doute déguisé, a mis sur pied des entreprises fantômes et loué des hangars industriels dans le sud de l'Angleterre. Il utilise des fonds provenant du Liechtenstein et blanchis par le biais de divers comptes dans des banques anglaises. Cet Anglais est la seule personne que les témoins ont pu rencontrer dans les locaux industriels. Un container maritime est conduit dans ces bâtiments et modifié. On l'équipe d'une deuxième sortie, d'un système électrique autonome et de l'air conditionné, le tout dissimulé. Ce container est envoyé par cargo à Mombasa, au Kenya, avec une cargaison déclarée de légumes surgelés. Pendant ce temps, un pilote texan nommé Sullivan vend son entreprise de charters et s'envole pour l'Angleterre où il arrive le 28 mars. Il quitte l'Angleterre à bord du Islander le 7 avril. Le 8 avril, l'Anglais et le Sud-Africain réapparaissent en Arabie Saoudite dans les bureaux d'une entreprise de construction, Darcon International, avec les documents nécessaires pour qu'on mette à leur disposition un vieux chantier à Badanah, dans le nord du pays. Ces documents sont signés de la main du PDG de cette société, un certain Sir Peter Dartington. Toujours selon les instructions de Dartington, quatre véhicules tout-terrain ont été livrés à Badanah à la demande des nouveaux venus. Le Islander arrive à Djedda en Arabie Saoudite, le 11 avril. On le conduit ensuite à Al Wajh où il reste deux jours avant de repartir le 13 avril pour Ar'ar. Il ne bouge pas d'Ar'ar jusqu'au 23 avril, date à laquelle le pilote obtient la permission de baser l'appareil à quelques kilomètres, près du chantier. Là, on verra huit hommes dont aucun signalement n'est utilisable. Ils travaillent sur les véhicules et en peignent deux pour leur donner l'aspect d'ambulances militaires et en décortiquent un autre pour avoir des pièces détachées. Hier au soir, 25 avril, les trois véhicules opérationnels disparaissent ainsi que l'avion et les huit hommes. Le pilote a déposé un plan de vol pour Tabuk et on le voit s'éloigner dans la bonne direction mais il ne parviendra jamais à sa destination prévue. Ce matin, 26 avril – c'est-à-dire cette nuit pour nous – le container arrive à Mombasa et on le trouve vide. Aucun membre de l'équipage du cargo n'a remarqué quoi que ce soit d'anormal durant le voyage...

Scowcroft s'interrompit et regarda chacun de ses auditeurs avant de poursuivre.

–Ça, ce sont les faits connus. Ils ont tous été vérifiés sur le terrain par des agents locaux de la CIA, du FBI et les effectifs de police et de renseignement britanniques. Maintenant, venons-en aux suppositions. Je précise tout de même que les informations que m'a transmises le National Reconnaissance Office sont, d'après moi, fiables à quatre-vingt-dix pour cent. Voici de quoi il s'agit. Deux hommes ou plus sont cachés à l'intérieur du container maritime dès le départ d'Angleterre. Dans la nuit du 12 au 13 avril, alors que le cargo vogue en mer Rouge, ils vident le container et quittent le bateau dans un canot pneumatique pourvu d'un moteur hors-bord, peut-être chargé de matériel de contrebande. Ils gagnent la côte saoudienne. Ils abordent aux premières heures du 13, sont récupérés par un complice conduisant une camionnette qui les mène à Al Wajh. Ils montent à bord du Islander qui s'envole pour Ar'ar, puis ils se rendent à Badanah par la route. La nuit dernière, le 25 avril, les deux ambulances partent en direction du nord, traversent le pays et atteignent la frontière irakienne où leurs occupants font une diversion pour passer le poste sans être vus. Une fois en Irak, ils empruntent la route de Kirkuk vers le nord-est. Avant l'aube, ce matin, heure locale, ils trouvent refuge dans un grand bâtiment à l'est de Hadithah où ils sont toujours. Le troisième véhicule ainsi que l'avion sont partis pendant ce temps pour des destinations inconnues et n'ont pu jusqu'ici être localisés.

Scowcroft se tut à nouveau en examinant ses mains. Puis il commenta ce qu'il venait d'exposer.

– Maintenant, comme je vous l'ai dit, ce ne sont que des suppositions. Je ne me sens pas le droit de me montrer plus formel car je n'en sais pas assez sur les capacités techniques du NRO pour affirmer qu'on peut apprendre tant de choses à la seule lecture d'images satellites ou de relevés radars. Il me semble d'ailleurs que, si le NRO a effectivement les moyens de repérer un si petit groupe d'individus à des milliers de kilomètres de distance et de deviner leurs agissements avec une telle acuité, nous devrions peut-être faire appel à cette technologie pour résoudre certains problèmes de criminalité à l'intérieur de notre propre pays.

Puis il parut s'ébrouer et, quittant le ton amer qu'il venait d'employer, il ajouta :

– Mais je m'écarte de notre sujet. Avant de bâtir des hypothèses sur ce que préparent ces gens-là, j'aimerais que vous sachiez ce que m'a communiqué le directeur du NRO. Je lui ai demandé de se faire accompagner par le responsable de la section qui a mis cette affaire au jour. Monsieur le directeur, nous souhaiterions que M. Sorensen nous explique comment tout cela s'est passé.

Toutes les têtes se tournèrent vers le gros homme aux moustaches tombantes. Le Morse avait l'air mal à l'aise et il toussota, décidé à parler. Puis il sembla hésiter et se pencha vers son voisin pour lui murmurer quelque chose à l'oreille.

Martin Faga, directeur du NRO, sourit en entendant sa question, et répondit assez fort à l'intention de l'assistance.

– Oui, Walter, vous pouvez être certain que tous ces messieurs sont habilités à entendre ce que vous avez à dire.

Quelques-uns prirent une mine gênée et un homme en costume gris, au teint brouillé et à la tête de crapaud fusilla le Morse du regard depuis l'autre extrémité de la table. Sorensen reconnut Douglas Longmire, sous-secrétaire au Trésor.

Dix minutes plus tard, le Morse, arrivé au terme de son exposé, entreprit de livrer ses conclusions.

– Ainsi, vous pouvez le constater, messieurs, le premier repérage a eu lieu par un pur hasard. En revanche, je dois dire que le travail de poursuite a été d'une qualité exceptionnelle et qu'il est dû en majeure partie à un seul de mes analystes. Je crois être en mesure d'affirmer que rien d'aussi pointu n'avait été réussi jusqu'ici. En temps normal, un incident d'apparence aussi insignifiante aurait très certainement été négligé, mais il s'est produit dans une période relativement creuse et le directeur a estimé qu'il méritait un suivi.

Il agaça sa moustache et se tourna vers le conseiller national pour la sécurité.

– Peut-être avez-vous des questions, monsieur...

Brent Scowcroft secoua la tête et regarda autour de lui.

— L'un d'entre vous a-t-il des questions à poser à M. Sorensen ou au directeur du NRO ?

— Si vous permettez, monsieur le président..., dit l'homme assis à la gauche de Scowcroft.

— Je vous en prie, John.

Le sous-secrétaire d'État John Kelly se pencha en avant, joignit le bout de ses doigts en clocher et s'adressa directement à Sorensen.

— Si on considère ce que peut signifier cette expédition – et je pense que nous allons y venir très vite – il me semble que la politique extérieure des États-Unis est largement concernée. De ce point de vue, le gouvernement estime qu'il est indispensable de contrôler ces gens-là et de mettre un terme à leurs activités. Et je suis certain que le Président (il jeta un coup d'œil à Scowcroft qui approuva) est de notre avis. Malheureusement, il est à craindre que les hommes déjà passés en Irak ne soient hors d'atteinte. Tant qu'ils y demeurent, on ne peut rien faire pour les intercepter. Donc, il ne nous reste que deux angles possibles. Le premier, le plus évident, est aléatoire : interroger Sir Peter Dartington et découvrir ce qu'il sait. S'il est impliqué dans cette affaire, peut-être aura-t-il les moyens d'arrêter ces hommes. Et l'autre, qui d'après vous est le plus difficile : localiser cet avion. Là aussi, il se peut que le pilote soit en liaison avec les autres et qu'on puisse le persuader de les rappeler. Alors ma question est la suivante : quel espoir avez-vous de repérer cet avion ?

— Très mince, je le crains, monsieur, répondit le Morse en triturant sa moustache de plus belle. À moins qu'il ne redécolle, auquel cas il sera immédiatement pointé par les AWACS. Le problème, c'est que tant qu'il est au sol, on ne sait pas où le chercher. Jusqu'ici, nous avons pu retrouver ces gens parce que nous savions en gros où nous devions regarder. Et ça n'a pas été facile pour autant. La meilleure solution aurait consisté à utiliser les possibilités radar du JSTARS E-8A. Mais nous ne voulons pas prendre le risque de le détourner de sa surveillance du bâtiment. Évidemment, si nous avions plus de JSTARS à notre disposition...

Il laissa sa phrase en suspens avec une mine navrée.

— Voilà une remarque intelligente, messieurs.

Le commentaire émanait d'un homme puissamment bâti aux cheveux gris coupés court et revêtu de l'uniforme de général de l'armée de l'Air US. Il adressa un regard approbateur à Sorensen.

— On n'arrête pas de réclamer plus de JSTARS. L'appareil a fait ses preuves plus que largement, déjà pendant la Guerre du Golfe de 1991, et encore aujourd'hui.

– Je vous remercie, général Burnside, dit doucement Scowcroft au vice-chef d'État-Major. Nous enregistrons votre observation. Malheureusement, pour le moment nous devons nous contenter de ce que nous avons.

– Si vous me permettez, monsieur ? intervint le Morse. Lorsque j'ai dit que nous pourrions repérer l'avion dès qu'il décollerait... eh bien, il est vraisemblable qu'il sera trop tard pour tenter quoi que ce soit. Si cet avion est allé se cacher, on peut raisonnablement penser qu'il va attendre que les hommes dans les véhicules aient accompli leur mission pour les récupérer et les ramener. Il est probable, et en tout cas plausible, que cet avion ne soit qu'un moyen de repli, alors je suis à peu près certain qu'il ne bougera pas tant qu'ils ne lui feront pas signe.

– La CIA est d'accord avec cette hypothèse, dit en levant le doigt Robert Gates, directeur des Renseignements.

– Je propose donc, répondit Scowcroft avec un hochement de tête en direction du DCI, que nous en venions maintenant aux raisons qui animent ces gens-là... À moins que vous n'ayez d'autres questions d'ordre technique ?

Il n'y en avait pas et le Morse se leva pour s'en aller.

– Oh non, monsieur Sorensen, restez avec nous, je vous en prie, dit Scowcroft. Nous aurons sûrement besoin de précisions supplémentaires.

Le Morse regagna sa place.

– Eh bien, poursuivit Scowcroft, nous avons peut-être été un peu longs avant de passer aux décisions, mais j'ai jugé qu'il était important que nous nous assurions que notre raisonnement était le seul possible. Chacun de son côté, le NRO, la CIA et le Département d'État sont tous arrivés à la même conclusion. Maintenant, je suppose que d'autres parmi vous nous ont rejoints. Une seule explication sérieuse semble s'imposer sur la présence en Irak d'un commando aussi bien organisé et équipé. En bref, nous sommes persuadés que nous nous trouvons devant une tentative d'assassinat de Saddam Hussein.

À l'autre extrémité de la table, Longmire-tête-de-crapaud manqua s'étouffer tandis que le général Burnside grinçait :

– Depuis le temps qu'on attend ça, putain.

Le sous-secrétaire d'État Kelly fusilla Burnside d'un regard furieux. Le général souriait de toutes ses dents au Morse qui dissimulait son amusement sous sa longue moustache.

– La question n'est pas là, général, coupa fermement Scowcroft. Ce que nous devons résoudre, c'est le problème du contrôle de ces gens-là. Le Président attend nos propositions sur ce chapitre.

On ne faisait pas taire le général Burnside aussi aisément. S'il avait été dans la marine, on l'aurait sans doute surnommé « le Cuirassé », mais puisqu'il appartenait à l'aviation, on l'appelait affectueusement « le Bombardier ». En l'absence à cette réunion du prudent secrétaire à la Défense Dick Cheney, Burnside enfonça le clou.

— Moi je vous dis de les laisser tranquilles. On n'a pas été fichus de finir le boulot l'année dernière quand on avait toutes les cartes en main. Il est grand temps que quelqu'un se charge de liquider ce fils de pute sanguinaire. Bonne chance à ces gars-là.

— Si vous permettez, monsieur le président, intervint le sous-secrétaire d'État John Kelly d'un ton glacé. Il y a des aspects de politique étrangère que le général Burnside apprécie assez mal, il me semble...

— Politique : merditique, insista Burnside. Regardez où elle nous a menés, votre politique étrangère. Nulle part, voilà où. On nous dit qu'on va dépenser soixante *billions* de dollars pour se débarrasser de cet enfoiré de Saddam, et puis vous autres, les ramollis des genoux de la Défense, vous débranchez la prise à la dernière minute, et maintenant cet avorton du Trésor, là-bas au bout, commence à chipoter sur le budget de l'armée.

— Monsieur le président ! protesta d'une voix blanche d'indignation Douglas Longmire, debout tout à coup. Il est impensable que le général Burnside soit autorisé à parler d'une manière aussi insultante à...

— Connard ! gronda Burnside en éclatant de rire.

— Messieurs ! Messieurs ! s'écria Scowcroft, debout lui aussi, en tendant les mains dans un geste d'apaisement. Je vous en prie.

Le sous-secrétaire au Trésor retomba sur son siège, le visage convulsé. Burnside lança un clin d'œil à Sorensen dont la mâchoire pendait de stupéfaction devant la violence de l'échange. Scowcroft attendit que se calment les murmures qui parcouraient le tour de table, puis il s'adressa à Kelly.

— John, je crois qu'il serait utile que vous exposiez la situation du point de vue du Département d'État.

Il s'interrompit, se tourna vers Burnside et lui décocha un regard d'avertissement en précisant :

— J'ajoute que le Président se trouve en accord total avec le Département d'État. John ?

— Ce qui est en jeu, commença Kelly, en faisant un effort visible pour dominer sa colère, c'est, pour résumer, l'avenir de l'État irakien. L'Irak est formé principalement de trois États distincts réunis en un seul. Sans pouvoir central fort, il ne fait aucun doute qu'il finirait par se disloquer – et probablement très vite. Au nord, les Kurdes essaieraient de créer un Kurdistan indépendant. Au sud, les Musulmans chiites feraient eux aussi sécession, vraisemblablement pour tenter de mettre sur pied un État assis sur la vieille province de l'Empire ottoman basra. Et la minorité des Musulmans sunnites devrait se contenter du reste, c'est-à-dire le centre du pays... Le problème c'est qu'aucun de ces États ne posséderait les moyens de survivre seul. Les droits acquis des puissances limitrophes seraient trop pressants pour eux. Je veux surtout parler de la Turquie, de la Syrie et en premier lieu de l'Iran. Tous trois seraient attirés par l'appel d'air créé par l'effondrement de l'État d'Irak... Alors, examinons chacun de ces trois pays. La Turquie a ses propres soucis domestiques avec dix millions de Kurdes vivant à l'intérieur de ses frontières. Son gouvernement verrait d'un très mauvais œil naître un État voisin au Kurdistan, très certainement hostile et fauteur de troubles et d'où pourraient partir des attaques politiques et éventuellement militaires contre la Turquie... L'attitude de la Syrie serait probablement en partie liée à celle de l'Iran. Les Syriens haïssent le régime de Saddam Hussein et rêvent depuis longtemps d'absorber l'Irak dans une grande Syrie. Sur bien des plans, le régime du Président Assad est tout aussi détestable que celui de Saddam Hussein. À part dans un cas – le Liban – il a évité de se lancer dans des aventures hors de ses frontières comme l'Irak l'a fait, mais on peut être certain que la Syrie sauterait sur l'occasion pour intervenir si l'Irak s'effondrait. Les partis au pouvoir aussi bien en Irak qu'en Syrie, et qui se nomment tous deux baasistes, ont pour modèle commun le nazisme mais n'ont pas cessé de se tirer dans les jambes. En tout cas, une chose est sûre : Assad ne tolérerait pas une intervention iranienne. Et malheureusement, à notre avis, une telle intervention serait tout à fait inévitable.

Kelly laissa à ses dernières paroles le temps de produire leur effet.

– Depuis plusieurs années, reprit-il, l'Iran et l'Irak se sont entre-déchirés pour affirmer leur prédominance sur le Moyen-Orient. Souvenez-vous comme tout le monde s'accommodait – si j'ose dire – de cette guerre interminable. Très simplement, le dépeçage de l'Irak offrirait à l'Iran le pouvoir économique et militaire dans le Golfe et il n'y aurait aucun moyen d'empêcher cela. Au départ, l'intervention iranienne ressemblerait à celle des Turcs au nord. L'Iran lui aussi a des difficultés avec ses Kurdes car un grand nombre vivent dans le pays. En gros cinq millions de personnes. Pour des raisons comparables à celles de la Turquie, l'Iran ferait tout pour éviter la création d'un État kurde. Le deuxième pas, pour l'Iran, pendant qu'on aurait les yeux tournés vers les Kurdes, serait d'élever des contestations quant à la souveraineté d'îles apparemment sans importance dans le Golfe, et le troisième, en même temps que les deux premiers, serait l'exportation massive de son intégrisme islamique dans les parties centrale et méridionale de l'Irak, et au-delà.

Là encore, il attendit que ses propos pénètrent dans les crânes.

– Certains d'entre vous, messieurs, pensent peut-être que je noircis le tableau, continua-t-il. Et que l'Iran n'est plus aussi radical qu'il y a un an ou deux. En *apparence,* depuis la mort de l'Ayatollah Khomeini et l'accession au pouvoir du Président Rafsanjani, l'Iran se conduit comme si la raison voulait l'emporter dans ses relations avec l'Ouest. J'insiste sur « en apparence ». Je puis vous assurer, messieurs, que cette apparence est toute de surface. Par ailleurs, l'autorité de Rafsanjani est loin d'être à toute épreuve. Les radicaux conservent une très forte influence.

Avant de poursuivre, Kelly regarda un à un ses auditeurs et s'attarda sur le général Burnside.

– Est-ce qu'un seul parmi vous, messieurs, peut affirmer honnêtement qu'il serait heureux de voir l'Iran devenir la puissance dominante et indiscutée dans tout le Moyen-Orient en général, et dans le Golfe en particulier, avec tous les risques que cela comporte ?

Il y eut un lourd silence. Tous les yeux étaient braqués sur lui.

– Donc, il nous faut bien admettre que la sauvegarde de l'État irakien tel qu'il est assure l'équilibre et par suite la stabilité – même si cette stabilité est désagréable – dans la région. Malheureusement, pour le moment, un seul homme est capable de garantir l'unité de l'Irak. Nous avons beau le détester et avoir en horreur la cruauté de sa conduite, y compris avec son propre peuple, Saddam Hussein est indiscutablement l'homme fort du pays. Après tout, n'a-t-il pas eu raison de tous ses rivaux ? Il n'en reste pas un seul. Je peux vous jurer, messieurs, que je viens de vous peindre la pure réalité. Je connais cet homme et j'ai affaire personnellement à lui depuis de nombreuses années. Si Saddam Hussein disparaît, il est à peu près certain que l'Irak disparaîtra aussi.

Kelly sentit que plus personne n'élèverait d'objection. Il était temps de conclure en revenant au but de cette réunion.

– On peut en déduire que cet attentat contre sa vie – s'il s'agit effectivement de cela – est en opposition totale avec les intérêts des États-Unis et de l'Occident. Ce qui est en jeu n'est rien de moins que la paix dans cette région et, qui sait, dans le monde entier. C'est pourquoi ces hommes sont si dangereux. Et c'est aussi pourquoi, si nous en avons les moyens, nous devons les arrêter. En vérité, la seule question valable à laquelle nous avons encore à répondre est celle-ci : comment pouvons-nous les arrêter ?

– En prévenant Saddam.

308

D'un seul mouvement, les têtes se tournèrent vers celui qui venait de parler. C'était Douglas Longmire. Devant l'expression courroucée de certains, il haussa les épaules.

— Et pourquoi pas ? Il nous suffirait d'en toucher deux mots à ce type, là, heuh... Alan quelque chose, l'ambassadeur irakien aux Nations unies. Et il fera passer l'avertissement à Saddam. Quoi de plus simple ?

— Monsieur le président ? ce n'est pas simple *du tout,* malheureusement, intervint Robert Gates, directeur de la CIA. D'abord, rien ne nous dit que M. al-Anbari accorderait la moindre foi à une telle mise en garde même si, comme nous pourrions d'ailleurs fort bien l'organiser, elle émanait d'une personne neutre. Encore que je ne voie pas très bien où trouver quelqu'un de neutre capable à la fois de convaincre les Irakiens de la véracité de l'information et de tenir secrètes les sources de cette information... Mais cela nous conduit à un autre inconvénient, majeur celui-ci, et que nous ne devons pas perdre de vue...

Le DCI se mit à taper de l'index sur la table pour souligner ses paroles.

— L'acte consistant à fournir une aide quelle qu'elle soit – et c'est bien dans cette catégorie que se range, après tout, un tel avertissement – à un ennemi déclaré des États-Unis – ce que Saddam est toujours – ne pourrait pas être considéré autrement que comme une trahison. Si vous estimez que nous avons eu assez d'ennuis avec l'Irangate et ses ramifications, imaginez un peu le cataclysme, à l'intérieur comme à l'étranger, si quelqu'un venait à divulguer que nous sommes effectivement intervenus pour sauver la vie de Saddam.

Au bout de la table, Scowcroft s'éclaircit la voix et évita le regard de grenouille de Longmire.

— Je pense que nous pouvons écarter tout projet dans ce sens, dit-il rapidement. Quelqu'un a-t-il une meilleure idée ?

— Il n'y a rien d'autre à faire, monsieur le président, que d'espérer que cette tentative échouera.

C'était le directeur du FBI qui venait de prendre la parole.

— Jusqu'ici, ces hommes ont eu beaucoup de chance, enchaîna-t-il. Je suis surpris, étant donné la médiocrité de la recrue que nous avons identifiée, qu'ils soient parvenus aussi loin. Nous avons enquêté sur ce pilote. C'est un rien du tout, un vrai tocard. Le responsable de ce commando, qui qu'il soit, n'a pas apparemment été très judicieux dans le choix de ses associés. Pis encore, il semble que l'instigateur de toute l'affaire soit un industriel britannique – un homme très peu versé dans l'art de l'aventure militaire. Nous pouvons raisonnablement imaginer, à mon avis, que lui et ses acolytes ont d'ores et déjà commis d'autres fautes. Les enquêtes en cours les feront apparaître, et peut-être certaines permettront-elles de mettre un terme à cela. Après tout, rien ne nous dit que ce n'est pas uniquement une opération conduite par des amateurs qui ont joué de chance jusqu'ici, contre toute logique.

Les explications lénifiantes du directeur du FBI ne convainquirent pas le Morse. D'un coup d'œil, il se rendit compte que Faga, son patron, restait lui aussi plutôt sceptique. Car tous les deux commençaient à bien connaître ce commando. Le fait qu'ils aient été découverts relevait du plus pur hasard. En réalité, ils n'avaient commis aucune erreur. En tout cas aucune erreur évitable.

— Il existe un moyen de les arrêter. Un moyen sûr à cent pour cent.

La voix bourrue qui venait de retentir aimanta toutes les têtes. C'était celle du général Burnside. Il était immobile, le front creusé de rides, perdu dans ses réflexions.

— Oui, c'est très réalisable, ajouta-t-il presque pour lui-même.

— Je vous en prie, général Burnside, dites-nous à quoi vous pensez, dit doucement Scowcroft.

— En ce moment, articula Burnside, le USS *Missouri* se trouve dans le nord du Golfe. Si le NRO est en mesure de me donner les coordonnées exactes du bâtiment où se sont nichés ces types, on pourrait les transmettre immédiatement au *Missouri*. Il faudrait un quart d'heure environ pour établir le programme de tir adéquat. À partir de là, tout dépendrait de l'éloignement de la cible, mais d'après la carte, ils sont à peu près à huit cents kilomètres du *Missouri*. Le temps de vol serait donc d'une heure, plus ou moins. Alors j'affirme que, dans approximativement soixante-quinze minutes, disons (il consulta sa montre) autour de 19 h 45, heure irakienne, deux missiles de croisière Tomahawk BMG-109C pourraient entrer dans ce bâtiment par la fenêtre et le réduire en poussière avec tous ses occupants.

Pendant plus d'une demi-minute, un silence de mort régna dans la pièce. Le conseiller national pour la sécurité du Président scruta les visages, autour de la table. Il n'y lut aucune trace de désapprobation. Lentement, il souleva le combiné du téléphone rouge posé devant lui. Il parla très brièvement puis tendit l'appareil à Burnside. Fasciné, le Morse observait le général pendant qu'il écoutait la voix à l'autre bout du fil.

— Bien, monsieur le Président, dit finalement Burnside. Je donne immédiatement l'ordre de tir.

53

–Peter, il y a quelqu'un du consulat qui demande à vous parler.

Sir Peter Dartington leva des yeux étonnés et remonta ses lunettes de soleil sur son front.

–Quoi ? Qu'est-ce qu'il veut ?

Il posa son verre de punch sur la petite table et redressa le dossier de sa chaise longue.

–Il n'a rien dit, chéri. Il attend dans votre bureau.

Dartington glissa ses pieds dans ses mules et referma sa chemise en grommelant.

– Bon sang, comment a-t-il pu deviner que j'étais ici ?

–Je suppose que c'est votre secrétariat qui l'a renseigné, chéri. Avez-vous l'intention de le retenir à déjeuner ?

–Non.

Dartington disparut à l'intérieur de la villa.

–Sir Peter Dartington ?

L'homme s'avança. Il portait un costume d'été gris, avait le front haut et l'air d'un étudiant.

–Oui. Que puis-je pour vous ? répondit Dartington, glacial.

–Je m'appelle Smith – Sergent Smith. Je suis en service au consulat britannique à Nassau.

Smith présenta une carte de police mais Dartington l'écarta d'un geste irrité.

–Mes collègues de Londres m'ont demandé d'enquêter sur une affaire qui touche à la Sécurité et nous pensons que vous serez en mesure de nous aider.

–Une affaire de Sécurité ? Et ça ne pouvait pas attendre mon retour à Londres ? demanda prudemment Dartington.

–Je crains que non, monsieur.

L'homme ouvrit sa mallette et en sortit un mince dossier. Il y puisa une feuille et la tendit à Dartington.

–Pourriez-vous vérifier si c'est bien votre signature, je vous prie, monsieur ?

– Un instant. Il me faut mes lunettes. Où diable... Ah, les voilà.

Toujours renfrogné, il chaussa ses lunettes. Smith ne le quitta pas du regard pendant qu'il examinait la feuille.

– Oui, c'est bien ma signa...

Mais brusquement son expression changea.

– Attendez, qu'est-ce que ça veut dire ? Il s'agit d'un document confid...

Ses traits se crispaient au fur et à mesure qu'il lisait le fax que Bourne avait envoyé à Hugues. Il se mit à parler d'une voix de plus en plus aiguë.

– Je n'ai jamais envoyé ça ! Mais qu'est-ce que ça signifie ? C'est un faux ! D'où le sortez-vous, bon sang ?

Smith continua à étudier le visage de Dartington jusqu'à ce que les vagues de colère s'apaisent. Y avait-il autre chose à y voir que de l'indignation ? Il resta silencieux, cherchant à déceler un trouble plus profond.

À mi-lecture, Dartington avait déjà compris de quoi il s'agissait. Et il se sentit réellement inquiet. Sa première réaction, instinctive, avait été un excellent camouflage et lui avait permis de mettre ses idées en ordre. Il s'assit et regarda son visiteur.

– Je pense que vous feriez bien de me fournir quelques éclaircissements, sergent Smith.

En fait, Smith n'était pas du tout policier. Il appartenait au SIS et connaissait parfaitement le dossier. Il avait longuement réfléchi avec le DCI Paul Hallam à la meilleure façon d'aborder l'industriel. Bien qu'intelligent et observateur, il n'avait pas l'habitude d'interroger des gens comme Dartington. S'il avait été là, Hallam aurait sans doute discerné l'émotion de l'industriel au moment où il avait compris de quoi il retournait. Smith, lui, l'avait manquée. Pourtant, il remarquait tout de même quelque chose sur le visage de Dartington, et ce n'était pas du tout l'expression d'un homme traqué. Au contraire, il semblait très sûr de lui. Smith se dit que son interlocuteur devait avoir un atout dans sa manche.

Et il avait raison. Dartington venait de se rendre compte à quel point Howard avait été malin. Il se demanda ce qui allait se passer.

– Si vous voulez bien regarder en haut de la feuille, Sir Peter, vous y trouverez une série de chiffres et de lettres.

– Oui, oui.

– Ils donnent le code d'identification et le numéro de téléphone de l'envoyeur du fax. Maintenant comparez-les, s'il vous plaît, avec le numéro et le code inscrits en haut de celui-ci.

Smith sélectionna un deuxième papier dans son dossier et le tendit à Dartington. Celui-ci l'examina. C'était un fax plus ancien, qu'il avait envoyé lui-même à Hugues, cette fois.

– Dites donc, où avez-vous eu ces documents ? J'exige une explication.

– Veuillez comparer les codes et les numéros, je vous prie.

– Ce sont les mêmes. Les dates et les heures diffèrent, mais le reste est identique.

– En effet. En réalité, les deux messages ont été envoyés par la même machine. Chaque modèle a un système particulier pour enregistrer et transmettre ses codes. Ces faxes proviennent d'une Canon Fax-220. Niez-vous avoir envoyé ces messages ?

– Bien sûr, oui. Enfin, non. Je veux dire : j'ai bien envoyé le plus ancien – je m'en souviens. Mais le plus récent, là, c'est un faux.

– Je vous répète, Sir Peter, que ces deux faxes ont été envoyés par la même machine.

Dartington fronça le nez. Il était temps de paraître vraiment embêté, se dit-il. Il s'appliqua à comparer les deux documents, s'assit, sembla se creuser la tête pendant un moment.

– Attendez une minute ! s'exclama-t-il enfin.

Il se leva d'un bond, passa derrière le bureau, ouvrit un tiroir, en sortit un agenda qu'il se mit à feuilleter en regagnant son fauteuil. Il vérifia encore les dates des faxes et sourit.

– La voilà, l'explication, dit-il en regardant Smith, soulagé.

Ce fut au tour de Smith d'être pris de court. Les choses ne se passaient pas comme prévu.

– Éclairez-moi, je vous en prie, Sir Peter.

– Au cours de la nuit du 19 novembre de l'année dernière, ma maison du Kent a été cambriolée. Une bande de jeunes. Parmi les objets volés se trouvaient différents papiers et mon fax personnel. Ce fax-là. Le faux message porte la date du 2 décembre. Je pense que cette machine est tombée en de mauvaises mains. Quant au numéro de téléphone, il faut le faire entrer manuellement, donc ça ne prouve rien sinon que le voleur n'a pas changé le programme. Je suppose que les choses s'expliquent pour vous aussi.

Il émit un petit soupir exaspéré puis reprit en donnant à sa voix des inflexions très dures.

– J'espère que vous allez me dire immédiatement ce que tout cela signifie. Qu'est-il arrivé et que comptez-vous faire ?

Smith se sentit flotter. Il nota la date du cambriolage et se promit de toucher deux mots à Londres de ce qu'il pensait de leurs méthodes de vérification. Puis il releva la tête.

– Je crois, Sir Peter, que nous vous devons des excuses. Mais peut-être saisirez-vous toute la gravité de la situation si je vous dis que les personnes qui ont transmis ce message pourraient bien faire partie d'une organisation qui s'est servie de votre nom pour entrer clandestinement en Arabie Saoudite et y perpétrer quelque chose comme, heuh, disons un acte terroriste.

Dartington se dressa sur son fauteuil, avec une vraie surprise. Démonté, Smith venait de commettre une faute qu'Hallam aurait su éviter : il n'avait pas dit toute la vérité. S'il avait révélé à quel point le commando était découvert, Dartington aurait laissé voir sa panique. S'il avait poussé un peu plus loin et insinué que les noms de ses membres étaient connus... mais il n'en fit rien et Dartington parvint à conserver tout son sang froid.

— Mon Dieu, voilà qui éclaire bien les choses. Écoutez, je regrette de m'être montré un peu vif avec vous. Je ne pouvais pas savoir. J'espère que vous mettrez la main sur ces gens-là. Si je peux vous être d'une quelconque utilité...

— Je vous remercie, Sir Peter. C'est très aimable à vous. Mais nous devons rester très discrets, vous le comprendrez.

Smith se leva pour prendre congé.

— Mes excuses pour vous avoir dérangé avec des problèmes aussi désagréables.

— Il n'y a aucun mal, vraiment, Sergent.

Dartington raccompagna Smith à la porte et lui dit au revoir. Il demeura sur le perron de la villa tandis que Smith montait en voiture. *Sergent, mon œil*, pensa Dartington. *Il a « espion » marqué sur la figure.*

Julian Smith démarra, très contrarié par la façon dont s'était déroulé l'entretien. Il n'avait pas cru un seul mot de ce que lui avait raconté l'autre. Oh, il avait été coopératif et convaincant à souhait. Mais elle tombait vraiment trop bien, cette histoire de machine volée. Il ne doutait pas que les vérifications allaient confirmer les déclarations de l'industriel, mais c'était trop beau. Enfin tant pis, se dit-il. Il avait eu le temps de poser des micros dans la maison et le téléphone était sur écoute. Il en sortirait peut-être du nouveau.

La proue du grand vaisseau fendait les eaux calmes du Golfe. Un bouillonnement phosphorescent s'attardait loin derrière, dans l'obscurité, produit par les deux cent douze mille chevaux de ses turbines qui le propulsaient vers le nord à trente nœuds.

Sur le pont, à près de quarante mètres au-dessus de la mer, son capitaine sentait un accès d'espoir l'étreindre à la suite de l'ordre qu'il avait reçu dix minutes plus tôt. Cela signifiait peut-être un délai de grâce. Il ne restait plus que trois semaines avant que son bateau, l'un des quatre plus gros navires de combat jamais construits et le dernier en service, ne doive rallier son port d'attache pour y être désarmé. Le *New Jersey* avait disparu le premier, puis l'*Iowa,* le plus ancien des quatre, et enfin peu après, le tour du *Wisconsin* était venu. Oui, plus que trois semaines et le USS *Missouri* subirait le même sort. Était-ce réellement son dernier voyage ?

Peut-être pas. C'était impensable. Le *Missouri,* comme les trois autres, représentait une véritable page d'histoire flottante. Et quelle page ! À l'exception des abominables bateaux de guerre japonais *Yamato,* aucun navire n'était plus rapide, ni mieux cuirassé, ni capable de rivaliser avec leur extraordinaire puissance. Le capitaine se replongea encore une fois dans leur illustre passé. Armés en 1943/1944, près d'un demi-siècle auparavant, ils avaient tous les quatre combattu les Japonais dans le Pacifique et, lorsque le Japon avait déposé les armes à la fin de la Seconde Guerre mondiale, la cérémonie officielle avait même eu lieu sur le USS *Missouri.* À la fin des années 40, on mit trois des quatre grands bâtiments en réserve car on pensait que le temps des batailles navales était révolu. On ne conserva que le *Missouri* en ordre de marche, surtout à cause des hauts faits qui y étaient attachés. En 1950, les trois autres reprirent du service pour les opérations de débarquement de la guerre de Corée et le *Missouri* fit office de bâtiment-amiral pour le Commandant de la Septième Flotte. En 1953, on les remit à la retraite – tous les quatre cette fois-ci. Là, d'après tous les augures, ils étaient bien finis.

Mais les augures se trompaient. Le capitaine se souvenait avec une netteté parfaite de la première fois où il avait vu le bateau qu'il commandait aujourd'hui. Dès cet instant, il avait pensé secrètement que leurs destins seraient liés. Il était tout jeune lieutenant de vaisseau sur un destroyer lorsque, fin 1967, il avait appris qu'on voulait sortir le *Missouri* de la naphtaline pour le faire servir au Viêt-nam. La nouvelle emplit l'ardent officier de marine d'une bizarre excitation et, six mois plus tard, son bateau était rattaché au groupe naval du prestigieux bâtiment. La nuit précédant le rendez-vous, il n'avait pas réussi à fermer l'œil et le lendemain matin, à l'aube, il regarda au large : il était là. Il en eut le souffle coupé. Terrible, majestueux... Il ne trouvait pas de mots assez forts pour le décrire. Il vit le nombre « 63 » à la proue, les triples tourelles des gros canons et les doubles des petits. Il se gorgea du moindre détail.

Mais cette « liaison » ne devait pas durer car seulement deux ans après, il eut le chagrin d'apprendre que le *Missouri* allait être une nouvelle fois désarmé. Il monta en grade dès l'année suivante, en 1970, et cinq ans plus tard il se retrouva capitaine de corvette.

En 1981, un an après qu'il eut reçu ses galons de capitaine de frégate et une affectation à l'État-Major du ministère de la Marine, une rumeur parcourut le service selon laquelle le nouveau secrétaire à la Défense, Caspar Weinberger, envisageait de réarmer les quatre glorieux. La nouvelle fit sensation et on sut bientôt qu'il était question de commencer par le *New Jersey* puis de s'occuper, dans l'ordre, de *l'Iowa*, du *Missouri* et enfin du *Wisconsin*. On ne conserverait que les gros canons. Même si on ne fabriquait plus les munitions, il en restait encore des stocks considérables. Les armes modernes pouvaient être installées dans relativement peu de place, aux dépens des petits canons dont les performances dans le combat antiaérien semblaient dépassées. Toute la rénovation, y compris la modernisation des systèmes électroniques et de communication, des moteurs, des cabines et jusqu'à l'aménagement du pont arrière pour rendre possible l'atterrissage des hélicoptères, tout cela coûtait moins cher à la Marine que de construire un autre navire. En tant que capitaine et commandant en second, il assista à la cérémonie de relancement du *Missouri* en juillet 1987, lorsqu'il alla rejoindre la flotte du Pacifique. Une nouvelle fois, il eut la sensation que leurs destins s'épousaient.

Et il ne se trompait pas. Le capitaine se souvenait avec fierté du moment où, dix-huit mois plus tôt, après toutes ces années d'attente, on lui avait enfin confié le commandement du *Missouri*. Ç'avait été le plus bel événement de sa vie. Il l'avait commandé pendant la Guerre du Golfe en 1991, au cours de laquelle, avec le Wisconsin, il avait joué un rôle de premier plan. Mais, bientôt, tout cela s'achèverait. Ou bien cette nouvelle mission allait-elle inaugurer un sursis de vie pour le vieux combattant?

Il revint à la réalité et parla dans le porte-voix:

– Canonnier? Où en êtes-vous?

– Encore deux minutes, monsieur, répondit le capitaine de frégate James Boyd, officier d'armement du *Missouri*.

– Prévenez-moi quand vous serez prêt.

Le capitaine se redressa et sourit dans l'ombre de la passerelle. Il y avait eu un réel mouvement d'excitation lorsque, dix minutes plus tôt, il avait lancé « Tout le monde à son poste de combat ». Il revoyait la scène. Mille six cents hommes se mobilisant tous à la même seconde. Ces paroles avaient-elles retenti sur le *Missouri* pour la dernière fois?

Il réfléchit à l'autre ordre, celui qu'il avait reçu de l'État-Major. Bizarre. Mais mieux que rien. Il espérait que c'était important. Sans doute, s'ils avaient décidé de balancer *quatre* missiles... Il regarda les quatre boîtes plates sur le pont supérieur, entre les cheminées du *Missouri*. Chacune contenait quatre tubes et leur cargaison de mort. Seize tubes en tout. Un tube de chaque rampe serait mis à feu ce soir...

– Les SLCM sont prêts, monsieur, annonça la voix de Boyd.

– Radio ? Avez-vous confirmation des ordres ?

– Affirmatif, monsieur, répondit l'officier radio.

– Tirez.

Le premier missile partit à l'horizontale au-dessus de la mer, suivi par une traînée de vapeur blanche produite par la combustion de son carburant. Le cylindre de mille sept cent vingt-cinq kilos, six mètres de long et cinquante centimètres de diamètre sembla s'immobiliser un instant, dressé sur l'arrière, puis il commença à s'élever lentement, en gagnant de la vitesse. Une demi-seconde après qu'il eut quitté la plate-forme de lancement, une paire d'ailerons courts et trapus au centre du missile et quatre plus fins à la queue se déployèrent et se bloquèrent. Par en dessous, une petite fenêtre s'ouvrit, laissant entrer l'air dans le moteur de renfort Williams F107 qui se mit en marche et monta à plein régime. On aurait dit que le missile aspirait une bouffée de vie et son système de guidage INS prit le relais. Le propulseur, à bout de carburant, se détacha et tomba. Le Tomahawk BGM-109C se stabilisa à cent cinquante mètres et fonça vers l'horizon, dans un vol pré-programmé en direction du nord-ouest.

La voix de Boyd retentit à nouveau.

– Missiles lancés à 18 h 52. Temps de vol cinquante-sept minutes. Impacts simultanés prévus à 19 h 49, heure locale.

Le tir des quatre missiles n'avait pas pris plus de trente secondes. Le capitaine, animé d'un mélange de fierté et de tristesse, scruta le lointain de la mer et les regarda s'ajouter aux étoiles.

54

– Comment ça se passe sur la route, Mike? demanda Ed Howard à Ziegler qui revenait vers lui.

– Pire que New York à l'heure de pointe un jour de visite officielle. Je n'ai jamais vu autant de circulation sur une putain de route. Il doit y avoir au moins une division complète, et pare-chocs contre pare-chocs. Sur des kilomètres.

Ziegler s'assit et se versa une tasse de café.

– Beerk. C'est froid, dit-il en la reposant, dégoûté. Comment se comportent nos hôtes?

– Ils sont terrifiés. Johnny est toujours en train de leur parler.

Howard montra le petit groupe dans le coin de l'entrepôt, à l'écart.

Le vieil homme se trouvait maintenant au-delà de la peur. Il avait fini par se résigner à une mort inévitable. Il avait écouté ce que disait l'*Amerikaani* au visage dur et il savait qu'il n'y avait aucune pitié à attendre. Il se sentait triste pour ses deux fils. Il aurait voulu qu'ils ne viennent pas, que pour une fois ils oublient qu'ils devaient le relayer. Mais ils étaient venus, ses bons fils, si sérieux, et maintenant le vieil homme se disait qu'ils allaient tous mourir. Ces gens-là ne se conduisaient pas autrement – il en avait entendu parler. Ses petits-fils se retrouveraient sans pères, sans grand-père, et les femmes sans hommes... Il était désolé pour eux. Ils étaient pauvres, ils n'avaient rien. Ce travail-là, la garde de l'entrepôt, était arrivé comme un miracle. Contrairement aux autres, ils avaient maintenant un petit peu d'argent, suffisamment pour vivre. Et voilà, c'était la fin de tout ça. Il ne ressentait aucune colère, juste de la tristesse. Il ne parvenait pas à les haïr, ces *Amerikaaniyeen,* et surtout pas celui-ci qui parlait comme un véritable Arabe. Ne leur avait-il pas donné à manger, à ses fils et à lui, et aussi du café? Depuis combien de temps n'avait-il pas bu de café? D'ailleurs il n'avait pas été bousculé. Et cet *Amerikaani* s'était montré toujours poli. Il lui avait témoigné le respect dû à son âge. Il était impossible de le haïr. Cet homme était un guerrier qui faisait son devoir. Comment contrarier la destinée ? Lui, le vieil homme, et ses fils, ils allaient mourir tous les trois.

– *Sha'ib,* dit Johnny Bourne. Vieil homme. Nous allons bientôt partir. Sans doute dans moins d'une heure...

– *Sidi,* je suis *sha'ib,* je ne compte pas, dit le vieillard. Mais mes fils, eux (il les regarda, recroquevillés, les poignets pris dans des menottes passées autour d'un pilier de fer), ils sont jeunes. Ce sont de bons fils. Ils respectent leur père. Ils travaillent dur. Ils ont une femme et des enfants. Moi je ne suis plus rien, juste une branche sèche, je suis sans importance. Tuez-moi, ma vie est finie. C'est la volonté de Dieu. Mais si vous aviez la bonté d'épargner mes fils, Dieu vous sourirait sûrement.

– Nous n'avons rien contre vous, personnellement, grand-père, dit la voix calme et froide de Bourne.

– Je le sais, *sidi.* Vous nous avez bien traités. Mais vous avez l'intention de nous tuer. C'est prévu. Je ne demande la vie sauve que pour mes fils.

Assis un peu plus loin, Danny MacDonald observait la scène. Il avait l'impression de saisir quelques mots – pas beaucoup, mais peu importait. Il devinait exactement ce que pouvait dire le vieux. Celui-ci avait épuisé sa terreur première et semblait apaisé. Lorsqu'ils l'avaient fait prisonnier, dans ses haillons, maigre, osseux, la barbe hirsute, blanchi avant l'âge, il l'avait trouvé pitoyable. Et pourtant maintenant... Danny s'apercevait qu'il avait atteint une sorte de grande sérénité. Non sans un sentiment de révolte, il comprenait qu'ils ne pouvaient pas laisser en vie ces trois Irakiens, et prendre le risque qu'ils donnent l'alerte... Il voyait l'expression impitoyable, terrifiante de Johnny Bourne. Il dut se détourner. Il se leva pour aller rejoindre Howard et Ziegler.

– Ed ? Je peux te demander un truc ?

– Vas-y.

– Est-ce que c'est vraiment nécessaire de tuer le vieil homme et ses fils ?

Ed Howard jeta sur Danny un étrange regard.

– Que veux-tu dire, Danny ? répondit-il prudemment, ses yeux sombres dénués de tout sentiment.

– Écoute, Ed, je ne suis pas idiot. Je sais ce que Johnny a fait au soldat, là-bas, au bord du fleuve. Alors je me dis que ça va être pareil ici, je me trompe ? Pas de témoins, c'est ça, non ?

– Assieds-toi, Danny.

Les yeux fixes d'Howard ne lâchaient pas ceux de MacDonald.

– Tu connaissais les règles du jeu en t'engageant avec nous, commença-t-il, quand Danny se fut installé en face de lui. On ne

peut pas se payer le luxe de se faire dénoncer par qui que ce soit.
Tu le sais. Johnny le sait. Nous le savons tous. Oui, Johnny a tué
le soldat. Je n'ai pas eu besoin de lui en donner l'ordre. Il savait
qu'il devait le faire. Si ça peut te consoler, dis-toi qu'il n'en a tiré
aucun plaisir, même si le soldat était un type vraiment pas sympathique qui avait tenté de couper Ziegler en rondelles avec sa
baïonnette. Alors, je n'ai pas non plus besoin de dire à Johnny ce
qu'il doit faire maintenant, avec ces trois-là.

Il se tut et se pencha en avant, son regard d'encre toujours fixé
sur MacDonald.

– Mais je vais te dire une chose. On ne va *pas* les tuer.

– Qu...? Alors pourquoi Johnny leur fait-il croire le contraire,
là-bas ?

– On a tous dormi un peu, aujourd'hui, n'est-ce pas, Danny ?
soupira Howard.

– Oui, mais je ne vois pas ce que ça...

– Tous, on a dormi quelques heures, l'interrompit Howard.
Deux de garde et quatre à se reposer. On s'est tous reposés.

Il sortit une cigarette.

– Sauf Johnny. Il est venu me voir tout de suite après l'arrivée
des deux fils, ce matin, pour la relève du vieux. Il m'a dit qu'il
voulait tenter quelque chose. C'est lui qui a eu l'idée.

– Qu'est-ce que tu veux dire ?

– C'était l'idée de Johnny, pas la mienne, de leur accorder la
vie sauve. Il m'a dit que s'il essayait de parler avec eux, d'installer un climat de respect mutuel, il pourrait obtenir d'eux qu'ils ne
nous haïssent pas et qu'ils renoncent à donner l'alerte. Une
grande part de leur respect ne peut avoir pour base que la peur, et
c'est pourquoi Johnny les fait rôtir un peu. Au moment où il leur
annoncera qu'ils vont vivre, ils vont déborder de reconnaissance.
C'est un sentiment que développe souvent la victime d'un enlèvement envers son kidnappeur. La fille Hearst, en Amérique, en a
été une parfaite illustration. Lorsque son ravisseur l'a épargnée,
elle a ressenti une telle gratitude envers lui et en même temps un
tel ressentiment envers sa famille et les autorités qui ne l'avaient
pas secourue, qu'elle devint par la suite sa complice. C'est un
truc psychologique bien connu, Danny. La difficulté pour Johnny,
c'est de réussir ce parcours en moins de douze heures alors qu'il
faut d'habitude des jours et même des semaines. Voilà pourquoi
il n'a pas dormi une seconde.

MacDonald ne répondit rien. Ce qu'il venait d'entendre le prenait au dépourvu. Il avait complètement méjugé Bourne. Il se
sentait l'esprit anesthésié.

– Et nous avons l'intention de faire jouer un autre ressort, poursuivait Howard, et qui à mon avis nous garantira leur silence.

—Johnny va les menacer de revenir les tuer s'ils parlent?

—Aussi, mais il ne présentera pas les choses de cette manière. Ce sera plus une question de confiance, d'honneur. Mais ce n'est pas à ça que je faisais allusion. Nous allons leur donner de l'argent. Beaucoup d'argent.

—Acheter leur silence, tu veux dire?

—Non. On aboutirait au résultat contraire. Un homme fier, même pauvre, s'estimerait insulté. L'argent lui sera proposé comme une compensation pour le tort qu'on a causé à ses fils et à lui. Rien de plus. Il comprendra. Il se sentira le droit d'accepter. Et à partir de là, il lui sera vraiment impossible d'aller raconter son histoire aux autorités irakiennes. Il ne lui échappera pas que dans ce cas ils l'interrogeraient, et avec des méthodes plus ou moins agréables, pour qu'il dise tout ce qu'il a vu. Et s'il parlait, tôt ou tard ils retrouveraient l'argent. Et là, ce serait la fin pour lui et pour *toute* sa famille.

—Oh, dit MacDonald.

—Satisfait? Bon. Passons à l'exercice suivant. Il est près de 19 heures et on a assez traîné ici, mais nous avons un problème sur la route. On dirait que cet énorme convoi est interminable. Je lui donne jusqu'à 20 heures. S'il n'est pas passé en entier à ce moment-là, on profitera d'une accalmie et tant pis pour la route, on filera par le désert.

—Je n'aime pas ça, grommela Ziegler.

—Et pourquoi? demanda Danny. On serait plutôt plus discrets en dehors de la route, non?

—Non, on aurait plus de chances d'être repérés, répliqua Howard. Ce serait plus difficile de nous en tirer comme la nuit dernière. Qu'est-ce que deux ambulances pourraient bien foutre en dehors de la piste? N'importe qui trouverait ça anormal. Non, je tiens à utiliser la route aussi longtemps que possible. Mais je ne veux pas partir trop tard, quoi qu'il arrive. On a assez perdu de temps.

Il se mit debout.

—Allez, on lève le camp à 20 heures au plus tard. Danny, va voir Tony, tu veux? Mike, tu nous prépares quelque chose à grignoter. On mange dans un quart d'heure.

MacDonald alla réveiller Ackford. Ziegler se tourna vers Howard et lui parla à mi-voix.

—Tu ne crois pas qu'il est en train de craquer?

Howard prit une nouvelle cigarette et l'alluma au mégot de la précédente.

—J'en sais rien, Mike. Je pense que non, mais le coup du soldat, la nuit dernière, a pu le fragiliser. Il va falloir le bercer un peu. C'est pourquoi je lui ai fait croire que c'était à cause de la bonté de cœur de Johnny qu'on épargnait la vie des trois gardiens. Je ne lui ai pas dit que la vraie raison c'est que s'ils disparaissent, les autorités flaireront une entourloupe. Un soldat qui disparaît, ça n'étonne personne, on pense tout de suite qu'il a déserté. Mais trois gardiens d'un coup, ici ? Trop pour une simple coïncidence. Allez viens, je veux encore jeter un œil à ce convoi.

Les quatre missiles parvinrent à la côte à quatre-vingt-dix secondes les uns des autres. Deux s'en allèrent plein est tandis que les deux derniers déviaient légèrement vers l'ouest. Le couple est fonça droit sur l'embouchure du Shatt al Arab, le cours d'eau qui marque la frontière Iran-Irak. Pendant qu'ils descendaient de cent cinquante mètres à trente mètres, leur programme d'adaptation au terrain (TERCOM) s'enclencha, étudia le sol et effectua les corrections nécessaires. D'abord, les missiles n'éveillèrent l'attention de personne, mais leur présence fut bientôt détectée par des soldats iraniens de garde à Abadan et Khorramshahr alors qu'ils dépassaient les ruines d'une immense raffinerie. Ne sachant pas d'où pouvait provenir le rugissement qu'ils entendirent au-dessus d'eux dans le noir, les Iraniens se mirent aussitôt en alerte. Mais comme ils avaient reçu l'ordre absolu de ne pas ouvrir le feu en dehors d'une attaque caractérisée, ils ne firent rien. Les missiles remontèrent le Shatt al Arab, entrèrent dans l'espace irakien et frôlèrent la ville irakienne de Basra. Ici, les forces irakiennes se mobilisèrent à leur tour. Un projecteur éclaira le ciel et des hommes de la Division blindée de la Garde républicaine Hammurabi tirèrent en l'air au jugé. Mais à l'instant où les premiers coups de feu claquèrent, les missiles, survolant tranquillement la rivière à neuf cents kilomètres à l'heure, avaient filé depuis longtemps.

Les deux autres missiles, eux, suivirent le Khawr abd-Allah, contournèrent l'île de Bubiyan par le nord et entrèrent dans les défilés du *khawr* à la frontière du Koweït. Trente kilomètres plus loin, ils empruntèrent le canal Shatt al Basra qui les conduisit, comme leurs homologues, à Basra, mais cette fois vers l'ouest. Passant entre l'aéroport civil et le terrain militaire de Basra Ouest, ils créèrent une certaine confusion mais rien de sérieux ne fut tenté. Là aussi, il y eut quelques tirs d'armes légères et une ou deux rafales antiaériennes criblèrent le ciel bien après leur passage. Ils parvinrent au bout du canal et, au-dessus des eaux du Khawr al Hammar virèrent plein ouest vers la ville de Nasiriyah.

Le couple de missiles est, lui, atteignit l'extrémité du Shatt al Arab, au confluent des deux grands fleuves. Choisissant la branche de droite, ils suivirent le Hahr al Dijlah – le Tigre – en direction de Bagdad.

55

−Tony ? Ici Peter. Ça vous ennuierait de m'expliquer ce qui se passe là-bas, bon Dieu ?

−Peter ! Ce que je suis content de vous entendre, dit Tony Hugues d'une voix à l'évidence ravie. Où êtes-vous ?

−Je suis en vacances. Je vous appelle des Bahamas. La police est venue me chercher jusqu'ici avec une histoire de types qui ont fabriqué des faux documents Darcon, avec ma signature, en plus, pour obtenir une aide en Arabie Saoudite. Alors qu'est-ce que c'est exactement, et qui sont ces gens ? Qu'est-ce qu'ils ont fait ?

Hugues résuma ce qu'il savait et fit mention des conversations qu'il avait eues avec des « employés de la sécurité des ambassades britannique et américaine ». Dartington le bombarda de questions et Hugues donna autant de détails qu'il put.

−Et je ne sais rien de plus, conclut-il. Tout le monde a l'air de prendre cette affaire très au sérieux, mais on ne doit pas s'en étonner. Je suis vraiment désolé mais les documents avaient tellement l'air authentiques, et votre signature à elle seule a suffi à me convaincre.

Dartington resta un instant silencieux. *Ce bougre d'Howard est sacrément gonflé,* pensa-t-il, non sans admiration. Il colora sa voix d'une inflexion soucieuse.

−Écoutez, Tony, je veux que vous coopériez à fond avec l'ambassade, et je veux également que vous alliez tout raconter à la police saoudienne...

−C'est déjà fait, Peter.

−Très bien. Je suis carrément furieux, lâcha Dartington en se hâtant d'ajouter : Mais pas contre vous. Vous n'y êtes pour rien. On m'a montré une copie du fax que vous avez reçu, et rien ne le différenciait d'un vrai. Mais on est venu me déranger en pleines vacances et je déteste l'idée de ces gens qui se paient notre tête et qui nous piquent du matériel jusque sous notre nez. Je veux qu'on attrape ces escrocs.

Il avait mis toute la colère possible dans la dernière phrase et il poursuivit, comme s'il avait de la peine à se dominer :

– Faites tout ce que vous pouvez pour aider aux recherches, d'accord ? Vous aviez bien raison de dire que c'était grave. J'ai l'impression que ce sont des terroristes ou un truc comme ça.

– C'est aussi ce que j'ai pensé. Les gens de l'ambassade n'ont donné aucun détail, mais qui que soient ces types, ils n'ont pas du tout bonne presse par ici.

– Je veux bien vous croire, dit Dartington avec un sourire. Enfin, n'hésitez pas à vous rendre utile. Et appelez-moi dès que vous avez du neuf.

Après avoir donné son numéro à Hugues, il raccrocha.

– Quelque chose ne va pas, chéri ? s'inquiéta Lady Dartington qui rentrait du parc.

– J'en ai bien l'impression. Il y a eu une fraude ou quelque chose d'analogue et les criminels se font passer pour des employés de Darcon en Arabie Saoudite. Ça par exemple, ça ne va pas se passer comme ça ! S'ils s'imaginent que je vais les laisser me prendre pour un imbécile...

Et sur cette menaçante résolution il tourna les talons et quitta la pièce.

Lady Dartington n'avait eu aucun mal à reconnaître les prémices d'une des grandes colères dont son mari était coutumier. Elle décida de ne pas insister. *Oh Seigneur,* pensa-t-elle. *Maintenant il va être de cette vilaine humeur jusqu'à la fin de la semaine.*

Si elle avait vu l'expression de Sir Peter une fois la porte franchie, elle aurait été quelque peu perplexe. Un grand sourire lui barrait le visage d'une oreille à l'autre.

À plusieurs kilomètres de là, Julian Smith poussa un soupir et arrêta le magnétophone. *Merde,* se dit-il. *J'étais presque sûr qu'il allait se couper. Peut-être est-il blanc-bleu, après tout. Ou alors, il est plus malin qu'il n'en a l'air.*

– Johnny ? À la bouffe ! cria Ed Howard à Bourne, toujours assis auprès des trois Arabes accroupis dans le coin de l'entrepôt.

– J'arrive tout de suite, s'écria-t-il. Le temps de leur expliquer la situation.

Quelques secondes plus tard, un véritable brouhaha s'éleva du petit groupe. MacDonald quitta des yeux la casserole où il puisait à la louche une soupe épaisse pour en remplir les assiettes de camping alignées. Dans la pénombre, il vit Johnny Bourne ôter les menottes des deux fils. Dès qu'ils furent libres, ils se levèrent et lui serrèrent vigoureusement la main. La reconnaissance les avait tirés d'un coup de leur torpeur. *Il leur a dit,* pensa MacDonald. Enfin. Les deux jeunes gens étaient tout sourires et s'exprimaient avec un incroyable débit. Au bout d'une minute, ils s'approchèrent en courant, rayonnants, et tinrent absolument à serrer la main de chaque membre du commando.

Le regard de MacDonald retourna dans le coin écarté. Dans la faible lumière, le vieillard se mettait debout. Il s'adressait lentement et solennellement à Bourne et les deux hommes échangèrent une longue poignée de main. Les traits de leurs visages ressortaient comme dans un clair-obscur. Sans le décor industriel et les vêtements militaires de Johnny, on aurait cru voir une scène biblique tout droit sortie, se dit MacDonald, d'une de ces naïves reproductions accrochées aux murs du relais, à Carvaig. Il s'attarda sur le grand-père. C'était une figure hors du temps. Son expression avait retrouvé sa douceur et son corps décharné s'était redressé. Il se tenait maintenant bien droit. Et malgré les haillons dont il était couvert, Danny pensa qu'il n'avait jamais vu de sa vie autant de dignité chez un être humain.

Howard avala sa soupe à toute vitesse et regarda sa montre. Il était 19 h 25.

– Garde une part pour Bob, je vais le chercher et voir où en est ce convoi. Commencez à ranger et tenez-vous prêts à partir.

Les deux missiles de croisière qui avaient pris la route de l'ouest remontaient l'Euphrate après avoir dépassé Nasiriyah. Plus loin, vers Samawah, ils quittèrent le fleuve et s'enfoncèrent plus à l'ouest dans le désert rocailleux vers le sud de Najaf. Le système TERCOM avait eu quelques problèmes mineurs à cause de la signature radar imprévisible des arbres de la vallée de l'Euphrate, mais leurs récepteurs GPS intégrés avaient confirmé qu'ils étaient bien sur la bonne voie. À nouveau le TERCOM éprouva des difficultés sur le terrain plat, dépourvu de repères, et une fois de plus le GPS apporta les précisions nécessaires. Laissant Nataf à l'est, ils piquèrent tout droit sur les eaux saumâtres du Buhayrat ar-Razzazah, un grand lac situé à environ quatre-vingts kilomètres au sud-ouest de Bagdad. Les moteurs turbo Williams F107 d'une poussée de trois cents kilos ralentirent momentanément pour faire descendre les missiles à trente mètres au-dessus de l'eau. Quatre minutes plus tard, ils remontaient, ayant atteint l'extrémité nord de ce lac de soixante kilomètres de long. Les deux missiles virèrent à gauche pour éviter le complexe nucléaire bombardé et la base militaire de Majarrah puis foncèrent nord-nord-ouest en direction de Muhammadi-Raladi. Hurlant au passage de la route Bagdad-Amman, ils traversèrent l'Euphrate et s'installèrent sur une trajectoire plein nord.

Les deux autres missiles avaient suivi le Tigre jusqu'à Amarah où ils avaient abandonné ses méandres pour adopter une ligne à l'est entre le Tigre et la frontière iranienne. C'était une région très peu peuplée et les rares habitants qui les entendirent perturber la nuit furent persuadés qu'il s'agissait d'avions militaires irakiens de retour d'un nouveau bombardement au-dessus des marais du sud. Les missiles contournèrent Bagdad d'assez loin et repassèrent sur le Tigre à Tarmiyah, au sud-ouest de Baqubah. C'était là qu'ils couraient les plus gros risques car ils survolaient alors une région agricole fortement peuplée et riche en bases militaires et autres terrains d'aviation. De nouveau, l'alerte fut donnée mais les tirs antiaériens se révélèrent tout aussi inefficaces que précédemment. Dès qu'ils revinrent sur le Tigre, les zones cultivées s'espacèrent. Maintenant, les missiles filaient plein ouest, émettant un bruit strident à basse altitude dans leur course vers le sud de Buhayrat ath-Tharthar. Ils atteignirent la pointe sud-est du grand lac à l'instant précis où ceux de l'ouest traversaient l'Euphrate.

Les quatre missiles se trouvaient à présent à cent dix kilomètres de leur cible et convergeaient. Les deux missiles ouest ralentirent car ils étaient en avance de douze secondes sur le minutage prévu. Il était 19 h 41. Tous les quatre devaient toucher simultanément à 19 h 49, dans huit minutes exactement.

Howard entra en coup de vent dans l'entrepôt par la petite porte latérale.

−Le convoi est entièrement passé. Il y a près de dix minutes que la voie est libre. Allons-y.

Howard et Ackford conduisirent les Land Cruisers à la grille. En pleine obscurité, ils n'utilisaient que les phares IR et les NVG. Usher, contrarié de n'avoir pas eu le temps de finir son repas, aida Bourne et les trois Arabes à refermer les grandes portes, puis, regagnant la grille, il monta à l'arrière de la deuxième voiture, bien décidé à vider son assiette. Pendant ce temps, Bourne parlait rapidement à voix basse aux trois gardiens. Lorsqu'il eut terminé, ils se serrèrent la main une dernière fois. S'arrachant difficilement aux marques de gratitude, il finit par grimper à l'avant du premier véhicule, à côté d'Howard qui s'était glissé sur le siège du passager. Les deux jeunes Arabes, sur les conseils de Bourne, repartirent immédiatement chez eux, de façon que le vieil homme reste seul à assurer sa garde, comme si rien ne s'était passé.

−Tu es sûr que tu peux conduire, Johnny? demanda Howard.

−Je suis en pleine forme.

−Alors en route.

Les quatre missiles, maintenant à exactement deux minutes de l'impact, venaient de déclencher leur système de guidage ultime DSMAC. Chaque missile étudiait le terrain au fur et à mesure grâce à son ordinateur qui effectuait simultanément la comparaison avec l'image digitale mise dans sa mémoire. Les têtes explosives s'armèrent car les missiles savaient que leur voyage touchait à sa fin. Chacun de son côté, ils reconnurent soudain leur cible et s'y précipitèrent.

Le vieil homme regarda s'éloigner les deux véhicules et referma la grille. Quelle belle nuit ! pensa-t-il. Il remercia Allah pour sa libération. Ces *Amerikaaniyeen* n'étaient pas du tout ce qu'on avait voulu lui faire croire. C'étaient des hommes d'honneur qui l'avaient traité avec respect, ainsi que ses fils. Et maintenant, ils étaient riches. Cette fortune inimaginable qu'ils lui avaient remise en s'excusant pour le tort et l'inquiétude qu'ils leur avaient créés, jetait une jolie lumière sur l'avenir.

Il allait être très sage avec cet argent, et ses fils aussi. Ils le dépenseraient modérément et sans se faire remarquer. D'une part toute ostentation pourrait être fatale, et de l'autre il serait imprudent de garder chez soi une somme si importante. Ce serait encore plus dangereux de la porter sur lui. Non, songea-t-il. Il fallait la cacher, et tout de suite. Il connaissait un endroit. Il y avait un gros rocher derrière l'entrepôt, avec une petite crevasse à la base, cachée par une pierre plate, où poussaient des broussailles. Le rocher se trouvait à l'intérieur de l'enclos, aussi personne ne risquait de tomber sur l'argent par hasard. Oui, se dit-il, il allait le mettre à l'abri immédiatement. Il se rendit derrière le rocher et s'agenouilla pour enlever la pierre plate et écarter la maigre végétation.

Ce fut ce qui lui sauva la vie. Il y eut un énorme *Woouchh* et quelque chose fendit l'air ; la nuit se changea soudain en jour et le monde entier sembla se dissoudre autour de lui. Sonné et assourdi par l'explosion de cent trente-deux kilos, il n'entendit même pas arriver, presque ensemble, les trois autres missiles. Un petit morceau de l'entrepôt qui retombait en miettes lui heurta la tête et il s'évanouit.

Cinq minutes plus tard, il fut retrouvé par ses deux fils affolés qui étaient revenus à toutes jambes pour voir s'il était encore vivant. En reprenant conscience, le vieillard vit le bâtiment dévasté dont il ne restait plus qu'une ruine fumante et le poste de garde, totalement aplati.

Inlassablement, le vieil homme devait raconter comment ils avaient survécu à la terrible attaque aérienne, mais ni lui ni ses fils ne révélèrent à quiconque la raison pour laquelle il se trouvait à l'abri du gros rocher à l'instant précis où les bombes avaient atteint leur cible.

— Nom de Dieu, tu as vu ça ? s'écria Bourne en freinant à fond.

La voiture s'arrêta. Il y eut un hurlement de pneus à l'arrière et le deuxième Land Cruiser stoppa aussi. Les six hommes se retournèrent pour regarder la scène.

À l'aide de ses jumelles, Howard vit que, à deux kilomètres derrière eux, l'entrepôt s'était désintégré. Il tendit l'oreille pour essayer de percevoir quelque chose.

— Qu'est-ce que c'était, ce truc ? demanda Bourne, la voix altérée par la stupéfaction.

— J'ai entendu trois ou quatre explosions, très rapprochées, dit Ziegler depuis l'autre voiture.

— Moi aussi, répondit Howard. Tirons-nous. Je pense qu'il vaut mieux mettre le plus possible de kilomètres entre cet endroit et nous.

Ils redémarrèrent. Pendant un moment, personne ne parla dans le véhicule de tête.

— Sans doute une attaque aérienne, finit par articuler Bourne.

— C'est ce que je pense aussi, dit Howard. Trop important pour des chars ou de l'artillerie, et puis on aurait entendu les détonations initiales. Mais je n'ai pas entendu non plus d'avion, et toi ?

— J'ai cru percevoir quelque chose, mais je ne suis pas sûr. Le bruit des moteurs l'a peut-être couvert. Surtout que les explosions ont eu lieu après, évidemment. Ça ne peut être que des bombes, qu'est-ce que tu en dis ?

— Je ne sais pas, reconnut Howard, le front soucieux. Mais c'est plutôt une mauvaise nouvelle, quoi que ça puisse être. Parce qu'une chose est certaine, ce n'était pas une coïncidence.

— Et pourquoi pas ? répliqua Bourne. S'ils nous avaient repérés, ils auraient envoyé des hélicoptères et ils auraient établi un barrage sur cette route en plus... Remarque, rien ne dit qu'ils ne l'ont pas *effectivement* barrée, cette route. Tu ne crois pas qu'on ferait mieux de la quitter ?

— Non. Ça ne changerait rien. On serait encore plus voyants en dehors de la piste et s'ils n'ont pas encore fait donner leurs hélicos, ils peuvent très bien commencer. Si on sort de la route, on sera des cibles toutes désignées.

— Et le convoi, devant ?

— La queue doit se trouver à dix ou quinze bornes, répondit Howard. Ils ont très certainement entendu les explosions mais je parie qu'ils ne se sont pas arrêtés pour ça. Ils doivent avoir des ordres pour avancer quoi qu'il arrive. Je ne les vois pas prendre l'initiative de rebrousser chemin pour mener une enquête... De plus ils ont dû se dire que c'était un tir d'essai. Après tout, cet entrepôt n'a aucun intérêt stratégique. À mon avis, ils ne se sont même pas posé de questions.

—J'espère que tu as raison.

—Si j'ai tort, on ne tardera pas à s'en rendre compte, dit lugubrement Howard. Mais on pourrait peut-être utiliser ce convoi à notre avantage. On le rattrape et on se colle derrière jusqu'à la piste d'aviation de Tharthar, comme prévu. Si on tombe sur un barrage, on passe à la suite comme si on en faisait partie. Ils utilisent seulement leurs feux arrière. Si on fait pareil, le dernier véhicule ne saura même pas qu'on est là.

Bourne approuva et accéléra. Quinze minutes plus tard, ils rejoignaient le convoi. Bourne fut soulagé de voir que l'interminable file de lumières était encore en mouvement. Il ralentit et resta à quatre cents mètres du véhicule de queue. À ce rythme, songea-t-il, il leur faudrait au moins une heure entière avant la bifurcation.

À ses côtés, dans le noir, Howard était plongé dans ses pensées. Il se disait que quelque chose sentait très mauvais dans cette histoire d'attaque aérienne. Vraiment très mauvais.

56

La progression du long convoi avait été décelée et surveillée par le JSTARS. Au début Kearwin avait craint que les deux véhicules ne se glissent hors du bâtiment pour se perdre dans le flot des autres. Puis il avait réfléchi qu'une division entière de l'armée irakienne était sans doute la dernière chose que ces hommes avaient envie de rencontrer. Ils attendraient que la caravane soit passée.

Sorensen arriva un peu après 12 h 30, directement de la réunion du SNC. Il avait l'air bouleversé. Il portait toujours son beau costume. Il fonça vers le bureau de Kearwin.

— Êtes-vous certain que ces voitures sont encore là-dedans, John ?

— Autant qu'on peut l'être, Walter.

— Bon. Je veux que vous ne quittiez pas ce bâtiment de l'œil pendant les vingt minutes qui viennent. Pas une seconde. Et je veux un relevé satellite du premier passage après 13 h. Ça fait 20 h en Irak. D'accord ?

— Vendu.

Kearwin commença à taper les instructions, programmant un « piqué » du KH-11 de 13 h 05. Il jeta un coup d'œil au Morse qui restait debout derrière lui, la mine inquiète. Kearwin l'observa alors avec curiosité.

— Comment s'est passée cette réunion, Walter ?

— Ne m'en parlez pas, John, ne m'en parlez surtout pas, dit le Morse en secouant la tête avec dégoût.

Puis il s'éloigna à pas lents vers son bureau, et Kearwin l'entendit grommeler, furieux.

— Foutues ganaches.

Kearwin sourit et se remit à surveiller son écran.

À 12 h 42, le JSTARS signala un mouvement près du bâtiment. Le Morse bondit et se précipita auprès de Kearwin.

— Vous êtes sûr ?

– Ouais. Vous voyez. Deux véhicules. Ils se sont arrêtés près de la petite maison, là.

– Peut-être que... peut-être bien que..., murmura le Morse, fasciné par l'image qu'il avait sous les yeux.

– Il n'y a pas de peut-être que, Walter. Ce sont bien eux.

– Ce n'est pas ce que je voulais dire. Regardez bien, maintenant.

Cinq minutes plus tard, ils virent les véhicules démarrer.

– Oh putain ! s'exclama le Morse, hilare, tandis que les deux petits damiers s'éloignaient de l'entrepôt. Ils ont réussi ! Juste à temps, bon Dieu, ils ont réussi !

– Walter ? interrogea Kearwin, impatient de comprendre. Ça me ferait plaisir que vous m'expliquiez ce qui se passe.

– Vous occupez pas, mon vieux John, dit le Morse. Vous les voyez bien, vos deux bagnoles, là, (il consulta sa montre) eh bien, maintenant, regardez le bâtiment !

Vingt secondes plus tard, l'image de l'entrepôt s'était dissoute dans la chaleur. Elle sembla mettre très longtemps à retrouver sa netteté. Lorsque les choses se stabilisèrent enfin, le bâtiment avait disparu.

– Il... Il s'est volatilisé ! dit Kearwin, la voix soudain étranglée. Je n'arrive pas à le croire. Il s'est volatilisé ! Sainte Vierge !

– Et comment ! répondit le Morse. Maintenant, ne lâchez pas ces bagnoles, moi j'ai un coup de téléphone à donner... Oh, que je vais aimer le donner, ce coup de téléphone... Alors ça, pour une écharde dans l'œil des foutues ganaches, c'en est une. Oh, vingt dieux !

Et il s'en alla en ricanant. Kearwin le considéra, stupéfait, puis revint à son clavier pour entrer les instructions de poursuite des deux véhicules.

Après avoir quitté Djedda, Harris et Palmer bavardèrent tranquillement pendant une heure et demie, Palmer se reposant à la place du passager après l'échappée belle du Sheraton. Ils firent l'inventaire de toutes les chances qu'ils avaient eues de se faire prendre et conclurent qu'ils s'étaient vraiment bien débrouillés. Ils décidèrent de parler d'autre chose. D'autant plus qu'Harris était très curieux de savoir comment ça s'était passé à Badanah et Palmer lui brossa un tableau minutieux. Mais, petit à petit, la fatigue triompha du colosse et il étouffa un bâillement.

– Si ça ne te gêne pas, Mel, je vais piquer un petit roupillon. La route a été bien longue et pas marrante, et je n'ai dormi que deux heures pendant le voyage. Ça t'ennuie de continuer tout seul ?

– Non, vas-y. Moi je n'ai rien fichu durant quinze jours et question repos, j'ai eu ma dose. Dors tout ton soûl. Est-ce qu'il y a des précautions particulières à prendre ?

—Oui, une ou deux, dit Palmer en se décrochant la mâchoire. Fais attention à ces putains de chameaux. Ils sont très cons. J'ai manqué m'en payer un près d'un endroit baptisé Taima. Ils se baladent en pleine route – ils n'ont aucun sens du danger, on dirait. Et de plus ils sont exactement de la couleur du désert, alors on les reconnaît au dernier moment. J'ai vu une bagnole à Quli-bah avec un chameau mort sur le siège avant. Il se l'était chopée de plein fouet. Cette saloperie s'était désintégrée sous le choc et avait traversé le pare-brise. Ils ont dû avoir du mal à séparer les morceaux du chameau de ceux du conducteur... Et alors, l'odeur...

—Tu devrais peut-être t'installer à l'arrière, ça serait plus sûr, dit Harris en riant.

—Tu as raison. Oh, et fais gaffe aussi aux mollassons qui conduisent des petites camionnettes Mazda blanches. Ils se pro-mènent sur la route absolument comme les chameaux.

— J'ai déjà pu apprécier la façon de conduire des gens d'ici, dit Harris. Mais pourquoi tu les appelles des « mollassons » ?

—C'est le nom qu'on donnait aux terroristes en Rhodésie, avant que ça devienne ce paradis terrestre de Zimbabwe, répliqua Pal-mer, sarcastique. Quand on les descendait, ils devenaient tout mous. Je suis sûr que ces types en Mazda feraient pareil... Bon, je pique un somme. À la radio, ces trois boutons-là, c'est la BBC World Service, et radio Israël, c'est celui de droite. Il faut balayer de temps en temps pour récupérer la meilleure fréquence du World Service, elle fout le camp. N'hésite pas à me réveiller dans une heure ou deux si tu as un coup de barre.

À 21 h 05, à l'instant où Sullivan s'envolait pour Bangkok et où les ronflements de Palmer commençaient à ébranler les vitres du troisième Land Cruiser, Howard repéra l'embranchement sur la droite. Ils venaient de traverser le Wadi ath-Tharthar, le fleuve qui se jetait dans l'immense lac intérieur que les missiles de l'est avaient survolé une heure et demie plus tôt. La piste avait l'air bonne et le GPS confirma leur position. Lorsque les deux ambu-lances quittèrent la route principale, les feux arrière du convoi continuèrent tout droit et finirent par se perdre dans la nuit.

—Et voilà, dit Howard. Maintenant, c'est la dernière ligne droite. Ça va aller très bien au début, mais plus on approchera du Tigre, plus il y aura de risques de se faire repérer.

Tout avait été solidement arrimé pour prévenir les chocs et, à quarante kilomètres à l'heure, les moteurs ronronnaient douce-ment à bas régime. Au bout d'un moment, l'un des ressorts arrière de la première voiture se mit à grincer. Bourne s'arrêta et Ackford administra une généreuse rasade d'huile au rebelle.

À partir de là, ils avancèrent presque en silence. Même à cent mètres, personne n'aurait pu les entendre, à moins d'avoir l'oreille collée au sol. Ils furent accueillis par quelques aboiements lorsqu'ils dépassèrent des habitations isolées, mais Bourne savait que ces chiens-là hurlaient pour un oui pour un non. Par ici, on considérait les chiens comme des animaux répugnants et on les ignorait quand on ne leur jetait pas des pierres.

Vers 23 heures, Howard calcula qu'ils se trouvaient à moins de quinze kilomètres de leur destination. Il ordonna la plus extrême prudence et ils roulèrent au pas. Les signes de civilisation se multipliaient et à 23 h 20, comme ils atteignaient le sommet d'une côte, ils virent dans le lointain passer de gauche à droite des phares qui se dirigeaient vers Bagdad, au sud.

– À environ cinq bornes, à mon avis, murmura Bourne.

– Ouais. L'endroit devrait se situer en face, un peu sur la gauche, à moins d'un kilomètre.

Howard se fiait maintenant à la carte satellite à grande échelle qui montrait le sol en détail. Il suivait chaque courbe de la piste éclairée par le faible rayon vert de sa lampe. Ils approchaient de l'emplacement qu'il avait choisi comme point idéal de stationnement.

– Ici, dit-il trois minutes plus tard.

Bourne tourna lentement à gauche, hors piste, et se fraya prudemment un chemin entre les blocs de rochers et les broussailles, et monta une pente. Le deuxième Land Cruiser le serrait de près. Au bout de dix minutes, la silhouette d'une habitation se découpa sur le ciel à quatre cents mètres devant eux. Howard descendit de voiture et Ziegler le rejoignit. Sans un mot, les deux hommes continuèrent à pied, avançant rapidement et sans bruit dans le noir.

Vingt minutes après, ils étaient de retour. Howard avait pris une décision.

– C'est parfait, Johnny. On peut entrer sans problème. On va mettre les autos dans l'enclos. C'est juste quatre murs sans toit. Totalement désert et pas de signe de passage récent. À part les habituelles crottes de chèvres, rien. Allons-y.

– Ils se sont arrêtés pour de bon, Walter, annonça Kearwin d'un ton catégorique. Ils ont marqué une pause un peu avant, là, et ils sont repartis. Quelques centaines de mètres à peine. Et depuis trente minutes, plus rien, et on dirait que les véhicules sont derrière des murs ou un truc comme ça. Je suis sûr que c'est une escale prévue. Pendant une heure avant de s'arrêter, ils ont progressé très lentement. Il est minuit et demi, là-bas.

Le Morse tire-bouchonna ses moustaches avec rage et hocha la tête.

—Ils sont à moins de deux kilomètres de cette grande route nord-sud, grommela-t-il. Ils ont peut-être décidé de ne pas pousser plus loin cette nuit. Ils vont sans doute aller à Bagdad seulement demain.

Il étudia les probabilités et finit par se rendre compte que ça ne conduisait nulle part.

—Bon. C'est quoi, cette ville, là ? Juste de l'autre côté de la route ?

Le nom n'apparaissait pas sur l'écran. Kearwin chercha sur la carte.

—Elle s'appelle Tikrit. Ça vous dit quelque chose ?

—Rien du tout. Je vais en toucher deux mots au directeur. Peut-être aura-t-il une illumination. Pendant ce temps, restez sur le coup.

—Bien, chuchota Howard. On s'en va. Johnny, n'oublie pas d'effacer les traces de pneus sur cette piste avant l'aube. Et reposez-vous, hein ? Vous avez tous l'air crevés.

—Je dormirai demain matin, Ed. On se revoit dans trente-six heures, d'accord ? Et balancez-en une pour moi à ce salopard.

—Tu peux y compter, sourit Howard, et ses dents brillèrent dans la nuit.

On aida Howard, MacDonald et Ziegler à hisser leurs sacs sur leur dos. MacDonald tangua sous le poids. Au moins soixante kilos, se dit-il. Après un dernier signe de la main, les trois hommes se mirent en route, pliant sous leur fardeau et descendirent à pas lourds la pente, en direction de la grand-route.

Bourne les suivit les yeux puis il se tourna vers Ackford et Usher.

—Bon, les gars, au boulot. On a du pain sur la planche. Commençons par débarrasser les voitures de toute cette merde.

—Tikrit, hein ? dit le DNRO en regardant le Morse, songeur.

—Oui, monsieur. À huit kilomètres de là. Ils sont hors piste, dans les rochers. Il y a une sorte de vieux mur et ils se cachent derrière.

—Walter, je crois que je sais ce qu'ils vont faire, déclara lentement Martin Faga, après avoir réfléchi. Je pense que vous pouvez vous reposer parce que les véhicules ne bougeront plus jusqu'à après-demain. Tirez-moi quelques images satellites, voulez-vous ? Il me faut la couverture complète de cette ville, y compris l'endroit où ils ont caché ces véhicules. Il y a une nouvelle réunion d'urgence du NSC dans une heure et ils exigent un état actualisé de la situation.

– Désirez-vous aussi des copies des images JSTARS, monsieur ?

– Non, c'est inutile. Elles sont trop difficiles à interpréter, pour eux. Des images satellites suffiront. Pouvez-vous m'en préparer un jeu pour dans une demi-heure ?

– Tout à fait, monsieur.

Le Morse se leva pour partir. Il hésita un peu, puis se risqua à poser la question qui lui brûlait les lèvres.

– Monsieur, j'espère que vous n'allez pas mal interpréter mes propos... pensez-vous qu'ils vont décider un nouveau tir de SLCM ?

Faga étudia attentivement le visage du Morse avant de répondre.

– Walter, dit-il doucement, vous ne seriez pas par hasard en train de vous laisser aller à de la sympathie pour ces gens-là ?

Très embarrassé, Sorensen se suspendit à sa moustache et se racla la gorge.

– Je suis désolé, monsieur, mais ça ne m'a pas semblé *bien,* si vous voyez ce que je veux dire. Quant au petit, heuh, au jeune Kearwin, n'est-ce pas, quand il a vu ce qui se passait, il m'a regardé comme si j'étais une sorte de monstre sinon pire.

– Vous n'êtes pour rien dans cette décision, dit plus durement le DNRO. Et si un nouvel ordre est donné, ce ne sera pas le rôle de vos hommes de le mettre en question ou de le juger, essayez de vous en souvenir.

Faga toisa le Morse très froidement, pour bien s'assurer qu'il s'était parfaitement fait comprendre.

– Mais si vous voulez le savoir, ajouta-t-il plus aimablement, je doute qu'il y ait un autre tir. Si j'ai vu juste et que ces types aient atteint leur destination, il y a une raison absolument incontournable pour laquelle un second tir serait stérile. Je n'en dirai pas plus. Peut-être pourrez-vous deviner vous-même en y réfléchissant un peu.

Le Morse marmonna une excuse et tourna les talons. Une fois dehors, son visage s'éclaira d'un large sourire. Il l'ignorait, mais dans son dos, seul dans son bureau, le DNRO souriait aussi tant qu'il pouvait.

L'huile de coude, alliée à de copieuses applications de white spirit puisé dans un grand jerricane, vint à bout du mélange graisseux qui maquillait les véhicules et la surcouche commença à peler. La peinture vert mat, additionnée de beaucoup d'essence, n'avait pas durci totalement et se révéla plus facile à éliminer que ne l'espéraient Ackford et Usher.

Lorsque les Land Cruisers furent suffisamment épluchés, les deux hommes les lessivèrent puis ils se débarrassèrent de la boue mousseuse avec de l'eau claire enrichie par Ackford d'un peu de paraffine.

—Une vieille recette de chauffeur de maîtres, la paraffine, dit-il. Bien plus efficace que toutes leurs cires sophistiquées et autres polisseurs. Et moins cher, de plus. Nous allons bientôt avoir deux mignons nouveau-nés tout neufs. Tu vas voir ça, quand on va passer la peau de chamois!

Lorsqu'ils eurent terminé, ils vidèrent les voitures et nettoyèrent l'intérieur. Tout l'équipement médical, hormis les trousses de secours, fut jeté en tas dans un coin de l'enclos, avec le reste du matériel y compris les bouteilles d'oxygène. Pendant qu'Usher allait relever Bourne et prendre son tour de garde, Ackford commença à fouiller dans une grande caisse qui jusqu'ici était logée sous l'un des brancards. Elle contenait les pièces détachées, prises sur le quatrième véhicule. Il se fit aider par Bourne pour remplacer les phares manquants et les vitres brisées, remettre les enjoliveurs et redresser les panneaux cabossés. Les filtres rouges des gyrophares furent échangés contre des bleus et seuls les filtres IR des phares avant supplémentaires furent conservés. Ils installèrent aussi une hampe verticale à l'arrière de chaque voiture, puis Ackford sortit un long paquet qui contenait deux jeux de plaques d'immatriculation neuves, des autocollants et deux grands drapeaux.

—On fixera les drapeaux au dernier moment, Tony, dit Bourne. Ils seraient un peu trop voyants, ici, au cas où quelqu'un nous survolerait. Mais posons déjà les autocollants et puis on recouvrira avec les filets de camouflage. Ensuite un peu de broussailles par-dessus et ça fera la farce.

Il consulta sa montre. Il était 4 heures.

—On a bossé comme des dieux. J'espère que ça va aussi bien pour les autres.

—Oh, ils s'en sortiront, chef, dit calmement Ackford en mâchant énergiquement son chewing-gum avant de le cracher. Bon sang, ça m'a flanqué une de ces soifs, ce white spirit. On se boit un petit thé?

—Renonce à cette idée, Tony. On ne va pas prendre le risque d'allumer un réchaud en pleine nuit. Il faudra que tu attendes l'aube.

—Mais non, dit Ackford l'œil malicieux. J'ai un thermos, là. Tout prêt.

—Le luxe!

Ackford versa le thé et ils s'assirent en silence.

— Pauvre vieux Bob, dit Bourne au bout d'un moment, en se servant une deuxième tasse. D'abord on lui interrompt son dîner, et maintenant le thé lui passe sous le nez.

— Il est toujours au mauvais endroit au mauvais moment, chef ! Tant pis, ça ne lui fera pas de mal de patienter un peu. Ça aurait l'air de quoi, un mec qui picole pendant son tour de garde, hein ?

57

Howard s'était inquiété pour la traversée de la route, mais tout se déroula sans incident. Tapis dans l'ombre, en retrait du bas-côté, ils attendirent un moment suffisamment long sans circulation. Bientôt, il n'y eut plus de lumières et un grand silence s'installa. Ils passèrent ensemble de l'autre côté et s'enfoncèrent sous le couvert de quelques palmiers.

À travers les lunettes de vision nocturne, le tableau qui s'étendait devant eux était très différent de la zone vide et pierreuse où ils avaient laissé les voitures. Ce secteur-ci s'animait de champs, de vergers et de petits groupes d'habitations. La nuit semblait plus douce que la précédente. MacDonald devina que c'était parce qu'ils se trouvaient à plus basse altitude, au creux de la vallée du Tigre. Le lendemain serait sans doute très chaud, pire peut-être encore que ce qu'ils avaient connu à Badanah. Il n'y avait rien d'étonnant à ce que les Irakiens affectionnent les palmiers, se dit-il – non contents de récolter leurs fruits, ils cultivaient aussi leur ombre.

Ils ne virent que huit personnes sur le chemin de la ville. D'abord un vieillard, qui apparut soudain sur le pas de sa porte et s'éloigna lentement pour se dégourdir les jambes. Un peu plus loin, à cinquante mètres de l'endroit où ils passaient, un groupe de six hommes discutant à voix basse autour d'un feu presque éteint. Et enfin, la silhouette d'un jeune homme qui courait dans leur direction. Ils eurent largement le temps de se cacher derrière un buisson. MacDonald observa l'adolescent qui grossissait dans le champ de ses lunettes de vision nocturne. Il y avait chez lui un mélange de manières furtives et de confiance en soi. MacDonald imagina qu'il rentrait d'une visite clandestine à sa petite amie. Ce garçon ne manquait pas d'audace, pensa le chasseur. Il avait entendu dire par Bourne que les pères irakiens ne badinaient pas avec l'amour prénuptial.

Au bout d'une heure et demie, après avoir franchi une ligne de chemin de fer et une deuxième route importante, ils parvinrent aux limites de la ville. Howard commença à la contourner par le sud. Petit à petit, ils montaient. À 3 heures ils atteignirent un replat au-dessous du sommet de la colline qui s'élevait en douceur vers le sud à partir de Tikrit. De là, ils dominaient toute la ville et voyaient même les lumières de la base militaire aérienne de Sahra à près de quinze kilomètres. Au-delà du sommet, invisible au bas du versant opposé, coulait le Tigre dont l'autre rive bordait un deuxième aéroport, Tikrit-Est.

Les maisons de la ville elle-même les plus proches étaient à moins d'un kilomètre. Howard, qui s'arrêtait de plus en plus fréquemment pour consulter son récepteur GPS et sa carte, se mit à inspecter le terrain. La zone était dépourvue d'habitations et très largement laissée à l'abandon. Il y avait quelques plaques herbeuses mais principalement des broussailles. Bientôt ils aperçurent un grand espace à leurs pieds. Il se situait dans la ceinture de la ville et était entouré d'immeubles sur trois côtés. MacDonald pensa à une vaste place de marché – ou mieux encore, à une sorte d'arène. Au fond, il y avait un large mur éclairé par des projecteurs, avec une espèce de dessin dessus, face à l'arène. Mais MacDonald ne pouvait distinguer ce qu'il représentait car l'éclairage était trop éblouissant pour ses lunettes de vision nocturne.

Howard venait encore de s'arrêter. MacDonald le vit prendre des mesures par rapport à l'arène, puis d'autres en direction du pont sur la route nord-sud qui enjambait la voie de chemin de fer. Une troisième vers le terrain de Sahra confirma définitivement sa position.

–Bien, souffla-t-il à MacDonald et à Ziegler. Je pense que cette fois nous y sommes. Mac, installe le télémètre et donne-moi la distance exacte de ce mur éclairé.

Les trois hommes se débarrassèrent de leurs sacs avec soulagement. MacDonald monta le court trépied et y fixa le télémètre, branchant la petite pile qui illumina la fenêtre de graduation. Il fit lentement pivoter l'instrument pour le diriger sur le mur. En pleine nuit, le télémètre aurait été incapable de donner le moindre renseignement, mais le mur avait suffisamment de luminosité pour devenir visible dans l'appareil. MacDonald fut surpris de découvrir que le dessin était en fait un portrait géant et il reconnut aussitôt les traits souriants et la mine rassurante de Saddam Hussein. Se fondant sur un bord du mur pour faire le point, il aligna les deux images et n'eut plus qu'à lire la réponse.

–Mille deux cent quatre-vingt-dix, souffla-t-il à Howard.

–Très bien. Ici, ça sera donc notre position principale. Mike, cherche avec Danny le meilleur poste dans un rayon de vingt mètres. Moi, je grimpe un peu plus haut pour choisir le point de repli.

Ziegler passa un moment à explorer le terrain comme un chien renifle son territoire. À plusieurs reprises, il s'allongea à plat ventre pour tester l'angle de vue au-dessus de la pente qui descendait mollement vers l'arène. Lorsqu'il s'estima satisfait, il fit signe à MacDonald qui vint se mettre en place à son tour pour vérifier par lui-même la visibilité. Il approuva. Ils approchèrent les sacs de l'endroit choisi. Ils déplièrent un grand tapis et, munis chacun d'une bêche, ils commencèrent à creuser.

58

—Donc, les Anglais n'ont rien pu tirer de ce Dartington? demanda Brent Scowcroft, soucieux, en faisant craquer ses phalanges.

—Apparemment non, monsieur le président, répondit Robert Gates, directeur de la CIA. Le SIS britannique des Bahamas, où il est en vacances, l'a interrogé. J'ai tous les détails si vous voulez les voir, mais on peut résumer en disant qu'il a éclairé d'une façon parfaitement crédible toutes les zones d'ombre. Par ailleurs, il n'a pas bougé depuis le début de l'opération, en tout cas depuis que ces hommes sont entrés en Arabie Saoudite. La compagnie des téléphones des Bahamas nous a certifié qu'il n'avait pas reçu ni donné de coups de fil longue distance. Enfin, du moins jusqu'ici.

Gates s'interrompit pour avaler un peu d'eau.

—Cette communication a été enregistrée par le SIS. Dartington a appelé son directeur en Arabie Saoudite. Il semblait sincèrement bouleversé par les événements et assez furieux. L'agent SIS a également mis sa villa sur écoute et les conversations qu'il a eues par la suite avec sa femme ou avec divers invités montrent qu'il n'a pas encore décoléré. Sa femme a d'ailleurs confié à une amie que cet incident l'avait perturbé au point qu'elle avait eu de la peine à le convaincre de ne pas rentrer immédiatement à Londres... J'ai entendu ces enregistrements et je dois dire que ce Dartington me paraît tout à fait étranger à cette histoire. Cependant, ni nous à la CIA, ni les Britanniques, ne pouvons en être totalement certains. Aussi vont-ils continuer à surveiller ses moindres gestes.

—Mmoui, dit Scowcroft, pensif. Bien, tenez-moi informé.

Puis il se tourna vers Martin Faga.

—Le NRO a-t-il une idée de l'endroit où ces gens-là ont décidé de se rendre?

Faga déploya sur la table un grand montage photo de la zone

de Tikrit et tout le monde se rassembla au-dessus de l'image. Un point rouge marquait la place des véhicules. Après un survol rapide de la chronologie, Faga consulta sa montre et déclara en guise de conclusion :

– À la minute présente, les véhicules sont immobiles depuis deux heures et demie. Et mon sentiment est qu'ils le resteront sans doute encore trente-six heures.

– Qu'est-ce qui vous fait dire cela ? dit Scowcroft en relevant la tête.

– Le fait que Tikrit soit la ville natale de Saddam. Et que, après-demain, c'est-à-dire le 28, c'est son anniversaire. On peut imaginer qu'il apparaîtra en public pour soigner son image... En tout cas, ces hommes semblent avoir la certitude que c'est ce qu'il fera.

– Je suis également de cet avis, intervint Gates avec un petit signe de tête en direction de Faga. Il y a eu des cérémonies dans tout le pays jusqu'à la guerre et l'Agence de presse irakienne vient d'annoncer qu'il y en aura de nouveau cette année. Cependant, elle n'a pas précisé si Saddam participerait en personne à une manifestation particulière ni où. Et rien non plus ne nous prouve que c'est à Tikrit qu'il pourrait se rendre. Les déplacements de Saddam font partie des secrets les mieux gardés du régime. On n'annonce jamais à l'avance l'heure ni le lieu de ses apparitions. Ces hommes agissent peut-être au jugé, mais je répète ce que j'ai dit lors de la précédente réunion : je suis persuadé du contraire. Il serait très intéressant d'apprendre où ils ont pu recueillir leurs renseignements.

– Est-ce que c'est vraiment important ? demanda Scowcroft. Si nous savons où ils se trouvent et que maintenant ils sont décidés à y rester, nous pourrions effectuer un autre tir de missiles.

– Ça a déjà échoué une fois, geignit la voix nasillarde de Doublas Longmire. Une perte sèche de douze millions de dol...

– Le tir n'a pas *échoué,* imbécile, gronda le général Burnside. Les quatre missiles ont touché la cible et ont explosé, à la seconde prévue et exactement selon le plan. Ce bâtiment a été détruit. Il y avait le risque que ces individus quittent l'endroit avant l'arrivée des missiles, mais ce chapitre échappait totalement à notre contrôle. J'aimerais, monsieur le président, que vous m'autorisiez à prier le Trésor de se limiter dans ses commentaires aux matières relevant de ses compétences. Et comme M. Minimir, ici présent, loin de faire le maximum, m'a l'air de n'avoir absolument aucune compétence dans quelque domaine que ce soit, il vaudrait mieux qu'il garde une fois pour toutes son stupide clapet fermé.

Ce disant, Burnside fixa Longmire droit dans les yeux. Le

sous-secrétaire au Trésor avait déjà ouvert la bouche pour protester, mais l'intensité du regard posé sur lui était telle qu'il se tassa sur son siège et se tut.

Martin Faga et Robert Gates s'efforcèrent de contenir leur hilarité. Avec une expression de lassitude, Brent Scowcroft voulut intervenir pour calmer le jeu.

— Si vous permettez, monsieur le président, l'interrompit aussitôt Faga, j'ai réfléchi à l'opportunité d'un nouveau tir. En gros, je dirai qu'il y a de grandes chances pour qu'il soit déjà trop tard. Si notre analyse est bonne et que Tikrit soit l'endroit où la tentative aura lieu, alors je doute fort que ces hommes restent à côté de leurs véhicules à attendre après-demain.

À l'autre bout de la table, Faga vit que le général Burnside hochait la tête pour marquer son approbation.

— Les assassins, poursuivit Faga, vont certainement se poster quelque part sans prendre leurs véhicules. Il nous est impossible de repérer des individus par satellite. Une attaque de missiles pourrait détruire les véhicules mais ne tuerait pas les assassins et n'empêcherait pas l'attentat. Ces hommes sont déterminés. Le seul résultat probable serait que leur retraite se trouverait coupée et que, en conséquence, ils seraient capturés. En outre, nous savons déjà que l'un d'eux, le pilote, est un citoyen américain. Qui peut dire s'il n'y en a pas d'autres ? Et que se passerait-il s'ils étaient pris et exhibés à la télévision irakienne ?

Scowcroft avait tout de suite envisagé les risques d'utilisation à des fins de propagande et il regardait, effaré, le DNRO qui laissait sa question en suspens. Pendant plusieurs secondes personne ne prononça un seul mot.

— M. Faga a tout à fait raison, c'est l'évidence même, dit enfin le général Burnside d'une voix grave et calme. Les assassins ont déjà dû quitter leurs véhicules. Le jour va bientôt se lever en Irak et ils sont allés préparer leurs installations. Ils ont sans doute laissé quelqu'un pour garder les voitures jusqu'à leur retour. À moins, bien sûr, qu'ils n'aient l'intention de les abandonner et de revenir par un autre moyen.

— Ça me paraît très plausible, oui, conclut lugubrement Scowcroft. Alors, messieurs, que me conseillez-vous de dire au Président ?

— À mon avis, répondit Faga, le mieux que le Président puisse faire pour le moment est d'espérer de tout son cœur que, pour une raison ou pour une autre, cet attentat échouera ; mais également que les assassins réussiront à s'enfuir ensuite.

— Oui, qu'ils arrivent à passer en Arabie Saoudite, ajouta Gates. Et là, nous pourrons leur mettre la main dessus.

59

Ils terminèrent leur première cache bien avant le jour. Ce fut seulement lorsque Howard jugea qu'elle était parfaite qu'ils se rendirent au poste de repli. Howard et MacDonald se mirent au travail pendant que Ziegler s'en allait placer les anémomètres.

Une heure plus tard, il était de retour. Il avait trouvé des emplacements favorables pour deux sur trois, à quatre cent cinquante et huit cents mètres de la cache avant. Le premier des minuscules instruments était fixé sur une branche d'un grand arbre sec et nu, et le second, aussi près que possible de l'arène, en haut d'un poteau électrique.

– Saloperies d'épines, siffla Ziegler en s'emparant d'une bêche pour aider les autres. Je suis écorché de partout. Désolé, Danny, mais je n'ai trouvé aucun endroit convenable pour le troisième. Je n'ai pas voulu le poser par terre de peur que quelqu'un le voie.

– Tu as bien fait, dit MacDonald, et de toute façon, sur le sol, on n'a pas une idée juste du vent. Il faut qu'ils soient un peu surélevés, d'au moins un mètre. On essaiera de s'arranger avec deux.

Lorsqu'ils eurent fini de creuser la deuxième cache et qu'ils l'eurent recouverte et dissimulée sous les broussailles, les premières lueurs du jour commençaient à percer. Effaçant toute trace de leur présence, ils redescendirent vers l'abri le plus proche de l'arène.

MacDonald s'étonna de voir à quel point le trou était maintenant invisible. La terre qu'ils avaient enlevée, ils l'avaient entassée sur le tapis et étaient allés la disperser, en plusieurs voyages, parmi les buissons d'épines. Ils en avaient gardé juste assez pour tapisser le toit de la cache. Ils avaient testé sa résistance en marchant dessus. Il s'était révélé aussi solide que le vrai sol alentour. Puis ils avaient complété le camouflage avec des broussailles et des buissons épineux.

Ziegler resta dehors pendant qu'Howard et MacDonald se glissaient à l'intérieur. Il inspecta minutieusement les environs, supprimant les traces de pas et toute preuve de passage humain. Finalement, il entra à son tour et tira sur lui la portière après avoir balayé ses empreintes sur le sable avec une branche.

MacDonald dut reconnaître qu'il était épuisé. Il avait fourni un rude travail, bien sûr, mais de cela il avait l'habitude. Il éprouvait une autre fatigue : la tension. Étendu, alors que la clarté de l'aube s'insinuait par les meurtrières de guet, il avait envie de se pincer pour s'assurer que tout cela était bien réel et qu'il se trouvait au cœur même d'un territoire ennemi. Est-ce que la pression psychologique de toute cette aventure n'allait pas s'abattre d'un seul coup sur lui ? Il se força à analyser ses impressions. Il s'avoua que, oui, il se sentait un peu effrayé. D'un autre côté, il se consola à la pensée qu'il aurait fallu n'avoir vraiment rien d'humain pour affronter sans la moindre crainte la situation actuelle. Il y avait aussi que le programme semblait maintenant se dérouler tout seul, que personne ne pouvait plus rien pour l'arrêter. Il se demanda si les autres avaient eux aussi ce sentiment.

Il jeta un coup d'œil sur ses deux compagnons. Ziegler, à ses pieds, tout au fond de la cache, dormait déjà. Silencieux et presque totalement immobile. Comment parvenait-il à se détendre aussi complètement dans un moment pareil ? MacDonald se dit qu'il serait bien incapable de trouver le sommeil maintenant, quelle que soit sa fatigue qui d'ailleurs fondait sur lui par vagues nauséeuses. À côté de lui, Howard était à plat ventre et surveillait l'extérieur par une des meurtrières avant. Il avait pris le premier tour de garde. D'une minute à l'autre il ramperait vers l'arrière pour observer par les autres ouvertures qui couvraient toutes les intrusions possibles. Il avait l'air d'un extraterrestre avec son visage enduit de traînées brunes et noires de crème de camouflage et ses yeux étincelaient dans la lumière orange du petit matin. Et ce shemagh arabe vert sombre qui lui enveloppait la tête et le cou... MacDonald savait bien que lui-même devait paraître tout aussi irréel...

— Tâche de dormir un peu, Danny, murmura Howard sans même se retourner. Plus tard, il fera trop chaud. Quand le soleil sera plus haut, ça sera une vraie marmite, là-dedans.

— Je vais essayer.

MacDonald se recoucha et regarda le plafond, tout proche. Excellente, cette idée d'utiliser les brancards, pensa-t-il. Tous ces grands bâtons de fer et d'aluminium n'avaient pas été commodes à trimbaler mais maintenant, en croisant pieds pliants et montants, on avait obtenu une charpente très solide, capable de supporter l'épais tapis plastifié et les vingt ou trente centimètres de terre qui le recouvraient. D'ailleurs, les brancards démantelés n'avaient pas été les plus gênants à transporter. MacDonald avait été surpris par ce qu'il y avait de plus lourd : cinquante litres d'eau. Cinquante kilos – plus du quart du poids total. Mais Howard et Ziegler avaient tous deux beaucoup insisté là-dessus.

– Au repos et dans des conditions normales, un homme peut tenir en buvant un litre par jour et même moins, avait expliqué Howard. Mais par grande chaleur, si tu te contentes de ça, tu te déshydrates. Il te faut au moins quatre litres par jour, et encore, si tu ne bouges pas trop. Si c'est la canicule, c'est davantage. Et on ne peut pas prendre le risque de prévoir pour juste un jour et demi. Si ça se trouve, on devra rester deux ou trois jours, ou plus, s'il y a un os et qu'on ne puisse pas se tirer.

En comparaison, la nourriture – uniquement du froid car il était exclu de faire chauffer quelque chose – avait pris moins de place que l'eau. Ensuite, il y avait les trois fusils AK et leurs munitions, deux grenades chacun – MacDonald espérait de toutes ses forces qu'ils n'auraient pas à s'en servir – et tout le reste du matériel : le télémètre, la lunette, les anémomètres, le petit ordinateur sur piles, l'appareil photo électronique et son téléobjectif... et, bien sûr, le gros fusil. MacDonald sentait le coffret capitonné contre lui. Dans sa poche de poitrine, il avait l'étui contenant dix cartouches.

– Tu seras plus léger au retour, Danny, avait plaisanté Usher en l'aidant à charger son barda. Tu n'auras plus que neuf cartouches.

MacDonald sourit à ce souvenir. Qu'est-ce que Bob lui avait dit encore ? De *sourire* justement. C'était bien ça. Plaisante avec tout, avait-il ajouté. Ne prends rien trop sérieusement, essaie toujours de chercher le côté rigolo des choses. C'est le meilleur moyen de rester vivant. Bob avait bien raison. L'humour, même noir, était l'antidote de la peur, et aussi du désastre. MacDonald avait l'impression qu'il comprenait un peu mieux tout ça, maintenant. Petit à petit, il commença à se détendre. Vingt minutes plus tard, il dormait.

– Oh, bonjour monsieur, je ne vous attendais pas si tôt.

L'inspecteur Juliet Shelley avait levé la tête, surprise, en voyant Hughie Carter entrer dans le bureau. Il avait l'air épuisé, ébouriffé et en colère.

– Je ne peux rien faire de plus pour le moment, dit le superintendant avec un grand bâillement. Vingt-quatre heures pour des nèfles, jusqu'ici. Une chasse au fantôme, si vous voulez tout savoir. La merde, quoi. Et ici, comment ça va ?

– Oh, très calmement. Aucun problème, vraiment.

Elle hésita, cherchant ses mots.

—Monsieur, finit-elle par dire, vous semblez fatigué. Vous feriez peut-être mieux de rentrer chez vous pour vous reposer ? Vous savez, je peux me débrouiller.

—Impossible, dit aussitôt Carter. Il faut que je sois joignable à tout moment, si quelque chose de nouveau se présente. Mais je vais quand même me répandre un peu sur le divan, à côté. Appelez-moi si on me demande, voulez-vous ?

—Je vais vous faire une tasse de café, monsieur, dit énergiquement Juliet en se levant. Désirez-vous quelque chose avec ?

—Oh oui, merci. Un biscuit, un truc comme ça.

Juliet quitta la pièce. *Un biscuit, tu parles,* se dit-elle en se hâtant. *Le pauvre n'a rien dû manger depuis hier.* Et, pénétrant dans la cantine, elle passa commande.

Cinq minutes plus tard, elle était de retour dans le bureau de Carter avec un plateau. Le superintendant était assis sur le divan et dénouait ses lacets. Stupéfait, il vit Juliet approcher une table basse devant lui et déposer le plateau.

—Bon sang, Juliet, je...

—Allez-y, monsieur. Avalez ça. Vous avez l'air d'en avoir bien besoin.

Carter regarda l'assiette de bacon, d'œuf frit, de saucisse et de tomate, puis il revint à son assistante qui se tenait debout en face de lui avec une expression sévère sur le visage. Brusquement, il comprit qu'il mourait de faim. Il se mit à dévorer et invita d'un geste Juliet à s'installer dans un fauteuil. Entre les bouchées, il se plaignit des heures terribles qu'il venait de passer.

—Pas le plus petit indice, vous vous rendez compte ? Propre comme le linge de la pub, ils ont laissé l'endroit. Enfin presque. Du temps perdu, rien d'autre.

—Et pourquoi tout ce branle-bas ? demanda Juliet avec curiosité.

—Un groupe terroriste, à ce qu'on nous a dit, bafouilla Carter au milieu de la saucisse et de l'œuf. Des terroristes mon cul ! Vous voyez des terroristes monter une opération ici et partir ensuite au Moyen-Orient, vous ? Ça se fait plutôt dans l'autre sens d'habitude, non ? Et en plus, qu'est-ce qu'on s'en fout s'ils sont allés faire sauter le palais royal saoudien ou tout ce qu'ils veulent ? Les Arabes n'ont qu'à se démerder, moi je ne sors pas de là. Ça leur fera les pieds, à ces salauds. Pour une fois que ce sera eux qui prendront la pilule.

Il avait terminé en brandissant son couteau. Il but une gorgée de café et retourna à son assiette.

—En Arabie Saoudite ? demanda Juliet, troublée.

Elle se sentait mal à l'aise. Johnny y était. Elle espérait qu'il n'allait rien lui arriver, qu'il n'allait pas se retrouver pris dans un de ces affreux massacres religieux.

– Et pourquoi là-bas ? insista-t-elle.

– Dites-le-moi, vous, si vous pouvez, répondit Carter en avalant une autre gorgée de café. Tout ce qu'on sait, c'est que deux hommes se sont pointés en Arabie Saoudite le 8 avril en se faisant passer pour des employés d'un constructeur. Un Anglais et un Sud-Africain. Il y en avait d'autres, et parmi eux un pilote américain et quelques fondus qui sont entrés là-bas clandestinement dans un container maritime, vous m'avouerez un peu. Et ils ont préparé le coup ici, pas loin, à Swindon...

Juliet n'écoutait plus. Elle réfléchissait intensément. *Cette date – le 8 avril. Un Anglais et les autres. Johnny était parti le 7 avril – il avait dû arriver le 8 au matin...* Carter continuait :

– ... En fait, moi je n'y comprends rien. C'est une putain d'énigme... Si vous avez une idée, vous, moi j'achète.

Juliet était noyée dans ses pensées. Elle regarda en arrière, cherchant des petits faits insignifiants, un détail qui aurait cloché à un moment. Mais elle finit par se dire que ses soupçons étaient ridicules. Bon, d'accord, Johnny ne lui avait pas confié grand-chose sur son travail, mais l'idée qu'il puisse être compromis dans une affaire criminelle... Et du *terrorisme,* qui plus est ? Pas une chance sur un million.

– Et vous dites qu'ils ont laissé leur repaire ici totalement vierge, pas le moindre indice ? dit-elle en forçant sa voix à rester claire.

– Aussi impeccable que possible. Pas de miettes, pas de cheveux, pas de fibres, rien. Juste une ou deux taches de peinture par terre.

– De la peinture ?

Juliet articulait autant que le lui permettait l'énorme langue qui envahissait sa bouche. Quant à son estomac, il était en plomb.

– Ouais. Et c'était forcément eux parce qu'il n'y avait eu aucun locataire auparavant, vous voyez ? Ils étaient les premiers. Et on découvrira sûrement que ça colle avec le container.

– Comment ça ? demanda-t-elle, à peine audible.

– Le container maritime qu'ils ont utilisé pour faire entrer en douce certains d'entre eux en Arabie Saoudite, expliqua Carter en s'attaquant au bacon. Il paraît qu'ils ont bricolé une sortie de secours dans le caisson. Ils l'ont mastiquée pour qu'on ne la voie pas et ils ont peint par-dessus, vous comprenez ? De la peinture jaune. Je suis certain qu'on s'apercevra que ça correspond, dès qu'on aura les échantillons.

La tête de Juliet s'était remplie d'eau. Elle essayait de toutes ses forces de faire entrer ses doigts dans les accoudoirs de son fauteuil tandis que, d'un regard mort, elle s'était mise à compter les cheveux roux qui s'éclaircissaient sur le crâne de Carter replongé dans son assiette.

—Excusez-moi, monsieur, dit-elle, mais je dois aller terminer quelque chose à côté.

Sa voix étranglée lui sembla appartenir à quelqu'un d'autre. Il y avait également un gros avion qui tentait de sortir de ses deux oreilles en même temps et elle crut qu'elle allait perdre connaissance. Elle parvint à se lever en s'appuyant de tout son poids sur le fauteuil et se propulsa vers la porte qu'on avait transportée, pour encore compliquer les choses, à un kilomètre, à l'autre bout d'un tunnel tout à fait sombre.

Lorsque, après avoir réussi la traversée, elle se retrouva dans le bureau contigu, elle entendit à peine la voix de Carter qui lui criait :

—Merci pour le petit déjeuner, hein, Juliet ! Je vous en dois un.

Effondrée derrière son bureau, elle contemplait passionnément le mur vide en face d'elle sans d'ailleurs rien voir. *De la peinture jaune,* pensa-t-elle, tout engourdie. *Cette tache sur le jean que Johnny avait donné à nettoyer. La tache qu'ils n'ont pas réussi à enlever. C'était une tache de peinture jaune.*

—Monsieur le Président, j'ai le Premier Ministre Major en ligne.

—Merci.

Le Président George Bush réfléchit un instant puis décrocha.

—John ? Ici George. Comment allez-vous ?

—Très bien, merci, monsieur le Président. Et vous ?

—Bien, dit le Président, bien. Heuh, écoutez, John, nous avons un nouveau problème avec cette chose, là, en Irak. Ces, heuh, ces gens, là-bas, qui tentent de tuer Saddam. Est-ce qu'on vous a mis au courant ?

—Oui, évidemment. Ça risque d'être très embarrassant.

Très embarrassant, pensa le Président, *c'est un euphémisme ! Un vrai désastre, oui.*

—En effet, embarrassant, c'est bien le mot. Voyez-vous, on m'annonce ici qu'il n'y a aucun moyen de les arrêter. Ils nous ont échappé, si on veut. Alors, on ne peut plus espérer que deux choses : la première, c'est qu'ils échouent, et la seconde, ce serait que vos services arrivent à obtenir un petit geste de ce type, heuh, le chef de cette entreprise. S'il se laissait convaincre de tout stopper. Pensez-vous qu'il y ait une chance de ce côté-là ?

—Sir Peter Dartington ? On l'a interrogé. Il n'a pas du tout l'air d'être compromis dans cette affaire. C'est un industriel tout à fait respectable.

Jésus, pensa le Président. *Un industriel tout à fait respectable. Vraiment ! Comme si ça le lavait de tout soupçon.*

—Je n'en doute pas, John. Mais est-ce que vos services l'ont, heuh, un peu titillé ? Un peu... pressuré ? Enfin, vous voyez ce que je veux dire. Ce n'est pas une peccadille.

— Non, monsieur le Président, répondit énergiquement Major. Nous n'avons pas fait cela. Ça ne nous paraît pas possible. Nous aurions un scandale.

— Mais enfin, si ce complot réussit, nous allons avoir un petit peu plus qu'un scandale ! répliqua le Président, exaspéré.

Ce satané formalisme britannique me rendra fou ! fulmina-t-il intérieurement.

— Je comprends parfaitement que vous soyez déçu, monsieur le Président. Croyez bien que je le suis aussi. Mais pour en revenir à votre premier point — la question de leurs chances de succès — tout d'abord, il me semble que nous pouvons supposer que ces hommes sont hautement professionnels. Jusqu'ici ils n'ont pas laissé la moindre trace, en dehors du pilote que vous avez pu identifier. La police pense qu'ils sont extrêmement qualifiés et qu'ils ont dû préparer leur expédition de main de maître. Aussi, nos services estiment-ils qu'ils ont de bonnes chances de réussir.

— Bien, John, dit le Président, satisfait de voir que le Premier Ministre venait de lui-même se placer sur le terrain où il voulait l'amener. Il y a une chose qui nous tracasse, c'est de savoir comment ils peuvent être aussi sûrs que Saddam va se montrer à Tikrit demain. Nous nous demandons où ils ont pu prendre cette information.

Il marqua une pause mais ne reçut pas de réponse.

— Personne ici, ni à la CIA ni au Département d'État ni d'ailleurs dans quelque service que ce soit, n'est au courant d'une façon concrète de ses déplacements. Je leur ai posé la question avec insistance.

Il s'interrompit une nouvelle fois avant d'en venir prudemment à l'essentiel.

— Est-ce que l'un de vos services de renseignement est en mesure de confirmer qu'il sera effectivement là ?

— Autant que je sache, personne ici non plus n'a connaissance des déplacements de Saddam.

Ça n'avait pas marché, se dit le Président. Il allait être obligé, malgré sa répugnance, de pousser le Premier Ministre dans ses derniers retranchements.

— Bien, John, mais la question est de savoir ce que nous devons faire pour limiter les dégâts. Ce serait une catastrophe s'ils étaient capturés par les Irakiens. Nous avons un citoyen américain impliqué là-dedans et il y a aussi au moins un gars, euh, à vous.

Le Président avait appuyé, sans excès, sur le dernier mot. Et cette fois-ci, il eut plus de succès car le Premier Ministre répondit aussitôt avec une ombre d'irritation dans la voix :

— Il se peut très bien qu'il y ait des sujets britanniques engagés dans cette affaire, monsieur le Président, mais je puis vous assurer qu'ils ne sont pas « à nous ». Qui qu'ils soient, ils ne sont pas employés par le gouvernement de Sa Majesté, si c'est ce que vous insinuez. Je ne voudrais surtout pas que vous pensiez une chose pareille.

— Loin de moi une telle idée, John, déclara le Président d'une voix apaisante. Pour ma part, je vous donne l'assurance formelle que le gouvernement des États-Unis n'est pas derrière cette tentative d'assassinat de Saddam.

À l'autre bout du fil, John Major resta un moment silencieux. *Alors,* se dit-il, *c'est pour ça qu'il m'a appelé. Le Président soupçonne* réellement *le gouvernement britannique de tremper dans cette histoire et tout ce qu'il veut, c'est une confirmation ou un démenti.*

— Et de mon côté, monsieur le Président, dit-il après avoir bien réfléchi, je vous donne la même assurance, tout aussi catégorique. Ces hommes n'agissent pas pour le compte du gouvernement britannique, en aucun cas, ni officiellement, ni officieusement.

Le Président hésita un instant. Le Premier Ministre venait de lui donner sa parole d'honneur.

— Eh bien, John, nous nous demandons vraiment qui ils peuvent être. Nous avons évoqué à un moment la possibilité de l'implication de l'Afrique du Sud, étant donné qu'il y a un Sud-Africain dans le groupe. Mais nous ne voyons pas très bien pourquoi ils auraient pris le risque de mettre leur opération sur pied en Angleterre alors que ç'aurait été tellement plus facile chez eux. En outre, ils se fichent totalement de Saddam, à mon avis. L'autre hypothèse, c'était Israël, mais nous avons des, euh, contacts là-bas et nous aurions vu arriver le coup. Et, comme pour les Sud-Africains, on comprendrait mal qu'ils aient monté tout ce cirque en Angleterre plutôt que bien en sécurité chez eux. Alors nous ignorons totalement qui ils sont. Vous n'auriez pas une idée, par hasard ?

Il essaie encore de me mettre dedans, pensa le Premier Ministre.

— Je crains que non, monsieur le Président, répliqua-t-il d'une voix impassible. Nous ne le savons pas non plus.

Le Président ne pouvait pas aller plus loin. Il avait bien senti la contrariété dans le ton de son interlocuteur et une certaine réticence dans ses réponses. Il estima qu'il était temps de lâcher un peu de lest.

– Bon, eh bien je ne crois pas qu'il y ait grand-chose de plus à faire pour le moment, John. Mais je m'aperçois que je n'ai pas parlé avec vous depuis votre réélection du 9. Mes félicitations. J'espère que vous avez eu mon message.

– Bien sûr. Il m'a fait très plaisir. Je reconnais que ce résultat a été une très bonne nouvelle.

Voilà, se dit le Président. Le Premier Ministre paraissait tout à coup beaucoup plus détendu.

– Nous sommes tous très jaloux de vous, ici, John. Vous êtes reparti pour cinq ans, alors que moi, j'ai quelques problèmes. Je préférerais avoir moi aussi ma réélection derrière moi. L'opposition me mène la vie dure. Je ferais bien de copier sur vous, de temps en temps. Vous vous en êtes drôlement bien tiré.

– Vous êtes très aimable, George, dit le Premier Ministre, visiblement ravi et flatté. Les choses se sont très bien passées en effet. Nous avons obtenu ce que nous voulions à Maastricht et la Communauté européenne avance dans la bonne direction. Tout semble nous sourire, pour l'instant. J'espère qu'il en sera de même pour vous. Si ça peut vous réconforter, mon expérience personnelle prouve que les candidats de l'opposition attirent plus de commentaires que de bulletins de vote. De toute façon, je vous souhaite un égal succès cet automne.

– Merci, John. À bientôt.

George Bush reposa le combiné et se remémora les points principaux de la conversation. Major n'était pas un type facile à cerner, se dit-il. Il avait l'air plutôt correct – et même parfois correct au point d'être terne – mais il n'était pas aisé de deviner ce qu'il pensait vraiment. Avait-il dit la vérité ?

Le Président des États-Unis soupira et décida que oui.

En s'éveillant, MacDonald entendit un léger *Chtang*. Il sursauta et allait s'asseoir quand il se souvint que le plafond était très bas. Il tourna la tête et vit Ziegler à plat ventre devant une meurtrière latérale, un lance-pierres à la main. Il y eut un bêlement suivi du bruit que peut faire un animal qui détale.

– Putains de chèvres, murmura l'Américain.

On suffoquait dans la cache. L'air n'entrait que par les points de guet. Howard était toujours éveillé. Il continuait à monter la garde. MacDonald consulta sa montre. Il avait dormi cinq heures et il était presque midi. Ziegler lui tendit une bouteille d'eau.

– Merci, Mike, souffla le chasseur avant d'avaler une gorgée tiède au goût de plastique. Qu'est-ce qui se passe avec les chèvres ?

– Ces saletés viennent brouter ici. Un troupeau complet. Le problème, c'est que là où il y a un troupeau, il y a parfois un berger. Je leur tire sur le cul avec cette fronde. Si quelqu'un surveille, il croira qu'il y a un essaim de guêpes ou un truc comme ça et il ira voir ailleurs.

Il arma son lance-pierres d'un nouveau plomb de chevrotine et le tendit, visant soigneusement. Il lâcha. Il y eut encore un bêlement. MacDonald vit une chèvre blanche décharnée sauter en l'air. Elle s'enfuit à une trentaine de mètres et se remit à paître.

– Danny ? murmura Howard. Je crois que nous pouvons laisser Mike nous défendre contre les monstres. Il se passe des choses, en bas.

Il rit et indiqua la meurtrière avant. MacDonald roula sur lui-même et regarda dehors. Il y avait de l'agitation dans l'arène. Il prit ses jumelles.

Tout autour de l'esplanade, des hommes plantaient des mâts. D'immenses drapeaux irakiens pavoisaient maintenant la plupart des immeubles fermant la place, y compris ceux situés au fond, derrière le mur au portrait. Au centre s'étaient rangés plusieurs gros camions remplis de piquets plus petits qu'on déchargeait et répartissait en divers endroits.

– Qu'est-ce que c'est, ces poteaux ? demanda MacDonald.

– Des repères, je suppose, pour que l'assistance soit bien alignée. Mais regarde donc au fond, juste devant le portrait de Saddam. Tiens, viens voir dans la lunette.

MacDonald s'installa. Grossie soixante fois, la scène lui sauta au visage. Devant le mur, on assemblait un grand podium dont les morceaux étaient eux aussi sortis des camions. Des militaires avaient l'air de diriger les opérations et l'estrade prenait forme peu à peu. Un officier s'assurait avec beaucoup de zèle qu'elle occupait bien le centre. Alors que MacDonald observait toujours, on apporta les éléments d'une seconde structure, plus petite et peinte en blanc. On fit le montage au milieu de l'estrade. Ensuite, quatre soldats approchèrent, chargés d'un bloc de trois marches qu'ils ajustèrent à l'arrière. Une corde blanche reliant quatre courts poteaux fut disposée autour de l'ensemble.

MacDonald s'écarta pour qu'Howard puisse voir à son tour.

– Merveilleux, dit-il calmement. Une tribune. Et au meilleur endroit, en plus. Si le portrait est à mille deux cent quatre-vingt-dix mètres, cette tribune doit avoisiner les douze cent cinquante. Parfait. On va pouvoir calculer la distance précise.

Installer l'encombrant télémètre devant la meurtrière n'était pas chose facile mais, au bout de dix minutes, le gros appareil trônait sur son trépied bas et MacDonald commença à faire coïncider les deux moitiés d'image de la tribune blanche. Lorsque l'ajustement fut parfait, il n'eut plus qu'à lire la distance.

– Mille deux cent quarante-deux mètres, annonça-t-il.

Ils démontèrent le télémètre et le rangèrent au fond de la cache.

MacDonald prit le petit ordinateur portable et l'alluma. Un peu d'entraînement à Badanah et les conseils éclairés d'Usher l'avaient rendu très compétent dans le maniement du logiciel balistique.

– Alors, dit Howard, voyons un peu ce que nous avons. Vitesse du vent : un nœud, de droite à gauche. Baromètre : neuf cent quatre-vingt-neuf millibars. Humidité : quatre-vingts pour cent. Température de l'air : trente et un degrés.

– Température en Fahrenheit, dit MacDonald avant de taper la dernière information.

– Oh pardon : quatre-vingt-six.

MacDonald termina et appuya sur « SUM ». Quelques secondes après, l'échelle correspondant à douze cent quarante mètres s'afficha.

– Si je ne changeais rien par rapport à ce que j'ai mis au point sur mille deux cents mètres, la balle taperait à soixante-dix centimètres au-dessus et à vingt-cinq à gauche. Alors, il faut dix crans vers le haut et trois sur la droite.

– Bien, dit Howard. Et ça correspond à tes tables manuelles ?

– Mes tables ne sont calculées que vingt-cinq mètres par vingt-cinq mètres, alors que l'ordinateur, lui, donne une réponse tous les cinq mètres.

MacDonald se mit à feuilleter son carnet et trouva bientôt la page qui comportait l'estimation la plus proche.

– Oui, ça colle. Ça devrait être tout à fait bien.

– Je crois que cette fois, Danny, on est en plein dedans, dit Howard avec un sourire un peu féroce.

Derrière eux, le lance-pierres émit un nouveau *Chtang*.

– Putains de chèvres, grommela Ziegler.

60

À nouveau, la grande colère noire lui était tombée dessus.

Plus la colère grossissait, plus elle lui brouillait l'esprit, et plus elle lui brouillait l'esprit, plus elle grossissait. C'était une spirale infernale qui l'entraînait dans une fureur aussi sombre que les eaux du Styx. Dans ces moments-là, la rage s'emparait totalement de lui, le rendait presque fou et il s'en prenait à tout ce qui l'entourait, objets ou personnes.

À peine maître de lui, le puissant homme posa un regard venimeux sur les plats servis devant lui sur la grande table, puis sur la silhouette du domestique qui se tenait, paralysé par la peur, à l'autre bout de la pièce. Petite créature négligeable et sans valeur, pensa-t-il. Inutile comme tous les autres ! Une bouffée meurtrière foudroyante envahit son cerveau. D'un violent revers de la main il balaya vaisselle et nourriture. Le fracas de la porcelaine et du cristal résonnait encore que déjà il posait la menace de ses yeux froids sur l'homme figé contre le mur. Le regard terrifiant semblait capable de poignarder les corps, et la voix plate, glacée, mortelle claqua :

– Sortez.

– Votre Excellence, dois-je débarras...

Les mots étaient hachés, hésitants.

– SORTEZ !

Le puissant homme donna du poing sur la table. Il bondit sur ses pieds, le visage cramoisi, vibrant de haine. Le serviteur terrorisé ne se fit pas prier davantage et, dans un gémissement d'angoisse, pivota, s'enfuit, referma la porte derrière lui.

Enfin seul, le puissant homme envoya un vigoureux coup de pied dans son fauteuil qui prit son envol. Il commença à arpenter la pièce comme une bête féroce dans sa cage et essaya d'extirper de sa tête cette colère. Il savait bien que c'était la même pensée qui déclenchait tout, chaque fois. Il suffisait qu'il évoque cet homme. Celui qui l'avait trompé, qui lui avait menti. Le seul étranger en qui il avait eu confiance et qu'il considérait comme responsable de son humiliation.

Kelly. Le traître, le fourbe Kelly. Le nom à lui seul provoquait chez le puissant homme des accès de rage. Il le prononça à haute voix en découvrant les dents comme un fauve sur le point de bondir. Kelly ! Il avait été l'ami de Kelly et avait fait ce qu'on lui avait conseillé. Il s'était montré parfaitement loyal avec Kelly et avec les États-Unis. Et il avait été trahi. Depuis, il s'était maintes fois juré qu'un jour il tiendrait Kelly en son pouvoir, comme il en avait déjà tenu tant et tant. Et ce jour-là...

Le puissant homme se saisit du pistolet qu'il avait à la ceinture. Il le sortit du holster et le bruit qu'il fit en l'armant emplit la pièce. Kelly ! Il leva brusquement l'arme et tira deux fois dans la porte. La secousse fut considérable. L'une des balles rebondit contre le mur gris de béton armé et alla frapper une cafetière en argent ciselé posée à l'extrémité de la table, la renversant après l'avoir trouée. Le puissant homme ne la regarda même pas. Le café se répandit sur la nappe et se mit à goutter sur le sol.

Personne ne viendrait plus, maintenant, pensa-t-il. Personne n'oserait se présenter. La rumeur devait déjà se propager, à propos des coups de feu. Partout, ils tremblaient tous de peur, ils avaient tous envie de se terrer comme des rats pétrifiés, le ventre liquéfié à l'idée qu'on allait peut-être venir les chercher. *Terrifiés...*

Très bien, se dit le puissant homme. Que cette racaille vive dans la crainte. Ça les ferait tenir tranquilles. Et que ce soit Kelly qu'on lui amène au bout du compte. La délivrance apaisante d'une balle ne serait pas pour lui. Pour Kelly, ce serait tout un itinéraire douloureux vers la folie, une mort lente, interminable, au milieu des hurlements...

D'avoir tiré l'avait légèrement détendu. Distraitement, il éjecta la douille restée dans le canon et fit monter une balle neuve, puis il remplaça les deux manquantes par deux autres qu'il prit dans le tiroir de la table. Ses pensées dérivaient. Demain...

Il devait faire nuit, maintenant, au-dessus, dehors, dans les rues. Demain serait une journée importante. Les circonstances le forçaient à agir, mais il allait tout retourner à son avantage, comme toujours. Seulement il y avait cette pression sur lui, pensa-t-il, furieux. Il n'avait pas eu d'autre choix, il avait dû se décider entre les Iraniens et les Syriens. Il haïssait les deux. Mais il haïssait encore plus les Syriens.

Un pacte de non-agression. Il ne lui restait plus de meilleure solution. Il fallait s'entendre avec l'un des deux avant qu'ils ne s'allient pour l'étouffer. Et le laquais iranien signerait demain. L'homme serait impressionné par le déploiement de forces et n'aurait aucun doute quant à ce qu'il convenait de faire. Il n'oserait pas tirer un trait sur des mois de préparation et de négociations. Il signerait.

Mais on ne pouvait faire confiance ni à ce sous-fifre ni à ses maîtres de Téhéran. On ne pouvait jamais leur faire confiance ! Ils allaient essayer de tricher, ou de manœuvrer, ou pis encore de... Oui. Même ça, c'était à redouter. Un complot était toujours possible. Il y avait des complots partout... Eh bien, ses précautions étaient d'ores et déjà prises pour demain. Rien de plus facile. Et s'il y avait une conspiration, elle échouerait, comme toutes les autres. Est-ce qu'ils le prenaient pour un imbécile ? Si oui, ils allaient vite se rendre compte qu'ils s'abusaient. Demain, ils allaient s'en rendre compte. Demain...

Au plus profond des labyrinthes des bunkers creusés sous les rues de Bagdad, Saddam Hussein continuait à faire les cent pas, seul dans les ténèbres.

Maintenant, au soulagement de tous, la température de la cache commençait à baisser. L'air frais de la nuit rongeait la chaleur du sol et celle du toit du réduit. C'était redevenu supportable. Howard se reposait enfin. Il avait réussi à s'endormir. À côté de MacDonald, Ziegler avait pris son tour de garde. En bas, dans la ville, l'agitation s'était en partie calmée. Les projecteurs étaient restés allumés et on voyait des feux dans les alentours, au milieu des tentes des soldats qui avaient participé au montage. Certains se trouvaient sur la pente, mais le plus proche n'était pas à moins de six cents mètres.

Toute la journée il y avait eu des allées et venues et une activité incessante. Des tas de gens étaient passés au pied du pylône électrique où était installé le deuxième anémomètre. Les trois hommes de la cache les avaient bien surveillés, mais aucun n'avait remarqué les trois petites coupes tournantes au-dessus de leurs têtes.

— Les gens regardent très rarement en l'air, Danny, avait expliqué Ziegler dès le début d'un ton rassurant. Ils regardent devant eux ou par terre. Ils ne les verront pas. Et s'ils les voient, ils croiront que c'est tout à fait normal qu'un engin pareil se trouve là.

MacDonald se sentait plutôt d'accord. Les cerfs ne faisaient pas autre chose. Eux aussi regardaient toujours en bas. Il y avait peu de chances pour qu'ils vous aperçoivent si vous vous postiez au-dessus d'eux, dans la montagne.

Toute la journée s'était déroulée dans un climat de tension, d'alerte rouge. Danny avait noté que les autres aussi restaient sur le qui-vive, même s'ils avaient réussi à se ménager des plages de sommeil entre les tours de garde. La vie dans de telles conditions de claustration et de promiscuité aidait sans doute à mieux connaître ses compagnons, se dit-il, rêveur. Ces sacs hermétiques en plastique aussi – heureusement qu'ils les avaient. Toute une petite collection s'entassait au fond de la cache, aux pieds d'Howard. Sans les sacs, l'odeur aurait été...

Paradoxalement, la journée avait également été marquée par un terrible ennui. Il n'y avait rien de mieux à faire que d'observer le paysage – toujours le même, heure après heure – ou manger, boire et dormir. MacDonald était doué d'une grande patience mais la monotonie de cette vie souterraine commençait à lui peser. Il se demanda comment ses compagnons, tous deux hommes d'action, parvenaient à la supporter. C'était surtout l'attente qui...

– Chchttt !

C'était Ziegler. Danny sursauta. Il rejoignit sans bruit l'Américain pour regarder dehors avec lui. Ziegler recula et, tendant le bras, pinça légèrement le lobe de l'oreille d'Howard. Celui-ci s'éveilla instantanément et saisit son AK muni d'un silencieux. Les trois hommes se tinrent aux aguets.

Une patrouille d'une douzaine de soldats irakiens descendait la pente dans leur direction. Malgré ses lunettes NVG, MacDonald ne voyait que des silhouettes, à environ quatre cents mètres. Tandis qu'ils approchaient, on entendait leurs pas résonner. La patrouille s'arrêta à deux cent cinquante mètres et on percevait faiblement des bribes de conversation. Au bout d'un moment, elle se scinda en deux et huit hommes se remirent en marche, droit sur la cache. Les quatre autres demeurèrent sur place.

Ils continuaient à avancer. Cinquante mètres. Quarante. Ils allaient tomber en plein sur la cache. Ils allaient la découvrir. MacDonald retint son souffle et ses mains se crispèrent sur son AK. Howard était ramassé devant la sortie, prêt à bondir. Vingt mètres. Dix...

Les huit hommes passèrent tout contre la meurtrière. Si près qu'un caillou heurté par une botte y entra et alla atterrir sur le sac à dos de MacDonald. Ils étaient passés. MacDonald les regarda s'éloigner vers leur campement.

Pendant une demi-heure, ils observèrent les quatre soldats laissés en faction qui se découpaient sur le ciel plus clair. Leurs voix parvenaient jusqu'à la cache. Une allumette craqua quand l'un d'eux alluma une cigarette. Trois des quatre militaires s'étaient assis, le quatrième s'activait tout autour, arrachant des branches d'épines et des broussailles. Une deuxième allumette montra à MacDonald qu'ils allaient faire du feu. Le bois sec prit très vite. La lueur révélait les visages des quatre hommes maintenant tous assis en cercle.

Une heure passa encore. Trois soldats déroulèrent des couvertures et se couchèrent. Le dernier resta là pendant que le feu mourait, puis il se leva et commença à faire les cent pas pour se dégourdir.

– Danny, dit Howard d'une voix à peine audible. Tu ne bouges pas. Mike et moi allons voir ces types.

– Mais ils ne nous ont pas repérés.

– Non, mais s'ils sont encore là demain matin, ils le feront, surtout quand tu tireras. Sans parler du moment où on sortira d'ici.

– Mais ils vont être portés manquants. Ou alors quelqu'un d'autre va débarquer pour la relève.

– C'est un risque qu'il faut courir. Si l'armée irakienne était un tout petit peu compétente, je dirais qu'on pourrait s'étonner de leur absence, mais il suffit de les regarder. De vraies cloches. Je suis à peu près sûr que personne ne remarquera rien pendant un bon bout de temps. Ils n'ont pas de radio. Je parie qu'ils doivent attendre ici la fin de la fête. Ils ne savent probablement même pas que leur grand patron va venir.

MacDonald hocha la tête, sceptique, et les deux autres se préparèrent à sortir. Sans bruit, Ziegler fit glisser le panneau obturant la chatière et ils disparurent. MacDonald les récupéra dans son champ de vision, un peu plus haut, sur la pente. Ils avançaient en rampant comme des lézards et, au bout d'une dizaine de mètres, les buissons les avalèrent. Une moitié de son esprit les accompagna, ç'aurait été agréable de les suivre...

Pendant près d'une demi-heure, MacDonald scruta la nuit. Il voyait la sentinelle piétiner, puis s'approcher du feu, le ranimer et s'asseoir devant lui quelques minutes, puis se relever et reprendre sa faction.

Une ombre sembla soudain se lever derrière l'homme et la silhouette s'effondra. Les trois soldats enroulés dans leur couverture n'eurent pas un geste. Puis, moins d'une minute plus tard, MacDonald crut voir une certaine agitation. Et ensuite plus rien. Il n'y avait eu aucun bruit et très peu de mouvement. MacDonald avait guetté en vain la petite toux des silencieux.

Les battements de son cœur s'accélérèrent. Que s'était-il passé ? Soudain, il se sentit très seul, aussi seul et perdu que dans le canot pneumatique, au milieu de la mer Rouge. Et si Ed ou Mike avaient été blessés, ou tués ? Il attendit pendant de longues minutes, mal à l'aise. Quinze. Vingt. Trente. Quarante ! Quelque chose avait mal tourné, c'était certain. Pourquoi mettaient-ils si longtemps à revenir, alors qu'ils ne craignaient plus d'être vus par la patrouille ? Pourquoi n'avaient-ils...

– Danny.

MacDonald tourna la tête en direction de la voix. À dix mètres, il aperçut Ziegler qui sortait d'un buisson. Howard le suivait. Quelques instants plus tard, après avoir balayé leurs empreintes autour de la cache, ils étaient de retour à l'intérieur.

– Qu'est-ce qui s'est passé ? demanda MacDonald d'une voix rauque.

– On s'est occupés d'eux, annonça Howard succinctement.

MacDonald avisa le grand couteau glissé dans sa ceinture.

– Pourquoi avez-vous mis si longtemps ?

– Il a fallu nettoyer un peu, après, expliqua calmement Ziegler. On ne pouvait pas les laisser comme ça avec leur matériel, en plein milieu, hein ? Et ensuite on a dû effacer les traces, bien s'assurer que plus rien ne traînait, le ménage quoi.

– Et les corps, vous les avez mis où ?

– Eh bien, dit nonchalamment Ziegler, si tu veux mon avis, j'espère qu'il n'y aura pas de changement de plan et qu'on ne sera pas obligé d'utiliser la cache de secours. Parce qu'elle est bien pleine, maintenant, et ça ne va pas y sentir très bon, demain matin, avec le soleil.

– Ah, finalement, elle sert à quelque chose, alors, dit MacDonald avec un sourire un peu forcé. Je suis content que tout ce travail n'ait pas été complètement du temps et de l'énergie perdus.

Ziegler regarda bizarrement MacDonald avant de se tourner vers Howard.

– Tu sais quoi, Ed ?

– Non ?

– Je crois bien qu'on va finir par faire un vrai soldat de ce Scotch !

– C'est justement ce que j'étais en train de me dire, répondit-il.

61

—Le JSTARS signale un fort trafic en direction de Tikrit, Walter.

—De quoi ça a l'air ? demanda le Morse en rejoignant Kearwin devant l'écran.

—Depuis une demi-heure, il y a des véhicules qui entrent en ville. Des camions, sans doute, pour la plupart. Depuis... avant 7 h, heure irakienne. Pas des blindés. À mon avis, c'est plutôt un transport de troupes. Comme s'il allait y avoir une grande parade.

Kearwin hésita un peu, puis osa poursuivre.

—Dites donc, Walter, c'est vrai que c'est l'anniversaire de Saddam ?

—C'est ce qu'on m'a dit, John. Alors c'est quoi, la nouveauté ?

—Ici, au nord. Sur ce terrain d'aviation. La base Sahra/Tikrit Nord. Les AWACS ont noté là une forte activité d'hélicoptères il y a environ une heure, mais depuis une demi-heure c'est fini. Sauf un hélicoptère isolé qui s'est posé il y a vingt minutes en provenance du sud. Il est encore au sol. Il y avait également une grosse concentration de blindés. Juste après que l'hélicoptère s'est immobilisé, le convoi de blindés s'est mis en branle, vers la ville. Vous voyez ?

Le Morse regarda l'écran. L'image était très difficile à interpréter, mais Kearwin avait un meilleur entraînement et ses explications aidèrent le Morse à comprendre. Il l'invita à continuer.

—Et il y a encore un autre groupe de véhicules, plus réduit – blindés légers et voitures – qui vient par la route du sud, ici, dit Kearwin. Tout ça semble vouloir converger vers la ville. Vous pensez qu'il se prépare quelque chose ?

—Je l'ignore, John, mais on est en droit de le supposer. On peut en dire plus sur les blindés ?

—Les très gros, ceux qui viennent du nord, c'est du MBT. Des grands chars de bataille. Des T-54-55, des T-62, vous voyez. Peut-être même des T-72. Les plus légers qui arrivent du sud, je dirais des BTR-70 ou des BRDM-2. Blindés légers à roues sans chenilles. Enfin des trucs dans ce genre. Et il y a aussi des jeeps et des voitures, avec.

— Bien. À partir de maintenant je veux qu'on me fasse piquer tous les satellites là-dessus. Regardez où ils vont tous et mettez-moi le paquet sur l'endroit. Et des tirages de tous les passages. Vous m'avez bien saisi ?

— Vous les aurez, promit Kearwin. Vous savez, Walter, on en apprendrait mille fois plus si on avait un survol de TR-1.

— À mon avis, il ne faut pas y compter. J'en ai parlé. L'Armée de l'air dit que je suis fou. Ils ont une peur bleue que leur foutu machin se fasse descendre, et je les comprends. Vous vous souvenez des rapports sur les installations de SA-4 ? On a dit que l'une d'entre elles se trouvait justement dans le coin, à Samarra, sur la route de Tikrit. Et un missile antiaérien SA-4 pourrait facilement avoir un TR-1. Je crois qu'il vaut mieux que vous renonciez à votre idée.

Kearwin commença à programmer les piqués de satellites tout en gardant un œil sur l'écran principal. Dix minutes plus tard, il rappelait le Morse.

— Tous les blindés m'ont l'air de se diriger vers cette zone dégagée en bordure de la ville, ici, expliqua-t-il, tout excité.

Le Morse ne répondit rien. Il fixait l'écran de tous ses yeux. Derrière lui, d'autres analystes se regroupaient en cercle. L'image radar devint de plus en plus confuse au fur et à mesure que les véhicules se rejoignaient et se rangeaient les uns près des autres. Tous les assistants avaient le sentiment qu'un événement de la plus haute importance allait se produire. Tout le monde se taisait.

— Eh ! s'exclama soudain Kearwin perçant le silence de sa petite voix de vrille. L'hélicoptère vient de repartir. Et il s'oriente vers cet endroit lui aussi.

Dans la cache, les trois hommes entendirent le grondement des blindés et le crissement de leurs chenilles avant de voir les engins eux-mêmes. Maintenant, dans l'arène, des milliers de gens s'étaient déjà rassemblés. Fantassins pour la plupart, ils étaient sortis des camions garés dans des dizaines de parkings tout autour de la ville. Ils s'étaient massés au fond et sur les côtés, face à l'estrade et à la tribune blanche. Derrière eux, au centre, une zone réservée aux civils commençait elle aussi à se remplir. Les habitants de Tikrit avaient obéi aux recommandations délivrées par haut-parleurs leur enjoignant d'assister à la cérémonie qui allait avoir lieu.

Autour de la tribune, une large bande restait vide. Un vacarme annonça l'approche de la colonne blindée. Un petit convoi de voitures BRDM entra à son tour dans l'arène et se déploya à l'extrême droite. Howard fut très surpris de voir une limousine noire parmi les BRDM. Elle roula encore pour se placer en tête et s'immobilisa. Un fanion pendait au porte-drapeau miniature fixé sur le capot de la voiture, mais il était trop petit pour qu'Howard pût discerner ce qu'il représentait.

Un détachement d'une cinquantaine d'hommes à l'allure athlétique semblait diriger les opérations. Howard s'avisa soudain qu'ils étaient les seuls à être armés et la lunette lui confirma que tous les autres soldats étaient sans armes.

– La Garde présidentielle, souffla-t-il doucement. C'est pour bientôt, Danny. Prépare-toi.

Maintenant, le bruit des blindés était presque assourdissant. MacDonald sortit le gros fusil de son coffret capitonné et l'installa, l'extrémité du canon hors de la meurtrière avant. Dans sa poche de poitrine, il prit l'étui de munitions et le posa à côté de l'arme. Il entra les données climatiques dans l'ordinateur avec l'aide d'Howard. À 8 heures du matin, il faisait encore relativement frais.

– Dix-neuf Centigrade, indiqua Howard. Mais ça se réchauffe. Disons vingt, Danny. C'est-à-dire soixante-neuf Fahrenheit. Il vaut mieux mettre soixante-dix.

– Le vent ?

– Rien. Calme plat !

MacDonald appuya sur la touche et l'ordinateur délivra la trajectoire. Il commença à ajuster les différents crans sur la lunette télescopique. Howard chargeait un film dans l'appareil photo muni de son téléobjectif et fixé sur son pied.

La colonne de blindés pénétra dans l'arène et se rangea de chaque côté. Les soldats se serrèrent contre la foule des civils, au centre. Même les trois occupants de la cache furent frappés par la violence de cette arrivée, alors qu'ils se trouvaient à douze cents mètres. Ils pouvaient imaginer l'effet produit de près. Les chenilles avaient soulevé un nuage de poussière et, pendant quelques instants, on ne distingua plus rien. Le ronflement des moteurs se prolongea plusieurs minutes, alors que plus rien ne bougeait. Puis, petit à petit, le silence se fit. En même temps que les moteurs étaient coupés, un à un, la poussière retombait et, bientôt, les trois hommes embusqués purent voir la scène.

Les chars et les transporteurs de troupes blindés encerclaient l'immense foule. MacDonald essayait d'évaluer le nombre des spectateurs – il se dit que dix mille n'était pas exagéré. Il avait entrepris de se livrer au même jeu pour les chars lorsqu'un bruit de tambour le fit sursauter.

– Un hélicoptère approche ! annonça la voix tendue d'Howard.

Le gros hélicoptère glissait sur la ville. Parvenu au-dessus de l'arène, il s'immobilisa brusquement avant de descendre vers un grand espace dégagé sur la droite de l'estrade. À trente mètres de hauteur, ses pales commencèrent à brasser la poussière et le tableau se troubla une nouvelle fois. Juste avant que l'hélicopètre ne disparaisse tout à fait dans son propre nuage, Howard vit soldats et civils empoigner leurs coiffures tandis que leurs vêtements semblaient vouloir les faire s'envoler. Puis le moteur de l'appareil ralentit et l'image retrouva sa netteté.

62

Légèrement à droite de l'hélicoptère, Howard vit s'ouvrir la portière d'une limousine. Un petit homme en long costume noir et turban apparut et s'approcha de l'appareil, accompagné d'un assistant et de deux membres de la Amn al Khass, la Garde présidentielle irakienne.

– On dirait un de ces ayatollahs iraniens, murmura Howard. Qu'est-ce qu'il fiche ici ? Je croyais que les Iraniens étaient les ennemis mortels de Saddam.

L'Iranien resta en dehors de la zone de souffle en attendant que les pales s'arrêtent.

Le bruit mourant du moteur de l'hélicoptère parvint aux trois hommes dans leur cache. Les pales s'immobilisèrent et s'affaissèrent lentement. La porte s'ouvrit et un homme corpulent, de haute taille, coiffé d'un béret, descendit ainsi que trois autres hommes en uniforme. Le commandant du détachement lança un ordre à ses soldats et se mit au garde-à-vous. L'homme corpulent le salua brièvement, passa devant lui et alla à la rencontre de l'Iranien. Il y eut entre eux une longue poignée de main et une étreinte courte et sans chaleur. Puis l'Iranien se joignit à la suite du chef, à quelques pas derrière lui.

Howard, l'œil collé à l'objectif, ne perdait rien des déplacements du nouveau venu. Il avait étudié ce visage en photo et sur des bandes d'actualité des milliers de fois et voilà que maintenant il avait peine à croire qu'il voyait le modèle. Ça arrivait donc enfin. Le salopard était là.

– Allez, c'est lui, glissa-t-il à MacDonald furieusement. Tiens-toi prêt. C'est celui qui marche devant. Attends qu'il ait atteint la tribune sur l'estrade. Tout roule, Ziggy ?

Ziegler continuait de surveiller les arrières de la cache, allant rapidement d'une meurtrière à l'autre pour déceler l'approche toujours possible d'un intrus.

– Ouais, c'est bon, répondit-il laconiquement. Foncez.

MacDonald avait déjà engagé le canon du fusil dans l'ouverture. Il s'installa sans hâte en position de tir. Il actionna la culasse et poussa tranquillement du doigt l'énorme cartouche cuivrée. Un léger cliquetis indiqua qu'elle avait pris sa place dans la chambre du fusil. Il referma la culasse. Il respirait avec calme et lenteur.

–J'ai besoin du silence total, s'il vous plaît, dit-il à Howard et Ziegler. Et ne bougez plus. Il faut que je me concentre.

La silhouette massive du Président irakien était parvenue sur l'estrade et se dirigeait vers la tribune, au centre. La foule amassée se tut. Posément, il monta les marches. L'Iranien et son adjoint s'étaient arrêtés au pied de la tribune, à droite, et la suite du Président meublait la gauche. Sur l'estrade, deux dignitaires irakiens conversaient paisiblement. Arrivé en haut de l'escalier, Saddam Hussein s'immobilisa. Il leva la main droite pour répondre aux honneurs que lui rendaient les troupes rassemblées devant lui.

Derrière son appareil d'observation, le visage d'Howard se convulsa brutalement sous l'effet de la contrariété.

–Il y a quelque chose qui clo...

La détonation du gros fusil ébranla la cache. MacDonald venait de tirer. La vision d'Howard fut brouillée par les vibrations de sa lunette. MacDonald rechargeait vivement.

–J'ai demandé le silence, bordel, gronda-t-il à l'intention d'Howard. Regarde ce que ça donne !

Il fallut près de deux secondes à la grosse balle pour parcourir la distance qui les séparait de la cible. Actionné par Howard, l'appareil photo se mit à cliqueter en rafales. MacDonald et lui observaient la scène, chacun rivé à son objectif. Soudain, ils virent que l'homme à la forte carrure, à la tribune, semblait violemment arraché de terre, comme par une force invisible. Il pivota et fut projeté à la renverse en bas de la volée de marches, raide mort.

Les occupants de l'estrade se figèrent, frappés de stupeur. L'un des seconds de Saddam dégaina son pistolet et le brandit, prêt à tirer. Personne ne s'approchait du corps. Tout le monde regardait à droite et à gauche. Dans la foule, les premiers cris de terreur commencèrent à fuser.

Crash. Le gros fusil venait de tirer une deuxième fois. Howard et Ziegler furent totalement pris par surprise. Et il leur sembla que MacDonald avait hurlé « Allah ! » à pleins poumons.

–Mais bon Dieu..., lança, furieux, Howard à MacDonald dont l'œil restait fixé à l'objectif de sa lunette. Arrête, merde, qu'est-ce qui te prend ?

MacDonald ne broncha pas, comme hypnotisé par le spectacle. Il vit sa deuxième balle atteindre l'homme au pistolet un peu au-dessous de l'estomac. Il le vit se plier brusquement en deux et tomber sur le sol pour s'y tordre de douleur. Une lueur de triomphe passa dans les yeux du jeune Écossais.

— Putain, Mac, mugit Howard, arrête. Tu arrêtes, là. Ce n'était pas Saddam, je te dis. Ce n'était pas lui.

— Qu'est-ce que tu racontes, dit MacDonald en se tournant vers lui. Il est mort ! Je l'ai eu en pleine poitrine du premier coup. Regarde toi-même, vieux.

En bas, dans l'arène, un désordre indescriptible régnait déjà. Dans la foule, des gens criaient, appelaient, se bousculaient au milieu de la confusion et de la panique. La Garde présidentielle, aussi dépassée que les autres, s'était mise à tirer au hasard. Le crac supersonique de la première balle de MacDonald avait désorienté tout le monde et, lorsque le bruit de la détonation elle-même parvint sur place, il fut noyé dans le brouhaha qui s'élevait déjà. Les hommes de la suite de Saddam s'étaient immédiatement jetés à plat ventre sur l'estrade, sans s'occuper le moins du monde des corps de leur chef et de son adjoint. Le gros homme au béret ne bougeait plus et l'adjoint, seulement blessé par Mac-Donald, remuait encore faiblement. Deux gardes s'emparèrent de l'Iranien et le précipitèrent à terre, le visage contre le plancher et le bras vicieusement ramené dans le dos. La Garde tirait toujours multipliant les morts et les blessés dans la foule qui se mit à fuir en tous sens, imitée par les soldats réguliers terrorisés.

BOUM ! Le sol trembla tandis qu'une langue de fumée gris sombre s'échappait du canon d'un char T-72 rangé à l'extrémité gauche de l'arène. L'obus de 125 mm passa au-dessus de la tête des spectateurs épouvantés et des appelés sans armes. De stupéfaction, les gardes cessèrent leurs tirs et regardèrent en direction du char.

BOUM ! Le T-72 venait de tirer un deuxième obus. Tout le monde s'aplatit sur le sol poudreux de l'arène. On n'entendait plus un seul coup de feu. L'écho roulant des deux détonations se répercuta jusqu'aux trois hommes dans leur cache, puis ce fut le silence.

— Bon, foutons le camp de ce piège à poux, dit calmement Ziegler. Je n'ai pas particulièrement envie d'assister à la fin des réjouissances.

— Non ! ordonna sèchement Howard, l'œil toujours rivé à sa lunette d'observation. Attendez. Puisque je vous dis que ce n'était pas Saddam. C'était une doublure !

— Mais enfin, qu'est-ce que tu racontes ? demanda MacDonald.

— Il n'avait pas de pistolet, dit Howard. Le salaud en a toujours un. On ne l'a jamais vu sans. C'est sa marque de fabrique, si on peut dire. Donc, celui-ci ne pouvait être qu'une doublure. Il faut attendre.

– Et merde ! soupira Ziegler.

Tous trois reportèrent leur attention sur la scène. Sur le côté de l'arène, de lourdes portes métalliques s'ouvrirent bruyamment et une file de transporteurs de troupes BMP-1 placés derrière le T-72 déversa ses occupants. Une centaine d'hommes armés, revêtus eux aussi de l'uniforme de la Garde présidentielle Amn al Khass, apparurent. Après s'être alignés, ils se dirigèrent en rang par deux vers l'estrade. Ils coupèrent à travers la foule, piétinant ceux qui ne se relevaient pas et gagnèrent le centre de l'arène. L'officier responsable lança un ordre guttural. Ses hommes mirent en joue, les canons pointés sur le premier détachement de gardes déployé autour de l'estrade. L'officier leur assena quelques sommations et cette première garde déposa lentement ses armes sur le sol avant de lever les mains.

Le nouveau détachement s'approcha du premier. Ils jetèrent les armes au loin et les firent s'agenouiller dans la poussière, en ligne, sans le moindre ménagement. Ceux qui essayaient de protester étaient immédiatement dissuadés à coups de crosse.

– Je trouve que la relève de la Garde est plus réussie à Buckingham Palace, commenta Ziegler. Ces pots de nouilles n'ont pas la moindre idée de ce qui vient de se passer.

Tous les hommes du premier détachement de la Amn al Khass se trouvaient maintenant à genoux. Les nouveaux arrivants avaient la situation en main. Lorsque le commandant jugea que les choses correspondaient à ses vœux, il reprit ses aboiements. Six hommes se joignirent à lui et ils se dirigèrent vers l'extrémité de l'arène. Parvenus devant le T-72, ils se figèrent au garde-à-vous.

La trappe de la tourelle du char se souleva lentement et un homme fit son apparition. Sous le béret noir, son visage brûlait de colère et de malice.

Saddam Hussein descendit lourdement du char et épousseta la chemise de son uniforme d'un geste tranquille. Il s'attarda quelques secondes près du véhicule, promenant un regard cruel autour de lui, l'œil étincelant. Il ouvrit avec une lenteur calculée le holster qu'il portait à la ceinture et en sortit un pistolet qu'il arma. Le silence était absolu. On aurait dit que tout le monde dans l'arène avait perçu le déclic. Quelques-uns levèrent la tête pour essayer de comprendre mais replongèrent bien vite vers la poussière. Le commandant de la Garde et ses hommes tanguèrent devant l'expression menaçante du tyran. Il les fit s'écarter d'un mouvement du pistolet et se dirigea vers l'estrade d'un pas déterminé. La Garde le suivit tandis qu'il avançait au milieu des gens prosternés. Certains détalaient devant lui, d'autres, cloués sur place, étaient éjectés à coups de pied et de crosse par les gardes.

Saddam prenait son temps. Il se délectait de la terreur qu'avait provoquée sa stupéfiante irruption. Pour Howard, MacDonald et Ziegler, il semblait être la seule personne dans l'arène. La présence de cet homme était colossale et indiscutable. Comme tous les témoins, ils surent que cette fois le doute n'était plus permis.

Arrivé sur l'estrade, Saddam Hussein s'arrêta. Il jeta un rapide coup d'œil à sa doublure morte, puis à son adjoint blessé, gémissant encore faiblement tandis que le sang continuait à couler de son ventre. Il se détourna et donna un ordre au commandant.

Deux gardes soulevèrent brutalement le diplomate iranien et vinrent le jeter aux pieds de Saddam. L'Iranien tenta de se redresser mais fut rappelé à la raison d'un coup de crosse. Sous le choc son turban se défit et tomba. Saddam leva son pistolet et abattit l'Iranien d'une balle dans la nuque. On emporta le corps.

Le commandant du premier détachement de la Garde fut alors amené à son tour devant le Président. Il se débattait et suppliait de terreur et de désespoir. Il leva les yeux et, croisant le regard du Maître, s'évanouit. Le pistolet tua à nouveau.

Un par un, on fit approcher les membres du premier détachement pour qu'ils soient exécutés. MacDonald comprit que Saddam ne bougerait plus. On conduisait chaque homme à ses pieds, pour qu'il n'ait qu'à tirer. Presque imperceptiblement MacDonald se tendit. Sentant qu'il allait faire feu, Howard et Ziegler se tinrent absolument immobiles, fascinés.

MacDonald regarda dans sa lunette télescopique. La silhouette de Saddam flottait légèrement car l'effet de mirage s'accentuait au fur et à mesure que la température montait. Du coin de l'œil, le tireur détecta un petit souffle d'air en bas d'image, un peu vers la gauche. Un vent très ténu, pensa-t-il. Instinctivement, il dévia son tir de trente centimètres vers la droite. Il expira tout l'air qu'il avait dans les poumons. Les fils en croix de la lunette télescopique se posèrent sur le côté droit du corps de Saddam Hussein et y restèrent, parfaitement fixes. MacDonald appuya sur la détente.

Le gros fusil alla une troisième fois lui cogner dans l'épaule et la balle commença son voyage vers la cible ; elle dépassa les deux anémomètres, survola la foule d'Irakiens prostrés, fonça vers le tyran.

Personne ne pourra dire pourquoi elle arriva plus bas que prévu. Un infime trou d'air sur le chemin, une différence infinitésimale dans le poids de la balle ou la charge de poudre, une petite distorsion de l'image due au mirage, un minuscule faux mouvement de MacDonald, ou tout simplement le fait que le fusil était encore chaud après les deux premiers coups : MacDonald ne saurait jamais répondre à cette question.

Saddam Hussein se tenait complètement immobile sur le bord de l'estrade, les jambes légèrement écartées, le bras tendu devant lui, le pistolet prêt à éliminer l'homme effondré à ses pieds. La balle du fusil frappa en plein sur le canon du pistolet de Saddam et ricocha sur le métal. L'arme lui fut arrachée de la main et la balle, maintenant en partie détruite, dériva, alla lui percuter l'os du bassin qui explosa et, accompagnée de petits éclats d'os, fut rabattue sur ses parties génitales, sectionnant presque totalement le pénis et les testicules.

Saddam poussa un hurlement perçant et s'assit lourdement. Le poids de son corps sur son bassin broyé lui causa une douleur insupportable et il bascula sur le dos, remontant les genoux, les deux mains enfouies entre ses jambes. À travers son pantalon déchiré et ses doigts crispés, du sang s'échappait et se répandait sur le bois de l'estrade. Ceux qui se tenaient auprès reculèrent, horrifiés, et l'homme qui était sur le point d'être exécuté s'enfuit comme un fou. Soudain, tous les spectateurs de l'arène purent voir la gravité de la blessure du Président qui continuait à hurler de douleur.

Pendant une petite seconde, en dehors des plaintes de Saddam, un puits de silence s'ouvrit ; puis l'enfer se déchaîna. Une nouvelle fois, lorsque le bruit de la détonation parvint à la foule, il fut mangé par la rumeur. Les gardes condamnés du premier détachement de la Amn al Khass, voyant passer la chance, tentèrent de se libérer en s'emparant des armes de leurs vainqueurs stupéfaits. Ceux-ci se ressaisirent bien vite et en abattirent la moitié, mais beaucoup réussirent à empoigner les AK et à s'en servir contre leurs rivaux. Une véritable bataille rangée éclata entre les deux factions de la Garde tout autour de l'estrade. Le commandant fut un des premiers à être mis en pièces et il emporta avec lui les derniers vestiges de l'ordre. En moins d'une minute, plus de soixante gardes furent tués ou blessés. Quant à la foule, elle se trouva prise au piège sous le feu croisé des adversaires. À force de tirer inconsidérément, les Kalashnikovs furent bientôt à court de munitions et on s'engagea dans les combats au corps à corps.

Parmi les appelés qui assistaient impuissants à la scène, il y avait un régiment d'artillerie. C'étaient les rescapés des Divisions d'artillerie irakiennes de la Guerre du Golfe de 1991, décimées par les bombardements des B-52 américains qui avaient précédé l'assaut terrestre des Alliés. À l'époque, ils n'avaient rien pu faire, attendant, dans ce qu'ils croyaient être des bunkers imprenables, de pouvoir utiliser leurs obusiers D-30. Et le déluge de feu des B-52 avait anéanti leurs dérisoires moyens de riposte. Dans un seul régiment, quatre-vingt-dix pour cent des hommes avaient été tués. Les survivants, hagards, sourds, choqués, ne valaient guère mieux que des zombies. Ces hommes avaient perdu toute volonté ; ils étaient abattus, abrutis et pour la plupart mentalement touchés. On les avait regroupés dans la même compagnie et l'apparition de nouveaux officiers détachés de la Garde républicaine irakienne après la Guerre pour leur insuffler moral et sens de la discipline n'avait pas donné de grands résultats. La peur et la répulsion que suscitait la guerre chez ces hommes étaient tenaces et, comme leur haine secrète s'était entièrement focalisée sur celui qu'ils tenaient pour responsable des souffrances du pays, Saddam avait eu la prudence d'interdire à de tels soldats de porter leurs armes dans des occasions comme celle-ci.

De même que les milliers de civils de Tikrit, pris de panique, ces hommes s'étaient dispersés lorsque la Garde présidentielle avait commencé à tirer au hasard. Habitués à la barbarie, inaptes à diriger leurs propres vies, dans toute autre circonstance ils se seraient soumis humblement à la première autorité. Ils étaient fatalistes, irresponsables, incapables de la moindre initiative. Sous le choc de ce qui venait de se produire, si quelqu'un en avait décidé ainsi, ils se seraient laissé aligner et exécuter un à un. Mais maintenant, il y avait une différence énorme. Et ils l'avaient vue de leurs propres yeux. Ils pouvaient même la voir encore. Le spectacle de la Garde d'élite de Saddam s'autodétruisant était déjà assez étonnant. Mais c'était l'autre tableau qui réveillait enfin leurs consciences. C'était, offerte à tous, la vision du dictateur en personne, étendu sur l'estrade, perdu de douleur, la virilité très visiblement pulvérisée. Ils regardaient sans oser encore y croire. Puis un jeune caporal fut pris d'un fou rire.

En quelques secondes, le rire se propagea. Il devint irrésistible. Des larmes d'hilarité nerveuse et de colère jaillirent dans les rangs des appelés. Au fond de ces êtres, une petite étincelle d'humanité, qu'ils croyaient perdue, les embrasa. Une fureur longtemps contenue déborda. Très lentement, d'abord, puis dans un mouvement irrépressible, ils se levèrent et s'abattirent de tout leur désespoir sur les hommes de la Amn al Khass.

Les membres survivants de la Garde ne les virent même pas venir et ils furent très vite submergés. Succombant sous le nombre de ces simples soldats hurlant, ricanant, déments, ils se seraient rendus si on leur en avait laissé le choix. Au bout de deux minutes, plus un seul garde n'était encore en vie. Après quoi, les conscrits s'en prirent aux colonnes blindées, assaillirent les véhicules et en massacrèrent les servants.

Les citoyens de Tikrit relevèrent la tête. Hébétés, dépossédés de tout, affamés par la politique du dirigeant qui, fils de cette modeste cité, avait instauré un pouvoir brutal, ils avaient vu, eux aussi, le tyran blessé et humilié sur l'estrade. Le Traître de Tikrit ! Ce fut vers lui qu'ils convergèrent, le cœur plein de fureur.

Howard, MacDonald et Ziegler n'avaient rien manqué du spectacle, incapables de détacher leur regard de cette marée de violence incontrôlée. À cette distance, ils se sentaient curieusement étrangers aux événements qu'ils avaient eux-mêmes déclenchés, et pourtant, la férocité du soulèvement leur semblait presque palpable.

— Qu'est-ce qu'ils foutent, maintenant ? murmura Howard, plus pour lui que pour ses compagnons.

Un petit groupe de civils s'était emparé d'une Jeep de l'Armée et la conduisait au centre de l'arène. Elle fut aussitôt entourée du chaos de gens criant, gesticulant, levant les bras comme des noyés. Au bout d'une minute environ, la foule s'ouvrit pour laisser la Jeep avancer jusqu'à l'estrade. Il y eut une bousculade d'où monta une rumeur immense. Pendant un instant, les trois hommes de la cache ne virent plus rien. Seule la clameur de la foule leur parvenait. Comme un chant : *Sahhl ! Sahhl ! Sahhl !*

De nouveau on fit place pour la Jeep qui commença à tourner autour de l'arène. Derrière elle, attaché par les pieds et traîné sur le sol au bout d'une corde, tressautait le corps encore vivant de Saddam Hussein.

— Seigneur ! siffla MacDonald.

Bouche bée, ils suivirent la forme hurlante qu'on tirait à toute vitesse, écorchée et lacérée par le sol pierreux, son sang se mêlant à la poussière.

— Il faut y aller, dit Howard.

Les trois hommes se hâtèrent de ranger les objets essentiels dans les sacs à dos. Au loin, le chant rugissant de la foule continuait. MacDonald se força à la concentration, replaçant soigneusement le gros fusil dans son étui. Il mit dans sa poche les douilles vides de ses trois cartouches, puis donna un coup de main à Howard. Ziegler rampa hors de la cache et alla inspecter les alentours.

En travaillant aussi rapidement que possible, ils eurent vite fait de rassembler ce dont ils avaient encore besoin : les armes, l'eau, les lunettes de vision nocturne, le film des tirs. Ils laissèrent tout le reste sur place. Ils se pressèrent de rejoindre les véhicules.

L'arène était maintenant presque noyée sous la poussière ; aucun des trois hommes ne regarda en arrière. MacDonald était bouleversé par les images qu'il venait de voir ; il suivit sans un mot Howard et Ziegler à travers champs et palmeraies.

Dans leur dos, les cris de mort de Saddam Hussein semblèrent s'élever très haut au-dessus des vociférations exaltées de la foule, puis s'éteignirent.

TROISIÈME PARTIE

LA TEMPÊTE S'ÉLOIGNE

63

Il était 1 h 35 à Washington lorsque la première image satellite anormale sortit. Un KH-12 avait survolé Tikrit six minutes plus tôt, à 8 h 29, heure irakienne. Kearwin, qui surveillait l'écran du JSTARS, avait assisté à l'arrivée de l'hélicoptère. Et depuis il n'y avait rien de remarquable, sinon le déplacement d'un véhicule de petite taille, probablement une Jeep, décrivant des cercles dans l'espace découvert devant les blindés.

Ce qui était anormal dans l'image KH-12, c'était qu'elle indiquait des sources de chaleur nouvelles et un flou sans doute dû à de la fumée. Après comparaison avec l'image produite par un KH-11 vingt minutes plus tôt, Kearwin se lança dans l'analyse de ces sources de chaleur.

– Walter, je suis sûr qu'il y a six véhicules en feu, ici, dit-il d'une voix de fausset précipitée. Et maintenant, regardez cette petite Jeep et tous ces véhicules, parfaitement alignés. Là on a l'hélicoptère et ici, on dirait une voiture officielle ou quelque chose comme ça, une voiture civile, en tout cas. Tout le reste est militaire – chars, blindés légers, APC – les convois que le JSTARS a vus entrer en ville. Tous bien rangés. Sauf cette Jeep, là, qui fait le tour de cette zone. Pourquoi ? Et si tout le reste est normal, pourquoi y a-t-il six véhicules en feu ?

Walter Sorensen réfléchissait. Il était effectivement arrivé quelque chose, là-dessus pas de doute. Mais quoi ?

– Bon, John, essayons de comprendre. Il y a vingt minutes, on a un ordre parfait – les véhicules au cordeau, tout aux petits oignons. Un hélicoptère s'amène. Disons que Saddam Hussein est à bord. Il descend et inspecte les troupes, par exemple. Quinze minutes plus tard, les choses commencent à se déglinguer. Et soudain, cette sacrée Jeep se met à tourner en rond et six chars prennent feu. Alors, qu'est-ce qui se passe ?

– Ils ont dû le tuer, ou au moins essayer, dit Kearwin tout excité. Qu'est-ce que vous voulez que ce soit, sinon ? Et il y a un fait nouveau. L'ensemble de l'image s'est modifié depuis le précédent passage. On pourrait attribuer ça à la fumée, mais je ne crois pas. Je ne voyais pas très bien tout à l'heure, mais maintenant je dirais que c'est une masse de gens. Tous bien alignés, comme les véhicules. Peut-être des fantassins, en grand nombre. Et à présent, qu'est-ce qu'on voit ? Toujours une masse de gens, mais plus du tout alignés. La cérémonie est partie en eau de boudin. Et à mon avis, là-bas, c'est le chaos.

— Je suis d'accord. Supposons que vous ayez raison pour la foule. Ils ont dû paniquer. Six chars en feu, on s'affolerait à moins. Nous avons donc trois éléments de désordre. Aussi peut-on imaginer sérieusement qu'il y a *bel et bien* eu une tentative d'assassinat contre Saddam. Et dans ce cas, deux questions se présentent à nous, n'est-ce pas ?

Les yeux toujours fixés sur l'écran, le Morse poursuivit d'une voix très basse, presque pour lui seul.

— Un, comment une poignée d'Occidentaux ont-ils pu mener à bien une pareille entreprise ? Et deux, le plus important, Saddam est-il encore en vie ?

— Il est mort, Walter, répliqua Kearwin sans l'ombre d'une hésitation.

— Qu'est-ce qui vous rend si sûr ? demanda le Morse en regardant le jeune homme d'un œil stupéfait.

— L'hélicoptère. Il n'a pas bougé. D'ailleurs, rien n'a bougé, à part la Jeep qui fait le manège. Si Saddam était en vie, il se serait empressé de s'en aller dès le début des problèmes, non ? Personne n'est parti. Il est mort. Ils ont réussi !

Kearwin avait presque crié et toute la salle manifesta bruyamment son enthousiasme.

— SILENCE ! ordonna le Morse les bras au ciel. Il n'y a aucune raison d'applaudir, bordel de Dieu. Je sais bien que personne ne va pleurer la mort de ce salopard, mais il y a d'autres intérêts en jeu...

— Merci, Walter.

Le Morse fit volte-face et il se retrouva devant l'homme qui était discrètement entré dans la pièce. C'était le DNRO. Kearwin se leva et se tut, comme les autres.

— M. Sorensen a raison, dit calmement Martin Faga. Il n'y a pas forcément de quoi se réjouir.

Il se tourna plus précisément vers Kearwin.

— Vous avez fait du très beau travail, jeune homme.

Et, s'adressant de nouveau à l'équipe :

— Ainsi que vous tous, d'ailleurs.

Puis, après une courte pause, il reprit d'une voix plus dure :

— Mais vous devez, dans cette affaire, garder pour vous vos

opinions et vos sentiments. Il y a effectivement des intérêts supérieurs en jeu, comme l'a très bien dit M. Sorensen. Je ne veux absolument pas que de tels débordements se reproduisent. Est-ce que je me fais bien comprendre ?

Il y eut un brouhaha de « Oui, monsieur » et de « Excusez-nous, monsieur ».

— Ça ne se reproduira pas, monsieur, murmura le Morse qui était devenu rouge comme une crête de coq.

— Parfait, dit le DNRO. Maintenant, votre tâche n'est pas terminée. Je continue à vouloir qu'on mette ces gens-là à l'ombre. Je compte sur vous tous pour qu'on ne perde pas leur trace. Jusqu'ici vous avez fait des merveilles et je suis fier de vous. Je sais que je peux tout attendre de votre zèle pour la suite. Alors, au travail ! Et assez de ces manifestations stupides, je vous prie.

Faga tourna brusquement les talons et sortit. Les analystes restèrent un moment pétrifiés.

Dix minutes plus tard, alors que chacun avait repris son poste devant les écrans, Walter Sorensen se demandait encore si sa section s'était fait passer un sacré savon ou si elle venait de recevoir un joli coup de chapeau.

64

Sur le chemin du retour vers les véhicules, les trois hommes ne firent pas beaucoup d'efforts pour passer inaperçus. En plein jour, ça n'aurait pas servi à grand-chose et Howard avait décidé qu'il valait mieux être rapide que discret, habillés comme ils l'étaient de vêtements arabes sales et fripés. Ils portaient leurs sacs à dos en bandoulière et avaient caché leurs AKMS repliés sous leur costume. Le seul objet vraiment volumineux était le gros AW. Sans bagage, MacDonald le tenait sur son épaule dans un fagot de branches et on pouvait croire qu'il transportait du bois pour faire du feu.

En réalité, ils croisaient peu de monde. La plus grande partie des habitants du cru, supposait Howard, avait obéi à l'ordre de se rendre à Tikrit pour participer à la fête. Quelques femmes et enfants regardèrent distraitement passer ces trois hommes pressés, mais personne n'essaya de les intercepter ou de seulement leur poser des questions. Un groupe de femmes qui ramassaient des pastèques dans un champ leur adressa même des signes amicaux.

Comme à l'aller, la principale crainte d'Howard concernait la traversée de l'axe nord-sud. C'était là seulement qu'il avait prévu de s'arrêter et de prendre un maximum de précautions. Mais il n'y avait aucune circulation et ils franchirent l'obstacle en toute tranquillité.

À 9 h 15, ils approchaient de la cache aux véhicules. Howard sortit son petit émetteur radio et prononça seulement : « *Thalaatha* » – le mot arabe pour dire « trois ». La réponse de Bourne lui parvint presque aussitôt : « *Arba'a* » – « quatre ». Cinq minutes plus tard, ils abordaient la côte qui conduisait à l'enclos. Pour satisfaire la curiosité qui consumait les autres, Howard se contenta de lever le pouce et les trois arrivants furent accueillis avec force sourires et poignées de main. Usher prit la garde tandis que Bourne les entraînait vers les trois grandes bassines d'eau propre devant lesquelles ils ôtèrent leurs vêtements avant de se laver de trente-quatre heures de crasse accumulée dans la cache.

– Eh bien, je pense qu'il va falloir mettre une pancarte à l'entrée de ce pays indiquant « PRIVÉ DE DIRECTION », souffla joyeusement Ziegler, en se savonnant. À mon avis, personne ne sait encore qui va reprendre l'affaire. Une sale fin, il a eu, le Saddam. Heureusement que Mme Saddam n'était pas là pour voir le spectacle.

– Qu'est-ce qui s'est passé ? demanda Bourne d'une voix gourmande en leur tendant des vêtements propres.

– Ben, notre Scotch a aligné le premier type comme dans un stand forain. Le hic, c'est que c'était pas le bon, tu te rends compte ? Et alors là, notre Mac s'est un peu laissé emporter par l'enthousiasme et il a fait aussi sa fête au gars d'à-côté qui ne demandait rien à personne... Enfin bon, là tout chavire et les gardes du corps commencent à tirer sur la foule. C'est à ce moment qu'un char se met à cracher deux grosses pralines au-dessus des têtes histoire de calmer un peu le jeu. Apparaissent de nouveaux gardes du corps. Et ils arrêtent les premiers, ces cons. Et là, devine qui sort du char ? Ce bon vieux Saddam en personne. Et je peux te dire que cette fois-ci il n'y avait plus le moindre doute. Il avait l'air légèrement en courroux, si tu vois ce que je veux dire. Donc, il prend les choses en main et, cabotin comme pas deux, il s'amuse à étendre quelques types avec son pistolet personnel. Il débute par un mollah iranien, ce qui fait toujours bien dans le paysage diplomatique, et puis il enchaîne avec ses propres sujets. C'est là que Mac lui en balance une.

– Danny l'a descendu raide du premier coup ? s'écria Bourne, les yeux brillants.

– Raide, c'est pas le mot, répondit Ziegler en riant. Mais ce que je peux te dire, c'est qu'il lui a fait la mère de toutes les vasectomies !

– Comment ?! demanda Bourne, stupéfait.

– Ouais, dit Ziegler. Il lui a explosé le service trois pièces. Moche, hein ? Tu l'aurais vu beugler. Alors, là, la foule décide de s'y mettre aussi. Les soldats, les civils, le chœur en entier. Ils tombent fous. Ils aplatissent les gardes et vident les chars de leurs occupants. Ensuite ils prennent une Jeep. Ils accrochent mon Saddam à l'attache de remorque et lui font faire un ou deux tours de piste, pour permettre à tout le monde d'admirer le joli travail de Mac. Au fond, j'ai l'impression qu'ils ne l'adoraient pas vraiment. Et c'est à ce moment-là qu'on est parti.

Ziegler s'interrompit pour se nettoyer la plante des pieds.

– C'est pas pour dire, reprit-il, mais sortir d'un char quand deux de ses gars venaient juste de se faire rectifier, c'était complètement idiot. Je suppose qu'il a dû croire que sa garde avait les choses bien en main et c'est là qu'il s'est drôlement gouré. Saddam était déjà foutu.

— Allez, les deux pipelettes, dit Howard en se séchant avant d'enfiler une chemise propre. On s'en va. Johnny, Ack, enlevez les filets et fixez les drapeaux.

Ils étaient prêts tous les six, habillés en civils. Il était 9 h 30. Bourne, Ackford et Usher s'étaient déjà rasés. MacDonald, Ziegler et Howard attaquèrent leur barbe de quinze jours à la tondeuse électrique et regardèrent apparaître les deux Land Cruisers comme on retirait le camouflage. Débarrassés de leur poussière et de leur couche verte, ils avaient l'air flambant neufs.

Ils s'installèrent, démarrèrent et s'éloignèrent, descendant la côte avant de tourner à gauche sur la petite route. Maintenant qu'il n'y avait plus à se cacher, ils pouvaient rouler à toute allure. À 9 h 45, ils débouchaient sur la grand-route et prenaient à droite en direction de Bayji.

À sept fuseaux horaires de là, à Washington, John Kearwin souffla d'aise lorsque l'écran du JSTARS signala le mouvement.

65

La route était totalement déserte. Ils ne rencontrèrent pas âme qui vive. Au volant du véhicule de tête, Bourne avait l'air très tendu.

– Au bout de combien de temps vont-ils lancer les recherches aériennes, à ton avis ? demanda-t-il à Howard après un long silence.

– Impossible à prévoir, dit-il dans un haussement d'épaules. Avec un peu de chance, la pagaille qui règne en ce moment va complètement les paralyser. On a vu quelques Hinds survoler l'endroit avant l'arrivée de l'hélicoptère présidentiel, mais quand Saddam a débarqué ils étaient déjà repartis. Ce que j'espère, c'est qu'on leur a donné l'ordre de ne pas se montrer avant son départ. Ils ne décolleront peut-être même pas. Il est possible que la route soit vide pour la même raison. Qui sait ? En tout cas, d'après ce qu'on a vu, les véhicules qui se trouvaient à Tikrit, eux, ne bougeront plus. Les appelés s'en sont emparés. Ils ont flanqué le feu à trois ou quatre. Pour ce qui nous concerne, ça ne pouvait pas mieux se passer. À mon avis, ça va prendre du temps avant qu'un semblant d'ordre soit rétabli.

– On a fait près de cinquante kilomètres depuis Tikrit. Bayji ne devrait plus être... Oh, Seigneur, vise-moi ça !

À la sortie d'un virage, ils venaient de voir qu'à deux cents mètres, la route était barrée par des véhicules militaires et des herses. Des soldats en armes descendirent et braquèrent leurs fusils sur les deux Land Cruisers qui, maintenant, ralentissaient. Il n'y avait aucun moyen de fuir.

– Des bérets rouges, murmura Howard. Merde !

– La Garde républicaine, dit Bourne. Ils sont des centaines. Bordel de chiotte ! Bon, alors c'est toi ou moi ?

– C'est mon tour, répondit Howard, mais tu m'accompagnes pour le cas où. Danny, toi, tu restes dans la bagnole.

Les deux voitures s'arrêtèrent devant les barrières. Howard et

Bourne sortirent sans se presser et firent face aux fusils et aux mitraillettes pointés sur leur poitrine.

– Ils sont cuits, Walter, grogna Kearwin, découragé. Jésus, cette fois, ils sont cuits. Regardez !

Le Morse examina l'écran. On comprenait parfaitement la situation. Les deux voitures venaient de tomber en plein sur un important barrage.

– Tirez-moi une image satellite de ça, John, dit-il doucement. Je veux autant de détails que possible.

Il continua à surveiller l'écran. Kearwin avait identifié les autres véhicules et il ne faisait pas de doute qu'il s'agissait de militaires. Blindés légers et camions – et en grand nombre. Le jeune Kearwin avait raison. Cette fois, ils avaient passé la tête dans le nœud coulant.

– Ah, les cons ! gronda le Morse de toute sa rage.

Le major Hassan Omair leva les yeux, mécontent, lorsque le lieutenant fit brusquement irruption dans sa tente de commandement.

– *Shu tureed ?* interrogea-t-il d'un ton cassant.

– *Ghurb,* répliqua l'officier avec insolence, le pouce tendu vers la route. *Ta'al.*

– Comment ça des étrangers ? Quels étrangers ? Et le garde-à-vous, alors ! Vous savez à qui vous parlez ?

– *Inglisi.* Des Anglais. Ils veulent vous voir – monsieur, ricana le lieutenant Saleh Masoud.

Le major se mit debout, surpris. Assurant son béret rouge sur sa tête, il sortit dans le soleil à la suite de son subordonné. Deux Occidentaux étaient nonchalamment adossés à la première voiture. L'un pianotait avec impatience sur le capot et l'autre consultait ostensiblement sa montre. Le major éclata de rire.

– Imbécile, dit-il avec mépris. Vous n'avez encore jamais vu des véhicules comme ceux-ci ?

Le lieutenant parut hésiter et le major ajouta, acide :

– Vous avez vérifié leurs papiers ? Non ? Même une petite formalité comme ça dépasse vos capacités. Bien, retournez à votre poste. Je vais m'en occuper. Et essayez d'être moins bête, ça ne vous fera pas de mal.

Il agita le bras d'un air dégoûté. Le lieutenant Saleh Masoud se renfrogna et prit le large en maugréant entre ses dents. Le major approcha des voitures et s'adressa au plus âgé des deux hommes qui attendaient.

– *Sabaah al-khayr,* dit-il, bonjour.

L'homme de haute taille laissa son compagnon répondre pour eux deux.

– *Sabbah an-noor.*

Puis il poursuivit, dans un arabe parfait, en espérant poliment que le major se portait bien et se présenta ainsi que son grand collègue.

– Je vous félicite pour votre maîtrise de notre langue, Saïd Bourne, dit le major en arabe. Notre conversation n'en sera que plus facile. Puis-je examiner vos ordres de mission ?

– Bien sûr, major, répondit Bourne, toujours en arabe. Nous avons tous les documents dans l'autre voiture. Je pense que vous ne trouverez rien d'anormal. Si vous voulez me suivre...

Les deux hommes se dirigèrent vers le deuxième Land Cruiser. Ziegler baissa la vitre et fit son plus beau sourire au major.

– Salut, dit-il.

Le major parut un peu déconcerté.

– Les papiers, Mike, dit Bourne en anglais.

– Tout de suite, dit Ziegler en fouillant devant lui.

Il sortit un portefeuille bourré de documents et le tendit par la portière. Le major parcourut les papiers, le visage impénétrable. Derrière lui, deux soldats, l'arme à la hanche, restaient encore pleins de méfiance à l'égard des étrangers. Ziegler les regarda à tour de rôle. Sous son siège, sa main venait de se refermer sur son AKMS.

– D'où venez-vous, Saïd Bourne ? demanda le major d'un air détaché.

– Nous étions encore à Bagdad ce matin, major.

– Qu'est-ce qu'il dit, Johnny ? interrogea Ziegler sur le ton de la conversation, son grand sourire toujours affiché.

– Eh bien, monsieur Bourne, dit aimablement le major, passant soudain à un anglais sans faute, malheureusement pour vous, non seulement je parle votre langue, mais je sais aussi la lire. De plus, j'ai eu l'occasion de vérifier d'autres autorisations récemment. Il y a une quinzaine de jours, nous avons eu un M. Kay, ici en Irak, et je me souviens qu'il nous a causé bien des ennuis. Mais hélas, ses papiers étaient en règle. Je n'en dirai pas autant des vôtres. Ces documents ne vous donnent absolument pas le droit de circuler dans cette partie du pays.

Il dévisagea longuement Johnny avec une grande curiosité.

– Eh bien, monsieur Bourne ?

Pendant que le major parlait, Ziegler avait vu qu'Howard s'était approché lentement, mine de rien, et qu'il s'était placé de façon à masquer l'angle de tir des soldats derrière le major. Celui-ci venait de se résoudre à se saisir de son revolver.

– Ne faites pas ça, major, grinça Ziegler en laissant voir l'extrémité du silencieux de son AKMS au bord de la fenêtre de la voiture. Ceci est un AK muni d'un silencieux. Un vrai, qui tire. Alors ne vous avisez pas de bouger d'un seul putain de poil.

Il regardait le major avec toujours le même sourire éblouissant et l'autre demeura pétrifié par la surprise.

— Eh oui, major, dit derrière lui la voix affable d'Howard. Mon collègue a raison, ne bougez surtout pas. Nous sommes tous armés et nous n'hésiterons pas à tirer. Continuez d'examiner ces papiers et écoutez attentivement ce que je vais vous dire. Nous allons prendre les choses dans l'ordre. L'une après l'autre. Est-ce que vous me comprenez ?

— Oui, soupira le major Hassan Omair, sous le choc.

— Très bien. D'abord, nous allons commencer par une épreuve très simple. Quand je vous préviendrai, vous vous retournerez très doucement et très gentiment et vous renverrez ces deux soldats, là, derrière nous. Vous leur commanderez de repartir à leur poste. Et n'essayez pas de les avertir. Comme vous avez pu vous en apercevoir, M. Bourne, ici présent, parle très bien votre langue. Un seul mot de lui suffira pour que M. Ziegler vous abatte. Êtes-vous prêt, major ?

— Oui.

— Bien. Allez-y.

Le major pivota, le visage privé de toute expression.

— Vous deux, aboya-t-il en arabe. Rejoignez vos postes !

Les soldats obéirent sans discuter.

— C'était très bien, major, dit Howard. À présent, nous allons nous diriger vers l'autre voiture. M. Ziegler nous couvrira d'ici, et vous voyez certainement M. MacDonald, là-bas, assis à l'avant. Il pointe lui aussi sur vous un AK muni d'un silencieux. Vous le voyez ?

— Je le vois.

Il voyait très bien MacDonald mais il ne pouvait pas deviner que le chasseur ignorait tout de ce qui se passait et que son AKMS était encore bien sagement sous son siège.

— Très bien. Alors, allons-y. Quand vous y serez, je veux que vous tourniez le dos au passager, c'est bien clair ?

Le major hocha la tête et ils parcoururent les quelques mètres qui les séparaient de la première voiture. Howard se pencha à la portière arrière et parla à travers la vitre.

— Danny, tiens ton AK prêt en direction de la nuque du major. Si Johnny dit « feu », tu l'abats aussitôt.

Lorsqu'il se redressa il souriait toujours et poursuivit avec la même bonhomie.

— À présent, major, nous allons essayer de réussir une manœuvre un peu plus compliquée. Permettez-moi de vous l'expliquer en détail.

Le cœur de MacDonald avait eu un raté quand Howard avait parlé. Le jeune homme avait lentement empoigné son AK pour mettre l'officier irakien en joue. Maintenant, il écoutait Howard donner ses instructions au major et s'assurer à chaque phrase que l'autre avait bien saisi.

Le major ne s'était pas encore remis et le flot de paroles d'Howard l'empêchait de réfléchir. Il se contentait d'acquiescer.

– Vous n'avez aucune chance, dit-il tout de même dans un murmure.

Howard souriait toujours, mais des lèvres, pas des yeux. Il les planta dans ceux de l'officier irakien.

– Nous n'avons rien à perdre, major. Et vous le savez. S'il le faut, nous sommes disposés à mourir. Je suis certain que vous comprendrez que de notre point de vue, la mort sera infiniment préférable à notre capture. Mais si nous mourons, vous mourrez juste avant nous. En revanche, rien ne nous oblige à en arriver là, si vous faites ce que je vous dis. Vous me suivez ?

– Oui.

– Bien. Donnez vos ordres.

– Êtes-vous certain que vous voulez tout particulièrement cet officier...?

– Oui. Il est soupçonneux. Je veux pouvoir garder un œil sur lui. Appelez-le, immédiatement. Et donnez-lui les ordres.

Le major commençait à sortir de sa paralysie. Il parvint à s'adresser naturellement à un soldat posté derrière les barrières.

– Va me chercher le lieutenant Saleh Masoud, et vite.

L'autre partit aussitôt au trot et ne tarda pas à revenir avec le lieutenant à la mine renfrognée.

Au fur et à mesure que le major exposait ce qu'il voulait, le visage de Saleh Masoud se congestionnait d'indignation. À deux reprises, il tenta même d'élever des objections. Pris entre la pression de ses agresseurs et l'insolence de ses subordonnés, le major finit par se mettre en colère et ordonna au lieutenant de se taire.

– Fermez-la ! Obéissez ! Allez préparer les véhicules ! Et tout de suite !

Le lieutenant ouvrit la bouche pour protester une dernière fois, mais il vit la fureur sur le visage de son supérieur et se ravisa. Tournant le dos sans un mot, il s'éloigna.

– Il a bien tout dit, Johnny ? demanda Howard.

– Mot pour mot ce que tu as demandé, répondit Bourne.

– Parfait, dit Howard. Eh bien, major, jusqu'ici, nous nous sommes très bien entendus. Voici comment nous allons nous y prendre. Vous allez vous installer ici, à l'avant, à côté de M. Bourne qui conduira. M. MacDonald et moi serons assis à l'arrière. Dites à votre lieutenant que cette voiture mènera le convoi. Lui prendra le blindé BRDM, juste derrière nous, ensuite viendra notre deuxième voiture, et les deux camions fermeront la marche. D'accord ?

– Si c'est ce que vous voulez.

– C'est ce que je veux, rétorqua Howard, de l'acier dans les yeux. Dès qu'ils seront prêts, faites venir les chefs de chaque véhicule et dites-leur ce que vous attendez d'eux. Et essayez de vous montrer convaincant. De cette façon, nous vivrons tous assez longtemps pour raconter cette aventure.

Dix minutes plus tard, le petit convoi d'escorte était constitué. Ackford avait reculé de quelques mètres pour permettre à un BRDM-2 de s'insérer entre les Land Cruisers. Deux camions, transportant chacun quinze bérets rouges de la Garde républicaine, suivaient. Le lieutenant Saleh Masoud, un second officier et deux sergents vinrent se mettre à la disposition du major qui commença son discours.

– Ces étrangers, dit-il, ont les autorisations nécessaires pour gagner la frontière jordanienne à Trebil et quitter l'Irak. J'ai pris la décision de former une escorte pour les accompagner à la frontière de façon que, en accord avec la mission qui est la nôtre, nous puissions nous assurer qu'ils ne dévient pas de leur route et que la sécurité de notre pays n'est pas menacée. Je ferai le voyage en tête, dans l'un de leurs véhicules, et nous conserverons l'ordre actuel. Lieutenant Aziz Ali – il se tourna vers le second officier –, vous restez ici avec le commandement de cette position. Vous connaissez les ordres – l'officier fit oui de la tête avec un air important –, nous serons de retour demain matin. Et maintenant, écartez ces barrières, nous partons.

Ravi de se voir confier une si grande responsabilité, le lieutenant Aziz Ali commença aussitôt à en faire bénéficier à grands cris les soldats du barrage. Hilare à l'idée que ce détestable Saleh Masoud allait passer près de deux jours dans un BRDM sur-chauffé et sans confort, il se jeta goulûment sur ses nouvelles fonctions et les barrières furent retirées en toute hâte. Le convoi s'ébranla. Au passage du BRDM, Aziz Ali lança une bordée d'injures à son collègue dans le véhicule blindé et ses hommes éclatèrent de rire.

– Je suppose, dit Ziegler à Ackford, dans la voiture juste derrière, qu'on vient d'entendre « Bon voyage » en arabe.

– On aurait plutôt dit : « Va te faire foutre », contesta Usher.

Puis il laissa échapper un long soupir de soulagement.

– Jésus, ajouta-t-il. Quand je pense qu'on s'en est sorti.

John Kearwin étudiait l'agrandissement d'une image KH-12 du barrage lorsque l'écran du JSTARS indiqua un mouvement des véhicules. Pendant quelques instants, il y eut une certaine confusion puis l'image se réorganisa et on vit distinctement, émergeant du magma des véhicules à l'arrêt, cinq petits damiers se déplacer en file. Un blindé léger, deux masses plus importantes, mais non blindées, et deux voitures plus modestes, estima-t-il. Kearwin ne se faisait pas une idée très précise, mais à son avis, les deux voitures légères n'étaient pas les Land Cruisers. Pourquoi l'un d'eux se retrouverait-il en tête ? Non, se dit-il, ce ne pouvait pas être eux.

Il se concentra sur le relevé satellite. Les deux Land Cruisers se détachaient parfaitement en face du barrage. Ils n'avaient fait aucune tentative pour l'éviter. Et en même temps, ils ne s'étaient pas jetés dessus. Ils avaient dû être arrêtés. Mais comment avaient-ils renoncé si facilement, après tout ce qu'ils avaient déjà surmonté ? Ça n'avait aucun sens. Non...

–Jerry ? Continuez à suivre ces cinq véhicules sur le JSTARS, s'il vous plaît.

Kearwin revint sur l'image satellite. Il était 10 h 37 en Irak, maintenant. C'était la première fois qu'on voyait les Land Cruisers de jour. La veille, il y avait quelque chose qui les brouillait dans l'enclos et Kearwin n'avait compris de quoi il s'agissait qu'en comparant lumière réelle et infrarouges. Des filets de camouflage ! Ils étaient impuissants à arrêter les infrarouges, évidemment. Mais après la première nuit, le lendemain de leur arrivée à Tikrit, il avait tout de même décelé un léger changement, même à travers les filets, même après le refroidissement des moteurs. Il appela Sorensen.

–Walter, on avait bien dit que ces ambulances étaient peintes en vert, n'est-ce pas ?

–C'est ce qu'a déclaré l'enquêteur.

–Bon, je sais bien qu'on ne peut pas déchiffrer les couleurs sur un tirage satellite, mais je suppose que les blindés légers irakiens sont verts eux aussi, et je puis affirmer que ces deux voitures-là ne sont pas de la même couleur. Elles produisent une signature de réflexion totalement différente.

–Peut-être les blindés irakiens sont-ils sable et pas verts. Ça expliquerait le phénomène. Je ne sais pas. Est-ce qu'on connaît la couleur des blindés irakiens ? Je n'ai jamais eu l'idée de me renseigner là-dessus.

–Aucune importance, dit Kearwin. Parce que si c'est sable, alors les deux ambulances sont encore plus pâles. Regardez l'image.

–Il n'y a pas une grande différence, John, soupira Sorensen après avoir étudié le relevé.

–Mais il y en a une, insista Kearwin. Je suis persuadé qu'ils les ont repeintes.

– Et alors ? Et puis, dites-moi, comment vous faites, vous, pour repeindre deux bagnoles en plein milieu d'un foutu désert ? Pourquoi auraient-ils fait une chose pareille ?

Maintenant c'était Kearwin qui avait la balle et il ne savait plus trop bien où dégager.

– Je suis certain que ces types n'ont pas épuisé leurs ressources. Pourquoi, sinon, se seraient-ils fichus dans ce barrage en plein jour ? Ils auraient dû s'en tenir à leur tactique habituelle et attendre la nuit pour se défiler.

Puis, tout à coup, il se donna un bon coup de poing dans la paume.

– Mais c'est bien sûr ! glapit-il. J'en mettrais ma main au feu ! Ils ont encore mijoté un bon tour !

– Réfléchissez un peu, John, le calma Sorensen. Qu'est-ce qu'ils pourraient espérer en circulant en voitures banalisées ? Réfléchissez donc. Ils se feraient prendre à tous les coups, non ?

– Walter, dit Kearwin ne tenant aucun compte de l'objection du Morse. Le correspondant de la CIA à Riad a bien été à Badanah, n'est-ce pas ? C'est bien lui qui a rapporté que les voitures étaient peintes en vert ? Bon. Laissez-moi lui parler. Laissez-moi l'appeler au téléphone, tout de suite.

– Si ça peut vous faire plaisir, John, dit le Morse avec un regard résigné. Mais je ne vois pas ce que ça va changer.

Kearwin bondit sur le téléphone et expliqua rapidement au standard du NRO qu'il voulait une communication prioritaire avec l'ambassade US à Riad. Pendant qu'il attendait, il cria à Freedman tout excité :

– Jerry ! Ne perdez pas de vue ces cinq véhicules. C'est eux ! Je sais que c'est eux !

Dix minutes plus tard, Kearwin s'était entretenu personnellement avec Alvin Kennings à Riad. Dans un premier temps, l'agent de la CIA ne comprit pas très bien le but de cet appel et c'est avec une certaine impatience qu'il répondit aux questions de Kearwin concernant ce qu'il avait vu au chantier de Badanah. Oui, dit-il, il y avait bien des bidons de peinture dans l'atelier. Non, s'il avait déclaré que les véhicules étaient verts, c'était parce que le cuisinier pakistanais lui avait dit qu'ils étaient verts. Évidemment qu'il y avait des traces de peinture dans l'atelier. Oui, vertes. Mais, en y repensant, il se souvenait que la carcasse du quatrième véhicule avait servi pour faire des essais avec le pistolet... Ah, eh bien oui... Oui, c'était exactement ça...

– De la peinture blanche, dit Kearwin, songeur, en reposant le combiné. De la laque blanche, Walter, qui serait assez fou pour peindre sa voiture en blanc en Irak...?

Puis Kearwin et Sorensen se regardèrent, stupéfaits par ce qu'ils venaient de réaliser en même temps.

— Sacré bon Dieu, souffla le Morse avec un large sourire. Sûr que ces gars-là sont *gonflés*! Ça bat tous les records ! Ils sont en train de se faire passer pour une putain d'équipe d'inspection des Nations unies !

66

Le major Assan Omair ruminait en silence à l'avant du Land Cruiser. Il s'était remis du choc initial. Trop tard, il se rendait compte qu'il aurait peut-être pu éviter tout cela, mais le grand Anglais, Howard, ne lui avait pas laissé le temps de réfléchir. Et l'autre homme, Bourne, parlait un arabe parfait – toute tentative pour prévenir ses soldats aurait signé sa mort immédiate. Était-ce bien certain ? Il examina la question. Oui, se persuada-t-il. Ces hommes étaient très déterminés. Il ne doutait pas qu'ils mettraient leurs menaces à exécution. Et cet Howard ne se trompait pas. Pour eux, une capture ne serait pas précisément un sort enviable. Entre les mains de la Mukhabarat, les Services secrets irakiens, ils subiraient d'inimaginables tortures avant d'endurer une mort hideuse et interminable. Le major grimaça de dégoût. Il n'avait que mépris pour les méthodes de la Mukhabarat. Des animaux, pensa-t-il avec colère, des animaux dépravés couchés aux pieds du despote.

Le major haïssait Saddam Hussein et son régime. Ça ne l'empêchait pas de rabâcher, comme tous ses collègues, les protestations rituelles et obligatoires de fidélité éternelle vides de sens. Tout le monde haïssait Saddam, il le savait bien – hormis les imbéciles, les sycophantes, les bandits et les carriéristes, tous ceux qui ne méritaient pas le nom d'homme. Des gens comme ce chien insolent de Saleh Masoud qui n'aurait certainement jamais dépassé le grade de caporal sans sa dévotion d'esclave pour le Parti Baas et qui claironnait son approbation sans réserve des méthodes répressives de Saddam et reprenait à son compte les absurdes chants de victoire qu'entonnait le dictateur au lendemain de chaque cuisante défaite.

Mais qui pouvaient bien être ces espions, se demandait le major, et que faisaient-ils là ? Où avaient-ils volé ces véhicules des Nations unies ? Peut-être à Bagdad. Ils avaient l'air authentiques. Les lettres noires U et N sur les portes et à l'arrière étaient faciles à contrefaire, mais pas les drapeaux bleus avec le motif du globe et des lauriers. Quant aux voitures elles-mêmes... Oui, ces hommes devaient venir de Bagdad, comme avait dit Bourne.

Pas sûr. Le bouclage des routes... Il s'étendait partout au sud, jusqu'à Samarra. Et Dieu seul savait pourquoi. La compagnie du major avait reçu l'ordre de Bayji d'interdire la voie à toute circulation. Une autre compagnie de son régiment avait été envoyée à Samarra pour y appliquer la même consigne. Le reste de la division Tawakalna de la Garde républicaine n'avait pas bougé de Kirkuk pour s'occuper de ces malheureux Kurdes. Avec la route coupée au nord et au sud, comment avaient-ils fait pour passer? Ils ne devaient pas venir de Bagdad – ils auraient été stoppés à Samarra – ou alors à, par exemple, ad-Dawr, ou encore... Seigneur Dieu! Tikrit!

Le sang se retira du visage du major lorsqu'il entrevit ce que cela signifiait. Si c'était le cas, il comprenait mieux la présence des barrages. Il était stupide, se dit-il, de ne pas y avoir pensé plus tôt. Comme d'habitude, il s'était contenté d'obéir, sans se poser de questions. Depuis longtemps il avait renoncé à s'interroger sur ce qu'on lui ordonnait de faire. Mais maintenant, en y réfléchissant, les cérémonies d'aujourd'hui... Ce ne pouvait qu'être ça. Saddam avait dû se rendre en personne à Tikrit – sa ville natale. C'était la seule explication. Alors, ces espions auraient...? Dieu miséricordieux, ils avaient dû tenter d'assassiner le Président! Il jeta un coup d'œil acéré au conducteur, Bourne. Il souriait, les yeux illuminés, remarqua le major. Il avait une expression de confiance, de triomphe. Était-il vraiment possible que...?

– Qu'est-ce qui s'est passé, ici? demanda Howard, derrière lui, cassant net le fil de son raisonnement.

L'Anglais désignait un grand bâtiment en ruine au bord de la route entouré des restes à demi arrachés d'un enclos métallique.

– Quoi? Oh – je l'ignore. Dommages de guerre, je suppose. Pourquoi cette question?

– Pour rien de précis. Je croyais que peut-être vous sauriez.

Howard avait le sourire lui aussi. Bourne se retourna brièvement et lui décocha un clin d'œil. Les deux hommes avaient vu le petit groupe devant les décombres de l'entrepôt et avaient reconnu la fine silhouette du grand-père qui faisait de grands gestes aux autres qui l'écoutaient. *Alors ce vieux bonhomme s'en est bien sorti,* pensa Howard. *Tant mieux pour lui.*

Le major se méprit sur leur signe de connivence et il s'indigna.

– Je ne vois pas ce qu'il y a de si amusant dans les dégâts que votre aviation a causés à notre pays.

– Nous ne trouvons pas ça amusant du tout, major, croyez-moi.

Howard, d'ailleurs, avait cessé de sourire. Au souvenir de l'incident, il se remit à essayer de comprendre pourquoi il s'était produit.

– Je pensais simplement que peut-être vous étiez au courant de quelque chose sur ce cas particulier.

– Eh bien, je ne sais rien, répliqua le major. Pourquoi saurais-je quelque chose ? On nous informe rarement de ce genre d'événement.

Très bien, se dit Howard. Apparemment, le major était plutôt vexé d'être si mal renseigné. Ce qui laissait espérer qu'il ignorerait tout de la disparition du garde au bac d'Hadithah. En réalité, il ignorait même peut-être que le pont avait sauté. C'était le prochain point dangereux. Un endroit où la colonne devrait s'arrêter et où le major pourrait tenter sa chance – s'il était au courant.

En fait, le major ne savait rien de l'état du pont d'Hadithah. Dans le cas contraire, il aurait sans doute agi. Il avait décidé que ces espions ne s'en sortiraient pas aussi facilement. Des espions ? Des assassins ? Quoi qu'ils puissent être, il devait bien admettre qu'il éprouvait une certaine admiration pour eux. À l'évidence ils étaient extrêmement compétents et hautement professionnels. S'ils avaient réglé son compte à Saddam, ils venaient de rendre un fier service à l'Irak, de son point de vue. Néanmoins, il n'y avait aucune raison de les laisser fuir. Il avait beau haïr Saddam, le major était un homme d'honneur et un patriote. L'histoire de son pays – et du Moyen-Orient dans son ensemble, par la même occasion – se résumait à peu près à un sinistre catalogue d'interventions et d'exploitation infligées par les Occidentaux. Ce que commettaient ces hommes n'était rien d'autre qu'une nouvelle ingérence. On ne pouvait pas le tolérer. Le major avait trouvé ce qu'il allait faire. À Trebil, il aurait une opportunité puisqu'ils seraient obligés de s'arrêter à la frontière avec la Jordanie.

Une demi-heure plus tard, le major fut surpris de voir Bourne quitter brusquement la route et piquer droit vers la rive de l'Euphrate.

– Qu'est-ce que vous faites ? demanda-t-il.

– Le pont a été soufflé, major. En miettes. Nous devons prendre le bac.

Peu après, ils atteignirent la rampe et le major s'aperçut que Bourne avait dit vrai.

– Comment étiez-vous au courant, pour le pont ?

– Photographies aériennes.

– Ah, je vois.

Ils arrivèrent bientôt près du ponton.

– Descendez lentement de voiture, major, et restez près de la portière, dit Howard. Si le lieutenant ou l'un de ses hommes quitte son véhicule, ordonnez-lui de remonter.

Le lieutenant Saleh Masoud s'apprêtait justement à se dégourdir les jambes. À peine était-il sorti du BRDM que son supérieur le sommait d'y rentrer. Malgré les protestations qu'il grommela, il lui fallut bien obtempérer. Le major afficha un sourire. Il allait rôtir dans son BRDM. Ça lui ferait les pieds.

Le bac était de l'autre côté du fleuve et ils durent attendre un quart d'heure. Contrairement à la première fois, de nuit, il n'était plus manœuvré par un seul militaire mais par une équipe de jour commandée par un sergent. À la vue des galons du major, celui-ci s'empressa de faire monter les véhicules sur l'embarcation dont il avait la charge.

– Ne parlez pas avec lui, major, dit Howard. Qu'il nous fasse seulement passer.

La présence des véhicules des Nations unies troubla un peu le sergent mais il n'osa pas poser de questions à ce major de la Garde républicaine au visage de pierre et qui assenait ses ordres. Il avait eu suffisamment d'ennuis deux jours plus tôt lorsqu'on s'était aperçu qu'un de ses caporaux avait déserté.

La traversée se déroula sans encombre. De l'autre côté, les villages d'Hadithah, de Beni Dahir et d'Haqlaniyah, déserts à l'aller, fourmillaient maintenant de monde. Le major sursauta quand Howard brancha la sirène, les feux de détresse et le gyrophare bleu. Dans le deuxième véhicule blanc, Ackford fit de même. La mise en scène produisit l'effet désiré. Les gens se hâtèrent de céder le passage à ce convoi inhabituel qu'ils regardèrent filer, hébétés.

Vers 13 h 30 ils se trouvaient sur la route de Rutbah, reprenant en sens inverse le chemin qu'ils avaient parcouru trois nuits plus tôt. Les deux lourds camions, à l'arrière, empêchaient d'avancer aussi rapidement qu'à l'aller, mais Howard se sentait plutôt satisfait de la tournure des événements. Le gros problème qu'il faudrait traiter tôt ou tard, se dit-il, ce serait le major. Visiblement, l'homme avait à nouveau toute sa tête. Il n'allait pas falloir le perdre de vue.

67

– Vous êtes absolument certain de ce que vous avancez ? demanda le DNRO en scrutant attentivement le visage de Kearwin.

– Aussi certain qu'on peut l'être, monsieur. Puis-je vous montrer ce que j'ai jusqu'ici ?

– Faites.

Faga se pencha sur la série de tirages que Kearwin avait effectués à partir des relevés satellites.

– Ici, ils sont devant le barrage routier, monsieur. On voit bien sur celle-ci que les signatures de réflexion des deux véhicules sont différentes de celle du blindé irakien. Ce n'est pas énorme, comme dit M. Sorensen, mais nous avons vérifié auprès de l'agent de la CIA qui s'est rendu à Badanah et il a confirmé qu'ils avaient utilisé de la peinture blanche.

Kearwin s'interrompit. Un regard encourageant de Faga suffit à le relancer.

– Grâce au JSTARS, nous avons pu les suivre depuis le barrage. Nous n'avions encore aucune certitude, mais ils ont dû faire une halte pour traverser le fleuve et nous avons obtenu un nouveau passage satellite. Le voici. Les formats correspondent. Ce sont eux, et ils ont une escorte militaire. Depuis, on les file.

– Et qu'est-ce qui vous fait penser qu'ils n'ont pas tout simplement été arrêtés ?

– Deux raisons, monsieur. Premièrement, pourquoi, dans ce cas, auraient-ils pris cette direction ? À mon avis, ils auraient immédiatement été emmenés à Bagdad. Ici, c'est la route qui conduit en Jordanie. Et deuxièmement, ils empruntent exactement le chemin de l'aller. La coïncidence est trop grosse. Ce sont eux.

– Et vous êtes d'accord avec cette théorie, Walter ? demanda Faga en se tournant vers Sorensen.

– Oui. Au début, je n'étais pas très convaincu, mais ça tient debout.

– Bien, dit Faga, résolu. Je veux bien croire qu'ils se font passer pour un détachement des Nations unies. D'abord parce que je ne vois pas comment ils auraient pu persuader, autrement, l'armée irakienne, qu'ils avaient seulement le droit de *se trouver* en Irak. Ils auraient été capturés aussitôt, et probablement abattus sur place. Et puis, il y a une autre raison pour laquelle ils ont changé l'apparence de leurs véhicules. Ils transgressent la plus vieille règle du manuel militaire, et s'ils le font c'est qu'ils n'ont pas le choix, ou bien que justement leur aspect est maintenant différent.

– Je ne comprends pas, monsieur, dit Kearwin. Quelle règle ?

– Vous n'avez jamais travaillé dans l'armée, Kearwin, aussi ignorez-vous cette loi, dit le DNRO. C'est simple. Si vous accomplissez une mission en territoire ennemi, qu'elle soit longue ou courte, qu'elle soit d'action – comme celle-ci – ou de pure reconnaissance, sur terre, par air ou en mer, la règle demeure inchangée : on ne prend jamais, *quoi qu'il arrive,* pour sortir, l'itinéraire qu'on a suivi pour entrer. On repart toujours par un autre chemin. Sinon on s'expose à tomber dans une embuscade.

Faga désigna les tirages et remarqua :

– Ces gars-là connaissent cette règle, sans doute mieux que quiconque. Jamais ils ne se risqueraient sur la même route dans les deux sens, sauf s'ils se font passer totalement pour quelqu'un d'autre. Ce qui, de mon point de vue, confirme votre hypothèse. Les Nations unies, c'est bon, ça. Vous avez certainement raison.

– J'admets volontiers, monsieur, dit Kearwin, que je suis peu versé dans l'art militaire. Mais je crois que je commence à en savoir long sur ces gens-là. Ils ont été surprenants dès le départ. Ils ont sorti de leur chapeau des lapins qui ont surpris les plus blasés d'entre nous. Ce que vous me dites sur cette règle qu'ils transgressent finalement, grâce à leur déguisement, me convainc encore davantage que c'est d'eux qu'il s'agit.

– Une fois de plus, Kearwin, dit Faga avec un grand sourire, vous avez abattu un magnifique boulot. Et vous aussi, Walter – ainsi que tous vos gars. Je vais transmettre vos conclusions au NSC. Quand je leur parlerai des fausses voitures des Nations unies, ils vont avoir une attaque. Inutile de vous préciser le charivari que nous aurons si toute cette histoire devient un jour publique.

Il leva les sourcils, avala sa salive et reprit :

– Ce qui me paraît absolument inévitable, dans l'état actuel des choses. Enfin, merci à tous les deux. Et ne baissez pas la garde.

En sortant du bureau du DNRO, John Kearwin était rose de plaisir. De la part de Martin Faga ce n'était pas un mince compliment.

68

Le grand homme décharné assis en bout de table était penché en avant. Il avait un visage grêlé de marques de petite vérole sous des cheveux roux passés au henné. Ses yeux sautaient d'un visage à l'autre, sans repos. Il remarqua que ses collègues regardaient eux aussi autour d'eux, fiévreusement. Tous semblaient mal à l'aise, incertains, et même, qui sait... oui, effrayés. Tous sauf l'ancien ministre des Affaires étrangères, à mi-distance, sur la gauche. Derrière ses lunettes, son visage de cire paraissait aussi souriant et impénétrable que d'habitude. Mais n'y avait-il pas un soupçon de sueur sur son front ? Et s'il était en réalité tout aussi terrifié que les autres ? Évidemment, qu'il l'était, se dit l'homme teint en roux. Ils avaient tous été sonnés, cinq minutes plus tôt quand il leur avait appris la nouvelle. On sentait maintenant la peur poisser toute la pièce, comme un épais brouillard fétide. Mais l'heure n'était pas à s'interroger sur l'état d'esprit de ses collègues. Il fallait qu'il frappe fort et vite, comme le serpent, il ne devait pas leur laisser le temps de réagir ni d'entamer la moindre discussion. C'était son unique espoir. Il n'avait droit à aucune faiblesse. Car, s'il échouait...

Il avait déjà fait la moitié du chemin. Il s'était installé dans le Fauteuil – le Fauteuil où pas un n'avait eu le courage de s'asseoir. La signification de ce geste n'avait sans doute échappé à personne. Stupéfaits, horrifiés, ils étaient entrés dans la pièce et l'avaient vu là, à la tête de la longue table. Et nul n'avait pu ignorer une seule seconde ce que cela impliquait. Tout était dans l'ordre, décida le rouquin. En tant que Vice-Président, il se trouvait être le successeur automatique, celui qui était de toute façon destiné à siéger dans le Fauteuil, le moment venu. Et ce moment était justement venu. Mais si l'un des autres avait été mis au courant avant lui, ç'aurait été beaucoup moins automatique et lui, Izzat Ibrahim, n'occuperait peut-être pas le Fauteuil, à cette heure. Quelqu'un s'en serait déjà emparé – et probablement cette hyène malfaisante de Deuxième Vice-Président.

Mais Sa'adi Tumah Abbas, l'ancien ministre de la Défense, récemment abaissé au rang de conseiller militaire du Président, servile au possible, était venu le voir, lui, pour recevoir ses ordres dès qu'il avait eu connaissance du drame. Izzat savait qu'un jour, il viendrait. Ne l'avait-il pas flatté, ménagé, caressé dans le sens du poil? Ne lui avait-il pas laissé croire à sa bienveillance de Vice-Président? Et l'autre imbécile ne l'avait-il pas cru de bout en bout? Si. Il avait éprouvé la loyauté de Sa'adi Tumah sur le terrain le plus délicat qui soit: la rumeur qui courait sur la santé du Vice-Président. Lui, Izzat Ibrahim, Vice-Président d'Irak, Président en second du Conseil révolutionnaire et Sous-Commandant en Chef des Forces Armées irakiennes, était malade. Il allait falloir l'opérer. Le jour approchait où il serait obligé de franchir le pas, et là...

Oh oui, Sa'adi Tumah devait sentir le trésor à portée de sa main. *Bah, je ne suis pas en si mauvais état que ça,* pensa Izzat Ibrahim. La date de l'opération était fixée. Dans quelques semaines, il s'envolerait pour la Jordanie et il reviendrait en pleine forme. Et Sa'adi Tumah Abbas verrait alors. D'ailleurs, il allait voir tout de suite. Les autres feraient eux-mêmes le travail, ils manieraient eux-mêmes le couteau. Izzat Ibrahim s'adressa directement à lui.

– Frère Sa'adi, nous avons tous eu la douleur d'entendre votre rapport. Avez-vous autre chose à ajouter?

– Hélas non, frère Izzat Ibrahim, dit le conseiller militaire du Président, en regardant tristement autour de lui. Nous avons encore très peu de détails...

Il commença à répéter certaines des informations qu'il avait déjà données. Peut-être imaginait-il que ça lui conférait un peu d'importance, se dit Izzat Ibrahim. Mais, patience, ça n'allait pas durer. Izzat avait remarqué que deux au moins des présents étaient près d'exploser. L'un, sur sa gauche, était le successeur de Sa'adi Tumah comme ministre de la Défense, le *khinzîr* Hussein Kamil Hassan al-Majid. À son expression, on voyait bien qu'il était furieux de ne pas avoir été prévenu plus tôt. L'autre, sur sa droite, était le Deuxième Vice-Président, la hyène Taha Yasin Ramadan. C'était le plus dangereux des deux, pensait Izzat, mais pas le seul, loin de là. Lequel de tous ces rapaces éclaterait le premier?

La hyène donna du plat de la main sur la table, interrompant Sa'adi Tumah Abbas, l'œil fielleux.

– Vous essayez de nous dire que vous ne savez rien de plus? Notre frère bien-aimé le Président aurait été assassiné et il y aurait eu une insurrection ? Une *insurrection ?* Et à *Tikrit* ? Quelles preuves avez-vous de tout cela ? Et quelles sont vos intentions ?

— Et pourquoi n'ai-je pas été prévenu immédiatement ?

La question lancée d'un ton agressif venait de Hussein Kamil, ministre de la Défense et gendre de Saddam Hussein. Izzat étudia le visage d'Hussein Kamil et s'aperçut qu'il s'était trompé sur son compte. Sa face de porc n'exprimait en réalité que de l'inquiétude, vaguement déguisée en colère. Il ne cherchait qu'à montrer qu'il était là. Il était très secoué et visiblement terrorisé.

Sa'adi Tumah Abbas tenta d'avancer quelques réponses convaincantes aux questions posées. Il échoua lamentablement car il n'en avait aucune. Durant les deux minutes qui suivirent, apostrophes et critiques fusèrent de toutes parts. Izzat Ibrahim ne dit rien. Très satisfait, il laissa l'autre focaliser la rancœur et la consternation générales. Sa'adi Tumah Abbas était en train de se faire hacher menu.

Au bout d'un moment, il y eut une accalmie et Izzat Ibrahim en profita pour prendre la parole en écartant les bras.

— Frères, camarades membres du Conseil supérieur de la Révolution, c'est avec la plus grande tristesse que je vous engage à reconnaître que, malgré ses imprécisions, ce rapport est exact. Notre devoir nous impose dans l'heure présente d'étouffer notre immense chagrin et de regarder les faits en face. Notre frère et chef bien-aimé, Saddam Hussein, a bien été victime d'un complot mortel aussi lâche qu'ignoble. Je suis en mesure de vous confirmer qu'il s'est effectivement rendu à Tikrit ce matin.

Izzat marqua un temps, savourant les regards de haine et de jalousie de tous ceux qui n'avaient pas eu accès à cette information.

— Mais il n'est pas rentré à Bagdad comme prévu, reprit-il. Personne n'a revu son hélicoptère. En fait, nous avons appris qu'il avait été détruit. Comme nous l'a dit notre frère Sa'adi Tumah Abbas, tous nos efforts pour prendre contact avec le Commandant du détachement de la Amn al Khass se sont révélés vains. Cependant, il y a eu des témoins des événements de ce matin. Le Commandant de la division de Medina du troisième régiment de la Garde républicaine a réussi à s'échapper avec quelques-uns de ses subordonnés. Il semble qu'ils aient vu ce qui se passait avant de prendre la fuite. De hauts responsables de la Mukhabarat ont conduit leurs interrogatoires. Ils n'ont pas... disons, perdu de temps, pour obtenir des réponses. Tous les hommes questionnés ont fourni les mêmes détails avant d'être exécutés, sur mon ordre, pour lâcheté. Tikrit est en effervescence. Le Commandant de la région de Medina a été dépêché sur place de toute urgence avec des hélicoptères pour écraser la révolte. Selon mes instructions, la ville a été coupée du monde. Aucune information n'en sortira, sauf par cet officier qui rendra directement compte à ce Conseil.

Izzat regarda à nouveau Hussein Kamil, le ministre de la Défense à tête de cochon. L'homme était muet de rage, à l'annonce qu'on avait tout simplement usurpé son autorité sur ses propres forces. Izzat découvrit ses dents jaunes pour lui adresser une parodie de sourire.

– Je suis certain, frère Hussein Kamil, que vous voudrez bien m'excuser d'avoir usé de mon pouvoir de Vice-Commandant en Chef des Armées sans vous avoir consulté au préalable. Il fallait faire vite et nos tentatives pour vous joindre, à midi, n'ont pas été, euh... couronnées de succès. Selon toute vraisemblance, vous avez été momentanément absent de votre ministère. D'après ce que j'ai compris, d'urgents devoirs vous retenaient à une certaine adresse... rue Khulafa.

Moqueur, Izzat élargit encore plus son hideux sourire. Il savait où avait été le ministre et avec qui il se trouvait. Oui, il savait quelle auge puante le groin du cochon avait été fouiller. Hussein Kamil était soudain devenu pâle comme un mort. Il ouvrit la bouche, et la referma sans rien dire. Izzat le vit avaler nerveusement sa salive. Bon, pensa-t-il, toujours souriant, voilà une charmante nouvelle dont même ce psychopathe de Kusai, le fils cadet de Saddam Hussein, Chef de la Mukhabarat, n'avait jamais eu connaissance. Personne n'avait osé révéler à Kusai que sa putain de femme avait une liaison avec son propre beau-frère. Mais à lui, Izzat, on était venu le raconter...

Tous les autres gardèrent le silence. Certains réprimèrent un mouvement de curiosité devant cette allusion lourde de sens. Hussein Kamil parvint à élaborer une phrase :

– Vous avez très certainement eu raison d'agir comme vous l'avez fait, frère Izzat Ibrahim, bredouilla-t-il.

– Merci, ronronna Izzat.

Et dans un éclat de dents jaunes, il se tourna vers le cercle des dignitaires.

– Bien. La question qui se pose à nous est simple. Que faire pour éviter une crise majeure et de nouveaux troubles. La réponse, c'est du moins mon avis, me paraît tout aussi simple. Il doit y avoir une continuité à la tête du pays. Une direction de la plus grande vigueur est indispensable dans la période sombre et pleine de périls qu'aborde notre fière nation. Personne ne pourra contester qu'il convient de prendre toutes mesures susceptibles d'empêcher les désordres, d'où qu'ils viennent. De telles décisions seront radicales et sans faiblesse. En ces temps tragiques, mes chers frères, malgré notre abattement, une chose me console, c'est que je sais bien qu'aucun d'entre vous ne ménagera ses peines pour soutenir ce commandement énergique que réclament les circonstances.

Et voilà, pensa Izzat Ibrahim. C'était dit. Le sens de ses paroles était limpide pour tous. Même Sa'adi Tumah Abbas avait dû comprendre qu'il s'agissait tout simplement d'une candidature au poste maintenant vacant de Président. Les yeux d'Izzat brillèrent lorsqu'il tendit le cou, comme un vautour, pour guetter les réactions de ses collègues.

La première objection jaillit d'un secteur dont il ne s'était pas du tout méfié.

–Je suis persuadé que personne ici, frère *Vice*-Président, lança le ministre de l'Intérieur, ne met en doute le fait qu'un commandement énergique soit nécessaire. Le seul problème consiste à définir dans quel domaine la force – et l'expérience – devront être exercées en priorité.

Izzat était pris à contre-pied. Il s'attendait à une riposte de Taha Yasin Ramadan, mais celle-ci le surprenait totalement. Ali Hassan al-Majid était un cousin de Saddam et Izzat devinait ce que signifiait son intervention. Parmi tous les participants, ce chien féroce et écumant de bave s'était sans aucun doute montré le plus brutal et le plus efficace dans les différentes missions qu'on lui avait confiées. Son palmarès était horriblement impressionnant. C'était lui qui avait ordonné les attaques aux gaz contre les Kurdes en 1977-1978 et lui que Saddam avait nommé Gouverneur du Koweït après l'invasion de 1990. Avec Ala'a Hussein Ali, son cruel acolyte, il avait présidé au viol et au dépeçage de la «dix-neuvième province». Depuis lors, en tant que ministre de l'Intérieur, Ali Hassan al-Majid avait été chargé des opérations de répression contre les Kurdes au nord et les Chiites au sud, qu'il avait menées à bien avec la plus grande barbarie. Si quelqu'un était compétent pour mettre un terme au chaos intérieur, c'était bien lui. Ainsi, pensa Izzat, il se portait candidat au pouvoir suprême, c'était ça? Eh bien il ne gagnerait pas, cette fois. Le chien avait beaucoup trop d'ennemis, avait suscité trop de craintes – ils allaient tous se liguer pour lui barrer la route du sommet. Cinglé par le ton sarcastique et insolent avec lequel Ali Hassan al-Majid l'avait traité de «*Vice*-Président», Izzat ravala néanmoins sa contre-attaque et décida de laisser les autres régler l'affaire.

La hyène, Taha Yasin Ramadan n'y alla pas par quatre chemins.

–Notre frère le ministre de l'Intérieur a raison sur un point, ricana-t-il. Il faudrait effectivement choisir quelqu'un possédant une grande expérience du pouvoir. Mais cette expérience, si elle

400

se limitait au domaine intérieur, ne suffirait sans doute pas à établir une politique gouvernementale efficace. Nous sommes entourés de toutes parts d'ennemis qui n'hésiteront pas à profiter du désastre qui s'abat aujourd'hui sur l'Irak. La force, et une fidélité sans faille aux principes novateurs de notre frère bien-aimé Saddam Hussein – qu'Allah l'accueille en son paradis – seront deux qualités évidemment essentielles. Elles seront surtout primordiales dans nos rapports avec nos voisins qui vont maintenant lorgner vers nous. Comme Saddam Hussein nous le faisait remarquer il y a à peine trois jours, l'Irak va devoir faire face à des attaques sans précédent contre sa souveraineté. Il serait dangereux que le pouvoir irakien ignore la dimension internationale des périls qui nous menacent. L'habileté, et la plus extrême détermination dans les âpres manœuvres à engager contre tous nos ennemis – à l'extérieur aussi bien qu'à l'intérieur – voici ce qui compte avant tout.

Izzat était ébahi. Voilà que la hyène se rangeait dans son camp. Taha s'était tellement empressé de rabattre le caquet d'Ali Hassan al-Majid qu'il en avait oublié de postuler lui-même. Et, mieux encore, il n'avait rien fait non plus pour gâcher les chances d'Izzat. Tous les ténors s'étaient exprimés. On pouvait estimer que la discussion était close et que la cause était entendue. Il ne manquait plus que la confirmation officielle !

– Notre frère Taha a très bien parlé.

Saisi, Izzat tourna brusquement la tête vers le nouvel intervenant. Le visage affable de l'ex-ministre des Affaires étrangères s'éclairait d'un large sourire.

– Il donnerait presque à penser, poursuivit-il, avec son éloquent plaidoyer pour un chef expérimenté sur le terrain diplomatique, qu'il me proposait pour le Fauteuil présidentiel...

Tarek Aziz pouffa à sa propre plaisanterie. Les yeux d'Izzat se rétrécirent, soupçonneux. Où voulait en venir ce vieux renard huileux ?

– ... Naturellement, si un tel honneur m'était fait, je le refuserais, dit Tarek Aziz avant de reprendre son ton sérieux. Non, mes frères, je n'accepterais pas cet honneur suprême. Parce qu'en vérité, je crois que pour le moment, le poste de Président doit rester vacant.

Izzat Ibrahim était anéanti. Tout autour de la table s'élevèrent des murmures de surprise et d'inquiétude. Du coin de l'œil, Izzat remarqua que Taha, la hyène, se laissait aller au fond de son fauteuil, satisfait. Les deux hommes étaient donc ligués ! Une embuscade ! Une trahison ! Mais qu'est-ce qu'ils pouvaient bien avoir derrière la tête, ces deux-là ? Une rougeur envahit les joues olivâtres d'Izzat et des points écarlates avivèrent ses cicatrices tandis qu'il essayait de mettre de l'ordre dans ses idées.

—Pas uniquement parce que les négociations concernant le remplacement du Président me semblent de toute façon prématurées, enchaînait Tarek Aziz, mais j'irai plus loin. Décider une telle nomination pour le moment signerait notre perte.

Il eut alors un de ses sourires désarmants.

—Je m'empresse de dire qu'en affirmant cela je ne conteste nullement qu'il y ait des candidats tout à fait capables dans cette pièce. Loin de là. Je suis très heureux de témoigner, frères distingués, que nombre d'entre vous pourraient supporter avec brio les charges de cette grande mission, si magnifiquement assumée jusqu'à aujourd'hui par Saddam Hussein, notre frère bien-aimé. Non, si nous devons renoncer à choisir un nouveau Président, c'est pour une raison plus impérieuse. Et aussi d'une simplicité aveuglante.

Maintenant, Izzat était totalement noyé. *Par le nom d'Allah où veut donc en venir ce renard doucereux de Tarek Aziz ?*

—Tout changement, et même toute *apparence* de changement – aussi minime soit-elle – nous conduirait à une véritable catastrophe, déclara fermement Tarek Aziz. Elle trahirait une faiblesse, et cette faiblesse serait immédiatement exploitée. Quelles que soient la force et les capacités du nouveau Président, l'autorité de *la Présidence en tant qu'institution* en souffrirait aux yeux de l'Étranger. Si on venait à apprendre que notre frère Saddam a été assassiné, ce serait la preuve que *la Présidence,* et pas seulement le Président, est vulnérable – fatalement. L'autre solution, qui consisterait à annoncer qu'il a été destitué – idée criminelle envers sa glorieuse mémoire – serait néfaste car cette nouvelle serait interprétée comme le signe de dissensions dans notre Conseil, et donc d'instabilité. Dans les deux cas, le pouvoir en Irak recevrait un coup dont il aurait beaucoup de mal à se relever. Il y a suffisamment d'ennemis, et de tous côtés, qui n'attendent qu'une occasion de ce genre. Il convient donc que tout continue comme avant. Aucun changement ne doit apparaître.

—C'est ridicule !

Izzat Ibrahim venait d'exploser. Son bon sang-froid qu'il avait réussi à conserver jusqu'ici lui faisait soudain défaut. Il pointa sur Tarek Aziz un index osseux plein de défi.

—Comment voulez-vous que tout continue comme avant, puisque Saddam est mort ?

Le sourire de l'ancien ministre des Affaires étrangères ne se durcit même pas. L'homme tranquille se tourna vers Taha Yasin Ramadan.

—Taha, mon frère, demanda-t-il, combien nous reste-t-il de *tawâgît* ?

La hyène sembla se divertir au spectacle que donnait Izzat

Ibrahim. Il gonfla les lèvres de plaisir en notant la soudaine pâleur du visage grêlé.

– Il y en a neuf, répondit-il. Sur ces neuf, cinq n'ont qu'une ressemblance superficielle avec notre regretté frère et chef. Nous les avons utilisés dans le passé comme silhouettes à travers des vitres de voitures pour gratifier le peuple d'un aperçu de son Président bien-aimé. Deux autres peuvent se voir confier des tâches plus importantes et ont fait des apparitions dans de brèves séquences télévisées prises lors de visites de bases militaires. Tout gros plan était interdit et les soldats qu'on voyait dans ces films étaient tous des membres de la Amn al Khass déguisés. Ces séquences se sont révélées très bénéfiques car elles montraient bien que le Pouvoir n'a pas peur de se mêler au peuple. Et les deux derniers sont les plus réussis. On leur a fait subir une... *ilm al-jirâha,* chirurgie spéciale. Le premier, le *tâgût Bakr Abdullah*...

– Est mort, claqua la voix acide d'Izzat Ibrahim. Il a été tué ce matin en même temps que le Président.

La surprise tordit le visage de la hyène et ce fut son tour de blêmir.

– Comment le savez-vous ?

– Par les mêmes canaux qui m'ont informé de l'assassinat, éructa Izzat en frottant la table de ses ongles. Les interrogatoires des témoins, évidemment. Voulez-vous maintenant nous expliquer à quoi rime toute cette histoire de *tawâgît* ? À quoi voulez-vous qu'ils nous servent ? Il faudrait s'en débarrasser.

– Au contraire, lui renvoya la hyène, de nouveau dans ses marques. Ils sont plus que jamais indispensables à la sécurité du pays. L'ancien ministre des Affaires étrangères et moi-même...

Il se tourna vers Tarek Aziz pour avoir son assentiment. Celui-ci le donna d'un hochement de tête.

– ... Nous nous sommes doutés dès ce matin que quelque chose de grave venait de se produire. Une délégation diplomatique étrangère tardait à revenir de Tikrit, et nous avons entendu également d'autres rumeurs... des rumeurs qui se sont malheureusement vérifiées. Aussi avons-nous eu l'occasion d'évoquer cette affaire ensemble avant la réunion.

C'est donc ça, pensa Izzat Ibrahim, presque étouffé par la colère et l'inquiétude. *Ces deux-là sont complices.* Et il eut l'impression horrible qu'il était en train de deviner ce qu'ils avaient échafaudé.

– La mauvaise nouvelle concernant le *tâgût* Bakr Abdullah tombe certainement très mal, poursuivit la hyène, mais nous pourrons toujours le remplacer si nécessaire. L'important, c'est que le dernier de la liste, le *tâgût* Muhsen Hashim, reste disponible. Et c'est le meilleur de tous.

– Alors, que proposez-vous exactement ? demanda Izzat quasi certain de connaître déjà la réponse.

– Très simple. Il n'y aura pas d'annonce de l'assassinat. Il n'y aura pas d'annonce d'un quelconque remplacement du Président. En fait, il n'y aura pas la moindre annonce. Au lieu de ça, nous ferons dès que possible fabriquer un film. Je pense qu'il nous faudra deux ou trois jours. La vedette en sera le *tâgût* Muhsen Hashim. Il devra se montrer encore plus convaincant que les fois précédentes. Je sais qu'il en est capable. Selon les instructions directes de notre regretté frère Saddam Hussein, c'est moi qui ai veillé personnellement à sa formation. Notre frère bien-aimé savait bien qu'on attendait sa présence en de nombreuses circonstances et il souhaitait faire de plus en plus appel aux *tawâgît* chaque fois qu'il pourrait s'abstenir de paraître lui-même. Donc, tout se passera exactement comme précédemment. Très peu de gens, en dehors des personnes ici présentes, et des traîtres qui ont perpétré l'ignominie de ce matin, connaîtront la vérité. Ces traîtres, ainsi que tous les témoins et quiconque aurait eu vent de l'affaire, seront exécutés. Lorsque cela sera fait, ceux qui auront conduit les recherches pour éclaircir cette trahison seront éliminés à leur tour. Et ce *tâgût* prendra la place du Président.

Izzat Ibrahim était taillé en pièces. L'impensable venait de se produire. Ses espoirs d'accéder enfin au pouvoir avaient été vicieusement – et, il devait l'admettre, astucieusement – ruinés. Il fit marcher son cerveau. Peut-être tout n'était-il pas perdu. Le *tâgût* ne serait sans doute pas aussi bien protégé que le Président...

– Êtes-vous en train d'envisager que ce *tâgût* siège dans ce Conseil et devienne notre égal ?

– Évidemment non, répliqua la hyène avec mépris. Il se contentera de recevoir nos ordres. Il fera ce que nous lui dirons de faire.

– Pourrais-je savoir, siffla Izzat, qui à votre avis lui donnera ces ordres ?

– Ce détail est secondaire, lâcha la hyène d'un ton mordant. Seuls les ordres importeront. La tâche consistant à les transmettre au *tâgût* sera insignifiante. Il suffira que quelqu'un lui répète les consignes détaillées sur l'heure et le lieu où il devra se montrer ainsi que la conduite à observer, rien de plus. Cependant, comme vous semblez y attacher une énorme importance, frère Izzat Ibrahim, je propose avec plaisir que vous vous chargiez personnellement de cette tâche.

Il avait henni sa dernière phrase avec une lueur de triomphe dans l'œil. L'insulte définitive contenue dans les paroles de Taha Yasin Ramadan emplit la salle. Pendant quelques secondes, Izzat Ibrahim crut qu'il n'avait pas bien entendu. Puis, de plus en plus sonné, il comprit qu'on venait de transformer une responsabilité lourde de sens en un négligeable petit labeur — et, pire que tout, on avait suggéré qu'il en soit l'exécutant ! Son visage cadavérique et criblé fut balayé par une colère blanche et les serres qui lui servaient de doigts se refermèrent sur le bord de la table. Il considéra la hyène avec une férocité acide et émit enfin un cri de rage.

— Cette proposition est une véritable idiotie ! Elle est le fruit d'une imagination morbide ! Elle ne marchera jamais ! Et je suppose qu'il entre également dans ce plan extravagant que le *tâgût* porte en plus le propre pistolet du Président, son *tabanja* ?

— Non ! aboya la hyène en frappant violemment du poing sur la table. Ça, jamais ! La règle en vigueur restera inviolée. Ce *tâgût* devra comprendre qu'il n'est rien de plus qu'une marionnette pour ce Conseil. Il ne faut sous aucun prétexte lui laisser croire qu'il est indispensable à la sécurité de l'Irak et nous veillerons à ce qu'il ne lui vienne pas des idées qui dépasseraient sa condition. Peut-être, dans quelques mois, s'il sait se montrer complaisant, et si ce Conseil l'y autorise, pourra-t-il porter le *tabanja* en certaines occasions, si nous le jugeons nécessaire, nous, pour augmenter sa crédibilité. Mais, pour répondre à votre première objection, *frère* Izzat Ibrahim, ce plan est infiniment moins idiot que toutes les autres possibilités qui s'offrent à nous. Votre réaction ne peut être qu'un mouvement instinctif. Moi, de mon côté, j'y ai consacré beaucoup d'attention. Ce plan marchera. *C'est à nous de le faire réussir.* Notre frère Tarek Aziz a déjà expliqué pourquoi nous n'avons pas d'autre choix. S'il échoue, nous pouvons tous, du premier au dernier, nous considérer comme...

La hyène, qui avait maintenant recouvré toute son assurance, promena son regard vicieux sur l'assistance.

— ... fichus.

Izzat Ibrahim avait perdu. Il dévisagea son vainqueur. Les petits yeux fixes au milieu du visage ravagé irradiaient une haine très pure.

69

Le lieutenant Saleh Masoud allait exploser d'impuissance. Même si le soleil sombrait maintenant à toute vitesse, le blindé BRDM était encore une véritable étuve. Et il n'y avait eu aucune halte, ni pour se reposer, ni pour manger, ni rien. Il supposait que les gardes entassés dans les camions devaient être aussi excédés que lui. En tout cas, pour son chauffeur, pas de doute : il lui avait dit en long et en large ce qu'il en pensait. La voix nasillarde avait fini par lui porter sur les nerfs et il lui avait demandé sèchement de se taire.

Mais bien sûr, ce chauffeur avait raison. Pourquoi eux, la Garde républicaine, devaient-ils servir de nounou à ces étrangers qu'ils haïssaient ? Il aurait mieux valu les boucler et les laisser pourrir. Au lieu de quoi, ils les escortaient, ils les *aidaient* – ces gens qui essayaient de déposséder l'Irak de toute sa dignité ! Oui, réfléchit le lieutenant, si son chauffeur réagissait de la sorte, il devait en être de même pour les autres. S'il se produisait un nouvel accrochage avec cet arrogant major Hassan Omair, il aurait tous les hommes derrière lui.

Maudit soit le major, se dit-il, indigné. C'était bien son style de se pavaner dans la confortable voiture des étrangers pendant que ses soldats étaient secoués dans ces paniers à salade. Et surtout le BRDM. Saleh Masoud aurait bien aimé qu'on lui livre le salaud de Russe qui avait inventé ce truc sans suspension, avec un moteur qui déversait sa chaleur dans l'habitacle au lieu de l'évacuer dehors. Malédiction sur ce Russe, et malédiction sur le major, et, surtout, dix mille malédictions sur ces étrangers puants. Le lieutenant prit sa décision. Une demi-heure, c'était le dernier sursis qu'il leur accordait. S'ils ne s'arrêtaient pas avant, eh bien *lui* s'arrêterait. C'était comme ça et pas autrement. Il refuserait d'aller plus loin. Que la peste étouffe le major – il pourrait toujours dire ce qu'il voudrait. Lui, Saleh Masoud, aurait aussi une ou deux petites choses à déclarer. Il commença à mettre au point mentalement quelques reparties bien senties.

Le lieutenant était si bien habitué à suivre la voiture de tête et il était tellement occupé à ciseler les phrases mordantes dont il allait abreuver son supérieur qu'il ne remarqua pas que Bourne quittait la route principale de Trebil et de la Jordanie. Le convoi approchait de Rutbah. Bourne tourna brusquement et revint dans ses traces près du pont effondré avant de traverser la ville. Il prit la direction de la frontière saoudienne, là où ils étaient entrés en Irak. Le lieutenant, dans le BRDM, supposa qu'il s'agissait d'une simple manœuvre pour contourner le pont et ne se soucia pas de la route choisie. Il regardait sa montre. Plus que vingt minutes, se dit-il. Passé ce délai, il s'arrêtait, juré.

70

Contrairement à son aigre subordonné, le major Hassan Omair avait une approche assez réaliste de la situation. Il avait été pris de court. Howard et Bourne ne s'étaient pas consultés et personne n'avait prévenu que la route de Trebil allait être abandonnée. Après tout, c'était un chemin d'évasion classique pour des espions.

Et voilà que maintenant ils fonçaient vers le sud – en plein vers nulle part. Très vite, le major réfléchit à ce qu'il pouvait entreprendre. Son plan pour faire arrêter les criminels à Trebil était à l'eau. Il fallait qu'il trouve autre chose. Il décida tout d'abord de ne rien laisser paraître de sa surprise. Ainsi, ils resteraient peut-être détendus. S'ils s'apercevaient qu'il avait deviné qu'ils n'allaient plus à Trebil, ils risquaient de se méfier. Non, le mieux était de feindre la distraction. Cet imbécile de Saleh Masoud, dans le BRDM, finirait bien par comprendre ce qui se passait. Dans ce cas, il interviendrait et utiliserait son canon KPTV de 14,5 mm. Un bon point pour lui, alors.

Mais que faisaient donc les espions ? Le nommé Howard venait de tendre à Bourne un casque d'aviateur. Il y avait quelque chose de bizarre sur ce casque – une paire de jumelles fixée à l'avant. Bourne coiffait le casque et rabattait les jumelles devant ses yeux. Oh, évidemment – un système d'amplification de lumière ! Et le major s'interrogea...

Sur le siège arrière, Howard l'observait soigneusement. Le visage de l'Irakien n'avait rien exprimé de particulier quand ils avaient quitté la route principale, mais Howard en savait assez sur la maîtrise nerveuse du major pour imaginer qu'il avait sans doute très bien noté le changement de direction. En prenant son casque NVG comme la nuit tombait, Howard se dit que, de toute façon, le major n'allait pas tarder à tout savoir. Ils avaient dépassé l'embranchement vers le terrain d'aviation de Rutbah-

Sud et la piste de sable commencerait dans deux ou trois kilomètres. Il donna deux autres casques à Bourne et à MacDonald.

Bourne finissait de régler le sien lorsque deux choses arrivèrent pratiquement en même temps. La première, qu'il ne releva pas car il se concentrait sur la route, fut que le BRDM, derrière eux, s'arrêta brusquement. S'il avait regardé dans le rétroviseur, il l'aurait bien vu.

Le second événement se produisit à peu près à la même seconde. Le major, évaluant que c'était peut-être sa dernière chance de créer une diversion, de déstabiliser ces étrangers et de prévenir ses hommes dans les véhicules suiveurs, saisit le volant. Bourne, encore occupé par son NVG, fut pris au dépourvu. Mais Howard, lui, s'y attendait. Il frappa un coup sec du tranchant de la main sur la nuque du major qui bascula, tout mou, contre le conducteur. Bourne repoussa du coude l'Irakien inanimé dans son coin. L'incident n'avait pas duré plus de quatre secondes, mais le Land Cruiser s'était déjà détaché du reste du convoi d'au moins cent mètres. Howard et Bourne s'en aperçurent ensemble. Bourne freina à fond.

– Recule, Johnny. Doucement. Il y a un problème. Danny, tiens-toi prêt à sauter quand je te le dirai.

Ziegler, Ackford et Usher, pris en sandwich entre le BRDM et le premier des deux camions, comprirent aussitôt que quelque chose ne tournait pas rond.

– On ne fait rien, dit brièvement Ziegler. On attend de voir.

Le lieutenant Saleh Masoud était déjà sorti de son BRDM. Il avait remarqué que la voiture de tête s'était arrêtée avec un temps de retard. Elle avait continué sa route jusqu'au moment où le conducteur avait vu les phares des véhicules suiveurs s'éloigner dans son rétroviseur. Théoriquement, il allait reculer. C'est là qu'il irait dire deux mots au major.

En attendant, il décida de s'occuper un peu de ces étrangers. Il marcha vers l'arrière jusqu'au second Land Cruiser.

– Descendez de là, dit-il à Ziegler avec un rictus menaçant et un geste du pouce, pour bien se faire comprendre.

Ziegler leva son AKMS et abattit le lieutenant d'une balle dans la gorge. Puis il fit un signe rapide à Ackford et Usher.

– On s'éjecte !

Ils plongèrent tous les trois et roulèrent à l'écart de la voiture contre laquelle venait de s'affaler le corps sans vie du lieutenant.

Le sergent au volant du premier camion était un vétéran de la guerre Iran-Irak. De sa cabine, il avait entendu la petite toux du silencieux et le claquement de la culasse, et il avait vu tomber le lieutenant. Il réagit très vite. Ordonnant « Tous dehors ! » à ses soldats de l'arrière, il sortit lui aussi et arma son AK 47. Il allait tirer lorsqu'il entendit un cri en anglais. Il y eut un flash venant du sol, presque à ses pieds. Il était mort.

Le cri, c'était « Grenade ! » poussé par Ackford. Simultanément, Usher, Ziegler et lui avaient envoyé des grenades à main sur les deux camions. La première explosa entre les roues avant de celui de tête, tuant le sergent et mettant le feu au véhicule. La seconde, à l'arrière du même engin, eut raison de trois soldats qui s'apprêtaient à descendre et en blessa quatre autres. La troisième, lancée par Ziegler sur le deuxième camion, fit long feu.

Ackford et Usher assaisonnaient maintenant les deux camions avec leurs AK. Nombreux furent les soldats qui n'eurent même pas le temps de sortir, mais les treize occupants du véhicule intact mirent pied à terre et commencèrent à riposter. Ziegler visa les phares et les éteignit tous, à l'exception de ceux du BRDM qui pointaient dans la mauvaise direction. La scène était presque plongée dans l'obscurité.

Malgré son grade modeste, le conducteur du BRDM avait fait preuve d'initiative. Il s'était glissé aux commandes du canon KPTV de 14,5 mm et avait entrepris de tirer au hasard. Comme le canon était dirigé vers l'avant, sur la route, les trois premiers des vingt projectiles que comptait la bande atteignirent de plein fouet le Land Cruiser d'Howard qui reculait. La voiture quitta la route, se renversa sur le flanc et prit feu.

MacDonald avait senti un coup violent dans le bras gauche. Le choc fut si fort qu'il lâcha son AK. Dans la seconde suivante le monde chavira et il se heurta la tête en s'effondrant. Ce fut son casque NVG qui le sauva. Il parvint à s'extraire par sa portière qui donnait maintenant directement sur le ciel.

Pendant que MacDonald sortait au-dessus de lui, Howard atteignit l'arrière de la voiture et, du talon, ouvrit la porte. Le lance-roquettes RPG-7 antichar se trouvait sous le siège. Il s'en saisit et roula dehors pour mieux viser le BRDM. En tirant, le RPG fit un bruit assourdissant. Le blindage léger ne résista pas et l'avant de l'engin se désintégra. Les phares s'éteignirent et l'ensemble prit feu. Le conducteur du BRDM était déjà mort.

Johnny Bourne avait eu moins de chance. Si la balle qui avait traversé le bras de MacDonald l'avait évité, il n'en fut pas de même pour la deuxième qui lui transperça le mollet. L'engourdissement jusqu'au genou fut immédiat. La troisième énorme balle avait touché le pneu arrière, le déchiquetant littéralement. Ce qui fit basculer le véhicule sur le côté du conducteur. Le corps du major toujours inconscient tomba sur Bourne, le coinçant derrière le volant du Land Cruiser qui déjà s'enflammait.

MacDonald enrageait de se sentir impuissant. Il s'interdisait de tirer avec son AK de peur d'atteindre Ziegler, Ackford et Usher qui venaient de se lancer dans une bataille rangée avec les soldats irakiens survivants. Les balles volaient dans toutes les directions et MacDonald n'avait encore jamais vécu une situation aussi confuse et aussi terrifiante. Aplati sur le sol, il tourna la tête pour voir ce que faisaient Howard et Bourne. Il réglerait sa conduite sur la leur. Il vit Howard s'élancer sur le côté.

MacDonald s'avisa soudain qu'on ne voyait Bourne nulle part. Derrière lui, le Land Cruiser commençait à brûler. En une seconde, il comprit que Bourne était encore à l'intérieur. Il se précipita, entra par l'arrière et trouva Johnny bloqué sous la masse du major. Il rassembla toutes ses forces pour l'aider, de son bras valide, à se dégager.

—Merci, Danny, cria Bourne au-dessus du vacarme extérieur.

Il parvint, en se traînant, à s'extirper par le fond, à la suite de MacDonald. Une fois dehors, ils rampèrent bien vite pour s'éloigner du véhicule qui s'embrasait.

—Qu'est-ce qu'on fait, Johnny ? cria Danny.

—Pas grand-chose à faire dans ce cas de figure, répondit Bourne avec une grimace. Ma jambe est baisée, de toute façon. Il vaut mieux rester ici et voir comment ça tourne.

Les deux hommes ajustèrent leur NVG et regardèrent la scène qui s'offrait à eux.

Ackford n'avait plus de grenades. Il se faufila jusqu'à sa voiture, à plat ventre, pour se réapprovisionner. Comme il ouvrait la portière pour en attraper une poignée, il y eut un sifflement très près et il sentit un grand coup dans son casque NVG. *Merde,* pensa-t-il. Puis, au bout d'un instant : *Ah bon, je sais encore comment je m'appelle, alors ça doit aller.* Repartant, toujours sur le ventre, il dégoupilla une première grenade et visa soigneusement l'endroit d'où venaient les éclairs d'AK. « Grenade ! » hurla-t-il. Quelque part sur sa droite, Usher tirait toujours.

Howard avait vu qu'Ackford et Usher se trouvaient sur le flanc droit. Il prit la gauche dans l'espoir de rejoindre Ziegler. Petit à petit, le feu croisé des quatre hommes commença à porter ses fruits. Les Irakiens, en pleine obscurité, sans commandement, fatigués et surpris, ne faisaient pas le poids. Ils se laissaient cueillir l'un après l'autre. Il n'en restait plus que huit en vie sur trente-cinq.

L'un des huit était le sergent du second camion. Soldat endurci, comme son collègue mort du premier véhicule, il avait attendu son heure. Bien à l'abri, il guettait le moment où une cible se présenterait. Il avait tout de suite compris qu'il n'avait pas affaire à des débutants. Ils étaient même très bons, jugea-t-il. Des tirs partaient bien de points précis – il voyait les éclairs sortant des canons – mais jamais deux fois de suite du même endroit. Les

411

types se déplaçaient sans cesse. Ils tiraient et puis ils s'en allaient, se dit le sergent. C'était leur méthode. À peine un mètre ou deux d'écart chaque fois, mais c'était suffisant pour empêcher qu'on ne les situe dans le noir et qu'on ne fasse feu sur eux utilement. Il en avait aperçu un qui se penchait à l'intérieur d'une des voitures. Il aurait juré qu'il l'avait touché, mais non, l'autre était de nouveau là. Mais où, là, le sergent n'aurait pas pu le dire avec exactitude, hélas.

Il y eut une énorme déflagration lorsque le Land Cruiser explosa. Les flammes avaient atteint le réservoir. Le major Hassan Omair mourut sans avoir repris connaissance. Pendant quelques secondes, tout le paysage s'illumina – assez longtemps pour que le sergent irakien pût voir le déplacement d'un de ses ennemis. Il lâcha une longue rafale de son AK 47. La silhouette qu'il avait repérée fut secouée de spasmes convulsifs et ne bougea plus. *Je l'ai eu,* jubila le sergent. Puis une série de petites commotions se produisit dans tout son corps. Il sentit qu'une pâte salée lui emplissait la bouche et sa tête sembla se vider tandis que le bruit qui l'entourait diminuait. Avant d'avoir compris ce qui lui arrivait, le sergent irakien rendit le dernier soupir, une expression de surprise sur le visage.

Au bout d'un moment, la fusillade cessa. Le dernier soldat irakien était mort.

– Mike ? appela Howard.

– Ici. Indemne.

– Johnny ?

– Ici, répondit la voix altérée de Bourne. Touché au bas de la jambe droite.

– Grave ?

– Os intact.

– Bon. Danny ?

– Ici. Touché à l'avant-bras gauche.

– Tony ?

– Ici. Mon casque en a pris une, mais je pense que le contenu va bien.

– Bob ?

Il y eut un long silence.

– Je crois qu'il est là-bas, dit enfin Ackford.

– Bien, j'ai l'impression qu'on peut se relever. Mike, à toi de jouer. Regarde si l'un de ces véhicules peut encore servir.

Howard alla rejoindre Tony, agenouillé auprès du corps d'Usher. Bob avait été atteint de trois balles, dans la tête et dans la poitrine. Il était mort sur le coup.

– C'est trop con, chef, dit Ackford. On a manqué réussir à cent pour cent.

71

Kearwin regardait son écran satellite, atterré. Il y avait dix minutes que le convoi s'était immobilisé et ce relevé datait de trois minutes à peine. Et là, on voyait très nettement ce qui s'était passé.

Pour une raison inconnue, il y avait eu du grabuge avec les Irakiens. Et « l'équipe des Nations unies » s'était apparemment bien défendue. Le blindé – sans doute un BTR ou un BRDM – avait été mis hors de combat, Kearwin le comprenait bien à sa signature de chaleur. L'engin brûlait. Même chose pour l'un des deux camions. Mais... même chose aussi pour l'un des véhicules des Nations unies. Celui-ci avait une autre particularité, en plus du feu : il avait changé de forme. Mais ce ne pouvait être qu'une des deux voitures – tous les autres véhicules figuraient clairement. Peut-être avait-elle chaviré. Il ne pouvait pas en jurer.

Ils avaient fait tout ce chemin, se dit Kearwin, et voilà. Il éprouvait une forte sympathie pour eux. Ils savaient bien qu'ils finiraient par se faire prendre – c'était inévitable. Une fois franchie la frontière saoudienne ils n'auraient plus pu s'échapper. Mais au moins seraient-ils restés en vie, tandis que maintenant...

Kearwin se demanda s'ils étaient tous morts. Il valait mieux pour eux. Tout plutôt qu'être faits prisonniers. Dieu sait quel calvaire les attendait s'ils étaient tombés entre les mains de la police irakienne – tortures, humiliation publique à la télévision, tortures encore, puis l'enfer des prisons irakiennes, et pourquoi pas l'exécution... C'était insupportable de seulement y penser. Non, pourvu qu'ils soient tous morts, espéra-t-il de toutes ses forces.

Mais pourquoi pas le contraire. S'ils avaient battu les Irakiens ! Il n'allait pas tarder à le savoir. Tout dépendrait du premier véhicule qui se mettrait en marche, le second camion ou la voiture restante des Nations unies. C'étaient les deux seuls rescapés des cinq qui formaient le convoi. L'un des deux allait bouger. Si c'était le camion, ou si un nouveau véhicule se présentait, ça signifierait que les Irakiens étaient vainqueurs. Si c'était le Land Cruiser...

—John ! Le JSTARS note un déplacement ! cria Jerry Freedman.

—Land Cruiser ou camion ? demanda Kearwin, anxieux.

—C'est le camion.

—Oh...

Le pire était advenu. Kearwin s'affaissa dans son fauteuil.

—Il descend la piste vers le sud, ajouta Freedman.

—Vers le sud ? Vous avez bien dit le *sud* ? Vous êtes sûr ?

—Oui. Absolument.

—Suivez ce camion, glapit Kearwin.

Ils avaient réussi, pensa-t-il, si c'était les Irakiens, qu'iraient-ils faire vers le sud, vers la frontière ? Dieu merci, d'une façon ou d'une autre, ces diables-là venaient de s'en sortir encore une fois.

—Cette saleté de camion, c'est vraiment de la merde ! cria Ackford pour couvrir le bruit du moteur.

—Pas étonnant, avec un pneu avant à plat, répondit Howard en souriant faiblement pour cacher sa tristesse.

Le deuxième Land Cruiser avait refusé de démarrer. En ouvrant le capot, Ackford avait tout de suite vu pourquoi. Atteints de plusieurs balles irakiennes, le delco et la batterie étaient détruits et acide et huile de freins avaient envahi le moteur. Ils avaient vidé la voiture de tout ce qu'ils pouvaient sauver et Ziegler avait renversé un jerricane d'essence sur les sièges. En partant, il avait lancé un chiffon enflammé. Maintenant, ils avaient parcouru deux kilomètres et le Land Cruiser brûlait toujours. Lorsqu'il explosa, Howard vit une gerbe dans son rétroviseur latéral. Heureusement que le second camion marchait encore, pensa-t-il, malgré le pneu éclaté.

Howard n'avait pas voulu qu'ils s'attardent plus que nécessaire sur les lieux du combat. L'absence de phares ne constituait pas un handicap. Ils ne les auraient pas utilisés de toute façon. Ackford avait jeté son casque endommagé et avait coiffé le NVG de Bourne. Il y voyait très bien.

—Tu fonces, Tony, dit Howard. Je veux qu'on mette le plus possible de kilomètres entre ce carnage et nous.

—Je fais le maximum, chef. Mais c'est une chiotte.

La tête de Ziegler apparut entre les toiles qui séparaient la cabine de l'arrière.

—Andy arrive, Ed, dit-il. Il est prêt à nous ramasser. Il demande nos coordonnées.

—Trop tôt. Il lui faudra une bonne demi-heure pour venir jusqu'ici. On va continuer pendant quelques bornes et lui trouver un endroit où il pourra atterrir.

– Bon.

– Comment vont Johnny et Danny ?

– Danny, ça va. Un gros trou, mais la balle a traversé le muscle. Il ne saigne pas trop. Pour Johnny, ça se présente moins bien. Je lui ai fait un pansement, mais il perd beaucoup de sang. Il faudrait qu'on s'arrête pour s'en occuper sérieusement. Il ne sent plus son pied.

– Tu es sûr que l'os n'est pas touché ?

– Autant qu'on puisse être sûr quand on tressaute dans l'obscurité.

– Il va falloir qu'il tienne le coup encore un moment. C'est trop tôt pour nous arrêter.

– D'accord.

Ziegler disparut derrière la toile, mais, pris d'une idée subite, Howard le rappela.

– Mike ?

– Oui, dit la tête de Ziegler, comme surgie d'une boîte.

– Il y a des Irakiens morts, derrière ?

– Ouais. Deux qui n'ont pas eu le temps de descendre... Je vais les balancer par le fond.

– Non, on peut en avoir besoin.

– Tu as un plan ?

– Je suis presque certain qu'on est grillés en Arabie Saoudite, dit Howard. Il faudra sûrement enterrer l'avion en arrivant et trouver une autre combine.

– Merde, dit Ziegler. Qu'est-ce qui te fait croire ça ?

– L'attaque aérienne contre cet entrepôt, répondit Howard. Je suis persuadé que les Irakiens n'y étaient pour rien.

Le colonel de l'Armée de l'air irakienne commandant la base de Rutbah-Sud leva la tête, surpris, en entendant qu'on frappait violemment à sa porte.

– Entrez, lança-t-il.

La porte s'ouvrit à toute volée et un capitaine affolé parut.

– Il y a eu une mutinerie, mon colonel.

– Quoi ? Expliquez-vous !

Le capitaine dit ce qu'il savait. Il rentrait de Rutbah lorsqu'il avait remarqué que quelque chose brûlait à trois kilomètres environ de l'embranchement vers la base. Ensuite, il y avait eu une explosion. Il était allé voir. Il avait découvert des véhicules et des soldats étendus. Tous morts.

– Qu'est-ce qu'ils pouvaient bien foutre par là ? demanda le colonel, perplexe et irrité à la fois. On n'annonçait pas de convoi, cette semaine.

– Je l'ignore, mon colonel. Mais la Garde républicaine ne nous prévient pas de ses déplacements.

Le colonel le savait bien. D'ailleurs il enrageait. Comment pouvait-il maîtriser la situation dans son secteur si on lui cachait tout, se répétait-il. Mais... *Attendez voir !*

— Vous avez bien dit, la Garde républicaine, capitaine ?

— Oui, mon colonel. Vingt ou trente hommes. Tous morts.

Dieu du ciel ! pensa le colonel en se dressant. Il quitta la pièce à toute vitesse, le capitaine sur ses talons. Il s'agissait d'un danger de tout premier ordre ! Et s'il ne faisait pas quelque chose immédiatement...

— Donnez l'alerte générale, capitaine, tout de suite !

— Oui, mon colonel.

Le colonel fonça prendre sa voiture et roula comme un fou jusqu'à la tour de contrôle, à l'autre extrémité du terrain. De tous côtés, les lumières s'allumaient et les sirènes commencèrent à retentir. Une Jeep arriva devant la tour en même temps que lui. Tout le monde s'engouffra dans le bâtiment. Il avait pris sa décision.

— Appelez la base H3 par radio ! Je veux parler au colonel Suba Ali ! De toute urgence !

— Bien, mon colonel ! répondit l'officier de service en saluant. Et il sortit à toutes jambes.

Oui, se dit le colonel, la base H3 était la réponse adéquate. Ici à Rutbah il n'y avait rien, sinon des avions de transport. Mais à la base H3, ils avaient une escadrille d'hélicoptères de combat Mi-24 Hind-A. Et ils se trouvaient à peine à soixante kilomètres à l'ouest. La situation ne méritait rien de moins.

— Les AWACS ont retrouvé le Islander, John, lança Peter Stannard à Kearwin. Il est en vol, en train de traverser la frontière pour pénétrer en Irak !

— Faites-moi un tracé. Je veux savoir où je peux le récupérer.

Kearwin attendait ce moment, mais il y avait encore un point obscur. Il donna à Stannard les coordonnées du camion qui s'était maintenant arrêté. Ils avaient dû trouver un lieu d'atterrissage convenable. Mais ils se demandaient comment l'avion saurait exactement où aller. L'endroit ne pouvait pas avoir été établi à l'avance. Ceux du camion étaient en pleine improvisation. Kearwin était sûr que jamais, sans cela, ils n'auraient demandé au Islander de se risquer dans l'espace aérien irakien.

Pendant que Stannard interrogeait le E-3 AWACS, Kearwin alla discuter avec Sorensen.

— Walter, est-ce que la section ELINT est absolument certaine qu'il n'y a pas eu d'appels radio dans ce secteur ?

— Ils disent qu'ils surveillaient et qu'il n'y a rien eu.

— Rien du tout ?

– Juste les liaisons ordinaires, en arabe. Il y a plusieurs bases aériennes dans le coin. Ils reçoivent tout.

– Est-ce qu'on peut encore vérifier ? Il y a peut-être une petite chose en dehors des bases. Nous connaissons la route exacte et la position actuelle du camion – ils ne bougent plus et attendent leur avion.

Le Morse appela le chef de la Surveillance électronique de renseignement. Il écouta la longue réponse qu'on fit à sa question et remercia l'homme du ELINT avant de reposer le combiné.

– Rien, John, sauf un bref échange radio en arabe il y a quelques minutes. Ça venait de nulle part, un peu au sud-ouest de la base de Rutbah-Sud, et puis, tout de suite, il vient d'y avoir tout un remue-ménage entre la tour de Rutbah et la base H3.

– Qu'est-ce que vous avez dit ?

– Rutbah a demandé de l'aide. En rapport avec notre affaire, qui sait. Je pense que l'accrochage entre nos types et les Irakiens a eu lieu suffisamment près pour qu'ils l'aient remarqué.

– Non, non, je veux parler de l'autre appel. Celui venu de nulle part. Faites-vous transmettre les bandes et convoquez un traducteur.

Le Morse hocha la tête et décrocha sans résister.

– Je vois ce que vous pensez. Vous vous dites qu'ils ont communiqué en arabe...

Puis, comme il avait son interlocuteur, il se tourna vers l'appareil.

– Oh, Eddie, c'est encore Walter. Ouais. Écoutez, Eddie, nous croyons que leurs échanges radio se font en arabe. Pouvez-vous nous faire traduire la conversation qui correspond aux coordonnées que je vous ai fournies dans le désert au sud de Rutbah ? Ouais. Et une copie de la bande. Et si vos experts pouvaient aussi analyser les voix, s'il vous plaît. Encore merci, Eddie.

Il raccrocha et leva les yeux vers Kearwin.

– Il dit qu'il nous envoie tout le truc dès qu'il peut.

Andy Denard volait aussi bas que possible. Sur une trajectoire de 350 degrés magnétiques, il avait franchi la frontière irakienne, droit vers la dernière position annoncée par le commando. À son côté, sur le siège du copilote, Harris reçut de nouvelles coordonnées dix minutes plus tard et Denard obliqua légèrement sur 342 degrés pour prendre l'axe de la nouvelle position du camion.

Denard se dit que les gars avaient sûrement eu des problèmes. Harris et Bourne avaient échangé le minimum par radio et Harris n'avait pas posé de questions. Ils devaient déjà avoir compris qu'ils étaient grillés. Denard se demandait comment ils le savaient.

– Ils avaient l'air comment, Mel ? demanda-t-il sans détourner le regard.

– Difficile à dire, comme Johnny parlait arabe et que moi j'essayais de me souvenir du mien. Je ne sais pas. Tendu, pas de doute. Mais moi aussi, quand je te vois conduire ce machin.

– T'inquiète pas, vieux, on arrive bientôt. Plus que dix minutes.

– Ça me fera dix ans de plus, environ.

– Ferme les yeux et pense à une jolie paire de seins, mec.

– Ça me dit rien, pour l'instant. Et ne t'avise pas d'y penser, toi !

Denard éclata de rire. En jetant un coup d'œil en coin au pilote, Harris s'aperçut que pour une fois ses yeux, eux, ne participaient pas à cette hilarité. Eh ben, songea-t-il, lugubre, si même Andy trouve que c'est coton, c'est que ça doit l'être sacrément.

Le Mi-24 Hind-A avait presque atteint le site de l'affrontement signalé. Le pilote de l'Armée de l'air irakienne était intrigué. Que lui avait-on raconté sur la Garde républicaine ? Qu'est-ce qu'ils fichaient, à se massacrer entre eux ? Le pilote n'aimait pas cette histoire. Ça avait des allures de mutinerie, rien de moins. On avait toujours des ennuis avec ces choses-là. Le pilote voulait qu'on le laisse tranquille. H3 était une garnison parfaite, très paisible. Enfin, jusqu'ici. Pas comme Nasiriyah ou Basra, au sud. Il avait fait un stage là-bas récemment et ça ne lui avait pas plu du tout. Les survols des marécages, jour après jour, avec des massacres de civils, en plus, rien de réjouissant, vraiment. En réalité, il avait vécu cette période comme un enfer, et il avait été vraiment heureux d'être relevé et envoyé à H3, il y avait juste deux mois. Non qu'il ait éprouvé une sympathie particulière pour les populations des marais, il n'avait rien à en dire, mais c'était surtout que ce sale travail n'avait rien à voir avec l'honneur. A fortiori quand on inflige ces horreurs à des gens courageux...

Parce qu'ils avaient été rudement courageux, ces gens des marais. Courageux jusqu'à l'idiotie. Ils auraient pu deviner que la résistance ne les mènerait nulle part. Qu'est-ce qu'ils pouvaient espérer ? Eh bien, ils s'étaient tout de même obstinés. Ils avaient été nombreux à lui tirer dessus lorsqu'il venait les arroser. Ils devaient bien savoir que fusils et mitraillettes sont dérisoires contre un Hind. Il battait tout les records mondiaux de blindage, pour les hélicoptères. Il ne fallait pas compter abattre un Hind avec une arme légère. Les balles ricochaient et l'équipage se sentait comme chez lui. C'était presque amusant. Il se souvenait encore de la mine terrifiée du jeune copilote dont c'était la première mission de combat. Alors, lui, pilote chevronné, avait décidé de se payer un peu de bon temps. Il avait volontairement immobilisé le Hind, en suspension en face d'un groupe armé. Une cible parfaite. Les balles giclaient de partout. Le bleu poussait des cris. Il lui avait fallu du temps avant qu'il se souvienne de ce qu'on lui avait appris et qu'il était totalement en sécurité. Le pilote sourit à ce souvenir.

– Nous approchons du but. Un kilomètre, dit le navigateur-mitrailleur, le sortant de ses songes.

Le pilote vit bientôt le tableau. Quatre véhicules en feu, comme indiqué. Deux presque complètement détruits. Des corps éparpillés tout autour. Un vrai massacre. Qui avait attaqué ce convoi ? Où étaient les agresseurs ?

– Quelque chose sur le FLIR ? demanda-t-il dans son micro.

L'observateur étudia le système radar sophistiqué.

– Non, à part un avion venant du sud. Distance trente-sept kilomètres. Mais l'image infrarouge révèle une trace anormale sur la piste qui part dans cette direction. Un véhicule est passé il y a peu de temps. On dirait qu'il avait une roue endommagée.

– Un avion ? Venant du sud ? Tu es sûr ? Quel type d'appareil ?

– Impossible à préciser pour le moment. Le signal n'est pas continu. Il vole très bas.

– On y va, dit le pilote. Il n'y a pas de base, par là-bas et aucun vol n'est prévu dans se secteur. Et il se pourrait bien que le véhicule en question contienne des rebelles.

Le Hind tourna sur lui-même et fonça vers le sud en longeant la piste.

Le bras de MacDonald commençait à lui faire un mal de chien. À côté de lui, Bourne était étendu sur le sol, la jambe relevée, et Ziegler était en train de finir son pansement. MacDonald voyait la douleur convulser ses traits. La blessure de Bourne semblait beaucoup plus grave que la sienne. Un hôpital saoudien, suivi d'un long séjour en prison, voilà ce qui les attendait, l'un et l'autre, maintenant, pensa péniblement MacDonald. Ils n'étaient pourtant pas passés loin de la réussite.

– Je crois que j'entends l'avion qui approche, chef, lança Ackford.

– Oui, c'est lui, dit Howard. Allumez !

– Cinq kilomètres, Mel. Guette les lumières.

– Je ne vois toujours rien.

– Je vais grimper un peu.

– Excellente idée, dit Harris.

Denard tira sur le manche et monta à soixante mètres. Deux minutes plus tard, ils virent la ligne des torches à terre. Denard amorça son virage pour atterrir. Harris sentit une énorme secousse au moment où les roues touchaient le sol inégal. Ils s'étaient posés. Il dégrafa sa ceinture et se prépara à descendre d'un bond. Le Islander s'arrêta, moteurs toujours en marche.

– L'avion vient de se poser, annonça l'observateur du Hind. C'est un bimoteur léger. Le véhicule est stationné à côté.
– Distance ?
– Deux kilomètres.
Le pilote s'adressa au navigateur-mitrailleur.
– Vise le véhicule. Tire un AT-3. Ensuite, prépare-toi à allumer l'avion avec le 12,7 mm avant. Je crois qu'on ne va pas s'ennuyer.

MacDonald n'entendit même pas venir le missile. Quarante mètres derrière lui, le camion se volatilisa dans un rideau de feu et la puissance de l'explosion le plaqua au sol. Quand il put se rasseoir, à moitié sonné, quelque chose ronronnait au-dessus de lui. Il brancha son NVG.
– Hélicoptère ! cria Bourne en s'emparant de son AK et en essayant de se redresser pour tirer. Danny, c'est un Hind, va chercher ton gros flingue et mets-y des cartouches antiblindage. Il n'y a que ça qui pourra l'arrêter.
– Pas de chance, gémit MacDonald pour toute réponse. Il a brûlé avec le Land Cruiser.
Harris venait juste de sauter du Islander lorsque, à cent mètres de lui, le camion se désintégra dans un éblouissement. La déflagration lui parvint un tiers de seconde plus tard mais le ronflement du moteur du Islander couvrait celui du Hind, juste au-dessus. Dans la lumière de l'incendie il vit Ackford et Ziegler tirer sur quelque chose en l'air. Il ne perdit pas de temps et les rejoignit en courant.
– C'est quoi ? hurla-t-il.
– Un putain de Hind, je suppose, cria Ackford.
Et soudain Harris l'aperçut dans ses lunettes de vision nocturne. Il virait pour revenir à la charge. Il allait s'en prendre au Islander, cette fois.
– Vous avez une arme pour moi ?
– Là-bas, près de Johnny et Mac, renvoya Ackford. Et rapporte-nous des munitions.
Harris se précipita vers les autres.
Denard n'était pas resté inactif. Relançant les moteurs, il avait fait rouler le Islander. Ses lunettes lui permettaient de voir le Hind et il comprit qu'il était la prochaine cible. Il se dit aussi que ce ne serait pas mieux en l'air. Les deux moteurs de trois cents chevaux Lycoming 10-540-K1B5 rugirent lorsque Denard pro-

pulsa l'avion sur la piste, jouant des gaz et du manche pour l'entraîner dans une série de mouvements tournants. Il ne pouvait rien faire de plus. Il s'en remettait aux autres pour la destruction de l'hélicoptère. Il se sentait impuissant.

Le pilote du Hind avait vu les efforts pathétiques de l'avion pour tenter de lui échapper. Il sourit. Il allait encore plus s'amuser que prévu. Les balles venaient rebondir sur les flancs de l'appareil, comme au bon vieux temps, se dit-il. Il n'en tint aucun compte et amena le Hind en suspension, immobile, afin de pouvoir viser l'avion avec la mitrailleuse avant de 12,7 mm. Ce serait plus drôle que d'utiliser des roquettes de 57 mm. Excellent exercice d'adresse. Ensuite il en finirait avec ces imbéciles qui croyaient aux miracles. La mitrailleuse de 12,7 mm commença à crépiter sous ses pieds.

Harris arriva près d'Howard qui était en train de charger le RPG-7.

— Laisse-le-moi, cria-t-il, je suis très bon au RPG !

Howard ne discuta pas et lui tendit l'arme antichar. Harris épaula et mit en joue le Hind à deux cents mètres de là. Il tira.

Le copilote de l'hélicoptère vit un brusque éclair jaillir au-dessus des restes du camion et quelque chose frôla la carlingue.

— Missile ! s'écria-t-il.

Le pilote n'avait rien remarqué. Il était concentré sur l'avion qui, avec ses cercles déments et ses brusques mouvements d'avant en arrière, se montrait une cible vraiment digne de lui.

— Quel missile ? demanda-t-il.

— Il nous a manqué de peu. J'en suis sûr !

Le pilote tordit le nez. Ça changeait un peu le programme. Il fallait prendre en compte cette complication, et vite. Il s'empressa de remettre les gaz pour quitter la station immobile. Alors qu'il avait presque terminé la manœuvre, un deuxième projectile du RPG-7 percuta la vitre blindée du cockpit, juste à côté de lui. La tête explosive était capable de traverser des blindages allant jusqu'à quinze centimètres d'épaisseur. Elle éclata ouvrant un trou très net d'un centimètre dans le solide vitrage. Un flot de plasma métallique chauffé à blanc envahit l'habitacle avec une déflagration apocalyptique qui tua net l'équipage.

Le Hind fit une embardée avant de piquer du nez. Il tomba du ciel comme un oiseau mort, s'écrasa au sol et prit feu. Harris et Howard restèrent agenouillés pendant quelques secondes, fascinés par le spectacle qu'ils venaient de provoquer.

— Tu es le roi de la recharge rapide, chef, murmura enfin Harris.

— Je dirais plutôt que c'est toi qui es l'empereur de l'antichar, Mel, souffla Howard.

Ils virent que le Islander avait cessé d'effectuer ses exercices au sol et qu'il roulait maintenant droit vers eux.

– Allez. Tirons-nous. Je crois qu'on a eu notre compte d'emmerdements pour aujourd'hui, conclut Howard en se levant un peu lourdement.

Kearwin avait suivi les événements de Rutbah en direct. L'interprète arabe de la section ELINT avait indiqué que l'appareil était un Mi-24 Hind-A. Kearwin avait contemplé son écran avec horreur lorsque le Hind s'était dirigé droit sur le commando tout de suite après l'atterrissage du Islander. Puis l'hélicoptère avait disparu. Il était impossible de deviner ce qui avait pu se passer et il devait maintenant attendre vingt-cinq minutes pour avoir une nouvelle image satellite.

Mais quoi qu'il ait pu se produire, ils avaient apparemment triomphé de leur agresseur. Dès le départ, le Morse lui avait rebattu les oreilles avec les performances du Hind.

– Cette fois, je crois sincèrement qu'ils sont fichus, John, avait-il assené.

Mais non. L'avion avait redécollé ! Il se trouvait à environ cinquante kilomètres de la frontière. Que comptaient-ils faire après l'avoir traversée ?

Il y avait deux hypothèses, se dit Kearwin. Ou bien ils voleraient aussi loin que possible avec l'espoir de quitter le ciel saoudien pour passer en Jordanie. Ou bien ils atterriraient et reprendraient la route. Kearwin envisagea les deux options. Il élimina presque aussitôt la première. L'avion était recherché et Sullivan, son pilote, n'était pas sans savoir qu'on ne le lâcherait pas comme ça, même s'il ne se doutait pas – mais peut-être s'en doutait-il – de l'importance du dispositif mis sur pied pour le suivre. Aucun plan de vol n'avait été déposé. Non, ils ne pouvaient pas espérer sortir d'Arabie Saoudite par les airs.

Donc, la seule solution était l'atterrissage. La question était : où ? Kearwin se dit qu'il y avait de grandes chances pour que le Islander revienne à l'endroit d'où il était parti. Là devait attendre le troisième véhicule. Le problème, c'était que les AWACS ne l'avaient pas repéré immédiatement après son décollage parce qu'il volait trop bas. Kearwin avait obtenu le tout premier relevé et avait demandé au JSTARS d'explorer la zone. Mais le JSTARS n'avait rien trouvé. Il l'avait alors prié de remonter la trajectoire du Islander et jusqu'ici il n'avait pas de réponse. Mais peu importait. Lorsque l'avion se poserait, il serait bien temps de prendre en chasse le troisième Land Cruiser. Il devait rester environ une vingtaine de minutes de vol.

Kearwin rembobina la cassette que leur avait transmise la section ELINT et écouta une nouvelle fois la conversation en arabe. Il avait deviné juste. La première voix qui, d'après le ELINT, provenait du secteur où le camion était arrêté, semblait tendue. Ce qui ne surprenait pas vraiment Kearwin. L'analyste avait conclu que la langue était courante et parfaite, mais que l'accent n'était pas saoudien. Il ne pouvait pas le situer avec précision mais son intuition lui soufflait que l'homme n'était probablement pas arabe. Pour l'autre, il n'avait aucun doute. La voix venant de l'avion appartenait à un Anglais. Même s'il ne faisait pas de fautes, son application et sa difficulté à prononcer les gutturales le trahissaient. L'analyste avait précisé que Anglais et Américains avaient en général beaucoup de mal avec ces gutturales. Il supposait que l'homme avait dû apprendre l'arabe pendant son service militaire à Bahreïn ou peut-être Oman.

Kearwin soupira. Tout cela était secondaire. Il n'avait réclamé cette bande que pour écouter la voix de ces hommes. Il voulait les entendre parler. Depuis le temps qu'il les accompagnait pas à pas, il avait eu envie d'entendre au moins les voix de deux d'entre eux.

Il remonta la bande et se la repassa pour la quatrième fois. *Qui êtes-vous ?* se demanda-t-il lorsque la voix du premier interlocuteur sortit de l'appareil. *Je ne vous rencontrerai jamais, mais je donnerais la moitié de ce que je possède juste pour savoir qui vous êtes...*

73

— Huit minutes, Ed. Je vais commencer à monter.

Howard jeta un coup d'œil de côté à Denard. Le visage du pilote était pâle et contracté. Il avait un voile de sueur sur le front et il venait de parler entre ses dents. Denard semblait aussi voler avec moins d'aisance que d'habitude et en tout cas pas aussi bas que lors du vol de reconnaissance. Howard se demanda ce qu'il avait, puis se tourna vers l'arrière pour donner ses ordres aux autres. Les moteurs grondèrent lorsque le Islander amorça sa montée. Howard revint sur Denard.

— Viens, Andy. Branche le pilote automatique et va te faire accrocher un parachute.

— Pas la peine, Ed.

— Hein ? Comment ça, pas la peine ?

— Je suis touché.

Denard eut une quinte de toux. Son visage était à présent un masque douloureux.

— Oh, mon Dieu, Andy, souffla Howard, bouleversé. Pourquoi n'as-tu rien dit ? Où ? Grave ?

— Dans le ventre, je ne sais pas. Je perds mon sang. Je ne sens déjà plus mes jambes. Tu n'avais pas remarqué ? Depuis le décollage, j'ai volé sans utiliser le palonnier.

Il essaya de sourire faiblement, puis son expression se referma.

— Je suis foutu, Ed.

— Je vais m'occuper de toi, Andy ! Ne te laisse pas aller maintenant ! On va faire quelque chose !

— Non !

Denard avait presque crié. Il toussa encore et un peu de sang sortit de sa bouche.

Lorsqu'il parla, sa voix n'était plus qu'un murmure et il lui fallait faire un immense effort pour seulement articuler.

— Le pilote automatique est baisé. Je l'ai testé il y a quinze kilomètres. Ce putain d'hélico nous a eus tous les deux, lui et moi. Va, saute avec les autres. Je te donnerai le signal.

– Viens, Andy, je t'en prie ! Et si on se posait ! Je t'emmènerai dans un hôpital. Je ne peux pas te laisser ici comme ça.

– Non, Ed...

Howard dut se pencher pour l'entendre.

– ... J'ai jamais aimé l'idée d'aller en prison. Et puis j'ai horreur de la cuisine arabe. Et pas de femmes, en plus. Non, j'arriverais jamais à m'y faire, de toute façon. Va-t'en. Tiens, prends mes papiers d'identité. Mon bonjour à Chris.

Aveuglé de chagrin, Howard gagna l'arrière de l'avion en titubant et commença à se préparer pour le saut. D'abord Bob, et maintenant Andy. Est-ce que ça valait vraiment la peine de payer ce prix-là ? La vieille question lancinante revenait le tarauder. Comme un automate, il finit de mettre son parachute. Il avait espéré qu'ils n'auraient pas à s'en servir, mais c'était obligatoire puisqu'ils étaient découverts. Ce que lui avait raconté Harris sur son aventure avec Palmer à Djedda ne faisait que confirmer ses doutes. Ils n'avaient pas laissé de papiers d'identité sur le corps de Usher, et Howard avait maintenant ceux de Denard dans sa poche. Il leva les yeux. Les autres étaient prêts. À leur mine, il comprit qu'aucun d'entre eux ne s'était rendu compte de l'état de Denard. Ziegler ouvrit la grande porte de chargement et l'air de la nuit s'engouffra à l'intérieur. Ils jetèrent leurs armes et ce qui pouvait les compromettre. Le désert absorberait tout. Howard attendit le signal de Denard. Dès qu'il le reçut il donna une petite bourrade sur l'épaule de MacDonald. L'Écossais ferma très fort les yeux et sauta. Il compta jusqu'à trois avant d'ouvrir son parachute. Au-dessus de lui, Howard et Ziegler aidaient Bourne à s'extraire de l'avion malgré sa blessure. Ziegler, Harris et Ackford suivirent immédiatement. Howard se tourna une dernière fois vers Denard. Ils se regardèrent, les yeux dans les yeux, et Howard disparut.

Tandis qu'il flottait lentement sous son parachute, le grondement du moteur du Islander mourut peu à peu dans la nuit.

Kearwin était troublé. Il dut se faire violence pour s'arracher à l'image satellite du camion et de l'hélicoptère en feu et reporter son attention sur le suivi AWACS du vol du Islander. L'avion n'empruntait pas le même chemin qu'à l'aller. Il ne retournait pas à son point de décollage. Où allait-il atterrir ? Il haussa les épaules. Peu importait. Où que ce soit, il y aurait le véhicule. Le JSTARS le suivrait jusqu'à ce que la décision soit prise de l'intercepter. L'Armée de l'air saoudienne, responsable du contrôle aérien sur tout le territoire du royaume, devait déjà avoir l'avion sur ses radars. Kearwin se demandait pourquoi, cette fois-ci, le Islander ne faisait visiblement aucun effort pour se cacher. Les rapports AWACS le signalaient à une altitude de trois mille mètres. À l'aller, il frôlait le sol et les AWACS eux-mêmes avaient eu du mal à ne pas le perdre.

La trajectoire s'imprimait sur l'écran de Kearwin. Le Islander avait maintenant franchi la route du Pipeline Trans Arabia. Il avait pensé qu'il se poserait plus tôt pour retrouver le véhicule, mais le voilà qui filait tout droit dans le Nefoud – l'une des plus vastes mers de sable du monde. Jusqu'où avait-il l'intention d'aller ? L'Armée de l'air saoudienne s'était sûrement déjà mobilisée. Ils enverraient un chasseur et peut-être des hélicoptères... C'était bien la première fois que ces gars commettaient une faute idiote.

Soudain, l'instinct de Kearwin l'alerta. Il était en train de tout construire de travers. Ces hommes ne faisaient pas de faute, justement. L'avion devait être un leurre. Ils ne se trouvaient plus à l'intérieur. Pourtant, rien d'autre n'avait quitté le site du combat contre le Hind et ils étaient *effectivement* sortis d'Irak en avion ! Mais ils n'avaient pas atterri pour les laisser descendre ! Donc...

—Jerry ! hurla-t-il. Demandez au JSTARS de relever tout mouvement de véhicule sur la trajectoire totale de cet avion depuis qu'il a franchi la frontière irakienne ! Je veux tout savoir, sur la route et hors de la route ! Commencez par les abords de la voie TAP ! Ils ont sauté en parachute !

Deux minutes plus tard, ils les situaient. Il s'en était fallu de peu. Kearwin comprit tout de suite à quel point le commando était habile. Le JSTARS les avait cueillis in extremis, au moment où leur voiture s'éloignait d'Al Mira, une piste aérienne à cinq kilomètres à peine de la grand-route du Pipeline. Cinq minutes plus tard elle se serait fondue dans la circulation. Le JSTARS était formel – de ce côté de la frontière, l'identification était beaucoup plus fiable qu'en face, en Irak. D'ailleurs Kearwin pouvait le constater lui-même : l'image JSTARS correspondait au profil d'un Land Cruiser. Le troisième véhicule venait enfin d'apparaître.

Dans le Land Cruiser, les sept hommes restaient prostrés. La nouvelle que leur avait donnée Howard à propos de Denard les avait atteints au cœur. Harris et Ackford se serraient sur le siège du passager avant. À leur côté, Palmer conduisait, le visage fermé, aussi régulièrement et souplement que la route goudronnée le permettait. Derrière lui, il savait que les autres supportaient mal les vibrations et les à-coups, à cause de leurs blessures, et Howard avait exclu l'idée d'une halte pour le moment.

MacDonald était assis dans le compartiment à bagages, dans le fond, et Ziegler s'occupait de son bras. Au milieu de tous les sacs, ils étaient plutôt à l'étroit, mais MacDonald se sentait parfaitement bien. La piqûre que l'Américain lui avait faite l'avait libéré de la douleur et il flottait dans une sorte d'indifférence, l'esprit léger. Il se demandait juste ce qu'il pouvait bien y avoir dans cette seringue magique.

– Attention, Mac, tu vas trinquer, maintenant, prévint Mike en enlevant le pansement. Il faut que je nettoie un peu. Mais franchement, ça ne me paraît pas trop moche.

MacDonald y posa un œil détaché. La grosse balle avait traversé le muscle de part en part, à l'intérieur de l'avant-bras, creusant un large trou rempli de sang et de fibres de la compresse qu'on avait fourrée dedans pour parer au plus pressé. Sa main était froide et insensible. Ziegler ouvrit un sachet de liquide antiseptique, en versa le contenu dans une coupe coincée entre ses genoux et commença à tamponner la plaie avec un linge propre. Petit à petit, la saleté et le sang séché s'amollissaient et s'en allaient. MacDonald restait bizarrement détendu. Il n'arrivait pas à comprendre pourquoi il n'avait pas mal. Il avait bien la sensation de ce qu'on lui faisait, mais ça n'avait pas d'importance.

– Qu'est-ce qu'il y avait donc, dans cette seringue, Mike ? questionna-t-il d'une voix nonchalante.

– Morphine, répondit Ziegler avec un sourire. Dix milligrammes de sulfate de morphine. Tu vas planer pendant un moment. Mais profites-en bien, parce que tu n'en auras plus... Quand l'effet passera, tu devras te contenter de cachets. Je n'ai pas envie de te transformer en drogué.

Ziegler inspecta son travail et sembla satisfait.

– Bien. Ça va aller. Je vais te bander. Ne bouge pas.

Tandis que Ziegler faisait un pansement propre, l'esprit de MacDonald se mit à battre la campagne. Il se rendait calmement compte que c'était bien de la douleur, ce qu'il ressentait là. Oui, ce devait être une grosse douleur. Mais devait-il vraiment s'en inquiéter ? Une image du Glen Carvaig vint le visiter et il décida de la suivre en volant dans le ciel, plus haut que les montagnes.

Bourne était installé sur le siège arrière, sa jambe touchée allongée sur les cuisses d'Howard. Après le saut en parachute, ils l'avaient retrouvé presque inconscient et Howard s'était hâté de poser un garrot au-dessus du genou et de brancher une poche de transfusion. La bouteille plastique reliée au cathéter fiché dans l'avant-bras du blessé se balançait au portemanteau de la voiture. La tension de Bourne s'était stabilisée mais il restait livide. Peu après son transport dans le Land Cruiser, il s'était évanoui et Howard profitait de son état de demi-inconscience pour soigner sa blessure. Elle n'était pas belle. Howard ne pouvait jurer de rien mais il lui semblait bien qu'une artère, à l'arrière du mollet, avait été sectionnée. Si c'était le cas, il allait falloir opérer Johnny dans les vingt-quatre heures s'il voulait conserver sa jambe. Au moins, il ne saignait plus. Howard se demanda combien de sang il avait pu perdre. Un litre, peut-être plus, se dit-il, à en juger par l'état de choc. Il se faisait du souci. Il faudrait pourtant que Bourne se remette suffisamment pour se présenter à l'embarquement, à l'aéroport, sans avoir l'air trop mal en point pour voyager. Il savait bien qu'il était extrêmement solide, mais les prévisions étaient des plus sombres.

Tout près de la mort, Denard s'était consacré à la trajectoire du Islander dès le saut d'Howard. L'avion volait maintenant régulièrement et ne nécessitait pas de correction majeure. La vue de moins en moins nette, il avait d'abord vérifié le cadran de vitesse ascensionnelle et lu une perte d'altitude de cinquante mètres à la minute. Également dans son champ de vision, juste au-dessus du précédent, il y avait le cadran de l'altimètre. Il se trouvait à deux mille cent mètres du sol. En théorie, il restait donc environ quarante-cinq minutes avant de toucher, mais la dépense d'essence allait progressivement alléger l'appareil et donner un nouveau sursis. Il essaya de réfléchir mais son esprit était en train de se dissoudre. Pouvait-il encore faire quelque chose ? Peut-être que...

Il mourut sept minutes après avoir franchi la route TAP. Le Islander poursuivit sa course, tout seul, perdant peu à peu de l'altitude, exactement comme il l'avait prévu. Dix minutes plus tard, il rencontra un courant d'air descendant qui l'infléchit vers le bas. Le sursaut fut suffisant pour déloger le corps de Denard qui avait ôté sa ceinture tout de suite après avoir reçu sa blessure pour se sentir moins contraint. Comme rien ne le retenait, il s'affala de tout son poids sur le volant, poussant le manche en avant et provoquant le plongeon vertical de l'appareil. Le Islander partit d'abord en vrille, sembla vouloir planer, mais toucha terre en moins d'une minute. Repéré uniquement par les AWACS, il s'écrasa en plein désert au nord-ouest de Sakakah et s'embrasa.

Les AWACS de l'Armée de l'air US informèrent de l'accident les autorités saoudiennes compétentes, et des opérations de recherches furent engagées aussitôt. Le premier hélicoptère arriva sur place une heure plus tard et le feu avait déjà eu raison de tout. Travaillant à la lumière des projecteurs, les enquêteurs saoudiens éteignirent les dernières flammes et commencèrent à fouiller les décombres.

Ils trouvèrent trois corps : celui de Denard et ceux des deux soldats irakiens restés dans le camion. Ce n'est que le lendemain qu'ils découvrirent qu'il y en avait en réalité un quatrième : celui d'Usher. Aucun des quatre n'était identifiable.

Les autopsies pratiquées par les Saoudiens ne donnèrent rien, mais la présence de blessures par balles et la trajectoire de l'avion conduisaient irrésistiblement à conclure que les quatre hommes avaient été abattus par les Irakiens en passant la frontière. La police supposa que le pilote, à l'évidence mort aux commandes de l'appareil, devait être l'homme recherché : Ray Sullivan.

75

Dans le Land Cruiser qui fonçait dans la nuit, MacDonald sortait parfois d'un sommeil étrange avant d'y retomber. Il ne savait plus où il était, ni depuis combien de temps ils roulaient sur cette route. Le glissement des pneus sur le macadam le berçait et il était ravi d'avoir été totalement pris en charge par les autres.

Aux alentours de minuit, les effets de la morphine commencèrent à se dissiper et il sentit des élancements dans son bras. Ce fut d'abord une douleur presque négligeable, mais elle s'amplifia assez vite au point que, vers 2 heures, il ne pouvait plus dormir tant sa blessure le faisait souffrir.

– Où sommes-nous, Mike ? chuchota-t-il, soucieux de ne pas réveiller Bourne.

– Comment va ton bras, Mac ? demanda Ziegler en ignorant la question.

– Douloureux, avoua MacDonald.

– Rien d'étonnant, dit Ziegler en cherchant les cachets dans la trousse. C'était du 14,5 mm. Tu vois un peu le diamètre du trou que ça fait. C'est bien d'avoir tenu jusqu'ici sans analgésiques. Tu peux bouger les doigts ?

– À peine. Et ça fait mal.

– Ça va aller. Tiens, prends ça.

Il lui tendit deux comprimés, une gélule plus grosse et une bouteille d'eau.

– C'est quoi ? demanda MacDonald en avalant le tout.

– La gélule, c'est un antibiotique, du Magnapen. Et le reste de la Pethidine 50. C'est environ deux crans au-dessous de la morphine sur l'échelle des bienfaits, mais c'est très fort quand même. Ça devrait te soulager pendant encore quelques heures. Avant qu'on arrive à Djedda, j'aimerais que tu dégringoles encore de deux ou trois crans, avec du DF 118 ou du Co-Proxamol. Ça ferait mauvaise impression si tu te mettais à gambader comme un malade tout autour de l'aéroport.

– À vos ordres, docteur, dit MacDonald avec un pauvre sourire. Combien de temps avant qu'ils agissent ?

– Dix minutes, un quart d'heure.

– Et où sommes-nous ?

– Pas la moindre idée. Je ne suis qu'une simple valise, ici, comme toi. C'est Mel qui dirige. Tout ce que je sais, c'est que ce putain de désert n'en finit pas.

– On n'a pas eu de problèmes ?

– Non, tout est calme. Enfin, presque. Une voiture de police s'est approchée de nous dans un bled appelé Al Jawf, mais quand ils ont vu les plaques, ils se sont désintéressés. Mel les a changées à Djedda. Heureusement que Johnny était couché sur la banquette et qu'on était invisibles, toi et moi. Si les flics avaient compté sept personnes dans une seule bagnole, ils auraient pu devenir curieux et nous arrêter pour y regarder de plus près.

– Ils arrivent à Al Qulibah, annonça Kearwin à Sorensen. Je suis impatient de savoir quelle route ils vont prendre à partir de là.

– Qu'est-ce qu'ils ont, comme choix ? demanda le Morse.

– Ou bien ils continuent tout droit sur Tabuk et ensuite Duba, sur la côte de la mer Rouge, ou bien ils tournent à gauche en direction de Shuraif, Medine et Djedda. Je ne parierais pas sur l'une ou l'autre solution. C'est impossible de ne pas se laisser surprendre par ces gars-là.

– Prévenez-moi dès que vous saurez. Langley veut le renseignement. Ils vont leur tomber dessus.

– D'accord, dit Kearwin avec une pointe de regret. Mais quelque chose me chiffonne, Walter. Ils utilisent une voiture très voyante. Les autorités saoudiennes possèdent le numéro des plaques. Je suis étonné qu'on ne les ait pas déjà interceptés.

– Les flics ont peut-être dételé pendant la nuit, suggéra Sorensen.

– Admettons, dit Kearwin, résigné.

– Jonathan, ici Alvin Kennings.

– Salut, Alvin, dit Mitchell dans le combiné. Quelles nouvelles ? Où en sont-ils ?

– Je viens de parler avec Langley. Ils ont pris la route Al Qulibah – Tabuk. Il n'y a que deux façons de continuer, après Tabuk. Ou ils suivent la côte ou ils tournent à gauche vers Medine. Dans les deux cas, on les gaule. Je crois qu'il faut y aller. On aimerait autant que possible les piquer avant les flics.

– Les plans ont changé, alors ? Pourquoi ? se rembrunit Mitchell.

– Les ordres viennent d'en haut. Nous devons les arrêter et les identifier à la première occasion. Suivant l'endroit où ça se passera, on nous dira alors ce qu'on doit faire.

– Et tu peux m'expliquer pourquoi, Alvin ? demanda Mitchell avec curiosité.

– C'est bizarre qu'on ne t'ait rien dit, Jonathan. Langley est persuadé que ce sont des agents de... heuh... un gouvernement étranger. Ils veulent savoir lequel même s'ils sont déjà presque sûrs de la réponse. En vérité, étant donné les circonstances, je suis *très* surpris qu'on ne t'ait pas mis au courant.

– Comment ? Tu veux dire que parce qu'ils travaillent pour un gouvernement ami la CIA a l'intention d'étouffer le coup ?

– Quelque chose comme ça, dit Kennings. Le Président n'est pas convaincu, mais Langley si. Dans le cas où le DD(I) aurait raison, Washington risquerait de se voir aussi impliqué, à cause de ses relations privilégiées avec le responsable.

Mitchell était exaspéré. Kennings ne cessait de parler par énigmes.

– Mais pourquoi ? À quel gouvernement pensent-ils ?

– Mais au tien, Jonathan, dit lentement Kennings. À vous autres Britanniques.

– Ô Seigneur, gémit Mitchell. Ô Seigneur tout puissant !

73

James Ansell, directeur du bureau de la CIA pour le Moyen-Orient, garda le silence pendant que le sous-directeur des Renseignements lisait les comptes rendus d'enquêtes qui venaient d'arriver. Le DD(I) serrait les mâchoires.

– Ils sont textuels ? demanda-t-il.

– Pratiquement, oui, monsieur.

– Cette dépêche de la presse iranienne est sans ambiguïté, dit le DD(I). Et elle correspond à ce que nous savons sur ce commando et ses déplacements. Je veux dire, il est écrit ici que Saddam a été abattu. Ils ne disent pas seulement tué, ils disent qu'on a tiré sur lui, qu'on l'a *abattu* hier, à 8 heures du matin, heure irakienne. Ainsi qu'un de leurs compatriotes, un diplomate. Pourquoi les Iraniens iraient-ils préciser qu'il a été abattu et donneraient-ils une heure si ce n'était pas vrai ? On aurait pu le faire sauter, le poignarder, l'empoisonner, que sais-je encore ?

Le DD(I) s'interrompit et tenta de mettre de l'ordre dans ses idées avant de demander :

– En dehors du fait que ça cadre parfaitement avec l'itinéraire de ce groupe, est-ce qu'on peut confirmer quelque chose là-dedans ?

– Ça corroborerait une rumeur selon laquelle le nouvel ambassadeur iranien en Irak a disparu. Il était attendu à l'ambassade de Suède à Bagdad, hier au soir, et on ne l'a pas vu. L'ambassade iranienne a d'abord semblé incapable de fournir une explication. Puis il y a eu tout un échange codé entre elle et Téhéran que nous sommes en train d'essayer de traduire. Tout paraît se recouper. Je crois qu'il faut prendre cette information au sérieux.

– Mais ensuite nous avons reçu cet autre rapport, grogna le DD(I). Regardez-moi ça. Le gouvernement irakien dément toute l'affaire. Il parle d'un mensonge ridicule. Ils ont montré des images télévisées de Saddam présidant le Conseil de la Révolution. Le gouvernement irakien, pour ainsi dire. Et on s'étend sur les cérémonies de son anniversaire dans tout le pays. Ils disent que cette histoire ne tient pas debout.

– On ne doit pas espérer autre chose de l'Agence de presse irakienne, dit Ansell. Je ne me souviens pas d'un seul mot véridique de leur part depuis dix ans. De la propagande pure et simple. On peut d'ailleurs les comprendre. Si Saddam *a bien* été assassiné, ils ne vont pas le crier sur les toits, en tout cas pas tout de suite. Pas avant que son successeur soit désigné, au moins. Il y aurait des désordres en masse, et peut-être une révolte généralisée. La hiérarchie irakienne doit tenir à rendre toute l'affaire opaque jusqu'à ce qu'un nouveau président ait fermement les rênes en main.

– Mouais, grommela le DD(I). Je dois avouer que je suis assez de votre avis. L'argument sans réplique, c'est que ça colle impeccablement avec les analyses du NRO sur les déplacements de ce commando.

– C'est aussi pourquoi je me suis inquiété, dit Ansell. Sans ça, je ne crois pas que je me serais laissé convaincre aussi facilement.

Le DD(I) regarda par la fenêtre et resta un moment pensif.

– Pourquoi 8 heures du matin ? rêvassa-t-il. Drôle d'horaire pour se faire tirer dessus, non ? Qu'est-ce qu'il lui a pris, à Saddam, d'aller parader à l'heure du petit déjeuner, sacré bon sang ?

– La chaleur, dit Ansell.

– Comment ?

– Tikrit est située à basse altitude, dans la vallée du Tigre, expliqua Ansell. Même à cette époque de l'année, il commence à faire chaud à 10 heures du matin. Si on doit fournir un effort physique dehors, il faut que ça se passe très tôt, avant la grosse chaleur, ou alors il faut attendre le soir, juste avant le crépuscule. Je suppose que Saddam ne voulait pas qu'on voie ses soldats tourner de l'œil d'insolation devant les caméras de télévision.

– Ah, je comprends, dit le DD(I), laconique.

Puis il revint sur terre.

– Eh bien merci, James. Je ferais bien d'aller raconter tout cela au DCI. Il voudra sûrement en référer au Président.

– Monsieur le Président, j'ai le Premier Ministre Major en ligne.

– Merci, dit le Président en soulevant le combiné. John ? Ici George. Excusez-moi de vous réveiller.

– Je vous en prie, monsieur le Président, répondit John Major d'une voix enrouée.

Il s'était couché tard, il y avait une demi-heure, et voilà que le téléphone le tirait de son premier sommeil.

– Que puis-je pour vous ?

– John, vous devez savoir que l'Agence de presse iranienne vient d'annoncer que Saddam Hussein a été abattu hier matin. Et mes agents, ici, sont tentés d'accorder foi à cette dépêche.

– Oh, dit Major, soudain réveillé. Ils sont vraiment sûrs ?

– Pas à cent pout cent, répondit le Président, mais tout correspond avec notre surveillance satellite de ces gens qui se sont introduits en Irak. Nous les avons suivis pas à pas et les horaires concordent à la minute près. La question est maintenant de savoir ce que nous devons faire. Sur le plan diplomatique, je crois qu'il faut nous préparer à une dislocation de l'Irak. Sur le plan pratique, je suggère que nous décidions en commun du sort des assassins. J'aimerais entendre votre opinion là-dessus.

– Diplomatiquement, les choses vont être effectivement très délicates, articula John Major après avoir rassemblé ses idées. Si Saddam est mort, je suppose que tout va dépendre du choix de son remplaçant. Si c'est un nouvel homme fort, la dislocation sera peut-être évitée.

– C'est possible en effet, dit le Président d'une voix affectée. Mais ne soyons pas trop optimistes. Nous pensons justement que personne, là-bas, n'est assez fort. C'est d'ailleurs symptomatique que Bagdad nie toute l'affaire. S'ils avaient eu un chef incontesté en réserve on en aurait probablement déjà eu des échos.

– Qui pourrait se mettre en avant, à votre avis ?

– De notre point de vue, il y a quatre prétendants sérieux, si l'on excepte les deux fils de Saddam, Udai et Kasai, qui sont de simples bandits. Le principal est Barzan, le demi-frère de Saddam, qui réside en Suisse en qualité de représentant permanent de la Mission irakienne aux Nations unies. Ce serait normalement à lui que reviendrait le pouvoir, mais son absence du pays n'est certainement pas un avantage. Vous voyez de qui je parle ?

– Je suis d'accord avec vous, répliqua le Premier Ministre. Monter un coup de l'extérieur échoue, la plupart du temps.

– Que voulez-vous dire ? lança le Président, contrarié. Ça a pourtant réussi, dans le cas qui nous intéresse, non ?

– Oh, oui, évidemment, dit Major. Vous pensez que c'est Barzan qui tire les ficelles ?

– Mais non, bien sûr, lâcha Bush, exaspéré. Ce que j'essaie de dire, c'est... Écoutez, nous n'arriverons à rien comme ça. Continuons avec la liste des candidats. Le suivant est Tarek Aziz, le ministre des Affaires étrangères de la Guerre du Golfe qui est maintenant Vice-Premier Ministre. Nous ne croyons pas qu'il ait une assise assez puissante ni qu'il soit suffisamment impitoyable pour écraser ses rivaux. En trois vient Taha Yasin Ramadan, un autre Vice-Premier Ministre. Il est intelligent – sans doute plus que les autres – mais justement à cause de ça, sa position est fragile. Avez-vous des informations sur ces deux-là ?

–Eh bien, dit lentement Major, je ne sais pas grand-chose sur Taha Yasin, mais je n'éliminerais pas Tarek Aziz aussi facilement. Lui est très habile également. Je me souviens, lorsque j'étais aux Affaires étrangères...

–Oui, oui, coupa Bush. Je me souviens aussi, quand j'étais DCI, mais ça n'a rien à voir. Avançons. La quatrième possibilité, c'est Izzat Ibrahim, le Vice-Président de Saddam. C'est un dur et il occupe la place idéale. À notre avis, il va tenter le coup. Vous êtes d'accord ?

–Pas vraiment... Il est radical, c'est certain, mais je pense qu'il est trop falot de tempérament pour tenir le pouvoir durablement. Et, en plus, on dit qu'il ne serait pas en bonne santé.

–Nous sommes tout à fait en mesure de confirmer ce dernier point, John. Et c'est pour moi un argument supplémentaire. Nous estimons qu'il ne vivra plus longtemps. Alors croyez-vous vraiment que l'Irak ne va pas se déliter si c'est lui qui s'empare des commandes ?

–Mais on ne peut pas faire l'impasse sur lui, répliqua le Premier Ministre. Même si jusqu'ici il n'a pas été beaucoup plus qu'un simple laquais de Saddam. Il s'est toujours montré fidèle au Maître et on peut compter sur lui pour perpétuer les mêmes méthodes afin d'asseoir son autorité et de sauvegarder l'unité. S'il ne meurt pas trop tôt, évidemment.

–Bien, reprit le Président. Admettons, pour la beauté du raisonnement, qu'il meure trop tôt, justement. Le problème sera alors le chamboulement complet au Moyen-Orient si l'Irak part effectivement en morceaux. Nous allons nous retrouver avec trois dépouilles : les Kurdes au nord, les Sunnites au centre et les Arabes des marais au sud. Nous pensons qu'aucun de ces trois nouveaux pays ne tiendra longtemps.

–Les Chiites, rectifia Major. N'oublions jamais que les Arabes du sud sont des Chiites. Si nous les appelons Arabes des marais ou du sud, ils apparaissent inoffensifs, ils passent pour des victimes persécutées et nos opinions publiques font pression pour que nous les protégions contre Saddam. En revanche, le terme «Chiites» a très mauvaise réputation. Les gens les considèrent comme des fanatiques et personne n'aurait l'idée de nous demander de lever le petit doigt pour leur venir en aide.

–D'accord, Chiites, si vous voulez, grommela Bush, furieux de se faire corriger sa copie par le Premier Ministre. Mais ma conviction s'en trouve renforcée. Les Iraniens aussi sont des Chiites, et ils se serviront de ce prétexte pour intervenir. C'est en réalité la plus grosse crainte que nous ayons : l'intervention iranienne. Les conséquences seraient catastrophiques.

—En Iran, les choses ont tout de même un peu évolué, rétorqua Major. Ils viennent d'avoir des élections et les modérés ont fait un bon score, ce dont on peut se féliciter. M. Rafsanjani a consolidé son pouvoir et c'est un modéré. Nous ne pensons pas qu'ils vont continuer comme par le passé à essayer d'exporter le terrorisme et la révolution.

—Nous sommes moins confiants sur ce chapitre. Nous avons au contraire le sentiment que leur attitude va très peu changer, sinon pas du tout.

—Eh bien, je vois cela différemment. Je ne crois vraiment pas que vous êtes dans le vrai, monsieur le Président. Il me semble que la situation iranienne est beaucoup plus encourageante maintenant qu'à l'époque de Khomeini.

—Vous ne me convaincrez pas, déclara le Président. Ces foutus Ayatollahs et autres radicaux ont encore une énorme influence. Il faudra que nous discutions de ce problème iranien. Brièvement, je propose que nous adoptions une position commune. Je crois que nous devrions offrir notre soutien à Rafsanjani. Ça ne nous a conduits nulle part de nous opposer à Khomeini, alors une approche plus positive aurait peut-être de meilleurs résultats avec ses successeurs. Si nous parvenons à gagner une écoute effective de leur part, nous avons des chances de les persuader que la modération est parfois payante.

—Votre conception me paraît très intelligente, monsieur le Président, approuva Major. Vraiment très intelligente. Mon ministre des Affaires étrangères et votre Secrétaire d'État pourraient mettre ensemble quelque chose au point qu'ils nous soumettraient...

—Très bien, dit Bush. Maintenant, il faut aussi que nous nous décidions au sujet de ces assassins. La CIA est prête à les intercepter à tout moment. Le problème est : qu'allons-nous en faire ?

La réponse de Major à cette question va être assez révélatrice, se dit-il.

—Mon avis est de laisser la police saoudienne régler cette affaire, répondit simplement Major.

—Comment ? s'écria le Président, stupéfait. Vous voulez dire que nous devons tout bonnement les abandonner aux Saoudiens ?

—Oui. Ces hommes ont violé la loi saoudienne. Je ne pense pas que nous ayons à intervenir.

—Vous vous rendez bien compte que nous avons des enregistrements de certaines de leurs conversations, et que deux de ces voix ont un accent anglais ?

—Je crois malgré tout qu'il est préférable de ne pas nous en mêler, insista fermement Major. D'abord, s'ils sont jugés là-bas, on peut espérer qu'il y aura moins de révélations publiques sur ce qu'ils ont fait et que les Saoudiens sauront s'épargner une campagne de presse. Une cour saoudienne n'acceptera jamais un compte rendu détaillé de leurs agissements qui risquerait de les absoudre, contrairement à ce qui pourrait se produire en Occident. Vous imaginez la façon dont un avocat présenterait leur aventure. Non, je pense vraiment qu'il est de notre intérêt qu'ils soient arrêtés et jugés là-bas. Peut-être, dans le cas où les sentences prononcées seraient trop lourdes, pourrions-nous intercéder pour qu'elles soient adoucies. Par exemple, pour obtenir que d'éventuelles peines de mort soient commuées en prison à vie. Mais ne comptez pas sur moi pour demander un pardon total pour des gens qui ont bafoué autant de lois. Ça ne servirait qu'à irriter les Saoudiens.

– Bien, ce que j'aimerais beaucoup, c'est savoir qui est derrière cette affaire, dit Bush, irrité. Ça va provoquer un bouleversement indescriptible et la situation locale est assez compliquée sans que des individus prennent sous leur bonnet d'aller trucider des chefs d'État, aussi détestables soient-ils.

– Moi aussi, j'aimerais évidemment savoir qui se cache derrière ces gens-là, articula Major après un silence. C'est certain – il se racla la gorge – mais ce qui est fait est fait. Remettons-nousen à la justice.

– Bon, je vais vous laisser vous recoucher. J'ai eu beaucoup de plaisir à bavarder avec vous.

– Bonne nuit, monsieur le Président, dit le Premier Ministre, soulagé mais pas très sûr que cette conversation ait réglé quoi que ce soit.

George Bush raccrocha, dubitatif. Il décida d'éviter désormais d'appeler John Major en pleine nuit. À l'évidence, l'homme n'était pas au mieux de sa forme quand on le réveillait. Le Président repensa à la dernière partie de leur entretien. La CIA avait peut-être bien raison, après tout. Si c'était le cas, Major était un beau salaud, et drôlement sournois, en plus. Mais bon, se dit-il, si le Premier Ministre britannique se satisfaisait de voir ses agents pourrir dans les geôles saoudiennes, tant pis.

77

Howard s'était étendu autant que possible pour réfléchir, mais il n'avait pas dormi. Plusieurs morceaux du puzzle ne trouvaient pas leur place. Ses soupçons concernant l'attaque aérienne contre l'entrepôt s'étaient transformés en une solide certitude. D'une façon ou d'une autre, ils étaient découverts, aucun doute là-dessus. La difficulté consistait à évaluer dans quelles proportions. Il se retourna vers Ziegler.

— Mike ? Tu sais où ils en sont dans les techniques de surveillance aérienne ?

— Quoi donc ? Les photos, les trucs de ce genre ?

— Peut-être. Écoute, on avait prévu que les Saoudiens pouvaient repérer l'avion. Et on s'était dit qu'ils n'iraient pas chercher plus loin. Mais imagine qu'un machin plus sophistiqué l'ait aussi repéré.

— Des AWACS, tu veux dire. Ah oui, c'est possible. Les Saoudiens possèdent des AWACS.

— Je ne pensais pas aux Saoudiens, Mike.

Le sous-entendu d'Howard mit du temps à produire son effet.

— Merde ! dit Ziegler.

Il se redressa et s'assit aussi confortablement que les bagages le lui permettaient.

— De notre côté, alors ?

— Oui, je le crains. Je ne vois pas d'autre explication. Ils ont dû nous choper très tôt. Et pour des raisons que j'ignore, ils ne nous veulent pas du bien. L'entrepôt en est une jolie preuve. La question que je me pose, c'est : de quoi sont capables les AWACS ? Peuvent-ils suivre des véhicules ?

— Non, je ne crois pas, répondit Ziegler, songeur. Mais bon sang, Ed, tu as raison ! J'aurais dû y penser aussi. Ça expliquerait, pour l'entrepôt. C'était trop précis pour un bombardement normal. Ça ressemblait à du laser ou à un missile de croisière. Les Irakiens n'ont ni l'un ni l'autre.

– C'est exactement ce à quoi je suis arrivé, dit Howard. Mais je reviens à ma question. Est-ce que notre armée à nous est outillée pour suivre les voitures ? Est-ce qu'ils auraient pu nous filer depuis de départ ? Est-ce qu'ils pourraient être en train de nous surveiller en ce moment même ? Ma réponse est oui partout. Je ne vois pas, sinon, comment ils auraient su que nous étions dans cet entrepôt.

– Je ne suis pas au fait des dernières technologies. Mais pendant la Guerre du Golfe, ils avaient les moyens de connaître les mouvements des chars irakiens. C'était un système comparable aux AWACS, mais pour le sol. Alors, s'ils pouvaient suivre des chars...

Howard avait pris sa décision.

– Bien, jouons la sécurité, de toute façon. Supposons donc qu'ils sont en train de nous observer, là, pendant que nous parlons. Alors, voilà ce que nous allons faire.

– Ils traversent Al Wajh, Walter, cria Kearwin. Ils ne se sont toujours pas arrêtés. Où sont les gars de la CIA ?

– Ne vous inquiétez pas pour eux, dit le Morse. Contentez-vous de coller à ce Land Cruiser. Le jour s'est levé, là-bas, et il va bientôt y avoir de la circulation sur cette route.

– Aucune importance. Ils sont trop près. Le JSTARS est pratiquement au-dessus d'eux. Il ne peut plus perdre cette voiture même au milieu d'un embouteillage.

Sur l'écran, Kearwin vit que le Land Cruiser fonçait à toute allure vers le sud, sur la route de la côte, en direction de Yanbu et Djedda. Il se demandait ce qu'ils avaient l'intention de faire. Se rendaient-ils à l'endroit où ils avaient accosté avec le canot, pour reprendre la mer ? Et, dans ce cas, où comptaient-ils aller ? Il n'y avait plus aucune issue, par là. Ou bien allaient-ils continuer tout droit vers Djedda ? Kearwin aurait bien aimé savoir. Quelque part, un peu plus loin, la CIA attendait. Et la police saoudienne également.

Trente kilomètres après Al Wajh, le Land Cruiser fit un bref arrêt, puis repartit. Pas plus de dix secondes, nota Kearwin. Ils avaient sans doute changé de conducteur. La route était vide – aucune circulation alentour. Le nouveau chauffeur conduisait beaucoup moins vite. Ils se trouvaient maintenant à quatre-vingts kilomètres de l'endroit de leur débarquement, là où la route touchait presque la mer. Ce serait la prochaine étape intéressante – est-ce qu'ils s'arrêteraient là ? Il se renversa dans son fauteuil et patienta.

Quarante-cinq minutes plus tard, Kearwin se dressa d'un bond. Le Land Cruiser venait *effectivement* de s'immobiliser près du point d'accostage. Il avait quitté la route et était descendu vers le rivage. Ils allaient donc *bien* reprendre le bateau ! Oui – ils s'étaient arrêtés définitivement en bord de mer et aucun autre véhicule n'approchait d'eux.

Il fallut moins de cinq minutes pour transmettre l'information à l'ambassade américaine à Riad qui la répercuta vers Alvin Kennings, posté sur la route à la sortie nord de Yanbu. Kennings consulta la carte et laissa échapper un juron. Il était à plus d'une heure du Land Cruiser. Ils avaient grandement le temps de gagner le large avant qu'il n'arrive. Mais ça ne changeait pas grand-chose, se dit-il. C'était peut-être même mieux ainsi. Un bateau de guerre US croisait à trente kilomètres de la côte, une frégate FFG-7. Et à son bord, deux hélicoptères Sikorsky SH-60B Seahawk se tenaient prêts à décoller. Aucun canot n'avait une chance de leur échapper. Et de cette façon, bien des ennuis avec la police saoudienne seraient évités. Kennings enfonça l'accélérateur.

Mais ce que Kennings ignorait c'était que la porte arrière du Land Cruiser s'était ouverte juste avant que le véhicule ne fasse son entrée dans Al Wajh, un peu plus d'une heure auparavant. Ziegler, emmailloté dans plusieurs épaisseurs de vêtements puisés dans les bagages de tout le monde et coiffé du dernier casque NVG, avait sauté sur la route. Le Land Cruiser ne s'était pas arrêté. Ziegler toucha terre assez durement à soixante kilomètres à l'heure et roula pendant quelques secondes qui lui parurent de longues minutes. Se relevant, il se débarrassa de ses vêtements supplémentaires dont la première couche était réduite en lambeaux, ainsi que du casque NVG tout cabossé. Il fut soulagé de constater qu'à part un bon mal de tête et quelques éraflures, il était indemne. Il adressa un signe au Land Cruiser qui s'éloignait et se lança au pas de course en direction du nord-ouest, le long d'une route transversale. L'aéroport d'Al Wajh était à six kilomètres de là, avait-il vu sur la carte. Il faisait chaud, mais le petit matin permettait encore de courir. Il estima qu'il mettrait environ vingt-cinq minutes. Il n'y avait aucune circulation.

Trente kilomètres après la sortie d'Al Wajh, comme l'avait observé Kearwin sur son écran de JSTARS, le Land Cruiser fit un bref arrêt. Et, ainsi qu'il l'avait supposé, on opéra un changement de conducteur. Harris s'installa au volant. Ce que Kearwin ne pouvait pas deviner, c'est que tous les autres descendirent de voiture pendant le court instant d'immobilisation. Howard et Ackford portèrent Bourne sur le bas-côté de la route pendant que Palmer aidait MacDonald à sortir les bagages par l'arrière. Dès que le Land Cruiser fut vide, Harris démarra. L'opération avait duré moins de dix secondes.

Ils transportèrent Bourne et les bagages à l'écart et se dissimulèrent derrière des buissons. Howard retourna au bord de la route et disposa deux petits drapeaux de marquage, le premier à deux cents mètres en arrière de l'endroit où ils se trouvaient et le second juste devant eux. Ils attendirent.

Ziegler atteignit l'aéroport à 6 h 05, à peu près au moment où les autres abandonnaient le Land Cruiser. Il alla directement au parking et monta dans la Dodge Ram Charger de location qui lui avait servi à récupérer Howard et MacDonald à leur arrivée en canot. Il mit le contact et démarra. Retrouvant la route principale, il traversa Al Wajh et suivit le chemin emprunté par le Land Cruiser une demi-heure plus tôt. À 7 h 18, il remarqua le premier petit drapeau et ralentit pour stopper à hauteur du second. Vérifiant qu'il n'y avait pas de voiture en vue, il klaxonna trois fois. Howard et les autres se précipitèrent, portant toujours Bourne et les bagages. Quand tout le monde fut à bord, la Dodge repartit en direction du sud, vers Djedda.

Harris avait une bonne demi-heure d'avance sur eux. Lorsqu'il parvint à l'endroit de la côte que lui avait décrit Howard, il quitta la route et conduisit le Land Cruiser près de l'eau. Là, il s'arrêta. À l'aide d'un tournevis, il enleva les plaques d'immatriculation et rejoignit la route pour continuer son chemin au pas de course. Il voulait être le plus loin possible au moment où la Ram Charger le rattraperait.

Une demi-heure plus tard, Harris se trouvait à plus de sept kilomètres du Land Cruiser abandonné, sur une portion de route que John Kearwin n'avait aucune raison de surveiller. Harris entendit les coups de klaxon de la camionnette, il tourna la tête et s'apprêta à monter en marche. Le véhicule ralentit, Harris se laissa dépasser puis se mit à courir à fond et sauta à l'arrière, tout essoufflé. Il était 7 h 51.

– Il est monté, Mike, cria Howard.

Ziegler reprit de la vitesse.

– Tu crois qu'on les a eus ? demanda-t-il à Howard.

– J'espère. De toute façon, on sera tout de suite fixé en arrivant à Djedda, n'est-ce pas ?

Trente-cinq minutes plus tard exactement, à 8 h 26, la Dodge croisa une grosse limousine Chevrolet qui fonçait en direction opposée. Aucune des deux voitures ne prêta particulièrement attention à l'autre. À 8 h 52, la Chevrolet parvenait à l'endroit où le Land Cruiser avait été localisé. Alvin Kennings et deux corpulents Marines de l'ambassade US en sortirent.

– Il n'y a personne ici, remarqua bien inutilement l'un des Marines.

Kennings ne répondit pas. Il fouillait le large avec ses jumelles pour essayer d'apercevoir une embarcation. Ils ne pouvaient pourtant pas être rendus très loin. Il appela l'Ambassade par radio et au bout d'une demi-heure il vit qu'un hélicoptère décrivait des cercles au-dessus de la mer.

– Les Seahawks vont les ramasser, se dit-il.

Il continua de scruter l'horizon. Il lui fallut attendre une heure entière, jusqu'à 10 h 32, pour s'entendre dire que ni le radar de la frégate ni les hélicoptères Seahawks n'avaient signalé quelque embarcation que ce soit. Alvin Kennings comprit immédiatement que le commando avait changé de véhicule et se trouvait encore sur la route, mais ni lui ni John Kearwin, à des milliers de kilomètres de là, à Washington, ne surent jamais exactement quel tour ces démons leur avaient joué ni comment ils avaient réussi à s'échapper en s'arrêtant moins de dix secondes.

78

—Il semble donc, messieurs, que ces hommes soient passés au travers des filets de la CIA.

Par ces mots, le directeur du MI 6, le SIS britannique, mit un terme à sa communication et releva les yeux de ses fiches. Il rencontra quelques regards étonnés mais peu de réactions chez les membres du Comité de liaison du renseignement.

—Merci, Sir Arthur, dit le Coordinateur des Services secrets. Messieurs, avant que nous ouvrions la discussion sur ce qu'il convient d'entreprendre afin d'identifier ces individus et de nous occuper d'eux, je pense qu'il serait utile que nous examinions les retombées possibles de leur acte en Irak. Tout d'abord, nous devrions peut-être tenter d'établir exactement ce qui a transpiré jusqu'ici. Comme nous l'a expliqué Sir Arthur, une chose paraît certaine : les services américains sont persuadés qu'hier matin, le président Saddam Hussein a été abattu par un tireur d'élite. La radio iranienne – à laquelle, en règle générale, on n'est pas obligé d'accorder une foi aveugle – a précisé l'heure et le lieu. Et ces détails concordent avec les renseignements recueillis par les Américains au cours de leur... heuh... surveillance satellite. Vous serez de mon avis si je vous dis que je trouve la coïncidence trop troublante pour qu'on puisse parler de hasard. Cependant, il y a eu d'autres rapports, contradictoires ceux-là. Et parmi eux, bien entendu, les nouvelles émanant d'Irak. La télévision officielle irakienne a formellement démenti l'information annoncée par les Iraniens. On a vu Saddam Hussein sur tous les écrans présidant une réunion du Conseil de la Révolution, ainsi que des images de la foule célébrant son anniversaire en différents points du pays.

Le Coordinateur joignit les mains et se pencha en avant pour souligner sa certitude.

—Nous sommes fermement convaincus que ces rapports irakiens ont été délibérément falsifiés. Cela n'étonnera d'ailleurs aucun d'entre vous qui savez tous combien les Irakiens sont passés maîtres dans la propagation de mensonges. Nous avons en effet démontré que les images du Président provenaient d'archives. La même séquence avait été conservée par la BBC après avoir été diffusée il y a six mois. On peut donc conclure qu'il n'y a eu aucun film tourné sur Saddam Hussein hier, ou que, s'il y en a eu un, il n'a pas été montré. Quant à la séquence présentée comme un compte rendu des cérémonies dans la ville de Tikrit, elle a été absolument identifiée comme ayant été enregistrée à Al Mahmudiyah, une ville au sud de Bagdad. Un journaliste qui a vécu dans cette ville n'a eu aucun mal à la reconnaître. Et, bien sûr, ce journaliste est fiable à cent pour cent. Tous ces faits suffisent à mettre résolument en doute les déclarations irakiennes.

Le Coordinateur saisit alors un journal posé devant lui.

– Évidemment, il est plus difficile de contester l'article du *Times* d'aujourd'hui. Cet article décrit en détail les célébrations d'hier à Tikrit. Il parle de dizaines de milliers de fidèles défilant en rangs serrés devant la tribune dressée dans la ville natale du Président et criant : « Nous aimons tous Saddam. » On précise que Saddam, prévenu d'un possible attentat, ne s'était pas rendu en personne à Tikrit. En temps normal, nous répugnons à nous méfier de nos propres journaux, mais dans ce cas particulier, deux facteurs viennent nous y aider. Premièrement, l'auteur de l'article l'a transmis depuis le Caire. Sans parler de Tikrit, il n'était même pas en Irak. Il se trouvait en Égypte. Deuxièmement, il avoue bien volontiers que la source de son information est le *Al-Jumhuriyah,* le journal irakien qui est, comme vous le savez probablement, l'organe officieux du gouvernement. Je pense donc qu'à partir de là il faudrait beaucoup de mauvaise volonté pour ne pas croire ce qu'avancent les Iraniens. Je voudrais en venir maintenant à la position du gouvernement sur ce sujet. J'ai rencontré, aux premières heures de la matinée, le Premier Ministre et le ministre des Affaires étrangères...

Max Goodale, sous-Directeur du MI 5, le Service de sécurité, laissa son esprit s'évader pendant que le Coordinateur exposait l'attitude nouvelle que souhaitait adopter le gouvernement envers les Iraniens. Il préférait reprendre une fois de plus les faits. Ainsi, il s'agissait donc d'un tireur d'élite, c'était bien ça ! Cette information l'avait beaucoup frappé. Très intéressante. Il repensa au manque total d'indices matériels et aussi à la possible compromission, bien que non prouvée, de Sir Peter Dartington. Ses réflexions l'emmenèrent loin. Il se dit qu'il allait devoir essayer de découvrir d'autres éléments. Il se concentra à nouveau sur la minute présente. Le Coordinateur terminait son intervention.

– ... et donc, messieurs, telle est la politique décidée par le gouvernement de Sa Majesté. À moins que vous n'ayez des questions à poser ou des commentaires à ajouter, j'aimerais que nous passions maintenant à l'action que nous devons entreprendre contre les assassins.

– Monsieur le président, intervint Goodale, je crois qu'il nous serait utile de savoir à quel genre de personnes nous avons affaire. Chacun de nous a, j'en suis sûr, sa propre idée, mais il me semble que l'avis du Directeur des Forces spéciales serait précieux.

– Oui, monsieur Goodale, en effet, dit le Coordinateur, avec un coup d'œil surpris, avant de se tourner vers un homme assis en bout de table. Général ? Pouvez-vous nous apporter vos lumières ?

Le Directeur des Forces spéciales était un ancien chef du 22e régiment du SAS et il regroupait sous son autorité à la fois le SAS et le SBS, qu'il supervisait depuis son bureau londonien. Comme à son habitude, il ne portait pas d'uniforme. Il fit un exposé bref et précis.

– D'après ce qu'ils viennent d'accomplir, ce sont des professionnels de très gros calibre. Il est indubitable qu'il y a parmi eux des anciens militaires. Il serait sans doute plus juste de dire qu'ils sont tous des anciens des Services spéciaux. Malgré leur comportement inattendu, ils sont très efficaces et pleins de ressources. Il a fallu qu'ils soient également puissamment motivés et déterminés à l'extrême. Sur le plan purement technique, je dois admettre que j'admire leur savoir-faire. Mais un facteur demeure mystérieux pour moi.

– Oui, général ? l'encouragea le Coordinateur. Quel est ce facteur ?

– Je me demande où ils ont pu obtenir leur information. Rares sont ceux qui, dans le monde, sont capables de réussir une telle mission. Et la plupart sont soit des soldats soit des ex-soldats très expérimentés et issus du SAS ou du SBS. Mais aucun, absolument aucun, n'y serait parvenu sans avoir d'abord l'information. Si nous avions dû nous en occuper nous-mêmes, nous aurions sans doute pu espérer un succès, mais j'insiste sur le fait que nous ne serions arrivés nulle part – et en réalité nous n'aurions rien entrepris – sans avoir au départ une information précise. C'est-à-dire, très à l'avance, des détails fiables sur les déplacements de Saddam. Et il semble que cette information, ces hommes l'ont obtenue. Il serait passionnant de découvrir qui la leur a donnée.

Le Coordinateur n'avait pas beaucoup apprécié d'entendre chanter les louanges de ces individus par le général du SAS. Il se hâta de ramener la discussion sur le sujet qui l'intéressait.

– Merci, général, dit-il. Je suis certain que cette question nous tiendra en haleine jusqu'au dénouement de cette affaire. Peut-être pourrions-nous passer maintenant à ce qu'il convient de prévoir pour le moment où nous appréhenderons ces hommes. Permettez-moi de vous préciser tout d'abord, même si cela va sans dire, que le Premier Ministre souhaite tout particulièrement que le gouvernement de Sa Majesté ne soit pas mis inutilement dans l'embarras...

Goodale avait replongé dans ses songes. Oui, se disait-il, le gouvernement ne pouvait que se retrouver en très fâcheuse posture et il *faudrait évidemment* lui épargner tout « embarras ». Il réfléchit aux paroles du général. Il imagina quel genre d'homme était de taille à mener à bien une telle aventure. Le général avait confirmé ce que lui-même pensait depuis le début. Dans sa jeunesse, il avait rencontré de tels personnages. En réalité, il avait même envisagé de se porter candidat pour le SAS, puis il s'était laissé entraîner dans le monde plus feutré du Renseignement militaire...

La réunion se termina une demi-heure plus tard et Goodale quitta l'immeuble pour regagner son bureau. Tandis qu'il s'installait à l'arrière de sa voiture, quelque chose lui trottait dans la tête, quelque chose de flou dont il avait fini par se souvenir. C'était un petit détail, à peine suffisant pour se demander si par hasard...

– George, dit-il soudain à son chauffeur. Changement de programme. Pourriez-vous me conduire à Edgware, s'il vous plaît ?

– Certainement, monsieur.

Imperturbable, le chauffeur fit demi-tour et prit la route du nord.

Trois heures plus tard, Goodale entrait dans son bureau, l'œil allumé. Il prit le téléphone et appela un vieil ami. Ils discutèrent un moment puis Goodale posa une simple question. Il obtint la réponse qu'il espérait. Il passa deux autres coups de fil. Au premier, il tomba sur un répondeur qui lui apprit que la personne qu'il voulait joindre était absente. Au second, personne ne décrocha. Exactement ce qu'il prévoyait. Très bien, très bien, pensa Goodale. Il descendit au sous-sol et choisit six dossiers qu'il rapporta dans son bureau pour les lire consciencieusement l'un après l'autre. Lorsqu'il eut terminé, il se laissa aller dans son fauteuil, le regard dans le vide.

On frappa à la porte et sa secrétaire entra. Elle semblait mal à l'aise.

– Pourriez-vous m'accorder une minute, monsieur ? Il s'agit d'une chose, euh, personnelle. À propos d'une de mes amies.

448

– Bien sûr, Janey. Asseyez-vous.

La jeune femme était soulagée. Son patron avait l'air plutôt de bonne humeur. Elle débita son histoire d'une traite.

– Monsieur, l'une de mes meilleures amies a des ennuis. C'est à cause de son fiancé, voyez-vous, et je lui ai dit que vous accepteriez sans doute de la conseiller. Je veux dire, elle ne vous connaît pas, mais elle sait que je travaille pour la Sécurité. De son côté, rien à craindre – elle est inspecteur de police. C'est au sujet de son ami, donc. Enfin, de son fiancé, à vrai dire. Elle croit qu'il est mêlé à une affaire et elle est très embarrassée. Elle voudrait vous parler.

– Ce fiancé, Janey, dit Goodale en jetant un coup d'œil amusé aux dossiers empilés sur son bureau, il ne s'appellerait pas Bourne par hasard ?

79

—Le contrôle de police pour l'entrée à Djedda n'est plus qu'à trente kilomètres, dit Harris à Howard.

—Très bien, Mel. Comment ça se passe, d'habitude ?

—Ça ne devrait pas causer de difficultés. Si on leur balance des sourires et qu'on fasse l'effort de dire deux ou trois mots dans leur langue, ils laissent flotter les rubans.

—Ils vérifient les papiers ?

—Oui. Les passeports, les papiers de la voiture – la routine. Aucun problème.

—Malheureusement, *il y en a un,* de problème. Deux des passeports – le mien et celui de Danny – ne portent pas de visa saoudien.

Howard réfléchit un moment.

—Bon, écoute, dit-il enfin. Tu leur tends les passeports en tas, mais pas le mien ni celui de Danny. Tu leur files ceux de Bob et Andy à la place. Il y a toujours le risque qu'ils inspectent les visages, mais je pense qu'on a de meilleures chances qu'en leur donnant des passeports sans visa.

—D'accord, chef.

Howard se pencha vers Bourne dont il avait toujours la jambe sur les genoux et lui tapa doucement sur l'épaule.

—Johnny, il faut te réveiller. Comment tu te sens ?

Bourne ouvrit les yeux. Il était encore très pâle. Il avait dormi très irrégulièrement, sans cesse tourmenté par la douleur.

—Faible, gémit-il, avant de s'éclaircir la voix pour ajouter : Je suis toujours dans le cirage, mais la douleur est moins forte, on dirait.

—Très bien, dit Howard.

Apparemment, les analgésiques faisaient leur effet. Juste après minuit, il avait administré à Bourne une deuxième dose de morphine, mais depuis il devait se contenter de comprimés de Pethidine et de glucose dilué qui lui donnait un minimum de forces.

Les pires moments pour Johnny avaient été ceux où, toutes les demi-heures, on desserrait le garrot pendant deux minutes pour laisser circuler le sang dans la jambe. Howard lui avait changé son pansement une heure plus tôt et la blessure ne saignait plus. Bourne avait reçu également 750 millilitres de Hétastarch en intraveineuse et ses jambes étaient étroitement liées pour réduire la circulation sanguine. Le traitement semblait efficace, mais il restait incapable, à l'évidence, de la moindre activité physique et sa place aurait été dans un lit d'hôpital, pensait Howard. Mais enfin, on n'y pouvait rien.

– Écoute, Johnny. On va rencontrer un barrage de police. Il va falloir que tu te redresses et que tu aies l'air aussi normal que possible, au passage. Tu crois que tu vas y arriver ?

– Oui, dit Bourne en essayant de se soulever sur un coude. Aide-moi un peu, s'il te plaît.

– Pas tout de suite, Johnny, dit Howard en lui faisant signe de s'étendre de nouveau. Je n'ai pas envie que tu tournes de l'œil avant le moment fatidique. Attends la dernière minute.

Puis il s'adressa aux autres :

– Allez, tout le monde, à vos rasoirs électriques. Il est temps de se pomponner et d'enfiler des chemises propres. Je ne veux plus voir que des têtes de paisibles citoyens.

– Tu rigoles, plaisanta Ackford. Paisibles ? Nous ? On a plutôt l'air de sortir de prison, oui !

– Oui, et si on ne fait pas la farce, la prison, c'est exactement le genre de palace où on va tous se retrouver, lança Ziegler de l'arrière de la Ram Charger.

Il fouilla dans les différents sacs et distribua des vêtements propres.

Il y avait une longue file au barrage. Harris et Palmer témoignèrent tous deux qu'ils n'avaient pas dû autant attendre la première fois.

– Écoutez, dit Howard pour les rassurer. Ils ne connaissent pas du tout cette camionnette. S'ils cherchent un véhicule, c'est un Land Cruiser. Et ils ne savent ni qui nous sommes ni de quoi nous avons l'air. Ils ont juste des faux noms de chez Darcon, pas nos vraies identités. Ils ignorent même combien on est. Je pense que tout va bien se passer, sauf s'ils se mettent à comparer nos gueules avec celles des passeports.

– Et la photo de Bob ? demanda Harris. Aucun de nous n'est chauve. Ça va leur sauter aux yeux, ça.

– Elle est ancienne, dit Howard. C'est avec ce passeport qu'il est entré en Turquie avec moi avant qu'on se fasse piquer. Il avait encore des cheveux. Pas beaucoup, mais quand même.

Howard aida Bourne à s'asseoir droit lorsqu'ils ne furent plus qu'à deux voitures du barrage. Il le vit mobiliser son énergie, mais au bout de dix secondes une grimace lui convulsa les traits. Le sang, en circulant, s'alliait à la douleur pour se venger des calmants. Tout son visage était baigné de sueur et Howard eut peur qu'il ne perde connaissance.

Harris accorda son plus beau sourire au policier saoudien à la mine lasse et soigna son accent.

—*As-salaam aleikum*, lança-t-il. *Kayf haalak ?*

Il tendit les passeports, les papiers de location de la Dodge et son propre permis de conduire.

Le policier sembla mettre un siècle à feuilleter les documents et se paya le luxe de se pencher à l'intérieur pour étudier les visages. Bourne parvint à lui faire une manière de sourire lorsque vint son tour, mais il ne se risqua pas à parler. Puis le policier alla voir à l'arrière, où Ziegler se trouvait avec MacDonald. *Ô Seigneur,* se dit Howard, *il vérifie les photos.*

Tout à coup, le policier fut de nouveau là. Il rendit la pile de passeports et de documents à Harris par la portière et fit signe de passer. Comme la voiture redémarrait, Bourne laissa échapper un grognement. Howard l'aida à s'allonger et releva le membre blessé. Le soulagement vint aussitôt.

—Ed, murmura-t-il faiblement. Je ne crois pas que je pourrai tenir plusieurs fois comme ça. Tu devrais continuer sans moi. Comment veux-tu que j'arrive à prendre un avion ?

—Je vais te faire encore une piqûre de morphine, Johnny, décida Howard. Il faudra seulement que tu évites de parler. Et de t'endormir, aussi. On te trouvera un fauteuil roulant à l'aéroport.

—Et pour les passeports, chef ? demanda Harris. Comment tu vas te débrouiller ? Embobiner un flic sur un barrage, c'est une chose, mais rouler dans la farine un fonctionnaire de l'immigration, c'est une autre paire de manches. Mac et toi, vous n'avez rien de Bob et d'Andy.

—Je vais changer les photos. Toi, Mike et Tony, vous nous déposerez à l'aéroport et vous irez tous les trois faire quelques achats.

Howard donna la liste à Harris qui la parcourut rapidement.

—Et tu crois que ça va marcher, chef ?

—Non, aucune chance, dit froidement Howard avec un grand sourire. Mais au moins, on ne sera pas obligé de mariner quinze autres jours dans cette saloperie de container frigorifique. À part ça, si tu as une meilleure idée...?

Dès leur arrivée à l'aéroport, Howard et MacDonald se précipitèrent dans une cabine photomaton, tandis que Ziegler et Palmer partaient à la recherche d'un fauteuil roulant. Harris conduisit la camionnette un peu plus loin sur un parking rapide et attendit en compagnie de Bourne et d'Ackford. Il était 11 heures du matin et le soleil tapait dur. Harris laissa tourner le moteur et brancha la climatisation à plein régime. Dix minutes plus tard, il vit Palmer et Ziegler qui revenaient avec un fauteuil roulant de location.

– Modèle de luxe, Johnny, annonça Ziegler, radieux. Il a même un repose-jambe, comme ça tu pourras te vanter d'avoir embarqué au pied levé !

Ils installèrent Bourne dans le fauteuil et Palmer le poussa aussitôt vers le terminal. Ziegler monta à l'avant de la Ram Charger à côté d'Harris et d'Ackford.

– Allez, les gars, on va faire nos emplettes et puis j'irai rendre ce bahut.

– Et moi le mien, leur rappela Harris. Mais il va falloir que je bouffe quelques kilomètres, avant. Si on le prenait plutôt que celui-ci ?

– Non, dit Ziegler. Ils arrêtent tous les Land Cruisers. Ce serait trop risqué. Écoute, Tony et moi on se charge des courses et toi, tu tournes autour du parking avec ta voiture louée pour te faire du compteur.

Une demi-heure plus tard, ils se retrouvèrent tous dans le hall des départs de l'aéroport. Howard avait acheté des billets pour tout le monde sur les premiers vols où il restait des places. Lui et MacDonald partiraient un peu plus tard. Harris avait revissé les plaques originales sur son Land Cruiser et l'avait rendu avec douze kilomètres au compteur. L'employé n'avait fait aucune remarque sur le chiffre. Les fausses plaques en formica, dûment débitées en morceaux, avaient pris le chemin d'une poubelle en même temps que tout le matériel médical à l'exception des comprimés de Péthidine et de Co-Proxamol pour Bourne et MacDonald. Ziegler tendit à Howard un petit sac contenant ses achats et s'en alla rendre la Dodge.

Howard échangea rapidement quelques mots avec chacun des autres puis il disparut dans les toilettes et s'enferma dans une cabine. Il sortit un scalpel et trancha précautionneusement le film plastique tout autour de la photo d'Usher. Il commença à arracher la photo. Mais la colle était tenace au milieu et il ne parvint qu'à soulever les bords. C'était suffisant. La nouvelle photographie recouvrirait les restes de l'autre. Avec un repoussoir de papeterie et un jeu d'encres ordinaires il effectua une copie du tampon bosselé sur le coin d'un de ses portraits pris au photomaton. C'était un travail long et minutieux et il gâcha un premier cliché avant de juger, au bout de vingt minutes, que le résultat était acceptable. Un peu grossier, il n'abuserait certainement pas un fonctionnaire britannique, mais il ne pouvait pas faire mieux. Il colla bien en place la photo ainsi estampillée sur le fantôme d'Usher. Puis il appliqua sur la page un morceau de film adhésif transparent. À l'aide du scalpel, il en découpa exactement les contours. Alors, quittant la cabine, il se rendit devant le sèche-mains, près des lavabos. Il tint la page sous l'air chaud pendant deux minutes et, ayant posé le passeport ouvert sur un plan, juste à côté, il pressa de toutes ses forces. Réchauffé et ramolli, le film adhésif en épousa toutes les aspérités. Howard inspecta le résultat. Son visage souriait dans le passeport d'Usher. Il ne restait plus qu'à espérer que l'homme de l'immigration n'allait pas relever la différence de taille – il mesurait près de dix centimètres de plus que Bob. Il se remit au travail avec le passeport de Denard et la photographie de MacDonald.

Howard ressortit des toilettes à 12 h 45 et trouva MacDonald tout seul.

– Les autres sont tous partis, Danny ? demanda-t-il.

– Ouais, répondit MacDonald avec une mine bizarre. Ça m'a fait un drôle d'effet de leur dire adieu, comme ça, ici.

Il baissa les yeux.

– C'était une sacrée bonne bande, ajouta-t-il, soudain ému. Ils vont me manquer.

– Il fallait bien se séparer à un moment ou à un autre, dit doucement Howard. En arrivant tous ensemble, on aurait risqué de se faire remarquer, surtout avec deux blessés.

– Et pourquoi nous en dernier ? Est-ce que Johnny a servi de cobaye, juste pour voir s'il s'en sortait ?

– Non. C'est exactement le contraire. Il ne devrait pas avoir de problème, avec sa supposée cheville foulée. Mel et Tony s'occuperont de lui dans l'avion. En première classe, il sera très bien et pourra garder le pied en l'air. Il fera un voyage aussi confortable que possible – Mel en connaît un rayon en médecine, tu sais. Quant à nous deux, nous sommes les plus exposés car nous avons de faux passeports. C'est pour ça que nous partons en dernier, pour laisser aux autres le temps de s'éloigner.

– Et à l'arrivée ? Tu crois qu'ils vont convaincre l'immigration britannique, ces passeports ?

– Pas besoin, dit Howard. Dès que nous serons dans l'avion, je vais en faire des confetti et les jeter dans les chiottes. Une fois à Rome, on se mettra dans une file de voyageurs en provenance d'un autre pays européen. Et nous franchirons l'immigration italienne avec nos vrais passeports. Pour les ressortissants de la CEE, les visas sont inutiles. Nous nous séparerons à Rome – tu achèteras un billet sur le premier vol en direction du Royaume-Uni. Rien sur ton passeport n'indiquera que tu as quitté l'Europe. Allez, viens.

En se dirigeant vers le bureau d'immigration, MacDonald eut

l'impression que tout le monde le regardait dans l'immense aéro-port. Il jeta un coup d'œil inquiet vers Howard.

—Prends un air détaché, murmura celui-ci d'une voix calme.

Dans une sorte de brouillard, MacDonald se vit présenter le passeport de Denard. Il tentait de se donner des allures insou-ciantes et nonchalantes, mais son cœur faisait du yoyo tandis que le fonctionnaire tournait les pages.

Puis il y eut un bruit de tampon. Le préposé lui rendit le docu-ment.

—Merci, monsieur Denard, articula-t-il dans un anglais labo-rieux. J'espère que votre séjour en Arabie Saoudite a été agréable.

—Ouais, dit MacDonald avec un brusque sourire, je me suis amusé comme un fou.

QUATRIÈME PARTIE

L'ATTERRANTE VÉRITÉ

80

La voiture quitta la route de Spean Bridge pour s'engager dans le chemin du cottage où elle s'arrêta. Le sous-directeur du MI 5 en sortit et se dirigea vers la maison. Il frappa deux fois et attendit, l'œil distraitement posé sur un établi rangé sous un auvent, sur le côté.

La porte s'ouvrit. Danny MacDonald se tenait devant lui, le bras en écharpe. Il eut d'abord l'air surpris, puis ravi.

– Oh, bonjour, monsieur ! Je suis vraiment content de vous voir ! Voulez-vous entrer ?

– Merci, Danny, dit Max Goodale.

Il suivit MacDonald dans le salon. C'était une pièce chaleureuse et accueillante. Une jolie jeune femme à la chevelure auburn s'affairait à accrocher des rideaux de couleur vive sur une tringle. Elle descendit de son tabouret en voyant paraître Goodale.

– Monsieur Goodale, j'aimerais vous présenter ma fiancée, Sheila.

Sheila sourit, rougissante.

– Enchanté de vous rencontrer, mademoiselle, dit Goodale avec un bon sourire, lui aussi. Comment avez-vous fait la connaissance de notre jeune Danny ?

– Oh, j'habite tout près, au village de Carvaig. Ma mère tient l'auberge et je l'aide.

– Oho, dit Goodale avec un clin d'œil. Et on dirait que vous lui laissez tout le travail, aujourd'hui, non ?

– Oh non, pas du tout, s'écria Sheila. Elle est en vacances. Enfin ! C'est la première fois depuis des années. Elle s'est décidée tout d'un coup. L'auberge est fermée pour trois semaines.

– Oh, excusez-moi, mademoiselle, s'empressa-t-il de répondre. Ce n'était pas un reproche. Ne m'en veuillez pas. J'espère qu'elle est allée dans un bel endroit.

– Oh oui, en Italie, dit Sheila, retrouvant son sourire. Elle est à

Rome. Elle a de la chance. Mais elle le mérite... Et maintenant, monsieur Goodale, puis-je vous offrir une tasse de thé ?

– Ce serait très aimable. Mais ensuite, je crains de devoir parler en privé avec Danny. Je ne voudrais pas que ça vous ennuie.

Sheila parut troublée mais un signe de Danny la rassura. Elle disparut dans la cuisine pour faire bouillir de l'eau. Les deux hommes échangèrent des paroles banales puis Sheila revint avec un plateau. Elle servit le thé accompagné de petits gâteaux. Goodale la remercia et elle repartit dans la cuisine, les laissant seuls tous les deux.

Pendant quelques secondes, personne ne parla.

– Vilaine blessure, dit enfin très calmement Goodale. Vous l'avez montrée à un docteur ?

– Une simple coupure, monsieur, rien de plus, dit Danny avec un sourire forcé, l'air gêné.

– D'après ce qu'on m'a dit, il s'agit d'un bon gros trou d'un centimètre de diamètre, et pas d'une coupure, répliqua Goodale, le regard brusquement métallique.

– Qui... qui vous a raconté une chose pareille, monsieur ? balbutia MacDonald, livide.

– Hier, j'ai rencontré un de vos amis, répondit Goodale, les yeux toujours rivés à ceux de MacDonald. Un garçon nommé Johnny Bourne. Mais il ne m'a pas donné votre nom. Je le connaissais déjà. Et je dirai que ce joli bronzage confirme plutôt mes suppositions.

MacDonald était anéanti. Sa bouche s'ouvrit mais aucun son ne voulut sortir.

– Que savez-vous exactement ? réussit-il à demander dans un murmure.

– Presque tout. Et j'espère que vous m'apprendrez le reste.

Transpercé par le regard de Goodale, MacDonald parla lentement d'une voix très basse.

– Que va-t-il m'arriver ?

– Ça dépendra en grande partie des réponses que vous me fournirez, Danny, dit doucement Goodale.

– Mais comment avez-vous su ? Qui nous a dénoncés ?

– Plusieurs choses. Mais surtout un peu de malchance et beaucoup de hasard. Nous y reviendrons. D'abord, je vais vous conter une histoire. Je vous laisse le soin de me corriger si certains détails vous semblent incorrects.

Incapable de prononcer un mot, MacDonald fit un signe du menton.

– J'ignorais jusqu'ici comment était mort votre frère Fergus, commença Goodale en posant un regard attendri sur la photo placée sur la cheminée. Mais mercredi dernier, je me suis remémoré un événement qui m'avait frappé dans le journal et qui ne m'avait pas paru à l'époque avoir un lien avec vous. Je suis donc allé dans une bibliothèque pour consulter quelques vieux numéros. Fergus avait épousé une fille de Bahreïn, c'est bien ça ?

Voyant que MacDonald ne le contredisait pas, il poursuivit :

— Il s'installa alors au Koweït, afin de travailler pour une compagnie pétrolière. Il se maria et s'établit là-bas. Lors de l'invasion irakienne, lui et sa famille furent faits prisonniers. On le tortura et les soldats irakiens battirent et violèrent à plusieurs reprises sa femme et sa fille sous ses yeux avant de les emmener. On retrouva leurs corps mutilés deux jours après. Votre frère fut retenu comme bouclier humain, c'est-à-dire en otage, et libéré en même temps que les autres. Il mourut environ trois mois plus tard, brisé par le chagrin. C'est bien exact ?

— Oui, monsieur, dit MacDonald, la voix rauque.

Il sembla s'enfoncer dans des souvenirs douloureux, puis s'ébroua d'un coup.

— C'est uniquement pour cette raison que j'ai accepté cette chose.

— Je sais, Danny, dit doucement Goodale. Ed Howard savait lui aussi, pour Fergus, n'est-ce pas ? C'est pourquoi il est venu vous faire cette proposition ?

— Oui. Il m'a dit qu'il connaissait trois raisons pour lesquelles il pensait que j'accepterais et j'ai tout de suite compris de quoi il voulait parler : Fergus, sa femme et sa fille.

Puis, tout d'un coup, une ombre d'incompréhension voila ses yeux.

— Comment avez-vous découvert l'existence d'Ed ?

— Un ami à moi nommé Henry Stoner s'est souvenu qu'Howard lui avait posé des questions à votre sujet. Vous vous rappelez Stoner ? Il vous a écrit pour vous inviter à tirer chez lui.

— Oui, c'est juste.

— Les archives de la Bibliothèque de la presse britannique ont renforcé mes soupçons. En novembre de l'année dernière, Howard avait demandé les mêmes coupures que moi. J'ai téléphoné chez lui et je suis tombé sur un répondeur. J'ai également appelé ici et personne n'a décroché. Tout semblait parfaitement cadrer.

Puis le regard de Goodale se planta à nouveau durement dans celui de MacDonald.

— Maintenant, Danny, je veux que vous me répondiez. D'abord, que s'est-il passé exactement à Tikrit ce jour-là ?

— Ed ne vous l'a pas dit ?

— Je ne l'ai pas rencontré. Je n'ai vu que Bourne. Et je sais que Bourne n'était pas présent – il gardait les véhicules. Alors, expliquez-moi, je vous prie.

Danny MacDonald raconta. Le récit dura près d'une heure. Il relata tous les événements dans les moindres détails. Goodale n'intervint presque pas. Danny déversait son histoire dans une sorte de transe. Ses yeux brillèrent au moment où il décrivit la mort de Saddam Hussein puis s'assombrirent lorsqu'il arriva à celle de ses deux amis.

Quand il eut fini, Goodale laissa le silence retomber avant de reprendre l'initiative.

— Avez-vous de quoi prouver ce que vous venez de me dire ? En dehors de certaines rumeurs émanant d'Iran, rien ne permet de certifier que tout cela a vraiment eu lieu.

MacDonald sembla hésiter, puis il hocha la tête, se leva et alla chercher, dans un tiroir fermé à clé, une enveloppe contenant des agrandissements photographiques noir et blanc. Il la tendit à Goodale.

— Ed avait un appareil sur un pied. Avec un téléobjectif et un moteur pour l'avance en rafale. Il a pris ça.

Fasciné, Goodale contempla les clichés, un à un. Ils étaient stupéfiants. Les premiers montraient clairement la mort de la doublure de Saddam, puis l'adjoint fauché à son tour. Une autre série traitait l'apparition du vrai Saddam suivie du meurtre du diplomate iranien. Et en dernier, on voyait la fin du tyran lui-même.

— C'est Howard qui vous les a envoyées ? demanda-t-il en relevant les yeux.

— Elles sont arrivées aujourd'hui par la poste.

Pour la première fois, Goodale remarqua le timbre italien. *Seigneur Dieu,* pensa-t-il. *Serait-ce possible qu'Howard et la mère de Sheila...?* Il décida de ne pas s'appesantir là-dessus pour le moment et revint à MacDonald.

— Qui était cet autre homme que vous avez abattu, Danny ? Celui qui se tenait derrière la doublure de Saddam, sur l'estrade ?

— Il s'appelait Ala'a Hussein Ali, expliqua lentement MacDonald. Lorsque les Irakiens ont envahi le Koweït, il était colonel dans leur police secrète, la Mukhabarat. Saddam en fit le Premier Ministre en titre du Koweït, la supposée dix-neuvième province d'Irak. Il a personnellement supervisé les tortures infligées à mon frère — Fergus me l'a dit avant de mourir. Il m'a montré une photo de lui. Je l'ai reconnu sur l'estrade.

La voix de MacDonald était devenue dure et cassante.

— J'ai visé bas exprès, poursuivit-il. Pour que le salaud en bave, et Dieu me pardonne, il en a bavé. Ed ne m'a jamais demandé pourquoi je l'avais tué, mais je pense qu'il a deviné. Le troisième homme qui était avec nous dans la cache a cru que j'étais tombé fou. Il a entendu que je criais « Allah » comme un fanatique religieux. Mais c'était « Ala'a » que je criais, le nom du salopard.

Une nouvelle fois, Goodale laissa s'installer le silence.

— Ma question suivante, Danny, annonça-t-il enfin. Vous n'avez mentionné aucun autre nom. Vous avez seulement admis que vous connaissiez Bourne et Howard. Donnez-moi les autres noms, je vous prie.

— Désolé, monsieur, dit aussitôt MacDonald avec une froide détermination. Mais je n'ai pas l'intention de trahir mes amis. Il faudra vous adresser ailleurs pour obtenir ces renseignements.

Goodale demeura impassible. Sans le savoir, MacDonald venait de réagir exactement comme il l'avait espéré. Même avec son propre avenir en jeu, l'Écossais refusait de livrer ses compagnons.

— Il me reste encore une question, Danny. Prenez bien le temps de réfléchir avant de parler.

Il s'interrompit et se pencha en avant, le regard implacable.

— Savez-vous qui a commandité cette opération ? Qui est l'homme qui a recruté Howard ?

— Non, répondit Danny sans la moindre hésitation. Ed ne me l'a jamais dit. À aucun de nous, d'ailleurs. On se l'est souvent demandé. J'en ai discuté avec les autres. On était à peu près tous d'accord pour penser que le commanditaire, c'était le gouvernement britannique.

— Très bien, Danny, je vous crois, dit Goodale, apparemment satisfait. Vous m'avez fourni toutes les réponses que je voulais.

MacDonald eut l'air surpris et Goodale enchaîna :

— Je vais maintenant vous expliquer ce qui va se passer. Mais avant, je souhaiterais que vous me donniez votre parole d'honneur que vous ne confierez à personne ce que vous avez fait, *à personne*. Et que vous cesserez de vous interroger sur l'individu ou l'organisation qui est à l'origine de votre aventure. Et qu'en outre vous garderez secrète notre conversation d'aujourd'hui. Est-ce bien compris ?

— Vous avez ma parole, monsieur, dit simplement MacDonald.

Goodale inclina la tête pour signifier que le serment était scellé.

— Bon, dit-il. Maintenant, rien n'empêcherait de vous poursuivre, vous, Bourne, Howard et les autres. À vous tous, vous avez commis d'énormes délits. La liste est longue, et je ne m'en tiens qu'à ceux qui concernent la Grande-Bretagne : transgression des lois sur les armes à feu, fraude, vol avec effraction, contrebande... Mais je ne pense pas qu'il soit utile de les énumérer tous. Il me suffira de vous dire qu'il y a assez de charges contre vous pour vous mettre en prison pendant de longues années. Suis-je assez clair ?

— Oui, monsieur, répondit tristement MacDonald.

— Cependant, n'importe quel avocat, même le dernier des imbéciles, monterait en épingle le reste de l'histoire et tous les détails de l'action à l'étranger proprement dite. Toute l'affaire serait étalée au grand jour. Les temps sont révolus où l'on pouvait soustraire ces choses à l'appétit de la presse et de l'opinion publique. Et il n'y a pas l'ombre d'un doute qu'à ce moment-là, il y aurait un joli chahut. Sans compter les complications diplomatiques vis-à-vis de nombreux pays – et en premier lieu de l'Arabie Saoudite. Je suis bien conscient qu'un procès serait catastrophique. Voyez-vous où je veux en venir ?

— Pas très bien, monsieur, bafouilla MacDonald qui, vraiment perplexe, commençait à se demander s'il n'allait pas finalement échapper à toute punition.

— C'est très simple, Danny. Si cette histoire était dévoilée, ce qui serait inévitable lors d'un procès, vous et vos compagnons deviendriez en vingt-quatre heures, aux yeux du public, des héros nationaux. Et peut-être même internationaux. Je n'imagine pas que la délibération des jurés durerait plus de deux minutes là-dessus. L'accusation aurait beau accumuler les preuves, ils resteraient sourds et vous déclareraient non-coupables. Il y aurait immédiatement des manifestations d'enthousiasme dans la salle du tribunal, chacun y allant de son cri de joie et voulant à tout prix vous serrer la main. Et on ne trouverait pas un seul homme ou une seule femme dans le pays – y compris le juge, c'est bien regrettable à dire – pour ne pas penser comme eux. Alors vous voyez, ce serait un tir à blanc, passez-moi l'expression.

— Oh, dit mollement MacDonald.

— Donc, conclut Goodale, mon intention est d'épargner au contribuable britannique les frais d'un procès inutile, à l'issue connue d'avance et dont le détournement de sens, du point de vue de la justice, pourrait donner à des esprits échauffés l'idée d'agir de même dans d'autres coins du monde. Vous me direz que ce n'est pas vraiment mon rôle de décider si on doit vous poursuivre ou non, mais mon analyse s'appuie sur trois facteurs extérieurs. Tout d'abord, le gouvernement a fait savoir qu'il ne veut pas apparaître dans cette affaire. Le deuxième est qu'hier je suis allé voir le président de la Chambre d'accusation. J'étais accompagné d'une personne qui est directement concernée et nous avons eu une discussion officieuse avec ce haut magistrat, sans révéler de noms, évidemment. Il s'est montré tout à fait catégorique. Il nous a confirmé, à tous deux, que des poursuites seraient contraires à l'intérêt public. Et le troisième facteur est que je suis le seul, avec la personne en question, à connaître votre identité et celle de vos compagnons. Aussi n'y a-t-il aucun risque de fuite. D'autre part, le ministère de l'Intérieur a ordonné à la police d'abandonner l'enquête. Donc, en un mot, il semble que vous et vos camarades échappiez au glaive. Pour cette fois. Mais ne vous mettez jamais en tête de recommencer une pareille folie, jamais, vous m'entendez bien.

MacDonald était foudroyé. Goodale lui laissait la liberté. Il se racla la gorge.

—Merci beaucoup, monsieur, parvint-il à dire d'une voix tremblante de gratitude et de soulagement.

—À propos, Johnny Bourne vous envoie ses amitiés, reprit Goodale en souriant et d'un ton plus chaleureux. Sa jambe ne sera plus jamais ce qu'elle était, mais il remarchera. Et vous pouvez me croire si je vous affirme qu'alors il marchera droit. Sa première sortie – (Goodale eut un petit rire) – le conduira dans deux ou trois semaines devant l'autel d'une église. Mais il l'a échappé belle. Vous connaissez sa fiancée? Non, n'est-ce pas? Vous ne devez pas la connaître. Figurez-vous qu'elle est inspecteur de police. Une fille remarquable. Elle est venue me voir. Ça a dû être le moment le plus difficile de sa vie lorsqu'il a fallu qu'elle tranche entre son devoir professionnel et son mouvement naturel pour protéger l'homme qu'elle aimait. Tant de gens font le mauvais choix. Là, elle a fait ses preuves, vraiment. Mais quand elle est venue me trouver, je savais déjà. C'est elle qui m'a accompagné chez le président de la Chambre d'accusation. Lorsque j'ai rencontré Bourne, plus tard, il m'a paru très docile. Je suppose qu'elle avait dû lui frotter les oreilles. Quoi qu'il en soit, j'ai eu l'impression qu'il était résolu à se tenir tranquille à l'avenir.

—Comment avez-vous appris, pour Johnny? demanda MacDonald.

—Simple question de déduction, une fois que j'avais le nom d'Howard, répondit Goodale. Parmi les employés de sa société de sécurité, Bourne s'imposait. J'aimerais bien rencontrer Howard en personne, un de ces jours. Mais il se montre plutôt, comment dire... insaisissable. Et puis, il est si loin, en ce moment.

Il s'interrompit, songeant de nouveau à la mère de Sheila.

—Je dirai que Ziegler doit aussi faire partie du groupe, et peut-être Harris, Usher... Je ne suis pas très sûr encore. Le pilote américain, Sullivan, est particulièrement énigmatique. Quant au Sud-Africain... Mais je ne vous demande pas de m'éclairer, d'ailleurs vous ne le feriez pas. Je prends ma retraite le mois prochain – définitivement, cette fois – et ça va m'occuper un peu de réfléchir à tout cela et d'essayer d'ajuster les morceaux. Fascinant. Mais peu importe. N'y pensons plus, d'accord?

MacDonald sentait qu'un poids énorme venait de lui être retiré.

— Je ne sais vraiment pas quoi dire, monsieur. Je vous suis très reconnaissant et...

— Mais non, Danny, mais non, dit Goodale avec un large sourire. Tout de même je juge préférable d'emporter ces photographies. Vous n'êtes pas de mon avis ?

Sans attendre la réponse, il ouvrit sa mallette, y glissa l'enveloppe et la referma comme dans un tour de prestidigitation.

— Ce serait très dommage qu'elles tombent en de mauvaises mains, n'est-ce pas ?... Et si j'étais vous, je ne laisserais pas ces trois douilles vides sur ma cheminée. Elles sont beaucoup trop grosses pour la chasse au cerf et pourraient attirer l'attention... Entre nous, d'ailleurs, je trouve que vous avez pris un risque fou de passer de tels souvenirs à la douane.

Il secoua la tête d'un air réprobateur, puis se leva.

— Bien, il faut que je m'en aille. Mes félicitations pour vos fiançailles – votre Sheila est délicieuse. Et je suis impatient de vous revoir en octobre au Glen Carvaig, pour notre sortie annuelle en montagne. Mais, encore une fois, plus de tir longue-distance, nous sommes bien d'accord ?

Danny le regarda en souriant.

— Là-dessus, vous avez ma parole, colonel.

81

Seul dans son bureau de Londres, Sir Peter Dartington passait en revue les extraordinaires événements de la journée. Il n'était pas près d'oublier ce mardi 5 mai 1992.

Tout d'abord, ce matin, il était descendu dans le bureau de sa maison de campagne. Sur la pile de courrier se trouvait une enveloppe jaune envoyée d'Italie. Il l'ouvrit et tomba lourdement assis dans son fauteuil à la vue des photographies. Aucun doute n'était permis – elles portaient la date et l'heure. Elles avaient à l'évidence été prises avec un appareil muni d'un moteur. On y voyait Saddam Hussein abattu. *Dieu du ciel,* souffla-t-il, *Ed Howard a réussi. Il a réussi!* Aussitôt il enferma les documents dans son coffre et partit pour Londres.

Au siège de sa société l'attendait une deuxième surprise. Il ne comprit pas tout de suite pourquoi tout le monde l'accueillait avec une telle euphorie. On lui souriait, lui serrait la main, le félicitait. Troublé, il demanda pourquoi tant d'agitation. Ce fut Dorothy Webster qui l'informa. Darcon s'était vu confier trois des grands contrats pour lesquels il concourait. Pas un, ni deux, mais *trois* ! Il goûta son triomphe dans une sorte d'extase. Il eut bien un petit pincement de culpabilité en pensant à la façon dont il en avait obtenu deux, mais ça ne dura que quelques secondes.

Il chercha à deviner lesquels de ces contrats pouvaient constituer le paiement promis pour l'assassinat. Sur les deux qui étaient accordés en récompense, l'un était assez évident – l'élargissement de l'autoroute au nord de l'Angleterre – mais Dartington n'arrivait pas à comprendre comment le gouvernement avait réussi à décrocher l'un ou l'autre des deux restants. D'ailleurs ça n'avait pas grande importance. Il ouvrit plusieurs bouteilles de champagne avec son état-major pour fêter la bonne nouvelle.

Et c'est à ce moment-là que se produisit le troisième événement. Dorothy Webster annonça un visiteur qui insistait apparemment beaucoup pour voir Dartington en privé.

– C'est un certain monsieur Goodale, Sir Peter. Il m'a montré une carte. Il fait partie de la police.

Dartington n'avait pas tardé à découvrir qui était exactement Goodale. Il n'appartenait pas du tout à la police. L'homme n'avait pas pris de gants et Dartington avait été sévèrement secoué.

Et maintenant, il était là, dans son fauteuil, avec sa coupe de champagne pleine. Après le départ du colonel Goodale, il avait eu besoin de quelque chose de plus fort. Il y avait un verre de whisky sec devant lui, presque vide. Il repensa à ce que l'homme du MI 5 lui avait dit. Goodale, dont la vivacité et les intenses yeux bleus ne laissaient rien passer. Goodale qui l'avait épinglé comme un papillon sur une planche. Ces yeux... Dartington ne se souvenait pas de s'être déjà senti aussi mal à l'aise. Darcon conserverait les trois contrats, mais le MI 5...

Il s'enfonça encore plus loin dans sa méditation. Qu'avait dit Goodale à propos des contrats ? Au début, quand il lui avait appris qu'il était au courant pour le marché, Dartington avait été trop bouleversé pour arriver à se concentrer. Et puis, avant de partir, Goodale avait fait une nouvelle remarque :

– Réfléchissez un peu à ces deux autres contrats, je vous prie. Qui, à votre avis, était en mesure de vous les faire obtenir ?

C'était ses paroles. Qu'avait-il bien voulu dire par là ? Ça n'avait aucun sens. Personne, évidemment, n'était en mesure de... sauf... Non. C'était ridicule. Car si c'était le cas, ça signifiait que... L'esprit de Dartington entrevit enfin une explication. Son malaise se transforma en horreur lorsqu'il s'aperçut que, de cette manière, tout se justifiait, le puzzle entier se reconstituait. Y compris Asher qui s'était révélé, une fois mort, un menteur et un escroc de haut vol. Un menteur... Dieu miséricordieux. NON ! Ce n'était pas possible ! Ce n'était pas pensable !

La vérité, soudain si crue, frappa Dartington. L'atterrante vérité. Il suffoqua devant l'énormité de ce qu'il avait fait. Il enfouit sa tête dans ses mains.

82

Le ministre était aux anges. Son entrevue avec le Premier Ministre s'était encore mieux passée qu'il ne l'avait espéré. Dans sa voiture, en rentrant chez lui, il laissa son esprit revenir, pour les savourer à nouveau, sur les louanges dont il avait été l'objet. On l'avait félicité sans réserve pour la réussite de son plan d'assassinat de Saddam Hussein et il était maintenant assuré d'obtenir une promotion dans le prochain gouvernement.

On avait dû se débarrasser d'Asher, évidemment. Dommage, pensa le ministre, l'homme avait rendu bien des services, au fil des ans. Un porc répugnant, dénué de principes, avide et dégénéré, mais utile. Seulement, des scandales avaient fini par éclater, Asher était mouillé jusqu'au cou dans toutes sortes d'affaires financières malodorantes. Si jamais il ne s'en était pas relevé... Non, il avait fallu s'occuper de lui. Le ministre s'en était chargé personnellement. *L'accident en pleine mer,* c'était une trouvaille à lui et ça avait parfaitement marché. Ses hommes n'avaient pas commis la moindre faute ni laissé le plus petit indice. Et l'acte lui-même avait vite été recouvert par les diverses spéculations. Au point même que les compagnies d'assurances refusaient de payer sous prétexte que rien ne prouvait qu'il ne s'agissait pas d'un suicide. Sur ce chapitre aussi, le Premier Ministre avait exprimé sa satisfaction et n'avait pas hésité à signer l'attribution de deux énormes contrats de construction à Darcon. Oui, le ministre n'avait que des raisons de se réjouir.

La Mercedes pénétra dans l'allée qui conduisait à la somptueuse demeure du ministre dans la banlieue chic de la grande ville. Son chauffeur lui ouvrit la portière et la chaleur s'abattit sur lui de toute sa force lorsqu'il sortit de l'air conditionné de la voiture. Il faisait anormalement chaud pour cette époque de l'année. Un domestique coiffé d'un turban descendit les marches du perron et lui présenta un verre et un pichet de citronnade glacée sur un plateau. Le ministre but une gorgée rafraîchissante. À cet instant précis, retentit dans le lointain l'appel de la prière de midi lancé par le *muezzin*. Il sourit et reposa son verre. En tant que ministre du Protocole du Gouvernement iranien, il savait parfaitement qu'il serait du plus mauvais effet qu'il ne réponde pas à cet appel. Il décida de prier tout particulièrement pour l'âme de l'ambassadeur de son pays, si cruellement supplicié.

ÉPILOGUE

83

Le mercredi 6 mai 1992, la télévision irakienne diffusa un court document en début de journal. Il n'y avait rien là de très exceptionnel. Ce n'était en réalité qu'un simple film de propagande montrant le Président irakien en visite de routine sur une base militaire aux environs de Bagdad. On voyait brièvement le Président passer en revue une garde d'honneur. Au fond, on apercevait une importante formation de blindés, les servants debout au pied de leurs engins. On ne vit pas le Président adresser la parole à quiconque, ni faire de discours. Il se contenta de marcher devant soldats et véhicules. Il était accompagné de Izzat Ibrahim, le cadavérique Vice-Président d'Irak et de plusieurs conseillers de la présidence en uniformes de l'armée. L'un des conseillers tenait à la main un journal qu'il tendit à la caméra en passant. C'était un exemplaire du *Al Qaddissiya,* la publication du ministère irakien de la Défense, et chacun put lire clairement la date de la veille, le 5 mai.

La chaîne CNN aux États-Unis, la BBC britannique et de nombreux autres réseaux de par le monde reprirent l'extrait et le diffusèrent à leur tour, pour la simple raison qu'il s'agissait de la première apparition de Saddam Hussein depuis quelque temps, et en profitèrent pour démentir la rumeur, fausse, on en avait maintenant la preuve, qui circulait un peu partout ces jours derniers. On avait beaucoup parlé de l'Irak mais on ne voyait plus son Président en personne. Sa seule présence était donc une information, même s'il n'était pas en train de faire quelque chose de très remarquable. La CNN agrémenta un peu les images d'un commentaire rappelant que troubles et répression poursuivaient leur danse macabre dans la région kurde du nord de l'Irak. Un peu partout, sous une forme ou sous une autre, près de quarante millions de personnes virent la séquence. La plupart n'y accordèrent qu'une attention distraite avant d'éteindre leur récepteur et de penser à autre chose.

Quelques observateurs plus critiques eurent la nette impression que le Président irakien semblait moins sûr de lui, moins maître de la situation que dans le souvenir qu'ils gardaient de précédents reportages. La souplesse légendaire de sa démarche n'était pas au rendez-vous et tout son maintien manquait de liberté, était plus guindé. On aurait dit que, presque imperceptiblement, il avait perdu en route un peu de sa stature et de son autorité. Saddam Hussein apparut à ces gens-là comme l'ombre de lui-même. Il n'était plus ce personnage hors-norme qu'ils avaient l'habitude de voir sur leur écran. Il n'y avait rien de particulier à relever, mais... c'était comme si, d'une certaine façon, ils ne voyaient plus le même homme.

Un tout petit nombre de téléspectateurs, en revanche, étudièrent l'extrait image par image. Ceux-ci notèrent un petit détail, apparemment sans importance, mais qui les éjecta de leur fauteuil en direction de leur téléphone. Il manquait quelque chose. Le holster fixé à la ceinture du Président était vide. L'homme n'était pas armé.

Cet ouvrage composé
par D.V. Arts Graphiques 28700 Francourville
a été achevé d'imprimer sur presse Cameron
dans les ateliers de Brodard et Taupin
à La Flèche (Sarthe) en septembre 1993
pour le compte des Éditions de l'Archipel

Imprimé en France
N° d'édition : 50 – N° d'impression : 10601-5
Dépôt légal : septembre 1993